普通高等教育“十三五”规划教材

制造业信息化工程学

周　敏　编著

北　京
冶 金 工 业 出 版 社
2018

内 容 提 要

本书从产品技术信息化、企业管理信息化、知识管理信息化和智能决策支持及其集成的角度介绍各种信息技术和系统，以制造业信息系统中的组织、流程、功能、信息和知识等方面的集成为主线展开，强调制造业信息系统的优化、标准化、信息化、集成化、知识化、智能化，重点突出企业管理信息化（ERP）和智能决策支持系统（IDSS）。本书吸取诸多国内外知名专家的知识经验，结合作者二十余年的教学经验和项目团队研究成果，且内容既注重系统性和新颖性，又强调技术性和实用性。

本书可作为高等院校工业工程本科及研究生教材使用，也可以作为制造企业信息化工程与管理人员培训教材使用。

图书在版编目(CIP)数据

制造业信息化工程学/周敏编著．—北京：冶金工业出版社，2017.1（2018.5 重印）
普通高等教育“十三五”规划教材
ISBN 978-7-5024-7451-5

Ⅰ.①制…　Ⅱ.①周…　Ⅲ.①制造工业—工业企业管理—管理信息系统—高等学校—教材　Ⅳ.①F407.406.14

中国版本图书馆 CIP 数据核字(2017)第 029188 号

出 版 人　谭学余
地　　址　北京市东城区嵩祝院北巷 39 号　邮编　100009　电话　(010)64027926
网　　址　www.cnmip.com.cn　电子信箱　yjcbs@cnmip.com.cn
责任编辑　刘小峰　美术编辑　彭子赫　版式设计　彭子赫
责任校对　禹　蕊　责任印制　牛晓波
ISBN 978-7-5024-7451-5
冶金工业出版社出版发行；各地新华书店经销；三河市双峰印刷装订有限公司印刷
2017 年 1 月第 1 版，2018 年 5 月第 2 次印刷
787mm×1092mm　1/16；17.75 印张；431 千字；275 页
49.00 元

冶金工业出版社　投稿电话　(010)64027932　投稿信箱　tougao@cnmip.com.cn
冶金工业出版社营销中心　电话　(010)64044283　传真　(010)64027893
冶金书店　地址　北京市东四西大街 46 号(100010)　电话　(010)65289081(兼传真)
冶金工业出版社天猫旗舰店　yjgycbs.tmall.com

前 言

制造业是国家工业最重要的组成部分，是衡量国家综合国力的主要标志，而信息技术是对制造业影响最大的技术之一。

企业普遍需要制造业信息化方面的人才，这类人才应具有较深入的工程知识和技能、较全面的计算机知识、一定的企业管理知识，目前对这方面的需求越来越强烈。制造业信息化实施难度很大，需要加强制造业信息化方法论的学习。

本书吸取诸多国内外知名专家的知识经验，结合作者二十余年的教学经验和项目团队研究成果，经梳理、凝练及升华而成。本书内容主要分为产品技术信息化、企业管理信息化（ERP）、知识管理信息化和智能决策支持系统（IDSS）等四个方面，共22章，内容既注重系统性和新颖性，又强调技术性和实用性。本书的特点：

（1）从产品技术信息化、企业管理信息化（ERP）、知识管理信息化和智能决策支持及其集成的角度介绍各种信息技术和系统。

（2）以制造业信息系统中的组织、流程、功能、信息和知识等方面的集成为主线展开讨论。

（3）强调制造业信息系统的优化、标准化、信息化、集成化、知识化、智能化。

（4）重点突出企业管理信息化（ERP）和智能决策支持系统（IDSS）。基于人工智能技术，讨论商务智能、智能决策支持。

（5）注重利用各种模型，如组织模型、流程模型、功能模型、信息模型和知识模型等，帮助了解制造业信息化的内涵。

（6）提供一些有价值的制造业信息化实施方法，如需求分析方法、业务流程重组方法等。

本书可作为高等院校工业工程本科及研究生教材使用，也可以作为企业信息化工程与管理人员培训教材使用。

本书由武汉科技大学周敏编著。蒋国璋、向峰、段现银、曹建华、王蕾、顾曦、张旭刚、周艳、王创剑、高强、苏梅月、王丹妮、朱黎立、覃晶晶、胡联亭、魏厚培、江志刚、刘军伟、占铭、付宗旺、陈艳霞、王琼、徐祯炜、姚智慧和雷成名等参与了编写、资料收集、整理或校对等工作，对本书的完成给予了大力支持。本书还借鉴了诸多文献，对原作者表示谢忱。

由于编著水平及时间所限，本书不足之处，希望读者朋友不吝指正，以便及时修订。

编著者

2016 年 11 月

目　录

1　绪论 ………………………………………………… 1

1.1　制造业信息化概述 ………………………………… 1

1.2　制造业信息化的方法与技术体系 ………………… 5

1.3　面向产品全生命周期的制造业信息化框架模型 …… 8

思考题 ………………………………………………… 8

2　制造业信息化的建模方法 ……………………………… 9

2.1　制造业信息化建模体系结构 ……………………… 9

2.2　面向软件开发的建模方法 ………………………… 10

2.3　制造业信息化中的常用模型 ……………………… 14

思考题 ………………………………………………… 19

3　产品技术信息化 ………………………………………… 20

3.1　产品技术信息化概述 ……………………………… 20

3.2　产品设计信息化系统 ……………………………… 22

3.3　产品制造信息化系统 ……………………………… 30

3.4　产品技术信息化集成技术 ………………………… 37

思考题 ………………………………………………… 43

4　ERP 概述 ………………………………………………… 44

4.1　ERP 的定义 ………………………………………… 44

4.2　ERP 理论及技术的形成与发展 …………………… 44

4.3　主流 ERP 系统 ……………………………………… 49

4.4　ERP 主要内容与结构 ……………………………… 51

思考题 ………………………………………………… 52

5　ERP 系统常用基本概念 ………………………………… 53

5.1　编码与物料编码 …………………………………… 53

5.2　物料清单 …………………………………………… 56

5.3　工作中心 …………………………………………… 60

5.4　提前期 ……………………………………………… 62

5.5　计划展望期 ………………………………………… 63

5.6　工艺路线 …………………………………………… 63

5.7　工作日历 …………………………………………… 65

思考题 ………………………………………………… 66

6 销售管理 …… 67

6.1 销售管理概述 …… 67
6.2 ERP 销售管理子系统的功能 …… 69
6.3 ERP 销售管理子系统扩展模块 …… 72
思考题 …… 74

7 主生产计划 …… 75

7.1 主生产计划的定义和作用 …… 75
7.2 主生产计划常用基本概念 …… 75
7.3 主生产计划计算方法 …… 79
7.4 粗能力计划（RCCP） …… 80
思考题 …… 82

8 物料需求计划与能力需求计划 …… 83

8.1 物料需求计划 …… 83
8.2 能力需求计划的作用与分类 …… 83
8.3 有限能力计划的编制 …… 84
8.4 先进排程 …… 87
思考题 …… 90

9 采购管理 …… 91

9.1 采购业务的作用与目标 …… 91
9.2 采购业务概述 …… 91
9.3 采购管理子系统的运行 …… 92
9.4 采购管理子系统运作带来的效益 …… 94
9.5 惠普的供应商协同解决方案——电子化采购案例 …… 94
思考题 …… 95

10 车间管理 …… 96

10.1 车间管理概述 …… 96
10.2 车间管理子系统的业务流程及主要功能 …… 97
10.3 制造执行系统 MES …… 99
思考题 …… 101

11 库存管理 …… 102

11.1 库存的分类 …… 102
11.2 库存控制的概念及作用 …… 102
11.3 库存控制模型 …… 103
11.4 库存控制方法与策略 …… 105
11.5 库存管理子系统 …… 109
11.6 戴尔电脑公司的供应链管理案例 …… 114
思考题 …… 116

12 质量管理 …… 117
12.1 ISO9000 族与 ERP …… 117
12.2 质量管理业务概述 …… 117
12.3 计算机辅助质量系统功能 …… 122
思考题 …… 123
13 财务管理 …… 124
13.1 财务管理业务概述 …… 124
13.2 ERP 系统财务管理子系统 …… 127
13.3 ERP 系统财务管理子系统内部各模块之间的关系 …… 129
13.4 ERP 财务管理子系统的实现 …… 129
13.5 ERP 系统财务管理子系统与其他子系统的关系 …… 133
思考题 …… 134
14 成本管理 …… 135
14.1 成本构成 …… 135
14.2 ERP 的成本计算方法 …… 136
14.3 成本类型与成本计划 …… 139
14.4 成本差异分析 …… 140
14.5 成本控制 …… 142
14.6 成本管理子系统与其他子系统的关系 …… 143
思考题 …… 143
15 设备工程管理信息化 …… 144
15.1 设备管理信息系统（PMIS）的目标 …… 144
15.2 PMIS 编码设计 …… 144
15.3 PMIS 系统的功能模块设计 …… 148
思考题 …… 154
16 电子商务 …… 155
16.1 电子商务概述 …… 155
16.2 电子商务的框架 …… 156
16.3 电子商务的功能和应用模式 …… 160
16.4 电子商务的业务流程 …… 162
16.5 电子商务系统的应用举例 …… 165
16.6 商务智能 …… 165
思考题 …… 170
17 业务流程重组 …… 171
17.1 业务流程重组的内涵 …… 171
17.2 业务流程重组的流程与方法 …… 172
17.3 业务流程重组的核心思想 …… 173

17.4 业务流程重组案例 …… 173
思考题 …… 175
18 ERP项目准备与实施 …… 176
18.1 ERP项目准备 …… 176
18.2 ERP项目实施 …… 180
18.3 ERP项目风险管理 …… 188
思考题 …… 189
19 知识管理 …… 190
19.1 知识管理概述 …… 190
19.2 知识表示方法 …… 194
19.3 知识管理信息化技术、方法及系统工具 …… 201
思考题 …… 216
20 信息系统集成 …… 217
20.1 信息系统集成概述 …… 217
20.2 信息系统集成常见问题 …… 218
20.3 信息系统集成技术 …… 220
20.4 PDM/PLM与ERP的集成 …… 223
20.5 现代集成制造系统 …… 226
20.6 基于Web2.0的企业应用集成 …… 229
思考题 …… 232
21 人工智能 …… 233
21.1 人工智能的概述 …… 233
21.2 专家系统 …… 234
21.3 高级推理技术 …… 238
21.4 机器学习 …… 240
21.5 智能代理 …… 248
思考题 …… 252
22 决策支持系统 …… 253
22.1 决策支持系统的概述 …… 253
22.2 决策支持系统的结构 …… 257
22.3 决策支持系统案例 …… 262
22.4 智能决策支持系统 …… 265
22.5 智能决策支持系统案例 …… 269
思考题 …… 273
参考文献 …… 274

1 绪 论

1.1 制造业信息化概述

制造业信息化（MIE，Manufacture Information Engineering）是将信息技术、自动化技术、现代管理技术与制造技术相结合，可以改善制造企业的经营、管理、产品开发和生产等各个环节，提高生产效率、产品质量和企业的创新能力，降低消耗，带动产品设计方法和设计工具的创新、企业管理模式的创新、制造技术的创新以及企业间协作关系的创新，从而实现产品设计制造和企业管理的信息化、生产过程控制的智能化、制造装备的数控化以及咨询服务的网络化，全面提升我国制造业的竞争力。

1.1.1 产业发展的四个阶段

工业化与信息化是人类文明进程中两个重要的社会发展阶段，是人类现代化和后现代化的两个基本标志。工业化是人类经济发展过程中的一个特定历史阶段，指从农业经济向工业经济过渡、工业在国民经济中发展壮大的过程。在发达国家工业化的进程中，早期科技的创新促成了工业发展的大飞跃，但也一度造成以牺牲资源和环境为代价发展的现象。最终，迫于资源环境的压力，并由于信息技术的出现，先行工业化国家纷纷走上了依靠信息化发展的工业化新路。产业发展经历了以下五个阶段：

(1) 生产要素驱动阶段。该阶段属“起飞”前阶段，即产业革命以前的阶段。这个阶段经济增长的主要特点是经济增长缓慢并且主要靠增加土地和其他自然资源的投入实现。

(2) 第一次产业革命（1700~1870 年）。第一次产业革命始于蒸汽机的发明和应用，以机械动力的使用为发端，基本解决了人类生产的机械化。为了用机器替代手工，就要大量发展资本密集的机器制造业和作为机器制造业基础的其他重工业。因此，增长归根到底是靠投资驱动。

(3) 第二次产业革命。第二次产业革命始于 19 世纪后期电的发明和应用，在生产机械化的基础上解决了生产的电气化和自动化问题。这是一种创新驱动阶段：经济增长主要已经不是靠资本积累，而是靠技术进步和效率提高实现。

(4) 第三次产业革命。第三次产业革命始于 20 世纪 50 年代以后的信息时代，现代信息技术的快速发展和广泛应用，导致人类生产和生活的数字化、智能化与网络化。这个时期出现了以计算机、互联网等为核心的现代信息技术（IT）或信息通信技术（ICT），信息化成为带动经济增长的强大动力。

(5) 第四次产业革命。第四次产业革命被国际学术界和产业界认为是以智能制造为主导的工业革命（即“工业 4.0”）。该阶段旨在通过充分利用信息通信技术和网络空间虚拟系统-信息物理系统（Cyber-Physical System）相结合的手段，将制造业向智能化转型。“工业 4.0”项目主要分为三大主题：一是“智能工厂”，重点研究智能化生产系统及过程，以及网络化分布式生产设施的实现。二是“智能生产”，主要涉及整个企业的生产物流管理、人机互动以及 3D 技术在工业生产过程中的应用等。该计划特别注重吸引中小企业参与，力图使中小企业成为新一代智能化生产技术的使用者和受益者，同时也成为先进工业生产技术的创造者和供应者。三是“智能物流”，主要通过互联网、物联网、物流网，整合物流资源，充分发挥现有物流资源供应方的效率，而需求方则能够快速获得服务匹配，得到物流支持。

1.1.2　制造业信息化的意义

信息技术对工业生产的影响已经是无处不在、无时不在。由于信息化的作用，工业形态发生了重大变化，其主要特征是：市场变化越来越快；行业边界越来越模糊；信息产业成为主导产业；生产与服务的结合越来越紧密；知识和信息成为企业的重要乃至主要资源；信息技术广泛应用于工业的各项活动之中；互联网的应用。

(1) **信息化是提高企业运行效率、转变生产模式的必然选择**。我国工业信息化程度较低，全国的国有大中型企业中全面实现计算机辅助设计（CAD）和管理信息系统（MIS）的企业不多。在大量生产、大量消费的环境下发展起来的生产模式已经无法适应快速变化的市场。面对这些挑战，企业只有在更高水平上借助信息技术进行一场根本性的改革与创新，才能在低速增长时代增强自身的竞争力。

(2) **信息化是应对经济全球化的必然选择**。信息化是当今世界制造业发展的大趋势。世界各国十分重视发展信息化技术，许多跨国公司应用信息技术实现了设计、制造、管理和经营的一体化，加强了在国际市场的垄断地位。例如，美国波音公司在波音 777 客机的研制中，由于采用了先进的产品开发设计技术，使开发周期从过去的 8~9 年缩短到 4.5 年（缩短了 40%以上），成本降低了 25%，出错返工率降低 75%，用户满意度也大幅度提高。美国通用汽车公司应用信息技术，将轿车的开发周期由原来的 48 个月缩短到了 24 个月，碰撞试验的次数由原来的几百次减少到几十次，应用电子商务技术降低销售成本 10%。

信息技术对企业在全球化的生存和发展起到了非常重要的支撑作用。信息技术不仅保障了跨国经济活动的正常运行，而且加快了资金在全球的流动速度，使企业在规模、经济实力和创新能力等方面得到了空前的提高。例如，在波音公司，飞机零部件和其他原材料的采购是一个复杂的、多阶段的管理过程，涉及分布在全球各地数万个不同的个人和任务。利用信息技术，可以实现从基于纸介质的采购系统到基于 Web 的采购系统的转变，整个采购过程可以通过物料管理系统进行自动处理。

(3) **信息化与工业化相互促进，共同发展**。信息化提升了整个产业的活力，提升了产品的质量和服务能力，带动技术创新、产品创新和管理创新；信息化提升了市场消费需求，带动了工业化的发展，扩大了工业产品的市场容量和市场空间。新型工业化向信息化提出了应用需求、提供了应用平台，促进了信息技术与产业的发展，为信息化带来动力与活力。

(4) **信息化是解决信息不畅问题的必要手段**。信息技术在国民经济各个领域的普遍应用，信息的透明化、对称化和信息传递的快捷化可以使投机取巧难以得逞，使资源利用率更加合理，可极大地降低资源消耗和生产成本，减少环境污染，提高劳动生产率，已经成为社会生产力和人类文明进步的新的强大动力。

综上所述，在当前和今后相当长的一段时间内，除了利用信息技术的各种巨大进步来加快工业现代化的进程以外，已经没有其他更好的选择。

企业信息化建设过程中，必须正确认识和对待以下问题：

(1) 企业的信息化不是单纯的信息技术问题。

(2) 信息技术不可能代替现代管理技术、先进工艺技术、材料技术和领域知识。信息技术不是万能的。

(3) 信息化是手段而不是目的。

(4) 信息安全问题。

(5) 数据准确最重要。对计算机而言，进去的是垃圾，出来的也是垃圾。

1.1.3 制造业信息化的发展方向及趋势

制造业信息化是支撑制造业自主创新、实现国际化协作和资源配置、促进制造业优势产业链和区域特色产业集群形成的主要手段，得到了世界各国的高度重视。发达国家提出的跨世纪研究计划均将实现制造业信息化作为重要任务，其制造业信息化的发展趋势表现为集成化、协同化和服务化。

(1) **集成化**。制造业信息化技术正在从重点支持产品设计制造向支持产品全生命周期管理发展；从进行企业内业务集成向跨地区、跨企业、跨国界的全球业务集成拓展。

(2) **协同化**。国际化的协作和资源配置需要实现制造业产业的协同和企业的协同，大型跨国公司广泛应用数字化综合能力平台，实现信息化集成应用、协同工作和资源的全球配置，以最大限度地利用全球优势资源、降低成本，在竞争中占据制高点。

(3) **服务化**。以公共服务平台为基础，采用一对多的服务方式，提供制造业信息化的应用服务，支持企业的业务过程、实现企业间的信息和业务集成。

(4) **软件即服务（SaaS）**。SaaS(Software-as-a-Service，软件即服务）是在21世纪初开始兴起的一种通过互联网提供软件的模式。软件厂商将应用软件统一部署在自己的服务器上，客户可以根据自己实际需求，通过互联网向厂商定购所需的应用软件服务，按定购的服务多少和时间长短向厂商支付费用，并通过互联网获得厂商提供的服务，管理企业经营活动，且无需对软件进行维护，服务提供商会全权管理和维护软件。SaaS特别适合中小型企业信息化的需要。目前，国内SaaS厂商阿里软件的服务覆盖面居世界第二，仅次于世界SaaS巨头Salesforce。

(5) **云计算**。“云”就是计算机群，每一个计算机群包括了几十万台，甚至上百万台计算机。“云”的好处是：其中的计算机可以随时更新，保证“云”长生不老。Google、微软、雅虎、亚马逊都有这样的“云”。届时，人们只需要一台能上网的计算机，不需关心存储或计算发生在哪朵“云”上，但一旦有需要，人们可以在任何地点用任何设备，如计算机、手机等，快速地计算和找到这些资料。云计算是比SaaS更大的服务应用。云计算的新颖之处在于它几乎可以提供无限的廉价存储和计算能力服务。在我国，云计算发展也非常迅猛。

(6) **无线网络**。无线上网则被认为是我国继PC制造、宽带接入之后，最大的商机。

与有线因特网相比，无线互联网具有无可比拟的优势。它可以超越时空的限制，实现随时随地互联。手机上网为因特网插上了翅膀，将使人们时刻处于“在线”（online）状态。用户利用手机可以遥控家电、汽车，还可以进行路灯管理、水电气表自动抄收缴费、农业小型喷灌机自动控制等操作；汽车驾驶员可以使用手机支付停车费，等等。企业利用移动设备（手机、PDA 等）和无线网络技术可随时随地存储、传输和交流各种商业信息，进行商业活动的创新业务模式。

(7) **智慧地球**（Smarter Planet）。智慧地球的核心是以一种更智慧的方法，通过利用新一代信息技术来改变政府、公司和人们相互交互的方式，以便提高交互的明确性、效率、灵活性和响应速度。智慧方法具有以下三个方面特征：

1）更透彻的感知（物联化，instrumented）。这里的“更透彻的感知”是超越传统传感器、数码相机和 RFID 的更为广泛的一个概念。具体来说，“更透彻的感知”是指利用任何可以随时随地感知、测量、捕获和传递信息的设备系统，通过使用这些新设备，从人的血压到公司财务数据或城市交通状况等任何信息，都可以被快速获取并进行分析，便于立即采取应对措施和进行长期规划。

2）更全面的互联互通（互联化，interconnected）。互联互通是指通过各种形式的高速、高带宽的通信网络工具，将个人电子设备、组织和政府信息系统中收集和储存的各种分散的信息及数据连接起来，进行交互和多方共享。从而更好地对环境和业务状况进行实时监控，从全局的角度分析形势并实时解决问题，使得工作和任务可以通过多方协作远程完成，从而彻底改变整个世界的运作方式。

3）更深入的智能化（智能化，intelligent）。智能化是指深入分析收集到的数据，以获取更加新颖、系统且全面的洞察来解决特定问题。这要求使用先进技术（如数据挖掘和分析工具、科学模型和功能强大的运算系统）来处理复杂的数据分析、汇总和计算，以便整合和分析海量的跨地域、跨行业和职能部门的数据和信息。

1.1.4 制造业信息化不同主体的作用

信息化与工业化融合过程中有不同的主体，这些主体有不同的重要性、起不同的作用，如政府、制造企业、IT 企业、服务企业、科研机构等。

(1) 政府。市场能够做的事情，让市场去做；市场不能够做的事情，政府要出面。例如，通过信息化加强环境保护、碳排放控制等方面的工作都需要政府的重视。政府的主要作用体现在以下几个方面。

1）完善市场机制。政府在信息系统开发和信息化服务方面需要引入市场竞争机制，避免垄断现象的出现。

2）引导和激励。如引导企业和行业建立标准化组织，建立和完善信息化系统和信息化实施的各类标准，减少信息化中的盲目性和重复性，提高信息化的成功率。出台一些激励政策，如信息化补贴、信息化示范企业评比、帮助建立企业 CIO（信息主管）俱乐部等。

3）制度建设。例如，由财政部、证监会、审计署、银监会、保监会联合发布我国首部《企业内部控制基本规范》及其配套指引《企业内部控制应用指引》、《企业内部控制审计指引》和《企业内部控制评价指引》，并于 2010 年 1 月 1 日起实施。

4）环境建设。引进或扶植 IT 企业和信息化服务机构，提供较好的外部环境。

5）将政府的信息化与企业信息化集成，推进企业信息化。例如，将税务、统计等部门的信息化系统向企业延伸，促进企业的财务管理信息化、企业管理信息化。

（2）制造企业。大型制造企业在行业信息化过程中起引领和表率作用。中小制造企业在我国制造企业所占比例高，绝大多数基础差、资金紧张、人才缺乏，因此需要提供成本低、易学易用的企业信息化解决方案。例如，面向中小制造企业的信息化服务平台等。

（3）IT 企业。IT 企业的发展趋势主要是：1）高度的专业化。“两化”融合有着很强的专业性，不同企业、不同产品、不同流程对“两化”融合的信息系统往往有不同的需求，因此，需要各种类型的、高度专业化的 IT 企业。2）高度的分工协同化。IT 企业自身也有“两化”融合的趋势。在信息系统基础上，IT 企业通过分工协同化，可以显著提高系统开发效率和质量，降低开发成本。

（4）信息化服务企业。制造企业对服务的需求越来越多和越来越高。服务内容主要包括咨询、系统实施、培训、系统应用、系统维护等。其发展趋势主要表现为。1）企业信息化外包。随着服务体系和信用机制的完善，信息化外包服务业务将越来越多，这将降低企业信息化的成本和风险。2）云计算和云服务。通过互联网，服务企业提供方便快捷的云计算和云服务，使企业非常方便地享受信息化服务。

（5）科研机构。科研机构（包括大专院校）在制造业信息化进程中的主要作用体现在对信息化进程中的关键技术及新技术进行科技攻关。

1.1.5 制造业信息化职业岗位与知识结构需求

我国上规模的企业在百万家以上，每个企业搞信息化建设平均最少需要两名复合型信息管理人才，那么全国对复合型信息化人才的需求存量将在 200 万人以上。由此专家指出，企业信息化人才需求从低端到高端都有广阔的就业前景。

制造业信息化人才的职业岗位主要有：（1）信息主管（CIO，Chief Information Officer）；（2）企业信息管理师；（3）知识主管（CKO）；（4）信息化咨询师；（5）软件公司的编程人员；（6）软件公司的系统分析人员等。

制造业信息化人才应具有以下基本知识结构：

（1）至少会用一种计算机语言编写有一定复杂度的一个小信息系统；

（2）知道怎样对企业的功能、流程和信息建模；

（3）深入了解企业的组织和业务流程以及信息化对它们的影响；

（4）知道产品和制造过程是如何设计的，生产是怎样组织的；

（5）知道现代制造系统的新模式、新的管理理念和方法；

（6）了解信息系统的集成、安全等技术；

（7）知道信息系统是如何实施的。

1.2 制造业信息化的方法与技术体系

1.2.1 方法和技术层

（1）**制造业信息化的标准化和规范化建模方法**。企业模型是对企业功能、组织、资源、过程流、信息流和知识流等的抽象描述，其目的是便于对企业的了解、分析、设计、优化和控制等，支持企业信息化的实施。

从某种意义上来讲，企业建模不是什么新鲜的概念。在人们头脑中，对企业总体的认识就是一种模型，但这种模型对于不同人之间的相互沟通和理解并不方便，因为每个人的理解和认识不同，所采用的描述方法常常也不一样。因此首先是要对企业模型进行标准化和规范化。

企业建模是基于一定的标准体系，用一套完整的建模思想和方法从不同的角度对整个企业功能、组织、过程/控制、信息、知识和资源等进行描述的活动，用于模拟企业的实际运行，分析企业存在的问题，帮助进行企业重组和连续改善，支持企业进行信息化改造。

企业模型是与产品设计图纸相当的企业工程师语言，是对企业经营目标和活动的一种规范化描述，是设计和实施企业工程的工具与手段。企业模型体现着企业经营与决策的思想和方法，模型的质量影响着企业信息化的成效，就像产品设计图纸影响相关产品一样。

（2）**制造业信息化的产品信息与流程合理化方法**。产品信息是企业复杂化的主要原因，又是信息化的主要内容，因此产品信息合理化是产品技术信息化的主要内容和前提。管理信息化不是简单地用计算机管理现有的业务过程，需要对业务过程根据信息化的特点进行合理化，才能使信息化真正收到实效。

（3）**制造业信息化的实施方法**。制造业信息化涉及信息的重组、过程的重组等，往往有很大的实施难度。随着信息化从底层向高层发展，从局部向全局发展，从企业内向企业间发展，其实施难度越来越高，信息化失败的可能性也越来越大。因此，需要有一套正确的制造业信息化实施方法来降低失败的风险。软件开发常常是制造业信息化中的一项重要内容，需要有正确的软件开发模式和需求分析方法。

（4）**制造业信息化的信息技术**。用于制造业信息化的信息技术包括网络技术、数据库技术、软件编程技术、系统集成技术、信息安全技术、数字仿真技术、数字控制技术等。限于篇幅，本书不对具体的信息技术进行讨论。

（5）**制造业的智能决策技术**。管理即决策，本书在信息管理、知识管理、人工智能基础上，引入智能决策支持系统。研究时可根据自身的研究领域进行取舍。

1.2.2 信息化系统层

信息化系统可以分为三层：（1）单元系统层；（2）信息化平台层；（3）系统集成层。

单元系统层：

（1）各种产品技术信息化单元系统，如 CAD、CAE、CAPP、CAM、CAQ 等。

（2）各种企业管理信息化单元系统，如 ERP、SCM、CRM、OA、EC 等。

（3）各种知识管理信息化单元系统，如知识门户、知识搜索系统、知识合成系统、知识发现系统、知识与业务过程的集成系统、电子化学习系统、基于 Web2.0 的知识交流系统等。

（4）各种制造装备和过程信息化单元系统，如数控机床、加工中心、柔性制造单元、柔性制造系统、3D 打印机、流程控制单元等。制造装备与过程信息化单元系统不属于本书的研究内容。

信息化平台层：信息化平台是根据信息流的情况，对单元系统进行的部分集成，包括产品技术信息化平台、企业管理信息化平台、知识管理信息化平台和制造装备、过程信息化平台。

（1）产品技术信息化平台。产品技术信息化是产品设计手段以及设计过程的信息化和智能化，可缩短产品开发周期，提高企业的产品创新能力。产品技术信息化是制造业信息化的重点之一。其特点大致可以概括为标准化、虚拟化、集成化和智能化。典型的产品技术信息化平台是在PDM、PLM等系统基础上集成了现代设计过程中的多种单元系统，如CAD、CAE、CAPP系统等而实现的。

（2）企业管理信息化平台。企业管理信息化提高了企业管理的水平：对成本进行细化管理和控制，对生产计划和调度实现精确控制，对质量问题进行全面的跟踪追溯，有效集成企业的内外部管理资源，并对快速多变的全球市场做出迅速响应。企业管理信息化融合了现代管理技术和信息技术。企业管理信息化平台主要是在ERP基础上进一步发展或者与EC、SCM、CRM等系统集成而实现的。

（3）知识管理信息化平台。企业知识管理信息化与产品技术信息化和企业管理信息化是密切相关的。知识管理不仅需要信息技术的支持，还涉及人员的管理和企业文化的建设等。

（4）智能决策平台。基于上述平台，搭建数据仓库，引入人工智能技术，构建IDSS智能决策支持平台，提升企业管理科学水平。

（5）制造装备与过程信息化平台。制造装备信息技术可实现加工、装配的自动化和精密化，提高产品制造、装配的精度和效率。信息化制造装备本质上是“数据驱动”和软件控制的自动化制造装备。采用制造装备信息技术可以大幅度提高生产效率、提高产品质量、缩短生产周期和提高企业的市场竞争能力。

生产过程信息化系统在获取生产流程中各种信息的基础上，将分散在不同地点的过程控制系统、生产调度系统和管理决策系统等有机地集成起来，然后，综合运用自动化技术、信息技术、系统工程技术、生产加工技术和现代管理技术，并从生产过程的全局出发，通过对生产活动所需的各种信息的有机集成，形成一个集控制、监测、优化、调度、管理、经营和决策等功能于一体，能适应各种生产环境和市场需求的、总体最优的、高质量、高效益、高柔性的综合自动化系统，进而达到提高企业经济效益，增强企业适应能力和竞争能力的目的。

系统集成层：

（1）企业内信息化系统集成。企业信息化系统集成是在上述信息化平台上的进一步集成。企业信息化系统集成要求从企业整体进行信息化，进行企业业务过程、组织结构与产品结构的调整，促进资源的集成和最佳利用，提高企业的竞争能力。

（2）企业间信息化系统集成。企业间信息化系统集成包括供应链信息化、行业信息化和区域信息化等，可实现全球化环境下企业内外部资源的集成和最佳利用。企业间信息化系统集成通常需要利用网络化技术、系统集成技术，以便提高供应链、区域和行业的竞争能力。

1.3 面向产品全生命周期的制造业信息化框架模型

本书内容主要分四大块：产品技术信息化、企业管理信息化（ERP）、知识管理信息化和智能决策支持系统（IDSS）等，由此构成面向产品全生命周期的制造业信息化框架模型，如图1-1所示。

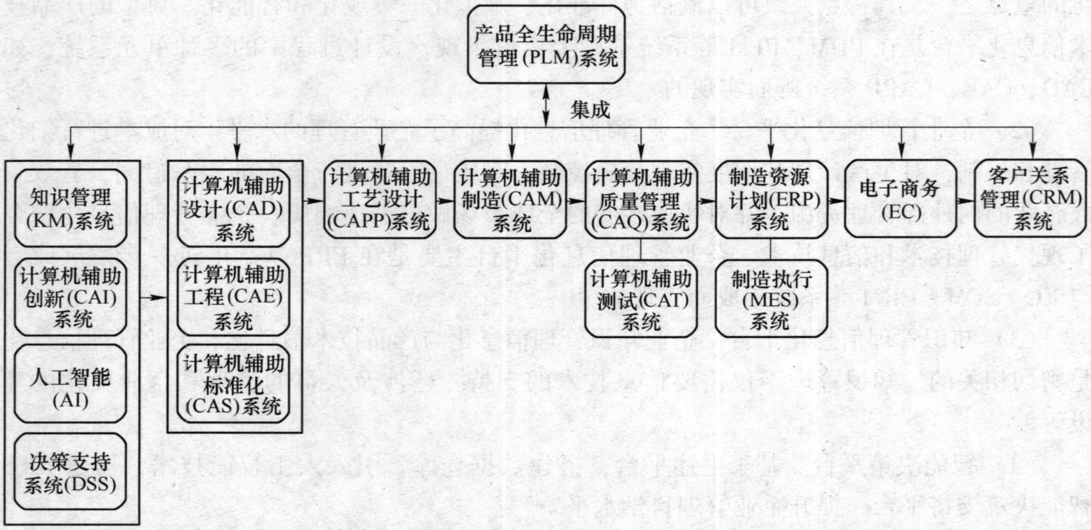

图1-1 面向产品全生命周期的制造业信息化框架模型

（1）从产品技术信息化、企业管理信息化（ERP）、知识管理信息化和智能决策支持及其集成的角度介绍各种信息技术和系统。

（2）以制造业信息系统中的组织、流程、功能、信息和知识等方面的集成为主线展开讨论。

（3）强调制造业信息系统的优化、标准化、信息化、集成化、知识化、智能化。

（4）重点突出企业管理信息化（ERP）和智能决策支持系统（IDSS）；基于人工智能技术，讨论商务智能、智能决策支持。

（5）提供一些有价值的制造业信息化实施方法，如需求分析方法、业务流程重组方法等。

思考题

1-1 制造业信息化包括哪些主要内容？

1-2 介绍你平时所接触到的信息系统，分析它们的作用。

1-3 信息化对制造企业有哪些作用？

1-4 分析制造业信息化的发展方向及趋势。

1-5 简述制造业信息化的方法与技术体系。

2 制造业信息化的建模方法

制造业信息化中很重要的工作是对信息化对象进行建模，包括功能模型、组织模型、过程模型、信息模型和知识模型的建模，其作用是帮助信息化咨询人员、开发人员和用户进行沟通和交流，帮助确定信息化的需求，帮助进行信息化系统的总体设计和详细设计等。

2.1 制造业信息化建模体系结构

模型是对于现实世界的事物、现象、过程或系统的简化描述，或其部分属性的模仿。按照模型的表现形式可以分为物理模型、数学模型、结构模型和仿真模型。随着科学技术的进步，人们将研究的对象看成是一个系统，从整体的行为上对它进行研究。这种系统研究不在于列举所有的事实和细节，而在于识别出有显著影响的因素和相互关系，以便掌握本质的规律。对于所研究的系统可以通过类比、抽象等手段建立起各种模型，这称为建模。

本节主要介绍制造业信息化方面最著名的两个体系结构：CIM-OSA（计算机集成制造开放系统结构，Open System Architecture for Computer Integrated Manufacturing）、ARIS（集成信息系统体系结构，Architecture of Integrated Information Systems）。

2.1.1 CIM-OSA

CIM-OSA 是欧共体 ESPRIT 计划 CIM 领域五个重点研究项目中最重要的一个，其目标是为制造业的 CIMS 开发和实施提供一套适用的参考结构，同时还开发出集成的企业环境和基础结构，以支持 CIMS 的规划、设计和实施。CIM-OSA 的体系结构如图 2-1 所示。在 CIM-OSA 中，立方体的三个轴分别表示三个不同的描述方面，企业建模是通过这三个方面的共同作用实现的。

（1）垂直方向（推导过程）描述了按阶段划分的三个描述层次：需求定义层、设计说明层和实施描述层。

（2）在水平方向（具体化过程），概念被逐步具体化。首先，定义基本需求（通用的需求），然后根据专用的需求（部分通用的需求）对其进行进一步的细化，最后，部分通用的需求被具体化为特定企业的需求（专用的需求）。

（3）第三个方向是“生成过程”，分别从“功能视图”、“信息视图”、“资源视图”和“组织视图”来考察一个企业。“功能视图”主要是关于功能模块的描述；“信息视图”涉及的是信息模型或对象的定义；“资源视图”描述了信息系统和生产资源；“组织视图”则描述了分层的组织结构。

2.1.2 ARIS

ARIS 是由德国 Saarland 大学 A. W. Scheer 教授于 1992 年提出的。经过多年的实践和发展，目前已成为国际上最具影响力的企业建模体系结构。基于 ARIS 思想开发的支持工具 ARIS Toolset 已被广泛使用。ARIS 由五个视图、三个阶段构成，称为 ARIS 房式模型（图 2-2）。ARIS 的五个视图分别是：

（1）组织视图。描述系统各组织单元之间的联系。

（2）功能视图。描述系统各功能模块之间静态的联系（如构成关系）。

（3）数据视图。描述系统环境信息，以及触发功能或被功能触发的消息。

（4）控制视图（也称为过程视图）。着重体现各视图之间的联系，并对过程进行完整的描述，体现功能模块之间的动态联系。

（5）产品与服务视图。包括所有物质（产品）的和非物质（服务）的输入及输出。

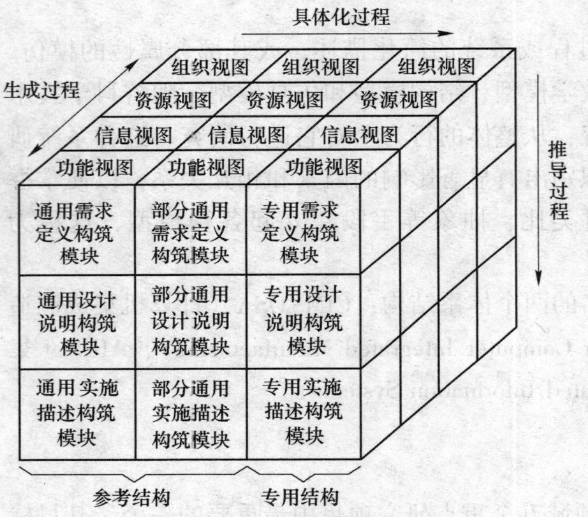

图 2-1 CIM-OSA 体系结构[1]

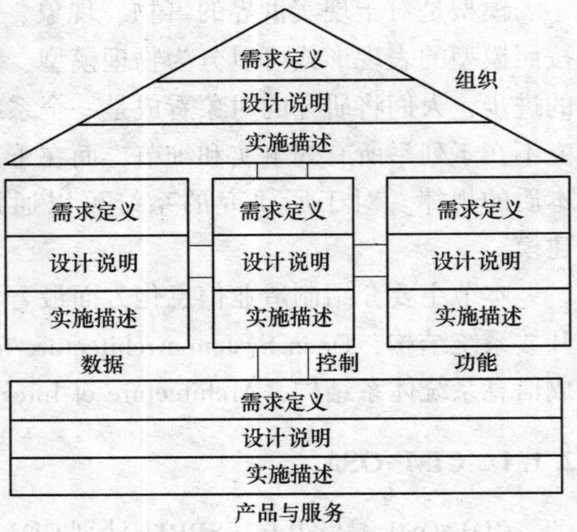

图 2-2 ARIS 房式模型[1]

2.2 面向软件开发的建模方法

面向软件开发的建模方法在一般的软件工程或软件开发基础教程中都有介绍，如数据流程图、数据字典、信息系统流程图、处理流程图等。本书仅介绍 UML、IDEF 建模方法。

2.2.1 UML 建模方法

UML(Unified Modeling Language）是面向对象开发的一种通用的图形化建模语言，它定义良好、易于表达、功能强大且普遍适用。面向对象的分析主要在加强对问题空间和系统任务的理解、各方交流、与需求保持一致和支持软件重用等四个方面表现更佳，成为主流的系统分析方法。UML 改变了数十种面向对象的建模语言相互独立且各有千秋的局面，使得面向对象的分析技术有了空前发展。它本身也成为现代软件工程环境中对象分析和设计的重要工具，被视为面向对象技术的重要成果之一。

UML 建模，就是用模型元素来组建整个系统的模型。模型元素包括系统中的类、类和类之间的关联、类的实例相互配合实现系统的动态行为等。UML 提供了多种图形可视化描述模型元素，同一个模型元素可能会出现在多个图中对应多个图形元素，人们可以从多个视图来考察模型。UML 建模主要分为结构建模、动态建模和模型管理建模三个方面。

(1) **结构建模**。结构建模是从系统的内部结构和静态角度来描述系统，在静态视图、用例视图、实施视图和配置视图中适用，采用了类图、用例图、组件图和配置图等图形。例如类图用于描述系统中各类的内部结构（类的属性和操作）及相互间的关联、聚合和依赖等关系，包图用于描述系统的分层结构等。

(2) **动态建模**。动态建模是从系统中对象的动态行为和组成对象间的相互作用、消息传递来描述系统，在状态机视图、活动视图和交互视图中适用，采用了状态机图、活动图、顺序图和合作图等图形，例如状态机图用于一个系统或对象从产生到结束或从构造到清除所处的一系列不同的状态。

(3) **模型管理建模**。模型管理建模是描述如何将模型自身组织到高层单元，在模型管理视图中适用，采用的图形是类图。建模的工作集中在前两方面，而且并非所有图形元素都适用或需要采用。

UML 融入了软件工程领域的新思想、新方法和新技术。其作用域不限于支持面向对象的分析与设计，还支持从需求分析开始的软件开发全过程。UML 是软件重用的基础，已经被对象管理组织（OMG）采纳并成为业界标准。利用 UML 及其推荐的统一建模过程（RUP，Rational Unified Process），软件开发人员可以把复杂的软件系统模型化，并以此为基础完成各组件的开发。利用 ROSE 建模工具，可以建立用 UML 建模的软件系统的模型，并自动生成和维护 C++、JAVA、VB、PB、ORACLE 等语言和系统的代码。

UML 的定义包括 UML 语义和 UML 表示法两个部分。

(1) **UML 语义**。描述基于 UML 的精确元模型定义。元模型为 UML 的所有元素在语法和语义上提供了简单、一致、通用的定义性说明，使开发者能在语义上取得一致，消除了因人而异的表达方法造成的影响。

(2) **UML 表示法**。定义 UML 符号的表示法，为开发者或开发工具使用这些图形符号和文本语法提供了标准。标准建模语言 UML 的重要内容可以由下列 5 类图来定义：

1) 用例图（Use Case Diagram）。用例图符号表示如图 2-3 所示，用例图例子如图 2-4 所示。

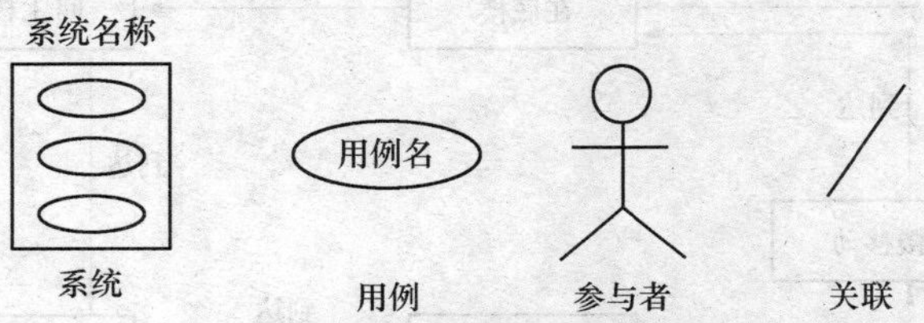

图 2-3　用例图符号表示

2) 静态图（Static Diagram），包括类图、对象图和包图。类图例子如图 2-5 所示，对象图例子如图 2-6 所示。

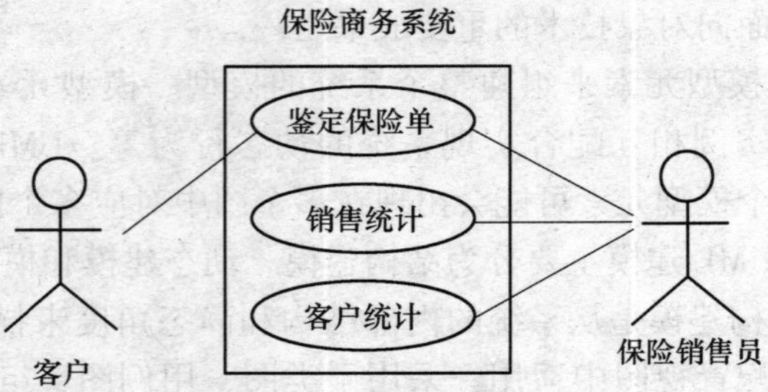

图 2-4 用例图例子

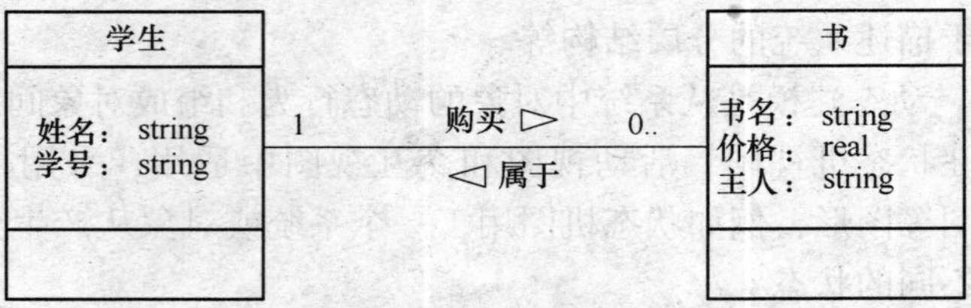

图 2-5 类图例子

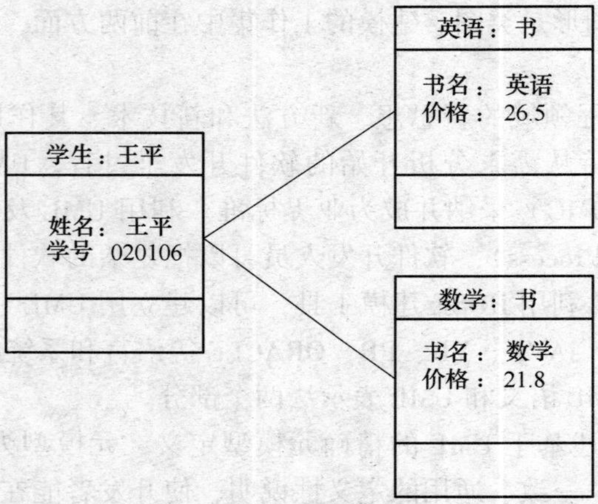

图 2-6 对象图例子

3）行为图（Behavior Diagram），包括状态图和活动图。状态图例子如图 2-7 所示，活动图例子如图 2-8 所示，图 2-9 所示为以泳道表示的活动图例子，图 2-10 所示为以流程图表示的活动图。

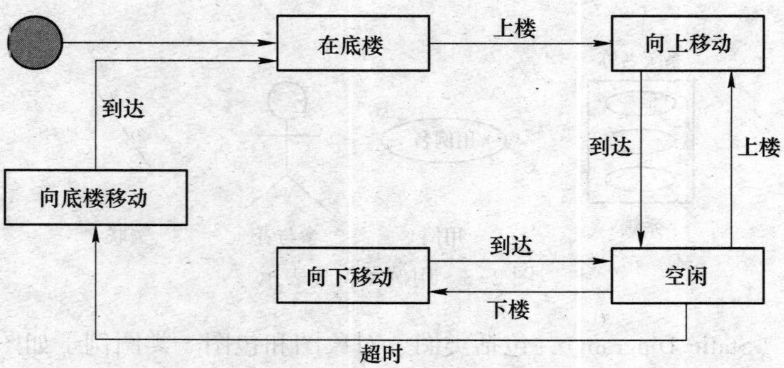

图 2-7 状态图例子

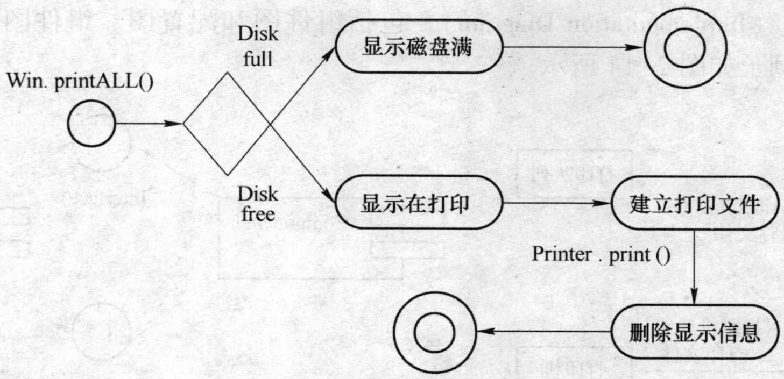

图 2-8　活动图例子

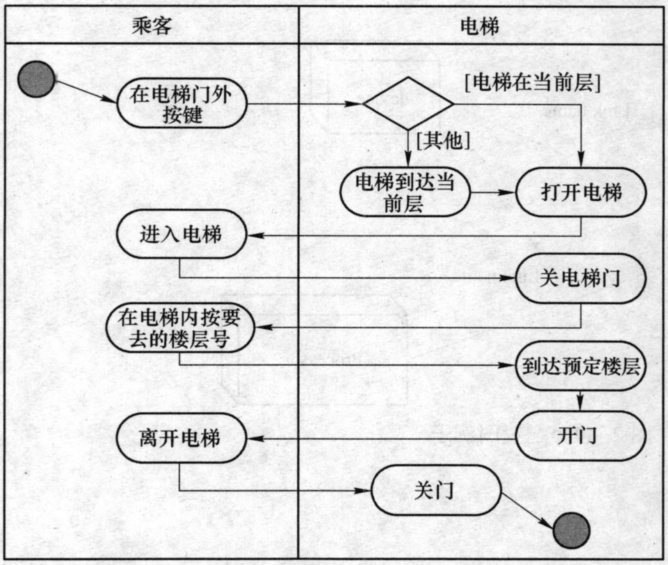

图 2-9　以泳道表示的活动图

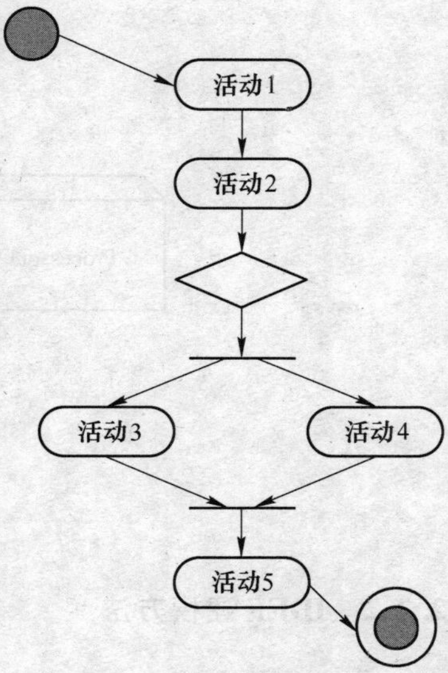

图 2-10　以流程图表示的活动图

4）交互图（Interactive Diagram），包括顺序图和合作图。顺序图例子如图 2-11 所示，合作图例子如图 2-12 所示。

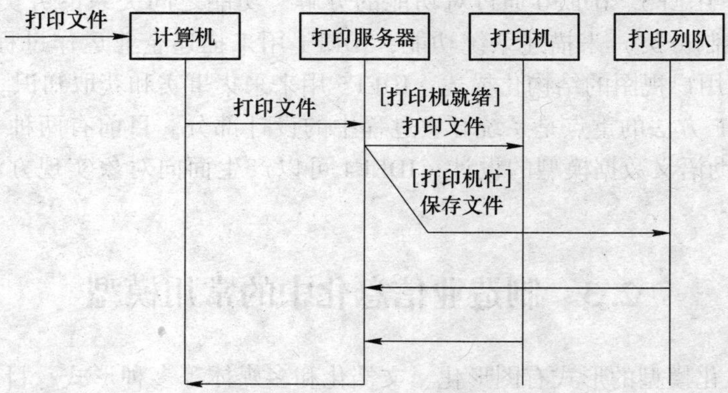

图 2-11　顺序图例子

5）实现图（Implementation Diagram），包括组件图和配置图。组件图例子如图 2-13 所示，配置图例子如图 2-14 所示。

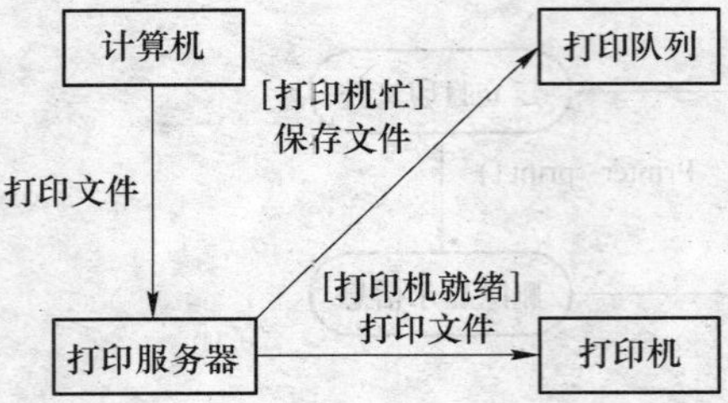

图 2-12　合作图例子

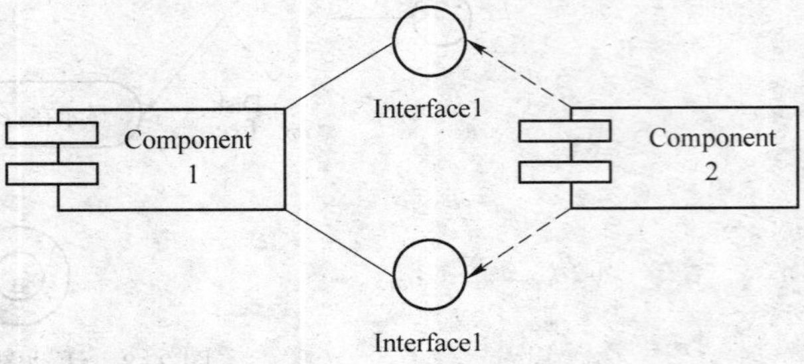

图 2-13　组件图例子

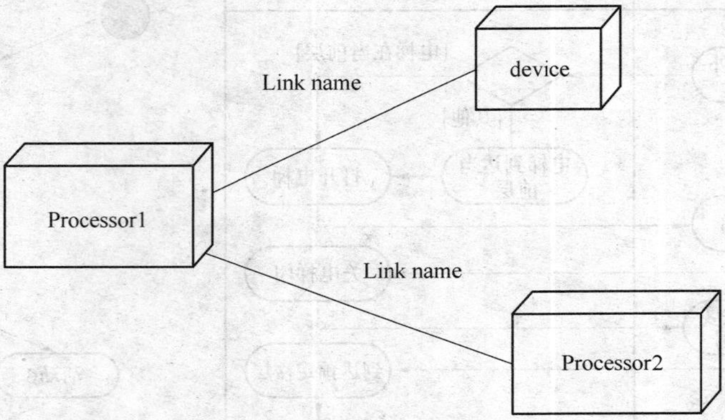

图 2-14　配置图例子

2.2.2　IDEF 建模方法

集成定义方法（Integration DEFinition Method，IDEF）是美国空军在 ICAM（集成计算机辅助制造，Integrated Computer Aided Manufacturing）工程中以结构化分析方法为基础发展形成的一套系统分析和设计方法。根据用途，可以把 IDEF 方法分成两类：

第一类 IDEF 方法的作用是沟通系统集成人员之间的信息交流。主要有 IDEF0、IDEF1、IDEF3、IDEF5。IDEF0 通过对功能的分解、功能之间关系的分类（如按照输入、输出、控制和机制分类）来描述系统功能；IDEF1 用来描述企业运作过程中的重要信息；IDEF3 支持系统用户视图的结构化描述；IDEF5 用来采集事实和获取知识。

第二类 IDEF 方法的重点是系统开发过程中的设计部分。目前有两种 IDEF 设计方法：IDEF1X 可以辅助语义数据模型的设计；IDEF4 可以产生面向对象实现方法所需的高质量的设计产品。

2.3　制造业信息化中的常用模型

制造业信息化模型的形式有图形化、文档化和多媒体等多种形式，目前主要是前面两种形式，其中图形化描述最为常用。多媒体描述方法是未来的发展方向。

在图形化描述中，考虑到制造企业的复杂性，一般采用多种视图从不同角度进行描述。最常用的视图有功能、组织、过程/控制、信息（数据）、知识、产品/服务、资源视图等。这些视图从不同角度描述了制造业信息化系统的不同特征。不同视图模型的关系如图 2-15 所示。图 2-16 描述了过程/控制视图与其他模型视图的集成关系。

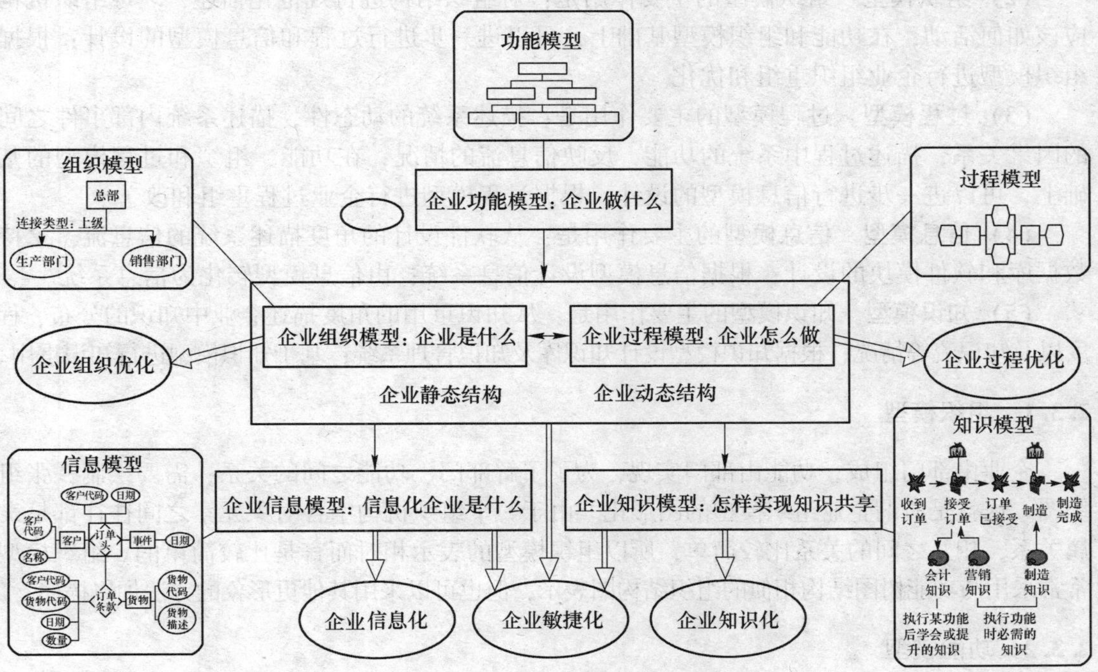

图 2-15 不同视图模型的关系

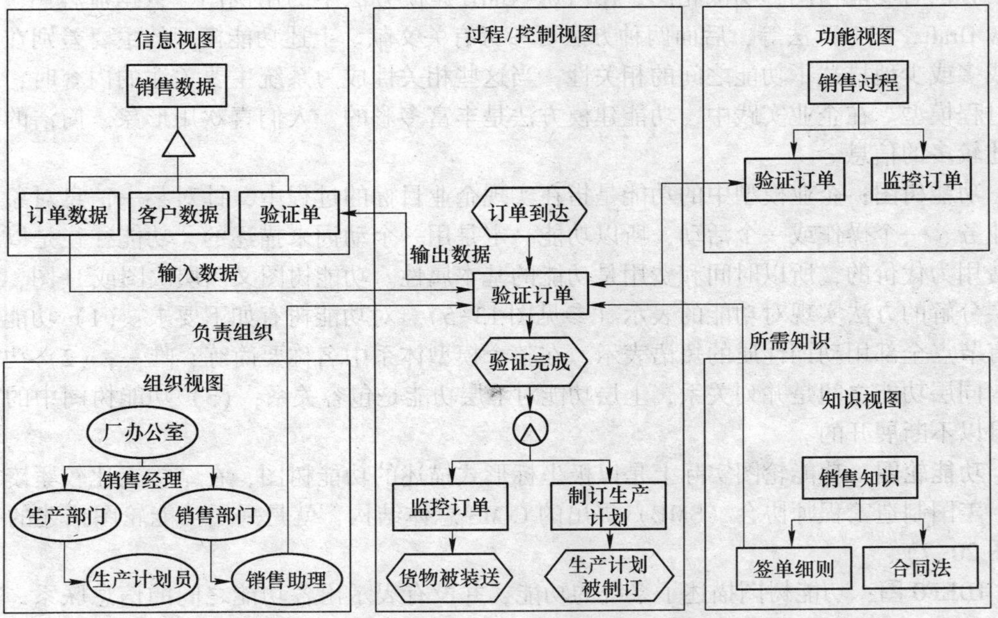

图 2-16 以过程模型为核心的模型间的集成关系

(1) **功能模型**。功能是系统的外在表现。功能可以进一步分解为一些子功能，因此，功能模型主要采用“树结构”形式加以描述。功能模型的主要作用是：描述系统各组成部分的功能以及功能之间的联系；在功能模型的基础上，可以进一步进行组织、过程和信息模型的设计；根据功能模型进行企业重组。

(2) **组织模型**。组织模型的主要作用是：对组织结构进行规范化描述，表现组织机构应该如何活动；在功能和组织模型基础上，可以进一步进行过程和信息模型的设计；根据组织模型进行企业组织重组和优化。

(3) **过程模型**。过程模型的主要作用是：描述系统的动态性，描述系统内部事件之间的因果关系；描述过程中系统的功能，反映信息流的情况；在功能、组织和过程模型的基础上，可以进一步进行信息模型的设计；根据过程模型进行企业过程重组和改善。

(4) **信息模型**。信息模型的主要作用是：从软件设计的角度描述系统的信息流，支持数据库和软件模块的设计；根据信息模型设计信息系统；由信息模型转化为信息系统。

(5) **知识模型**。知识模型的主要作用是：从知识重用的角度描述企业中知识的分布、程度以及知识流等情况；根据知识模型设计知识库及知识管理系统；基于知识模型进行知识重用。

2.3.1 组织模型

企业由部门组成，功能由部门实现，为了了解部门、功能之间的关系，需要绘制一张组织图。这就是所谓企业组织模型的图形化。由于一个组织机构中各对象元素之间往往都是隶属关系，相互之间的关系比较简单，所以组织模型的表示相对而言是比较简单的。组织模型常常采用与功能树图结构相似的组织结构图表示，但也可以采用其他更形象的方法加以描述。

2.3.2 功能模型

建立功能模型的目的是为了清晰地反映企业中各项业务之间的逻辑关系。典型的功能建模方法有功能树图、功能轮图、IDEF0、UML 建模方法中的用例图、数据流程图（Data Flow Draft，DFD）法等，后面两种方法可参考有关文献。上述功能模型的主要差别在于它们或多或少地描述了功能之间的相关性，当这些相关性成为系统主要关注的内容时，就称为过程模型。在企业实践中，功能建模方法是丰富多彩的，人们喜欢用形象、简洁的方式描述较多的信息。

功能树图：企业模型中的功能是指在实现企业目标的过程中，针对某一信息对象的一项业务、一个操作或一个活动，所以功能一定是用一个动词来描述的。功能往往是以时间和费用为代价的，所以时间和费用是功能的基本属性。功能树图又叫层次图或 H 图，它以逐层分解的方法实现对功能的表示（参见图 13-5）。对功能树有如下要求：(1) 功能树的所有节点全部用动词性质的短语表示，在整个模型体系中名称要简练、唯一；(2) 功能树中，同层功能之间是并列关系，上层功能对下层功能是包容关系；(3) 功能树图中的节点是可以不断展开的。

功能轮图：功能轮图实际上是以极坐标形式描述的功能树图，在结构上比较紧凑。例如，美国制造工程师协会（SME）提出的 CIMS 总体结构，就是采用功能轮图描述的（参见图 20-7）。

IDEF0 图：功能树图描述了系统的功能，并没有表示出各功能之间的信息联系，目前国内外常采用 IDEF0 图，以克服功能树图描述的信息量太少的问题。

IDEF0 方法是一套结构化的图形建模方法。用 IDEF0 方法建立的模型是一套严格编码的模型集，每一个模型表示一个较大功能块所分解的若干个子功能及其相互联系。每个子功能又可以进一步分解为下一级子功能，这样形成一组按递阶层次分解的图形。IDEF0 的基本图形是带有多种箭头的长方形盒子，它可以代表任何一种功能活动，如图 2-17 所示。

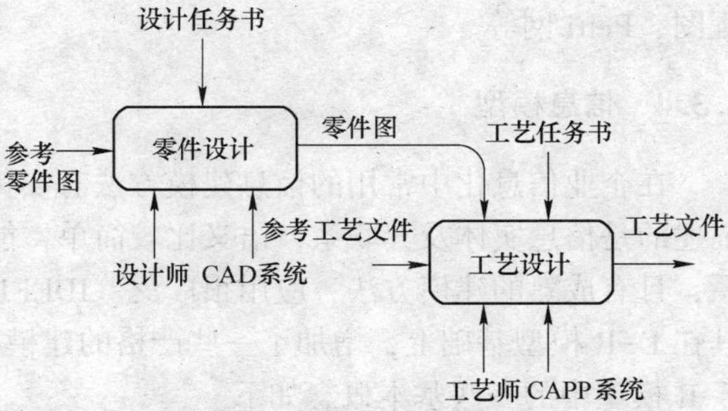

图 2-17　IDEF0 功能块的表示

盒子上、下、左、右各有若干个箭头，分别表示功能的“控制”、“支撑机制”、“输入”和“输出”。这些用名词表示的事务（如人、财、物、制度等），可以是抽象的数据或信息等。箭头表示盒子所代表的功能活动与外界的联系，所谓功能就是在“控制”的指导和约束下，在“机制”的支撑下，将“输入”变换为“输出”的过程。

为了清晰地描述功能的内部情况，对复杂的功能需要进行进一步分解。功能的分解是通过盒子的展开来实现的。功能的分解使得一项较复杂的功能变为若干个较简单的功能，同时，其输入、控制、机制和输出也相应地展开。

功能树图与 IDEF0 图之间的比较：

（1）功能树图简单易懂，一张图中可以包含多个层次；IDEF0 图考虑了系统的所需支撑机制、控制约束、输入以及输出，结构相对复杂，规定严格，一张图中只反映功能的一个层次。

（2）功能树图是面向纯功能的；IDEF0 图是面向过程的功能模型，可以描述简单的过程，另外，IDEF0 图还反映了企业中的部分组织、资源、数据等信息。

2.3.3　过程模型

过程是人们为实现某一既定目标所执行的一系列步骤。国际标准 ISO9000 将“过程”定义为“一组将输入转化为输出的相互关联或相互作用的活动”，而“程序”则是“为进行某项活动所规定的途径”。从而将“过程”与“程序”加以区别。

ISO 对“过程”的定义是从产品质量管理的角度给出的。因此，其含义比一般的理解更深刻、更具体。

（1）任何过程都要有输入。输入的可能是人力、物力资源，也可能是信息资源。总之，没有输入的过程是不存在的。

（2）输入不是目的，输入要转化为输出。输出的可能是物质实体，也可能是某种信息。它们都可被视为产品。

（3）将输入转化为输出的过程，也是对输入资源的消耗过程或转换过程，转换的目的是要使之增值，或者使输出的产品价值提高，或者使输出的信息更有意义。否则，转换就成为毫无意义的活动。

过程模型的建立是为了清晰地反映企业中各项业务之间的逻辑关系。过程建模是最为复杂的，因为过程模型中包含的信息元素与其他视图的模型相比要多得多，同时还要反映出其中的逻辑关系。典型的过程建模图形化方法有扩展的事件驱动过程链图（eEPC）、过程图、Petri 网等。

2.3.4 信息模型

在企业信息化中常用的信息建模方法有实体关系模型（E-R）、IDEF1X 等，其中 E-R 描述的是信息实体及其联系，语义比较简单，能清晰而细致地表达、共享信息的内容和关系，且有成熟的建模方法，应用很广泛。IDEF1X 是 IDEF 系列方法中 IDEF1 的扩展版本，其在 E-R 模型基础上，增加了一些严格的建模规则，改善了图形表述能力，丰富了语义。E-R 模型中的一些基本概念如下。

（1）实体、关系、数量关系。在 E-R 模型中，有相同特征的信息对象被集合成为一个类，称为实体（用矩形表示）；实体之间的连接反映了实体之间的关系（用菱形表示）；实体之间还存在一定的数量关系。如图 2-18 所示。

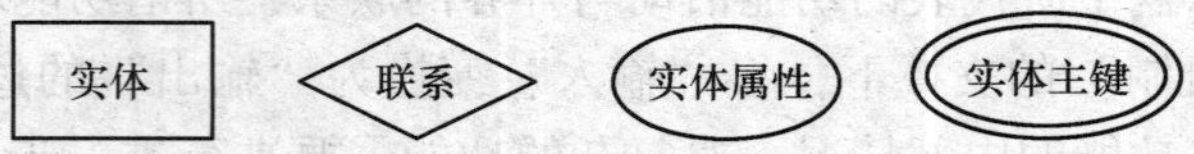

图 2-18 E-R 模型中的实体、关系、数量关系概念

（2）实体的属性。在 E-R 模型中实体是信息的载体，每个实体都包含一定的属性（用椭圆表示），它反映了实体的特征和性质。而实体的属性中存在唯一标识该实体的属性或属性组称为实体主键，如图 2-18 所示。将以上模型元素正确地组织起来就构成了完整的 E-R 模型，如图 2-19 所示。

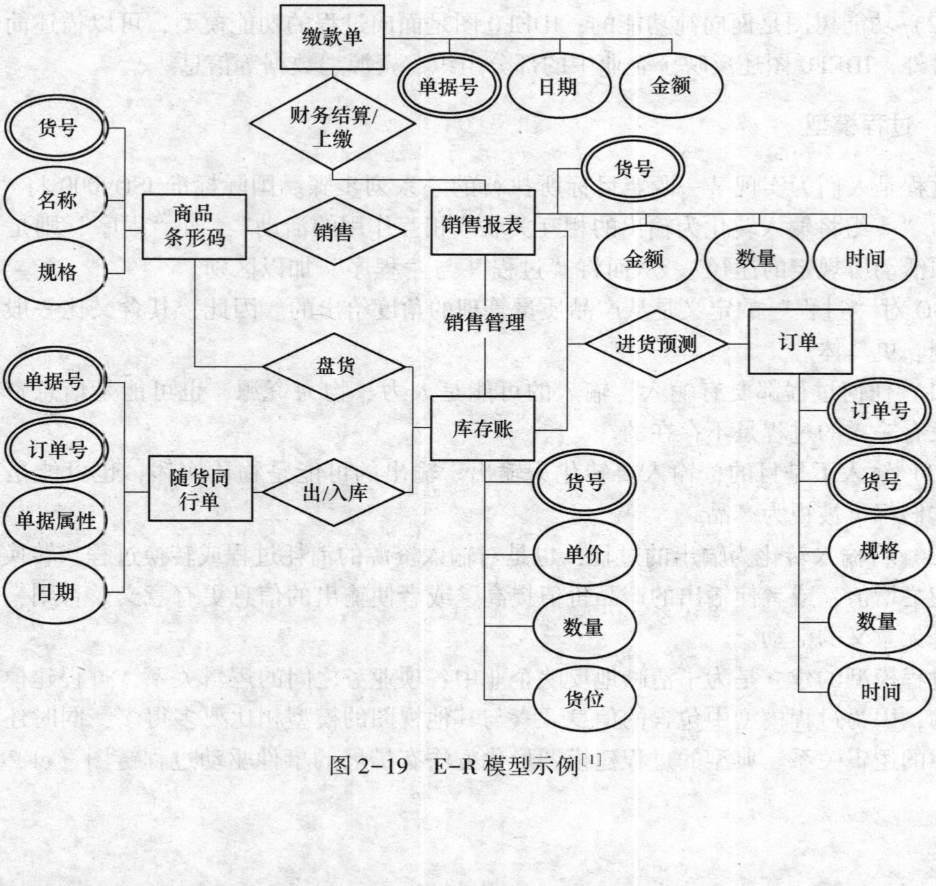

图 2-19 E-R 模型示例[1]

在实际工程中，除了用 E-R 模型外，常用信息字典对信息模型作进一步的说明，以准确地指导企业信息化实施阶段中的数据库建立。

2.3.5 知识模型

知识模型（knowledge model），就是将知识进行形式化和结构化的抽象。知识模型不是知识，是知识的抽象。一个知识模型可以包含其他的知识模型。知识模型的属性包括标识名、名称、详细描述、创建者、创建时间等。知识模型目前处于发展之中，下面仅简要介绍一种知识表示模型：启发式规则，其他知识表示模型参见 19.2 节。

用于事物间的因果关系，以

如果（ ），那么（ ）

的单一形式描述。如工艺设计规则：

如果：①齿轮精度 7 级以上，和②为硬齿面，和③最后一道工序，那么：磨齿；

如果：①齿轮精度 7 级以上，和②为软齿面，和③最后一道工序，那么：剃齿。

思考题

2-1 设想你是某一企业信息主管，请说明如何开展企业的信息化工作。

2-2 请分析一个与制造业信息化有关的网站，分析其功能模型、组织模型（网站地图）、信息模型和过程模型。

2-3 请说明功能模型、组织模型、过程模型、信息模型和知识模型的不同点以及用途。

2-4 请针对学校图书管理系统，进行 UML 建模。

3 产品技术信息化

产品技术信息化是制造业信息化的重点之一，也是应用最广、研究最深入，效益最明显的领域。产品技术信息化包括产品设计技术信息化和产品制造技术信息化，前者的对象是产品，后者的对象是产品的制造过程。本章主要介绍产品技术信息化的一些基本概念，产品设计信息化系统、产品制造信息化系统以及产品技术信息化的集成技术。

3.1 产品技术信息化概述

产品技术信息化分为两个阶段，一个是产品的设计阶段，另一个是产品的制造阶段。产品设计信息化是产品设计手段以及设计过程的标准化、智能化、虚拟化和集成化，其目标是缩短产品的开发期、降低产品的成本、提高产品的质量、提高企业的产品创新能力。产品制造信息化涉及从投料开始到最终产品的全部过程，是对制造过程优化、监控和管理，解决制造过程中的问题，提高产品的质量、精度和规模制造水平，使制造过程更加高效、敏捷、柔性，主要包括制造执行系统、数字控制、柔性制造、工业机器人、计算机辅助制造、计算机辅助质量管理和其他制造自动化技术。

3.1.1 产品技术信息化框架模型

从所考虑的过程来分，产品技术信息化模型可以分为面向产品形成过程和面向产品全生命周期两种。

（1）面向产品形成过程的产品技术信息化框架模型。如图 3-1 所示，在产品技术信

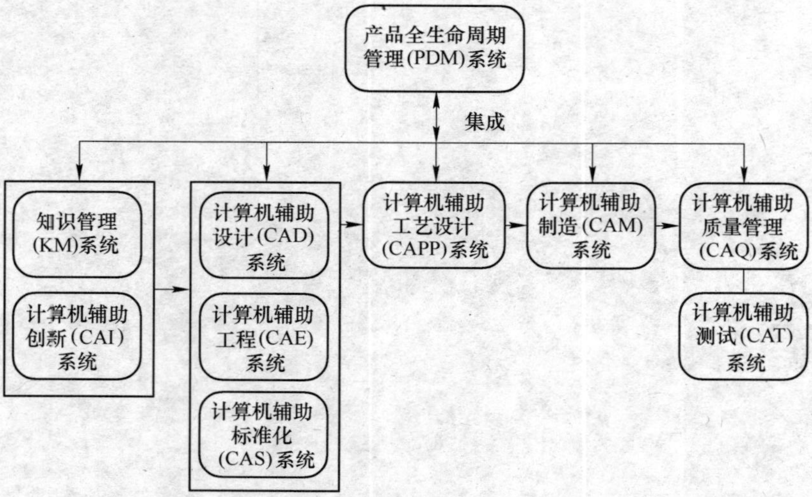

图 3-1 一种面向产品形成过程的产品技术信息化框架模型

息化的不同阶段有不同信息系统的支持，在数据管理层由产品数据管理系统对各系统所产生的数据进行集管理，并在模型的底层由统一的数据模型实现各系统的深层次集成。

（2）面向产品全生命周期的产品技术信息化框架模型。如图3-2所示，在数据管理层，由产品数据管理系统对各系统产生的数据进行集成管理。

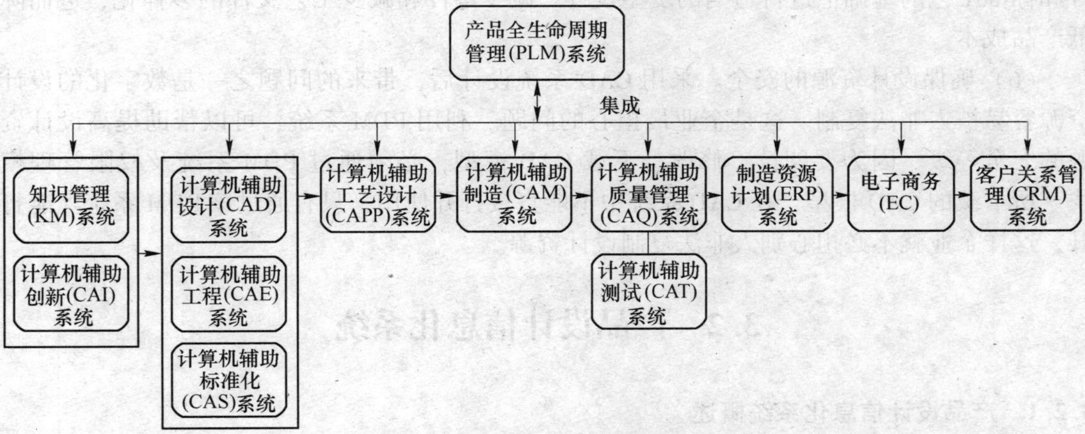

图3-2 一种面向产品全生命周期的产品技术信息化框架模型

3.1.2 企业对产品技术信息化的需求

（1）从“技术模仿”向“技术创新”转变。随着市场竞争日趋激烈，知识产权保护越来越严厉，企业越来越强调自主创新，从而对设计信息化提出了更高的要求。计算机辅助创新工具（CAI）提供了先进的方法和理论，充分利用各行业设计人员的专业知识和实践经验，辅助工程技术人员在概念设计等方面进行创新设计，从而改善了我国产品设计落后、缺乏竞争力的被动局面。

（2）缩短设计周期，提高设计效率。采用CAD系统，可以快速进行产品设计，特别是提高变型设计的效率；采用CAPP系统，利用典型工艺，可以快速进行产品工艺设计。

（3）提高产品设计的一次成功率。传统的产品设计结束后，需要设计和制造多种样机，进行各种实验，因为制造、装配和使用中的大量问题难以在设计阶段发现。采用CAE系统，可以直接利用产品模型，建立虚拟样机，进行计算机仿真实验，在设计阶段就能发现产品制造、装配、使用和维护中的问题，进而采取措施，优化产品结构，节省试制成本，缩短产品研发周期。利用CAD/CAPP/CAM/CAT/PDM集成系统，开展并行工程，组织与产品全生命周期有关的设计、制造、装配、使用和维护人员协同进行产品设计，可提高产品设计的一次成功率。

（4）确保设计资源的共享与可用性。设计资源以往分散在不同的设计人员的计算机中，很难共享。利用PDM系统，可以促进企业内部设计资源的共享和重用。利用互联网和协同设计系统，可以支持全球开发模式，促进企业之间的设计资源共享和重用。一些产品的生命周期很长，期间会出现多种版本，会不断完善。利用PDM/PLM系统，便于产品全生命周期信息资源的共享和重用，及时反馈用户的需求，支持产品全生命周期的协同优化和全面优化；支持产品各种版本的管理，避免产品维修中因为搞错版本所带来的差错。

（5）减少零件和工艺文件的多样化。结合 CAD/CAPP/PDM 系统的应用，可促进零件的通用化和标准化，对工艺文件进行标准化，尽可能选用标准件和标准工艺，或者在标准件和标准工艺的基础上进行适当的变型设计，减少零件和减少工艺文件的多样化，进而降低产品成本。

（6）确保设计资源的安全。采用 CAD 系统设计后，带来的问题之一是数字化的设计资源容易被人非法复制。这是企业最担心的问题。利用 PDM 系统，可以帮助提高设计资源的安全等级。因为要阅读、修改、下载 CAD 模型，必须通过 PDM 系统及权限管理模块。所下载的 CAD 模型，在 CAD 系统中不能直接打开使用，只有通过该 PDM 系统才能打开，这样企业就不必担心别人非法复制设计资源。

3.2　产品设计信息化系统

3.2.1　产品设计信息化系统概述

产品设计信息系统是依赖于计算机硬件、外部设备及开发环境和工具进行产品设计的综合技术，涉及许多学科领域。设计人员在计算机系统的辅助之下，可通过人-机交互操作方式进行产品概念设计、总体设计和详细设计，以及技术文档和有关技术报告的编制等。在每个子阶段所采用的信息化系统有所不同，其框图如图 3-3 所示。

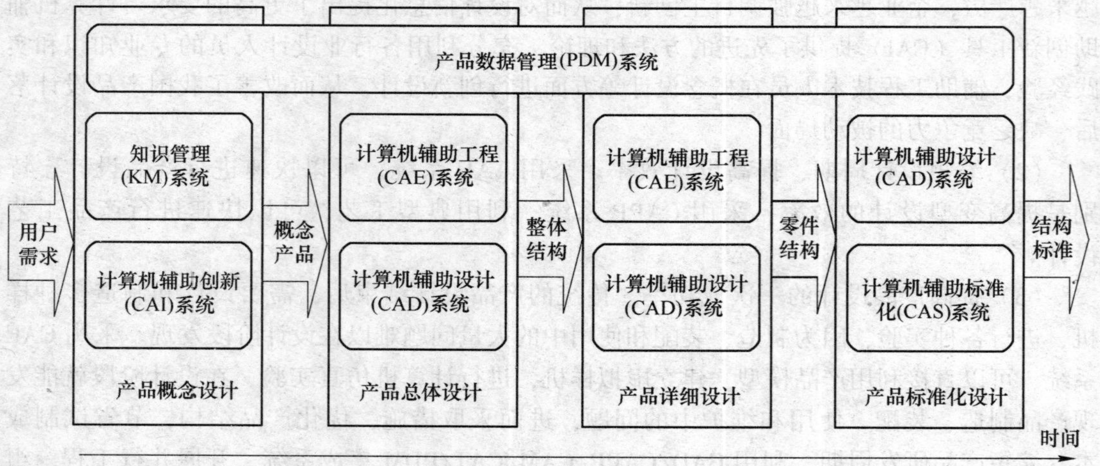

图 3-3　产品设计阶段中不同环节所需要的信息化系统

产品概念设计阶段包括分析用户需求到生成概念产品的一系列设计活动，是一个由粗到精、由模糊到清晰、由抽象到具体的过程。概念产品是关于产品总体性能、结构、形状、尺寸和系统性特征参数的描述。在产品概念设计阶段，主要采用 CAI 技术和 KM（知识管理）技术。另外，一些 CAE 工具可以用于初步分析产品概念设计的可行性。

产品总体设计主要完成产品整体结构的设计，使产品能够满足用户需求。在产品总体设计阶段，主要采用 CAE 技术和 CAD 技术。

产品详细设计主要完成产品中的各零部件的结构设计，编制产品物料清单（Bill of Material，BOM）。在产品详细设计阶段，主要采用 CAD 技术，有时需要采用 CAE，进行零件的性能分析。

产品标准化设计贯穿在产品总体设计和详细设计阶段，并在所有图纸完成后，进行标准化审核。在产品标准化设计阶段，主要采用 CAS 技术和 CAD 技术进行产品系列化、标准化和模块化设计，满足未来市场可能出现的各种个性化需求。CAS 是制造业信息化中的合理化方法之一，是一种共性技术。

3.2.2 CAI 技术和系统

CAI（计算机辅助创新，Computer Aided Innovation）是新产品开发中的一项关键基础技术，它是以近年来在欧美国家迅速发展的创新问题解决理论（TRIZ）研究为基础，结合本体论（ontology）、现代设计方法学、计算机软件技术等多领域科学知识，综合而成的创新技术。

TRIZ（萃智）理论中文名字叫发明问题解决理论，它是由苏联发明家 G. S. Altshuller 在 1946 年创立的，TRIZ 就是“发明问题解决理论”的俄语缩写。当初 Altshuller 在处理世界各国专利过程中，发现任何领域的产品改进、技术的变革、创新和生物系统一样，都是有规律可循的。掌握了这些规律，就能能动地进行产品设计并能预测产品的未来发展趋势。于是在他的领导下，苏联的数十家研究机构、大学、企业组成了 TRIZ 的研究团体，分析了世界近 250 万份高水平的发明专利，总结出各种技术发展进化遵循的规律模式，以及解决各种工程矛盾的创新原理和法则，逐渐形成了当前著名的 TRIZ 创新理论体系。TRIZ 理论的核心思想在于它采用科学的问题求解方法，首先将特殊的问题归结为 TRIZ 的一般性问题，然后应用 TRIZ 理论寻求标准解法，在此基础上演绎形成初始问题的具体解法。这其中包括一套科学系统的问题模型构建与分析方法，对问题和矛盾的定义，解决各种矛盾的创新法则，以及各种标准解法和算法等，这都保证了它是一种科学、可操作的创新方法，为计算机环境下的创新提供了重要的理论与方法基础。

3.2.2.1 基于 TRIZ 理论的 CAI 系统

CAI（计算机辅助创新技术）作为工程领域又一个重要的计算机辅助技术而出现，和其他 CAX 技术一样，它得益于相关的先进创新理论、方法的发展及其和计算机技术的不断融合。传统的创新方法更多的是依赖心理因素，具有很大的随机性和偶然性，创新效果也很难保证。而 TRIZ 理论的出现则彻底改变了这种情况，它是一种在前人创新成果与创新方法基础上的提升和集成，成功地揭示了创造发明的内在规律和原理，它着力澄清和强调系统中存在的矛盾，而不是逃避矛盾，其目标是完全解决矛盾，获得最终的理想解，而不是采取折衷或者妥协的做法，而且它是基于技术的发展演化规律研究整个设计与开发过程，而不再是随机的行为。即 TRIZ 理论的发展催生了计算机辅助创新。基于 TRIZ 的著名 CAI 系统有美国亿维讯公司（IWINT，Inc.）的 Pro/Innovator 软件、美国 Invention Machine 公司的 TechOptimizer、Ideation International 公司的 Innovation WorkBench（IWB）、德国 TriSolve 公司的 TriSolver2.1 等。我国商品化的 CAI 软件有河北工业大学 TRIZ 研究中心的 InventionTool 软件。

这些软件将 TRIZ 中的概念、原理、工具与知识库紧密结合，设计者通过使用这些软件，可以参考世界上优秀工程设计实例，为正在开发中的产品提供设计思路，使概念设计快速并高质量地完成。经验丰富的设计师通常记忆有大量的设计实例，因而掌握纵向及横向相似性，所以能迅速地进行横向及纵向的联想，能触类旁通，得出具有相似作用原理及物理结构的实例（简称相似实例）并进行组合优化，最后得到最优解。

3.2.2.2 CAI 常用的产品创新设计方法

（1）原理创新。原理创新一般是从产品的功能要求出发，通过技术分析，寻求产品创新的过程。这种方法主要是把复杂的设计要求通过功能关系的分析抽象为简单的模式，以便寻求能满足设计对象主要功能关系的原理方案。传统上，常用简图或示意图来表示所构思的内容。而计算机辅助的原理创新工具则有形态学、协同的求解工具以及基于原型、事例等的联想类比求解工具等。这些工具的实现很大程度上依赖于网络化设计、协同化设计以及智能设计等领域的进展程度。

（2）功能创新。功能创新主要依赖于市场需求的分析结果。在传统的设计过程中，主要靠人工来完成。随着信息技术的进一步发展，特别是数据库、信息管理、人工智能等技术的深入应用，最终必将使计算机在辅助产品功能创新中发挥其巨大的作用。

（3）布局创新。布局创新主要是指对整个产品按功能进行分解或组合，从而划分为若干个组件单元，然后通过产品布局的空间排列、配置方式和尺度变化等三要素的变化来实现产品创新的过程。由于布局三要素可用数学表达方法进行形式化描述，因而完全可以通过在内部建立的数学模型的支持下实现计算机辅助的产品布局创新工具。

（4）形状创新。形状创新主要是指对经过原理方案实体化后的初始产品形状，在遵循基本的形状法则的基础上，通过形状变换操作而实现产品创新的过程。其中变换操作包括了变异、置换、替代、组合等，对象则包括产品整体、部件或部件组合。形状创新的操作机制与传统特征模型中的特征操作以及变量模型中的变量操作存在着一定的相似性。

（5）结构创新。创新设计过程的结构创新主要是指创新设计后期对方案进行初步结构化过程中的产品创新过程。这一过程从产品结构的角度出发，对构成产品的各个部件进行初步结构化，以达到与后续设计的衔接，同时体现在结构上的创新性。因为在详细设计中的结构设计过程，由于受到各种约束，产品结构上的创新已难以体现。其中，以功能创新和原理创新为主的产品设计往往是创造性设计，而以布局创新、形状创新和结构创新为主的产品设计主要是变型性设计。它们虽存在一定的相互独立性，但在实际的创新设计过程中往往相互影响、相互制约。

（6）集成创新。集成创新是利用各种信息技术、管理技术与工具等，对各个创新要素和创新内容进行选择、集成和优化，形成优势互补的有机整体的动态创新过程。集成创新强调灵活性，重视质量和产品多样化。集成创新的概念虽然还无定论，但无论何种表述都一致认为，集成创新的主体是企业，集成创新的目的是有效集成各种要素，更多地占有市场份额，创造更大的经济效益。现代企业集成创新以提高企业持续的整体竞争力为目标，创新过程与创新资源创造性地集成与协同。

3.2.2.3 基于 TRIZ 的 Pro/Innovator 创新设计

应用 Pro/Innovator 解决创新问题的流程如图 3-4 所示。

例如某造纸厂用圆木做造纸原料。圆木由卸载处直接用传送带运往切削机进行加工。为了使切削流程顺利完成，圆木最好与传送带轴线方向一致。由于圆木卸下时是杂乱地堆砌在传送带上的，所以需要在传送过程中增加一个圆木定向的工序。这一操作如果由机器人完成，则成本太高，结构也非常复杂。针对这一问题，应用 Pro/Innovator 相关模块逐步分析如下。

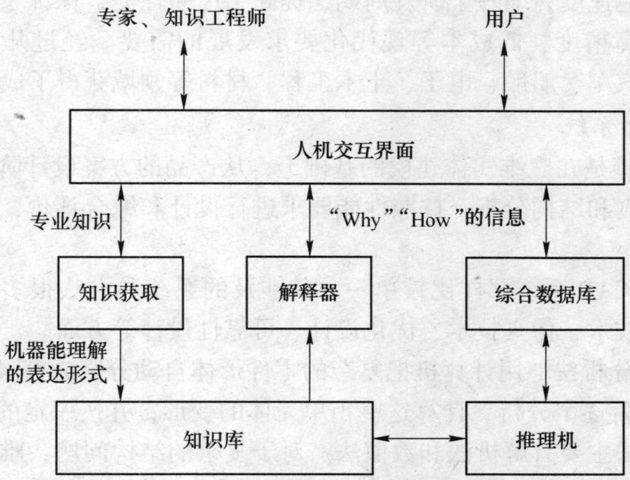

图 3-4　Pro/Innovator 解决创新问题的流程图

（1）问题分析。首先，明确解决此问题的目的：不对系统做大的改动，在传送过程中即可实现圆木的定向。然后，利用系统分析对整个系统做进一步的分析，找出产生此问题的区域：传送带与圆木相互作用的区域。根据解决创新问题的模型可得到提示——利用系统中已有的资源实现所需的功能。而系统在此区域中的唯一资源是传送带。此时，我们可以得到这样的问题：如何利用传送带自身实现圆木的定向？接下来，借助 Pro/Innovator 中的问题分析功能从上述问题描述中抽取出本质的问题，经过分析找出实际问题中的矛盾：为定向圆木，传送带表面的不同点需要有不同的速度；为传送圆木，传送带表面需要以同一速度运动。

（2）解决问题（消除矛盾）。问题矛盾确定之后，根据 Pro/Innovator 中的创新原理提示，经过分析，采用"分割"原理，将互相矛盾的要求分别用相互独立的部件实现：整个传送带以生产所需的速度向前运动，它的附加部件则以不同的速度运动。

（3）最终方案。将传送带设计成三个部分：中间的主体部分以生产所需的速度运动将圆木送往砍削机；两边的传送带则以一定的相对速度向相反方向"错动"，摩擦圆木，调整圆木的方向，逐渐使其轴线方向与传送带轴向一致，从而达到定向的目的。

3.2.3　CAE 技术和系统

CAE（计算机辅助工程，Computer Aided Engineering）是实现重大工程和工业产品计算分析、模拟仿真与优化设计的工程软件。CAE 软件是计算力学、计算数学、相关的工程科学、工程管理学与现代计算机科学和技术相结合而形成的一种综合性、知识密集型信息产品。

传统的产品性能、可靠性、安全性等方面的分析方法比较粗略，尤其是复杂产品结构，其分析对象的力学模型往往经过了较大的简化，有时引入了令人难以置信的假设，致使有些分析结果不甚可靠。因此，这种传统的分析方法只能用来定性地比较不同设计方案的好坏。将计算机引入工程分析领域，对产品的设计方案，产品的性能、可靠性、安全性、经济性等方面的产品质量分析采用计算机辅助工程——CAE 技术极大地加快了新产品的设计、开发、制造速度，缩短了研发周期，提高了产品性能，保证了产品质量，适应产品向高效、高速、高精度、低成本等现代化要求发展的需要。经过几十年的发展，在航空、航天、机械、汽车、船舶、电子、土木工程、材料等领域获得了成功的应用。

3.2.3.1　CAE 系统

CAE 技术的关键是在三维实体建模的基础上，从产品的方案设计阶段开始，按照实际使用的条件进行仿真和结构分析；按照性能要求进行设计和综合评价，以便从多个设计方案中选择最佳方案。

CAE 系统不像 CAD 系统那样比较单一，其涉及的系统和方法很多，主要有有限元法技术、模态分析法技术、仿真技术、优化设计、可靠性设计等方面。

(1) **有限单元分析法**。用计算机把复杂的零件形体自动分割成有限个形状简单的小块(称网格单元)，然后逐个分析、计算这些小单元体的变形，并按一定的关系求得零件的总变形。力学分析方法主要有解析法和数值法。对于复杂的结构问题，唯一的途径是应用数值法求出问题的近似解。数值法最常用的有有限元法（FEM）、边界元法（BEM）、有限差分法（FDM）。三种方法的共同点是结构的离散化。

(2) **模态分析法**（modality）。模态分析是研究结构动力特性的一种近代方法，是系统辨别方法在工程振动领域中的应用。模态是机械结构的固有振动特性，每一个模态具有特定的固有频率、阻尼比和模态振型。这些模态参数可以由计算或试验分析取得，这样一个计算或试验分析过程称为模态分析。这个分析过程如果是由有限元计算的方法取得的，则称为计算模态分析；如果通过试验将采集的系统输入与输出信号经过参数识别获得模态参数，称为试验模态分析。

(3) **仿真技术**。仿真技术是一门多学科的综合性技术，它以控制论、系统论、相似原理和信息技术为基础，以计算机和专用设备为工具，利用系统模型对实际的或设想的系统进行动态试验。

物流仿真：针对物流系统进行系统建模，模拟实际物流系统运行状况，并统计和分析模拟结果，用以指导实际物流系统的规划设计与运作管理。物流仿真使用的建模方法有排队理论、Petri 网、线性规划等。

运动仿真：CAE 系统可以对运动的机构进行动态分析，并可画出机构运动的动态过程，以便检查机构的运动轨迹、校核运动件的干涉情况，还可计算出各构件的运动速度、加速度和受力的大小，可以虚拟地仿真运动组件的加速力和重力的反作用力。而且，可以综合考虑诸如弹簧、电动机、摩擦力和重力等动力影响，相应调整产品性能。

制造过程仿真：对金属切削加工、铸造、焊接、成型、试验、装配和物料流动等各种工艺过程进行仿真，除了对产品加工质量进行预测之外，还可以深入研究这些工艺过程的机理和规律，了解产品设计的合理性、可加工性、加工方法，选用机床和工艺参数。

产品装配仿真：机械产品的配合性和可装配性是设计人员常易出现错误的地方，以往要到产品最后装配时才能发现，从而导致零件报废和工期延误，并造成巨大的经济损失和信誉损失。采用产品装配仿真技术在产品设计阶段就可以进行可装配性验证，确保设计的正确性。

虚拟样机与产品工作性能评测：首先进行产品的实体建模，然后将该模型置于虚拟环境中进行仿真和分析。这样，可以在设计阶段就对设计的方案、结构等进行装配、加工和运行仿真，解决许多不可预见的问题，提高一次试验成功率。采用虚拟现实技术，还可以方便、直观地进行工作性能检查。

（4）**优化设计**。CAE 系统采用参数优化方法进行方案优选，使方案设计考虑的因素更为精细、全面和合理。不同的产品往往有不同的方案优化设计系统。

（5）**可靠性分析**。通过计算机进行可靠性分析，使工程师能过预测和改善其设计方案的疲劳性能，减少可靠性试验次数。

3.2.3.2 CAE 技术在汽车产品开发中的应用

CAD/CAE/CAM/PDM 的应用，极大地促进了汽车技术的进步和发展。如果说 CAD 是在帮助工程师创造更丰富、更优美、更实用的几何实体设计，那么 CAE 则是在保证产品设计的质量、寿命、性能、成本等方面发挥着重要作用。CAE 技术在汽车产品开发中效果突出，其分析方法的准确性和精确性已得到普遍认可，几年前“要求对分析结果进行试验验证”的说法现在已经很少见，因为几乎所有的中国汽车企业都采用了 CAE 技术。

在汽车产品开发中，如果我们只依靠总设计师的“经验”和样车，那么确定诸如行驶性、操纵稳定性、振动、噪声和舒适性等这些整车参数必然不是科学先进和客观可靠的，如果等到产品设计完成后，才发现这些性能达不到要求，则需要投入大量的人力和物力，而且会延误开发周期，坐失市场商机。如果我们运用 CAE 仿真技术，对“原型车”和开发车系统进行仿真，可以在概念设计阶段就精确地预测和控制零部件乃至整车的性能和结构可靠性，从而在开发初期就能使未来产品性能和结构指标得到保证。很显然，CAE 技术的采用可以节约大量成本和时间，其技术经济意义是特别重大的。据有关统计数据表明，应用 CAE 技术后，开发期的费用占开发成本的比例从 80%~90% 下降到 8%~12%。

例如福特汽车 2000 年应用 CAE 技术后，新车型开发周期从 36 个月降低到 12~18 个月；开发后期设计修改率减少 50%；原型车制造和试验成本减少 50%；投资收益提高 50%。可以说在汽车发展历史上，没有什么技术能与 CAE 技术相比，产生如此巨大的回报。

3.2.4 CAD 技术和系统

CAD（计算机辅助设计，Computer Aided Design）是用计算机系统协助产生、修改、分析和优化设计的技术。CAD 技术将计算机高速、海量数据存储及处理和挖掘能力与人的综合分析及创造性思维能力结合起来，对加速工程和产品的开发、缩短设计制造周期、提高质量、降低成本、增强企业市场竞争能力与创新能力具有重要作用。

现代 CAD 系统的功能主要有：设计组件重用；简易的设计修改和版本控制功能；设计的标准组件的自动产生；设计是否满足要求和实际规则的检验；无需建立物理原型的设计模拟；装配件（一堆零件或者其他装配件）的自动设计；工程文档的输出，例如制造图纸、材料明细表；设计到生产设备的直接输出；到快速原型或快速制造工业原型的机器的直接输出。

根据 CAD 系统模型的特点，CAD 系统一般被分为二维 CAD 系统和三维 CAD 系统。

3.2.4.1 二维 CAD 系统

二维 CAD 系统将工程设计图纸看成是点、线、圆、弧、文本等几何元素的集合，系统内表达的任何设计都变成了几何图形，所依据的数学模型是纯几何模型，系统记录了这些图素的几何特征。图 3-5 所示为二维 CAD 系统的数据模型。

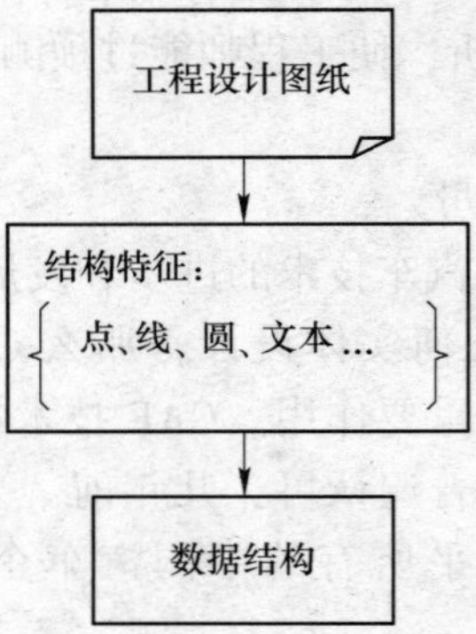

(a)

```
struct_ent_head
{inttype;图素类型
intsize;图素所占字节数
intlay;图素所在图层
intattrib 图素的属性};
struct_line"线"数据结构
{doublex1,y1;第一端点
doublex2,y2;第二端点};
```

(b)

图 3-5 二维 CAD 系统的数据模型

(a) 二维 CAD 系统的数据模型；(b) 数据结构

工程设计图中还包含着一些行业约定和简化；同时，由于它通过选择最合理的投影面、剖切位置和剖切方式来表达零件的几何和加工信息，因而具有简单、完整和准确等特点。这种以投影原理为基础的工程图能够表达的零件的复杂性几乎是无限的，人类近 200 年来的实践充分证明了工程图表征零件的合理性。此外，也由于经济实力、技术水平和工作习惯等方面的原因，二维 CAD 系统不会在短期内全部消亡。

3.2.4.2 三维 CAD 系统

三维 CAD 系统的核心是产品的三维模型。三维模型是在计算机中将产品的实际形状表示成为三维的模型，模型中包括了与产品几何体结构有关的点、线、面、体的各种信息。计算机三维模型的描述已经历了从线框模型、表面模型到实体模型的发展，所表达的几何体信息越来越完整和准确，能“设计”的范围越来越广。由于三维 CAD 系统的模型包含了更多的实际结构特征，使用户在采用三维 CAD 造型工具进行产品结构设计时，更加能够反映实际产品的构造或加工制造过程。

除了具有设计过程直观、设计效率高的特点以外，三维 CAD 系统所采用的三维特征和参数化功能还可以更加准确地表达设计人员的设计意图，使设计过程更加符合设计人员的设计习惯和思维方式，从而使设计人员可以更加专注于产品设计本身，而不是产品的图形表示。三维 CAD 系统具有高级的曲面造型工具，能够构造各种复杂的产品形状。利用三维的产品模型还可以进行产品的装配设计。通过赋予零部件一定的物理属性，如材料等，就可以进行产品结构分析和各种物理特性计算。此外，产品的三维模型可以直接通过投影自动生成二维工程图；同时，设计结果也可以为后续设计模块，如工程分析、数控加工等应用。表 3-1 描述了三维 CAD 系统的发展历程。

表 3-1 三维 CAD 系统的发展历程

技术	时间	特点	缺点	适用范围
线框模型	20 世纪 60 年代	用几何体的棱线表示几何体的外形，就如同用线架搭出的形状一样，模型中没有表面、体积等信息	只能表达基本的几何信息，不能有效表达几何数据间的拓扑关系。由于缺乏形体的表面信息，CAM 及 CAE 均无法实现	
曲面造型	70 年代	利用几何形状的外表面构造模型，就如同在线框模型上蒙了一层外皮，使几何形状具有了一定的轮廓，使 CAM 问题基本得到解决，并可以产生诸如阴影、消隐等效果	只能表达形体的表面信息，难以准确表达零件的其他特性，如质量、重心和惯性矩等，对 CAE 十分不利	飞机和汽车设计
实体造型	70 年代末到 80 年代初	能够精确地表达零件的全部属性，形成了几何形状的体的概念，如同在几何体的中间填充了一定的物质，使之具有了如重量、密度等特性，有助于统一 CAD、CAE 和 CAM 的模型表达。并且可以检查两个几何体的碰撞和干涉等	数据计算量极度膨胀。在当时的计算机硬件条件下，实体造型的计算及显示速度很慢，离实际应用还有较大的差距。在以后的 10 年里，随着硬件性能的提高，实体造型技术逐渐为众多 CAD 系统所采用	CAD/CAE 集成
参数化实体造型	80 年代中期	基于特征、全尺寸约束、全数据相关和尺寸驱动设计修改	“全尺寸约束”的硬性规定容易影响和制约设计者创造力及想象力的发挥。设计者在设计中，必须将形状和尺寸联合起来考虑。一旦所设计的形状过于复杂，修改就不方便；并且，如果在设计中关键形体的拓扑关系发生改变，失去了某些约束特征也会造成系统数据混乱	容易实现变型设计
复合建模技术	80 年代后期	在原有的线框模型、曲面模型及实体模型技术的基础上进行局部的、小规模的修补，将参数化实体建模、高级自由曲面建模、线框建模融合于一体。可使工程师在工作时不必受单一建模方法的束缚	难以全面应用参数化技术。 由于参数化技术和非参数化技术内核本质不同，用参数化技术造型后进入非参数化系统，还要进行内部转换才能被系统接受，而大量的转换极易导致数据丢失或产生其他的不利情况	
变量化技术	90 年代初	将参数化技术中需要定义的尺寸“参数”进一步区分为形状约束和尺寸约束，在设计的初始阶段允许欠尺寸约束的存在；还可以将工程关系作为约束条件直接与几何方程联立求解，无需另建模型处理；采用了主模型技术		复杂产品设计开发
虚拟现实技术	正在开发	在沉浸式的虚拟环境中，设计者通过直接对三维操作对产品模型进行管理，以直观自然的方式表达设计概念，并通过视觉、听觉与触觉反馈感知产品模型的机会属性、物理属性与行为表现	虚拟现实技术虽然已在各行各业进行推广应用，但多数还停留在虚拟样机阶段，如何将它提高到虚拟功能样机，还要做很多的工作	

3.2.4.3 二维CAD系统和三维CAD系统的分析比较

（1）三维CAD系统的核心是产品的三维模型。它所表达的几何体信息越来越完整和准确，能解决“设计”的范围越广。产品的三维模型可以直接通过投影生成二维工程图；三维CAD系统模型包含了更多的实际结构特征，通过赋予零部件一定的物理属性，就可以进行产品结构分析和各种物性计算，并为后续设计制造模块（如数控加工等）应用，使用户在采用三维CAD造型工具进行产品结构设计时，就能反映实际产品的构造或加工制造过程，成为实现CAD/CAPP/CAE/CAM集成的基础。

（2）三维CAD系统具有更高级的造型工具，能够构造各种复杂的产品形状，支持产品的装配设计，实现“自顶向底”和“自底向顶”等设计方法；三维CAD系统采用的三维特征和参数化功能还可以更加准确地表达设计者的设计意图，使设计过程更加符合设计者的设计习惯和思维方式。

（3）三维造型系统能方便地与CAE系统集成，支持结构分析的前后处理和设计仿真等复杂设计过程，方便与工艺和辅助制造系统集成，能提供数控加工所需的信息，如NC代码，实现CAD/CAE/CAPP/CAM的集成。

（4）三维CAD系统价格相对较贵；需要巨大的信息存储空间，对硬件的要求较高；对用户的知识和操作技巧要求较高，掌握起来比较困难。

可见，三维CAD系统有其自身巨大的优越性，随着计算机软硬件系统的发展，性能价格比的不断提高，这种优越性会越来越明显。但三维CAD系统并不能简单地取代二维CAD系统，两者可以互相配合、相得益彰。

三维CAD系统具有可视化程度高、形象直观、设计效率高，以及能为企业数字化的各类应用环节提供完整的设计、工艺和制造信息等优势，可以减轻设计人员大量简单烦琐的工作量，使他们能集中精力于那些富有创造性的高层次思维活动。目前正在逐步取代传统的纯二维CAD系统。

3.3 产品制造信息化系统

3.3.1 产品制造信息化系统概述

制造阶段包括产品工艺设计、数控加工编程、制造质量管理和产品测试等阶段。

在产品工艺设计阶段，需要按照设计图纸，根据订单要求，结合企业的制造装备，进行产品工艺计划编制，提供给制造车间有关产品的工艺文件。在该阶段，主要采用计算机辅助工艺设计（CAPP）技术。在数控加工编程阶段，需要按照设计图纸，根据企业的数控加工机床的特点，进行数控加工编程，提供给制造车间有关零件的数控程序。在该阶段，主要采用计算机辅助制造（CAM）技术。在产品制造和装配阶段，需要对产品的质量进行管理，主要采用计算机辅助质量管理（CAQ）技术。在产品测试阶段，随着三坐标测量机、虚拟仪器等的使用，将越来越多地采用计算机辅助测试（CAT）技术。产品制造阶段各环节所需要的信息系统如图3-6所示。

3.3.2 CAPP技术和系统

CAPP（计算机辅助工艺设计，Computer Aided Process Planning）是指借助于计算机软

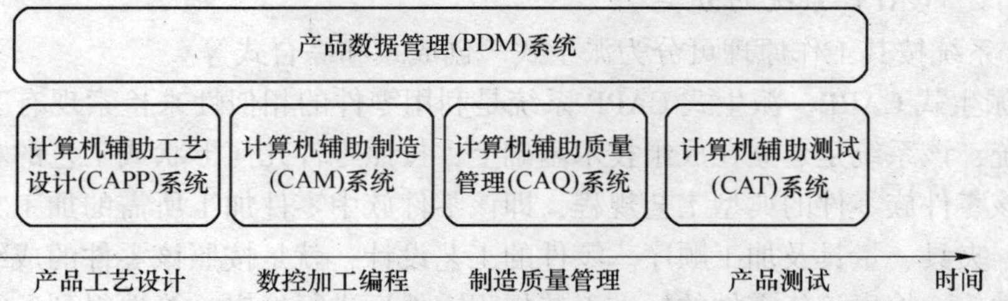

图 3-6 产品制造阶段各环节所需要的信息系统

硬件技术和支撑环境，利用计算机进行数值计算、逻辑判断和推理等功能来制定零件的机械加工工艺过程。工艺设计是产品开发的重要环节，工艺设计的好坏直接决定零件的生产质量和生产效率以及成本。CAPP 系统的实施就是为了缩短工艺编制的时间，优化工艺并实现工艺编制的自动化，减轻工艺编制人员的劳动强度；CAPP 系统的应用还可以使企业的工艺文件实现标准化，实现企业内部数据的高度统一，标准化的工艺文件更加适合企业现代化的生产与管理环境，方便企业应用 PDM、ERP 等系统。

由于计算机集成制造系统（CIMS）的出现，计算机辅助工艺规划上与计算机辅助设计（CAD）相接，下与计算机辅助制造（CAM）相连，是连接设计与制造之间的桥梁，设计信息只能通过工艺设计才能生成制造信息，设计只能通过工艺设计才能与制造实现功能和信息的集成。由此可见 CAPP 在实现生产自动化中的重要地位。

3.3.2.1 CAPP 系统的构成

CAPP 系统的构成，视其工作原理、产品对象、规模大小不同而有较大的差异。CAPP 系统基本的构成模块主要有控制模块、零件信息输入模块、工艺过程设计模块、工序决策模块、工步决策模块、NC 加工指令生成模块、输出模块、加工过程动态仿真等。

（1）控制模块。控制模块的主要任务是协调各模块的运行，使人机交互的窗口，实现人机之间的信息交流，控制零件信息的获取方式。

（2）零件信息输入模块。当零件信息不能从 CAD 系统直接获取时，用此模块实现零件信息的输入。

（3）工艺过程设计模块。工艺过程设计模块进行加工工艺流程的决策，产生工艺过程卡，供加工及生产管理部门使用。

（4）工序决策模块。工序决策模块的主要任务是生成工序卡，对工序间尺寸进行计算，生成工序图。

（5）工步决策模块。工步决策模块对工步内容进行设计，确定切削用量，提供形成 NC 加工控制指令所需的刀位文件。

（6）NC 加工指令生成模块。NC 加工指令生成模块依据工步决策模块所提供的刀位文件，调用 NC 指令代码系统，产生 NC 加工控制指令。

（7）输出模块。输出模块可输出工艺流程卡、工序卡、工步卡、工序图及其他文档，输出亦可从现有工艺文件库中调出各类工艺文件，利用编辑工具对现有工艺文件进行修改到所需的工艺文件。

（8）加工过程动态仿真。加工过程动态仿真对所产生的加工过程进行模拟，检查工艺的正确性。

3.3.2.2 CAPP 系统的分类

CAPP 系统按其工作原理可分为派生式、创成式和综合式等。

（1）派生式 CAPP。派生式 CAPP 系统是利用零件的相似性来检索现有工艺规程的一种软件系统，该系统是建立在成组技术基础上，按照零件几何形状或工艺的相似性归类成族，建立该零件族零件的典型工艺规程，即该零件族中零件加工所需的加工方法、加工设备、工具、夹具、量具及加工顺序。零件的工艺设计，就是按照该零件的成绩编码，确定其所属零件族，检索该族零件的标准工艺规程，然后进行编辑、筛选得到该零件的工艺流程。派生式 CAPP 系统的工作原理如图 3-7 所示。

（2）创成式 CAPP。创成式 CAPP 系统是一个能综合零件加工信息，自动地为一个新零件创造工艺规程的系统。创成式 CAPP 系统能够根据工艺数据库的信息和零件模型，在没有人工干预的条件下，自动产生零件所需要的各个工序和加工顺序，自动提取制造知识，自动完成机床、刀具的选择和加工过程的优化，通过应用决策逻辑，模拟工艺设计人员的决策过程，自动创成新的零件加工工艺规程。创成式 CAPP 系统工作原理图如图 3-8 所示。

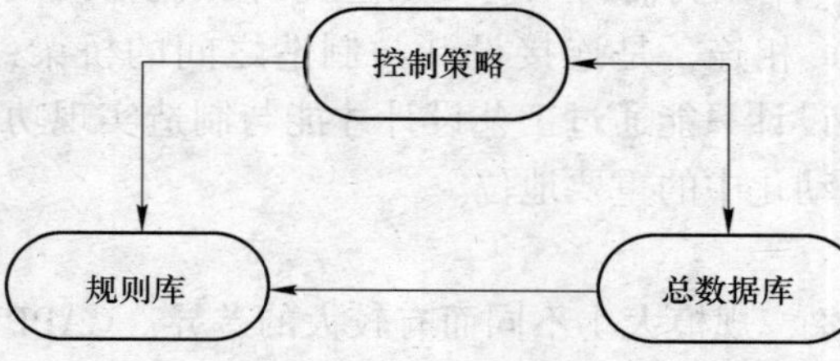

图 3-7 派生式 CAPP 系统工作原理

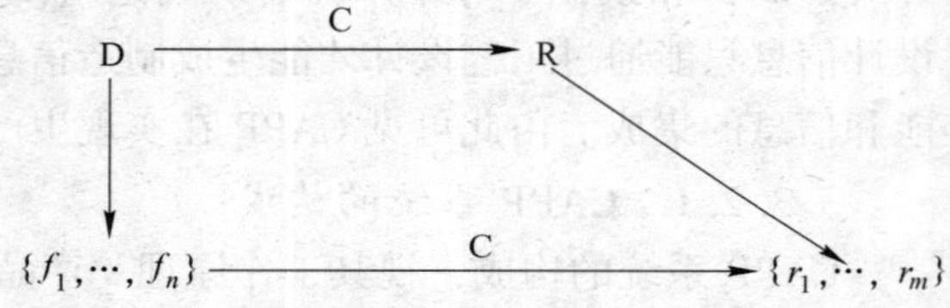

图 3-8 创成式 CAPP 系统工作原理

（3）综合式 CAPP。综合式 CAPP 也称半创成式 CAPP 系统，它综合派生式 CAPP 与创成式 CAPP 的方法和原理，采取派生与自动决策相结合的方法生成工艺规程。如需对一个新零件进行工艺设计时，先通过计算机检索它所属零件族的标准工艺，然后根据零件的具体情况，对标准工艺进行自动修改，工序设计则采用自动决策产生。综合式 CAPP 系统工作原理图如图 3-9 所示。

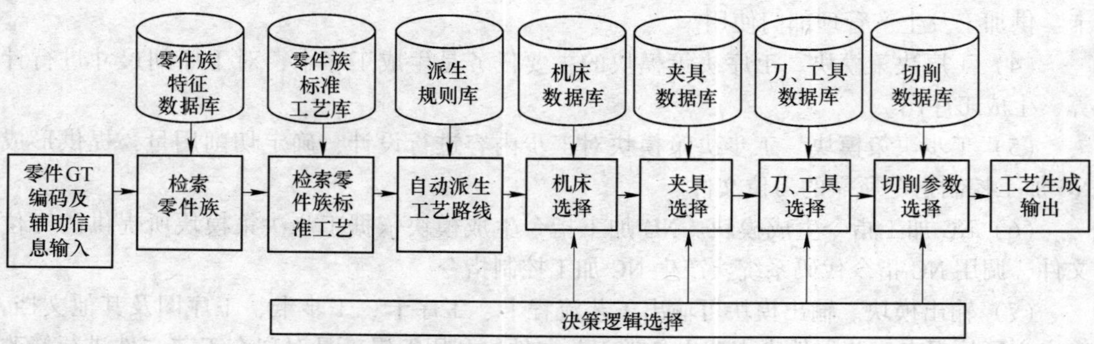

图 3-9 综合式 CAPP 系统工作原理

3.3.2.3 CAPP 系统的功能模型

CAPP 系统基本构成视 CAPP 系统的工作原理、产品对象、规模大小不同而有较大的差异。其功能模型如图 3-10 所示。

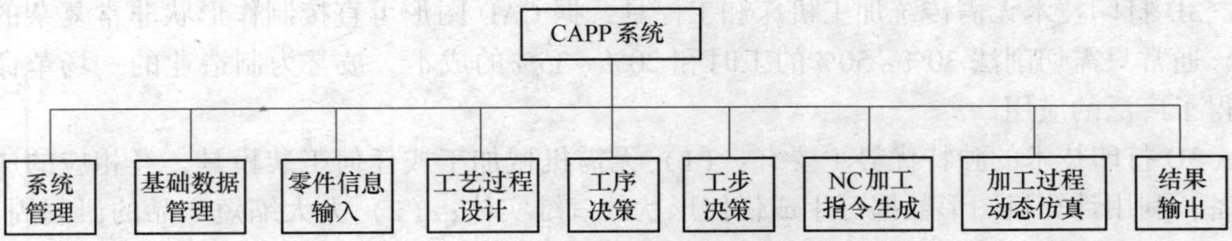

图 3-10 CAPP 系统的功能模型

3.3.2.4 CAPP 的关键技术——成组技术

成组工艺（group technology）是把不同产品中的尺寸、形状、工艺等相近似的零件组成一个个零件族，按零件族制定工艺进行生产制造，这样就扩大了批量，减少了品种，便于采用高效率的生产方式，从而提高劳动生产率，为多品种、小批量生产提高经济效益开辟了一条新途径。零件的相似性是实现成组工艺的基本条件。零件在几何形状、尺寸、功能要素、精度、材料等方面的相似性为基本相似性。以基本相似性为基础，在制造、装配的生产、经营、管理等方面所导出的相似性，称为二次相似性或派生相似性。成组技术就是利用基本相似性和二次相似性，为建立集成信息系统打下基础。

3.3.3 CAM 技术和系统

CAM（计算机辅助制造，Computer Aided Manufacturing）是利用计算机来进行生产设备管理控制和操作的过程。如数字控制和增材制造（3D 打印）。

3.3.3.1 数字控制技术

数字控制（Numerical Control，NC）技术是用数字化信息进行控制的自动控制技术。采用数控技术控制的机床称为数控机床。数控机床是机电一体化的典型产品，是集机床、计算机、电机及拖动、自动控制、检测等技术为一体的自动化设备。数控机床的基本组成包括加工程序、输入/输出装置、数控装置、伺服系统、辅助控制装置、反馈系统及机床本体，如图 3-11 所示。常用的数控机床有数控车床、数控铣床、加工中心等。

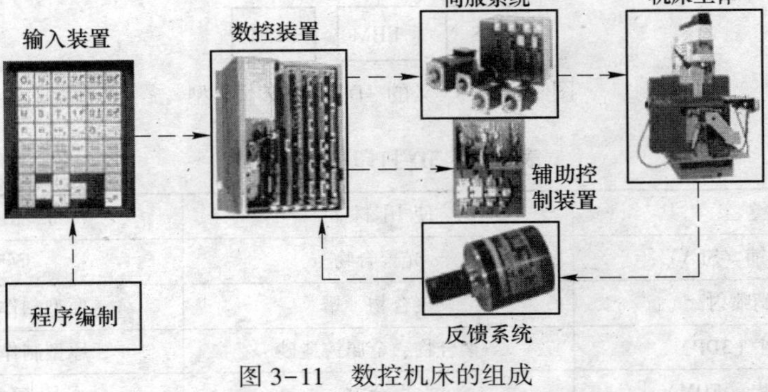

图 3-11 数控机床的组成

3.3.3.2 增材制造（3D 打印）技术

增材制造（Additive Manufacturing，AM）技术，俗称 3D 打印。借助类似于打印机的数字化制造设备，以非去除加工的方式，分层制造，叠加出各类工业、日用产品或艺术品。该项技术发展已有20余年。

3D打印技术无需传统加工机床和工模具，据CAD图形可直接制作形状非常复杂的工件，通常只需切削法30%～50%的工时和20%～35%的成本。被誉为制造业的一场革命并获得了广泛的应用。

3D打印技术的独特优势主要有：（1）无需机械加工或任何工装模具，经相应的成形设备，利用计算机图形数据可生成任何形状的三维实体；（2）大大缩短产品的研制周期，提高生产率并降低生产成本；（3）不受形状复杂程度的限制，可以制造出传统生产技术无法做成的复杂外形或内腔；（4）让设计能以最优化的方式实现产品功能，而无需顾及任何制造方法的困难；（5）原材料消耗可降至最低。

3D打印技术的数据处理流程如图3-12所示。

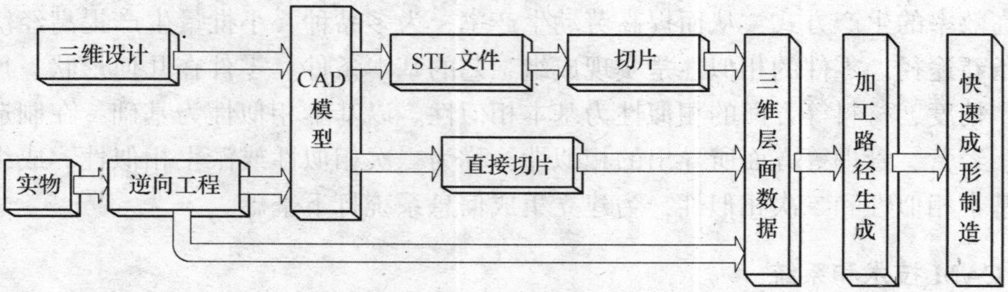

图3-12 3D打印技术的数据处理流程

广义的3D打印技术如图3-13所示。其技术类型、使用材料以及产品使用领域见表3-2。

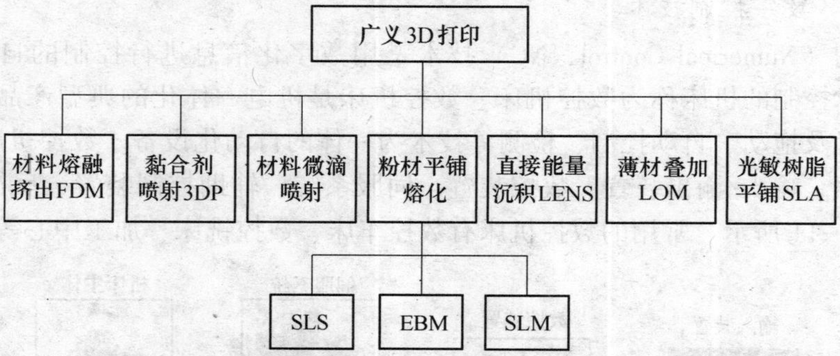

图3-13 广义的3D打印技术类型

表3-2 3D打印技术一览表

技术类型	使用材料	产品应用领域
光敏树脂平铺（SLA）	光聚合物	原型制作
材料微滴喷射	聚合物、蜡	原型制作、铸型制作
黏合剂喷射（3DP）	聚合物、金属铸造砂	原型制作、铸模制作
材料熔融挤出（FDM）	聚合物	原型制作
薄材叠加（LOM）	纸、塑料膜、金属片材	原型制作
粉材平铺熔化（SLS/SLM/EBM）	聚合物、金属	原型制作、直接零件生产
直接能量沉积（LCD/LENS）	金属	修复、直接零件生产

目前市场上主要应用的3D打印技术有FDM熔融层积成型技术、SLA立体平版印刷技术、SLS选区激光烧结等。

（1）FDM熔融层积成型技术。FDM熔融层积成型技术是将丝状的热熔性材料加热融化，同时三维喷头在计算机的控制下，根据截面轮廓信息，将材料选择性地涂敷在工作台上，快速冷却后形成一层截面。一层成型完成后，机器工作台下降一个高度（即分层厚度）再成型下一层，直至形成整个实体造型。其成型材料种类多，成型件强度高、精度较高，主要适用于成型小塑料件。FDM熔融层积成型技术工作原理如图3-14所示。

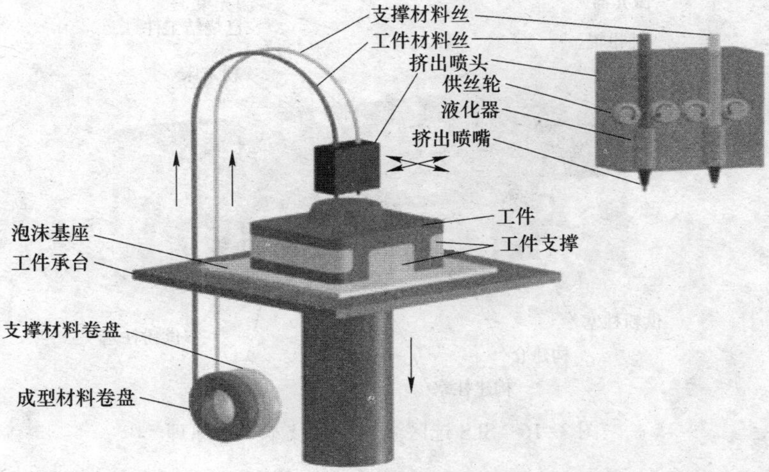

图3-14　FDM工作原理

（2）SLA立体平版印刷技术。SLA立体平版印刷技术以光敏树脂为原料，通过计算机控制激光按零件的各分层截面信息在液态的光敏树脂表面进行逐点扫描，被扫描区域的树脂薄层产生光聚合反应而固化，形成零件的一个薄层。一层固化完成后，工作台下移一个层厚的距离，然后在原先固化好的树脂表面再敷上一层新的液态树脂，直至得到三维实体模型。该方法成型速度快，自动化程度高，可成形任意复杂形状，尺寸精度高，主要应用于复杂、高精度的精细工件快速成型。SLA快速成型系统工作原理如图3-15所示。

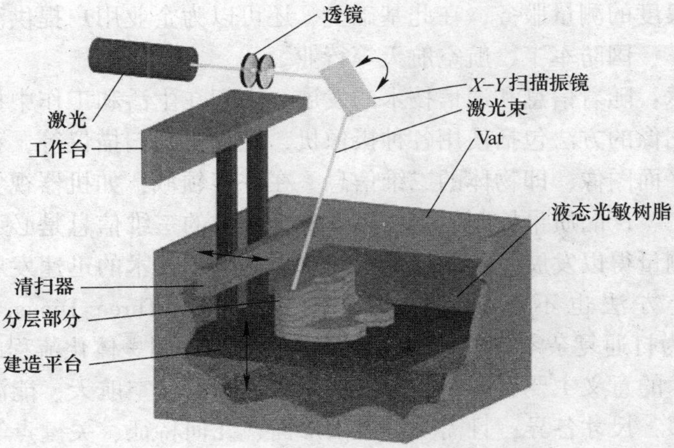

图3-15　SLA快速成型系统工作原理

（3）SLS选区激光烧结技术。SLS选区激光烧结技术是通过预先在工作台上铺一层粉末材料（金属粉末或非金属粉末），然后让激光在计算机控制下按照界面轮廓信息对实心部分粉末进行烧结，然后不断循环，层层堆积成型。该方法制造工艺简单，材料选择范围广，成本较低，成型速度快，主要应用于铸造业直接制作快速模具。SLS选区激光烧结技术工作原理如图3-16所示。

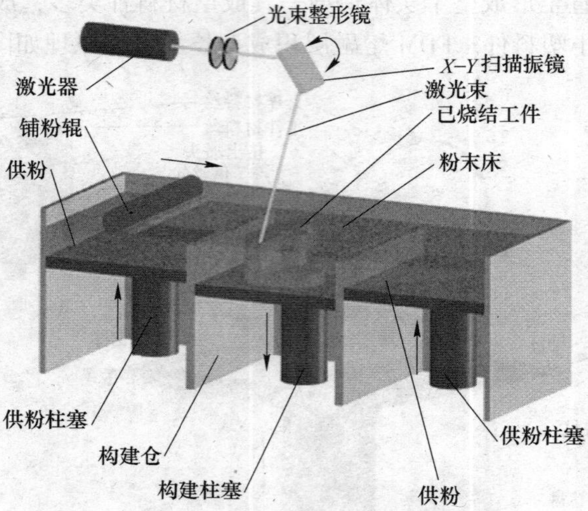

图3-16 SLS选区激光烧结技术工作原理

3.3.4 CAT技术和系统

CAT（计算机辅助测试，Computer Aided Testing）是指利用计算机协助进行测试的一种方法。计算机辅助测试可以用在不同的领域。在教学领域，可以使用计算机对学生的学习效果进行测试和学习能力估量，一般分为脱机测试和联机测试两种方法。在软件测试领域，可以使用计算机来进行软件的测试，提高测试效率。

CAT领域的产品线包括三维空间扫描仪、检测臂等，主要为客户带来高精度的测量数据。产品的检测尺寸跨越度很大，既可以做精密零部件和产品的尺寸检测，也可为工厂、流程工业提供大尺度的测量服务，在此基础上，还可以为企业用户提供测量的全面解决方案。主要涉及汽车、国防军工、航空航天等行业。

三维测量技术：随着信息和通信技术的发展，人们在生活和工作中接触到越来越多的图形图像。获取图像的方法包括使用各种摄像机、照相机、扫描仪等，利用这些手段通常只能得到物体的平面图像，即物体的二维信息。在许多领域，如机器视觉、面形检测、实物仿形、自动加工、产品质量控制、生物医学等，物体的三维信息是必不可少的。因此三维物体面形轮廓测量得以发展。随着计算机技术、光电子技术的迅速发展，新的光学三维扫描技术和计量方法也不断涌现，三维测量技术（Three Dimensional Measurement Technique）已成为打通复杂零部件数字化设计、制造、检测一体化流程的关键环节。

三维测量技术的意义主要有两个方面：一是大范围。航空航天、能源电力等领域的复杂零部件种类繁多，尺寸各异；且需要对自由形面、几何特征、关键点等几何要素进行快速统一测量。二是多状态。需对复杂零部件研发、制造和运行等多状态下进行快速的静、动态三维测量。

数字化三维测量方式分类。目前，数字化测量方法主要有接触式和非接触式两大类，如图 3-17 所示。

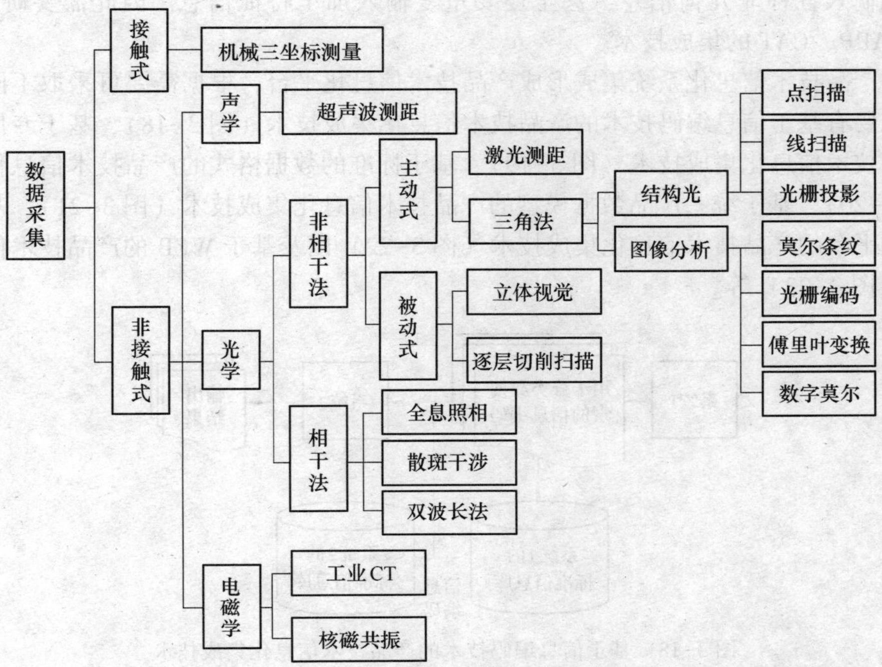

图 3-17　三维测量方式分类

典型的接触式测量方法为三坐标测量法，接触式测量优点主要有：较高的准确性和可靠性；与工件表面的反射特性、颜色及曲率关系不大；可快速准确地测量出物体的基本几何形状，如面、圆、圆柱、圆锥、圆球等。缺点主要有：需要特殊夹具，测量成本高，测量速度慢；探针易磨损；检测一些内部元件受测头半径限制；测量接触力影响测量精度。

非接触式测量法按其原理不同，可分为光学式、声学式以及电磁学式。主要优点有：不必做测头半径补偿；测量速度非常快；软工件、薄工件、不可接触的高精密工件可直接测量。主要缺点有：测量精度较差；易受工件表面反射特性的影响，如颜色、斜率等；易受环境光线及杂散光影响；对边线处理、凹孔处理以及不连续形状处理比较困难。

3.4　产品技术信息化集成技术

3.4.1　产品技术信息化集成技术概述

企业要求产品设计与制造紧密结合，其目标是产品设计、工程分析、工程模拟直至产品制造过程中所有数据具有高度的一致性，且直接在应用系统之间传递，跨越由图纸、语言、编码造成的信息传递的“鸿沟”，减少信息传递误差。由于 CAD、CAM、CAPP、CAT 等系统是独立发展起来的，所以它们的数据模型彼此不兼容。CAD 系统采用面向数学和几何学的数学模型，虽然可以完整地描述零件的几何信息，但对于非几何信息，如精度、公差等只能附加在图纸上，难以在产品数字模型的逻辑结构中得到充分表达，CAD、CAM、CAT、CAPP 等系统之间的信息传递出现了中断。在使用 CAM、CAPP、CAT 等子系统时，需要补充输入各种非几何信息，甚至还要重复输入加工特征信息。因此需要研究 CAD、CAM、CAPP、CAT 的集成技术。

多个产品技术信息化系统集成形成产品技术信息化平台，根据需要可采取不同的集成技术，主要有基于信息编码技术的产品技术信息化集成技术（图 3-18）、基于专用数据格式的产品技术信息化集成技术（图 3-19）、基于标准的数据格式的产品技术信息化集成技术（图 3-20）、基于统一产品数据模型的产品技术信息化集成技术（图 3-21）、基于统一数据管理平台的产品技术信息化集成技术（图 3-22）以及基于 WEB 的产品技术信息化集成技术（图 3-23）等。

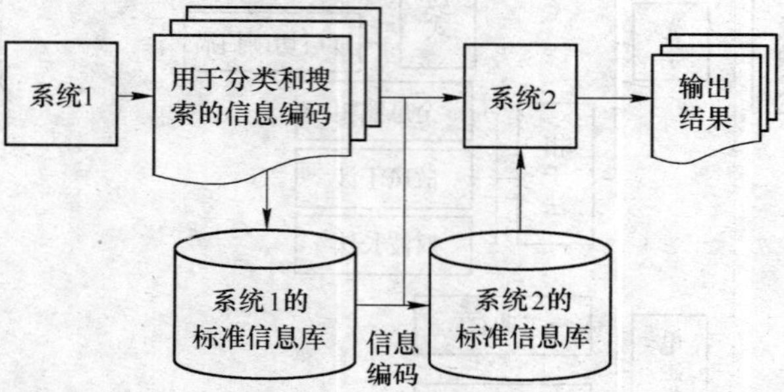

图 3-18　基于信息编码技术的产品技术信息化集成技术

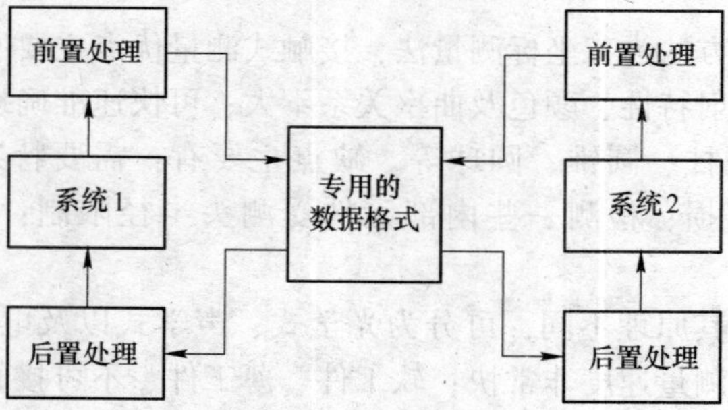

图 3-19　基于专用数据格式的产品技术信息化集成技术

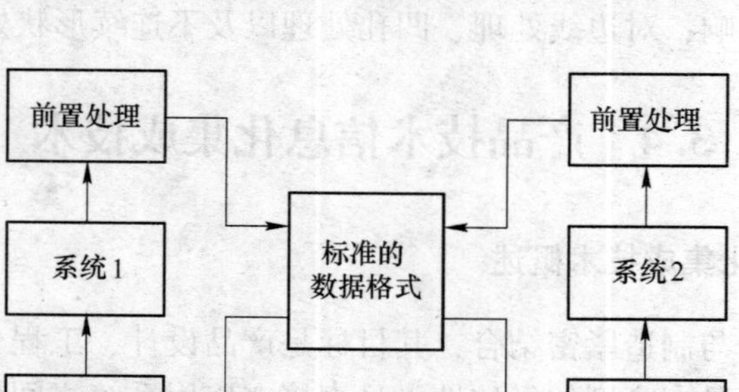

图 3-20　基于标准的数据格式的产品技术信息化集成技术

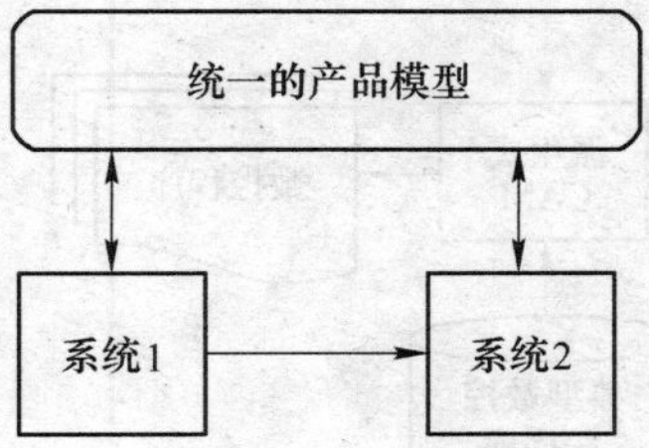

图 3-21 基于统一产品数据模型的产品技术信息化集成技术

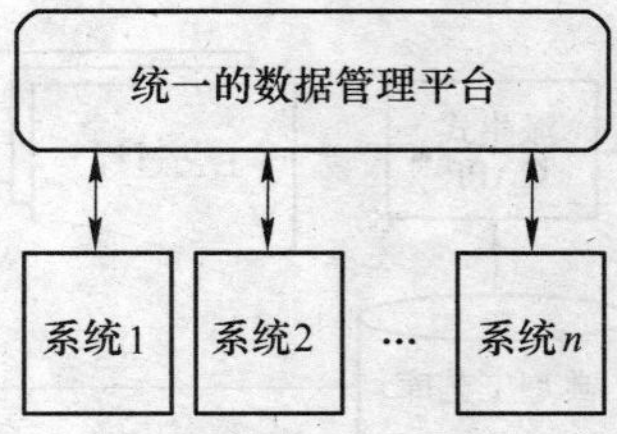

图 3-22 基于统一数据管理平台的产品技术信息化集成技术

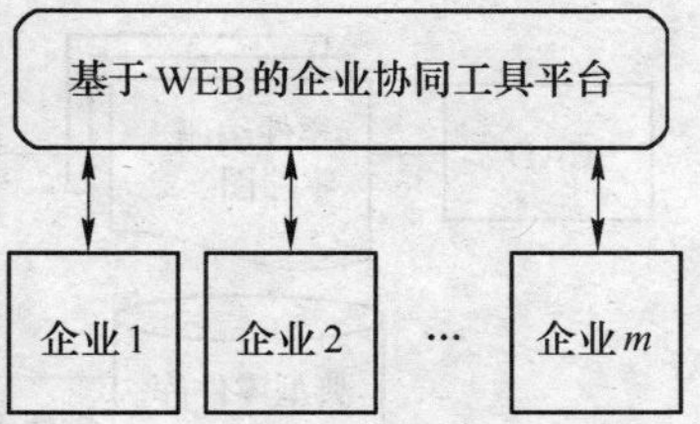

图 3-23 基于 WEB 的产品技术信息化集成技术

3.4.2 CAD/CAPP 集成技术

基于信息编码技术的CAD/CAPP 集成：其原理如图 3-24 所示。典型零件对应典型工艺。对于新零件的设计，只要能通过其编码找到相似的典型零件的典型工艺，就可以在此基础上进行修改，即可快速得到所要的零件图和工艺过程，这种集成模式需要人工的干预，但将相似零件归类加工比较方便，并有助于减少零件及工艺文件的多样化。

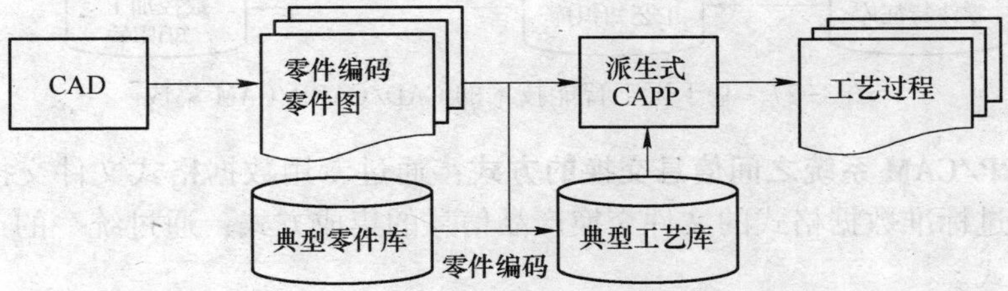

图 3-24 基于信息编码技术的 CAD/CAPP 集成

基于人工智能技术的 CAD/CAPP 集成：其原理如图 3-25 所示。这是直接用 CAPP 系统可识别和理解的特征描述 CAD 系统中的零件模型，结合工艺知识库及推理机就可以自动产生新零件的工艺文件。

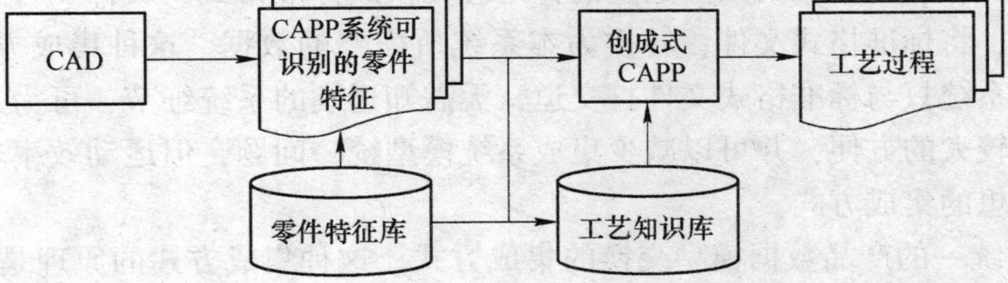

图 3-25 基于人工智能技术的 CAD/CAPP 集成

3.4.3 CAD/CAPP/CAM 集成技术

基于信息编码技术的 CAD/CAPP/CAM 集成：其原理如图 3-26 所示。对于新零件的设计，只要能通过其编码找到最相似的典型零件、典型工艺和典型数控程序后，就可以在此基础上进行修改，快速得到所要的零件图、工艺过程和数控程序。

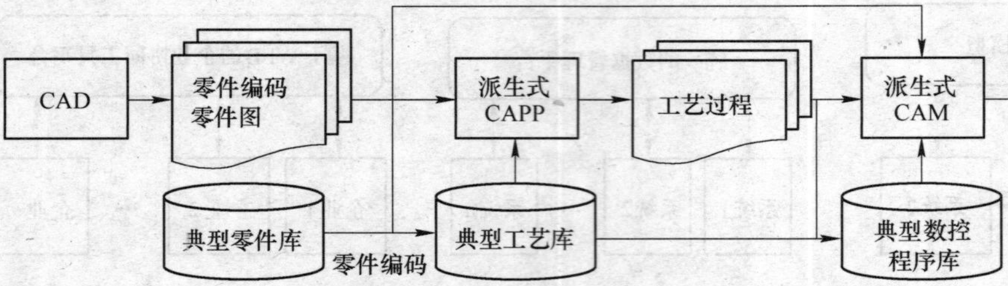

图 3-26 基于信息编码技术的 CAD/CAPP/CAM 集成

基于人工智能技术的 CAD/CAPP/CAM 集成：其原理如图 3-27 所示。该方法主要用于自动生成全部采用数控加工的零件的工艺文件和数控程序，如 Pro/E 等 CAD 系统。

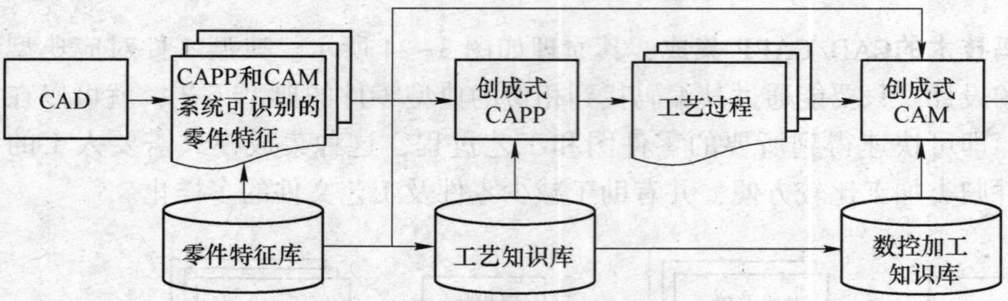

图 3-27 基于人工智能技术的 CAD/CAPP/CAM 集成

CAD/CAPP/CAM 系统之间信息交换的方式：通过专用数据格式文件交换产品信息的集成方式；通过标准数据格式的文件交换产品信息的集成方式；通过统一的产品数据模型交换的集成方式。

（1）通过专用数据格式文件交换产品信息的集成方式。这种方式的特点是原理简单，如图 3-19 所示。但当子系统较多时，接口程序增多，而且编写接口时需要了解的数据结构也较多，当一个系统的数据结构发生变化时，引起的修改量也较多。这是 CAD/CAPP/CAM 系统发展初期所采用集成方式。

（2）通过标准数据格式的文件交换产品信息的集成方式。系统中存在一个与各子系统无关的标准格式，各子系统的数据通过前置处理转换成标准格式的文件。各子系统也可以通过后置处理，将标准格式文件，转换为本系统所需要的数据。这种集成方式如图 3-20 所示，每个子系统只与标准格式文件打交道，无需知道别的系统细节，可为系统的开发者和使用者提供较大的方便，并可以减少集成系统模型统一问题，但运动效率较低，不能算是一种十分理想的集成方式。

（3）通过统一的产品数据模型交换的集成方式。这种集成方式的原理是：建立 CAD/CAPP/CAM 范围内相对统一的、基于特征的产品数据定义模型，并以此模型为基础，运用产品数据交换技术，实现 CAD、CAPP、CAM 间的数据交换与共享。如图 3-21 所示。

产品数据交换技术：产品数据是指覆盖产品整个生命周期中各个环节的应用而全面定义的所有数据，包括为进行设计、分析、制造、测试、检验和维护而全面定义的零部件所需要的几何、拓扑、公差、关系、属性和性能等数据，另外还包括一些与处理有关的数据。

产品数据管理和产品交换标准是 CAD/CAPP/CAM 集成的重要基础。STEP（产品模型数据交互规范，Standard for the Exchange of Product Model Data）标准是国际标准化组织制定的描述整个产品生命周期内产品信息的标准，STEP 标准是一个正在完善中的“产品数据模型交换标准”。它是由国际标准化组织（ISO）工业自动化与集成技术委员会（TC184）下属的第四分委会（SC4）制订，ISO 正式代号为 ISO-10303。它提供了一种不依赖具体系统的中性机制，旨在实现产品数据的交换和共享。这种描述的性质使得它不仅适合于交换文件，也适合于作为执行和分享产品数据库和存档的基础。发达国家已经把 STEP 标准推向了工业应用。它的应用显著降低了产品生命周期内的信息交换成本，提高了产品研发效率，成为制造业进行国际合作、参与国际竞争的重要基础标准，是保持企业竞争力的重要工具。

STEP 是一个描述怎样表达和交换数字化产品信息的 ISO 标准（ISO10303）。STEP 包含几何、拓扑、公差、约束、属性、装配、尺寸和其他许多方面的内容，因此，STEP 被构造成一个由多个分部组成的 ISO 标准。它的主要特点有：

（1）可扩充性。用 EXPRESS 的语言来定义描述产品所需的信息，还能表达约束。

（2）直接性。基于 STEP 的建模是建立在统一的产品模型基础上，系统间数据交换达到最大限度的一致性，通过标准模型的接口，实现系统间的数据交换目的。

（3）完整性。基于 STEP 建模覆盖产品生命周期的设计、分析、制造、测试和产品支持而全面定义零部件所需的几何、拓扑、公差、关系及属性等。

（4）中性机制。以中性格式概括出一个在产品生命周期内具有完整性与集成性的计算机化的产品模型所需的信息，独立于任何 CAD、CAE、CAM 和 PDM 系统。

（5）灵活性。实现方式上可以是中性文件、数据库和知识库。

3.4.4 CAD/CAM/CAPP/CAT 集成技术

SML（事物特性表，Sach Merkleisten）技术起源于德国 Teldix 公司。它对产品、部件和零件的几何特性、功能特性和制造特性等信息集合进行研究，通过这些特性，以对对象进行明确的描述，方便对零部件或产品进行精确的分类、使用。

采用基于 SML 的 CAD/CAM/CAPP/CAT 集成技术是一种非常实用的 CAD/CAM/CAPP/CAT 集成技术。基于 SML 的 CAD/CAM/CAPP/CAT 集成技术主要包括：建立基于 SML 的集成产品模型，形成支持异地协同的产品设计、工艺、制造与测量的集成平台。在产品设计的初期就进行面向制造、面向工艺和面向测量的分析，减少产品设计制造过程中的反复，提高产品设计制造的效率。

3.4.5 基于 PDM 的集成技术

3.4.5.1 PDM 的概述

PDM（产品数据管理，Product Data Management）是一门用来管理所有与产品相关信息（包括零件信息、配置、文档、CAD 文件、结构、权限信息等）和所有与产品相关过程（包括过程定义和管理）的技术。通过实施 PDM，可以提高生产效率，有利于对产品的全生命周期进行管理，加强对于文档、图纸、数据的高效利用，使工作流程规范化。PDM 制造过程数据文档管理系统，能够有效组织企业生产工艺过程卡片、零件蓝图、三维数模、刀具清单、质量文件和数控程序等生产作业文档，实现车间无纸化生产。PDM

是一种帮助管理人员管理产品数据和产品研发过程的工具，而企业实施 PDM 的最终目标是达到企业级信息集成的目的。

PDM 明确定位为面向制造企业，以产品为管理的核心，以数据、过程和资源为管理信息的三大要素。PDM 进行信息管理的两条主线是静态的产品结构和动态的产品设计流程，所有的信息组织和资源管理都是围绕产品设计展开的，这也是 PDM 系统有别于其他的信息管理系统，如企业信息管理系统（MIS）、项目管理系统（PM）、企业资源计划（ERP）的关键所在。PDM 的主要功能如图 3-28 所示。

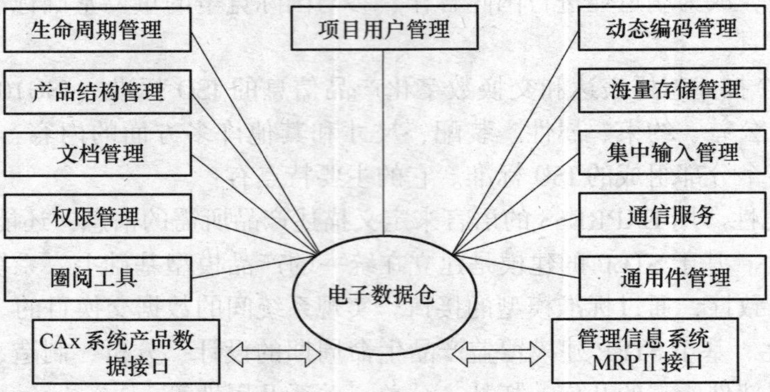

图 3-28 PDM 的主要功能

3.4.5.2 PDM/CAD 的集成方式

PDM/CAD 的集成通常有三种方式：CAD 系统与 PDM 客户端分别作为独立的过程在两个窗口中运行；PDM 客户端被集成到 CAD 系统中；CAD 系统被集成在 PDM 系统中。

（1）CAD 系统与 PDM 客户端分别作为独立的过程在两个窗口中运行通常情况下，CAD 系统可以提供一个调用 PDM 系统的图标，该图标对应于 PDM 客户端。在进行通信时，一个系统通过会话方式发出指令，另一个系统则处于等待状态。采用这种集成方式，PDM 客户端与 CAD 系统分别作为独立的系统运行。当 CAD 系统或 PDM 系统版本升级时，只需要更新接口即可。

（2）PDM 客户端被集成到 CAD 系统内，就像是 CAD 系统的一个固定组成部分在这种情况下，PDM 客户端并不是在自己的窗口中运行，而是作为 CAD 系统用户界面的一个元素。这种方式的缺点是接口开发和维护成本较高。因为必须将 PDM 客户端嵌入不同 CAD 系统的用户界面，所以在版本升级时可能会出现一些问题，而且实施成本也比较高。

（3）CAD 系统被集成在 PDM 系统中。CAD 系统的工作受 PDM 系统的管理。CAD 系统所存储的图纸也需要通过 PDM 系统加密或解密。这种方式的缺点是 PDM/CAD 的集成难度较高。

3.4.5.3 PDM/CAx 集成方式

在 PDM/CAD 系统集成时，对接口提出了比较高的要求，即不仅要将 CAD 文档作为一个信息单元加以管理，而且还要能够对文档中的有关内容进行处理。但是，PDM 系统与其他 CAx 系统集成时要求比较低。PDM/CAx 接口的基本功能是：在 PDM 系统中注册 CAx 文档；通过 PDM 系统加载/浏览/编辑 CAx 文档等。

PDM/CAx 接口包括一些构件，这些构件可以用来与不同的应用系统集成，同时也能区分配置时所产生的微小差别。PDM/CAx 接口功能的实现机理与 PDM/CAD 接口功能工程图注册、工程图加载/浏览和工程图加载/编辑相类似。图 3-29 所示为一种利用通用接口进 PDM/CAx 集成的模型。

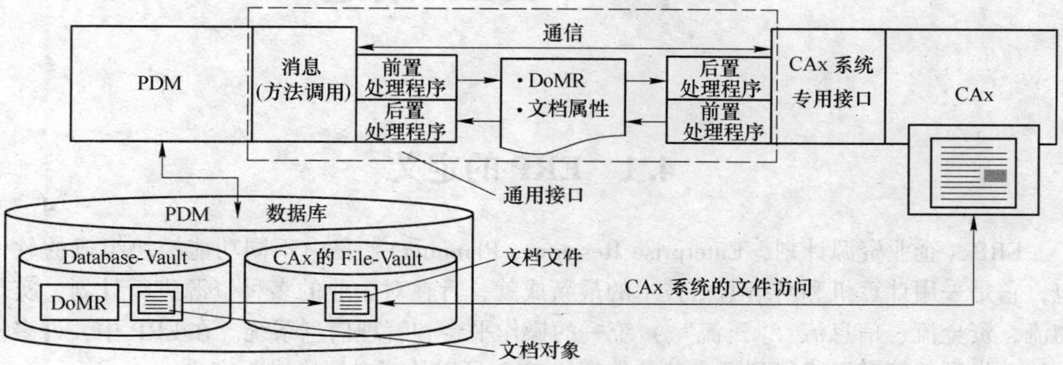

图 3-29 利用通用接口进 PDM/CAx 集成的模型[1]

思 考 题

3-1 为什么要进行产品技术信息化?

3-2 试简述产品技术信息化在现代企业中所起的作用。

3-3 产品设计一般要经过哪些阶段?

3-4 试分析 CAPP 系统的分类各有什么特点?

3-5 简述增材制造技术的方法及其原理。

3-6 简述 PDM 系统是如何进行工作的。

3-7 产品技术信息化集成技术的内容和特点是什么?

4 ERP 概述

4.1 ERP 的定义

ERP（企业资源计划，Enterprise Resources Planning）：是由不同功能模块组成的软件包，它是采用计算机和网络通信技术的最新成就，旨在对企业的多种资源进行计划，实现物流、资金流、信息流（“三流”）统一的操作平台和管理信息系统。在 ERP 中，许多科学的、先进的管理思想得到了充分的体现。ERP 可以从三个层次进行定义：

（1）管理思想。ERP 是由美国著名的计算机技术咨询和评估集团提出的一整套企业管理系统标准，其实质是在 MRP Ⅱ（制造资源计划，Manufacturing Resources Planning）基础上进一步发展而成的面向供应链（supply chain）的管理思想。

（2）软件产品和管理工具。是综合应用了客户机/服务器体系、关系数据库结构、面向对象技术、图形用户界面、第四代语言（4gl）、网络通信等信息产业成果，以 ERP 管理思想为灵魂的软件产品；是一种管理工具。

（3）管理系统。是整合了企业管理理念、业务流程、基础数据、人力物力、计算机硬件和软件于一体的企业资源管理系统。

4.2 ERP 理论及技术的形成与发展

ERP 理论的形成包含以下几个阶段：库存订货点理论、MRP、闭环 MRP、MRP Ⅱ、ERP、ERP Ⅱ。图 4-1 为 ERP 理论及技术的形成及功能扩展过程。

4.2.1 库存订货点理论

早在 20 世纪 30 年代初期，企业控制物料的需求通常采用控制库存数量的方法，为需求的每种物料设置一个最大库存量和安全库存量。最大库存量是为库存容量、库存占用资金的限制而设置的，安全库存量也叫最小库存量，意思是说物料的消耗不能小于安全库存量。由于物料的供应需要一段时间（即供应周期，如物料的采购周期、加工周期等），因此不能等到物料的库存量消耗到安全库存量时才补充库存，而必须有一定的时间提前量，即必须在安全库存量的基础上增加一定数量的库存。这个库存量作为物料订货期间的供应量，应该满足这样的条件：当物料的供应到货时，物料的消耗刚好到了安全库存量。这种控制模型必须确定两个参数：订货点与订货批量，参见图 4-2 经济订货批量假设下的库存量变化。

4.2.2 MRP 与闭环 MRP

MRP：订货点控制法受到众多条件的限制，而且不能反映物料的实际需求，往往为了

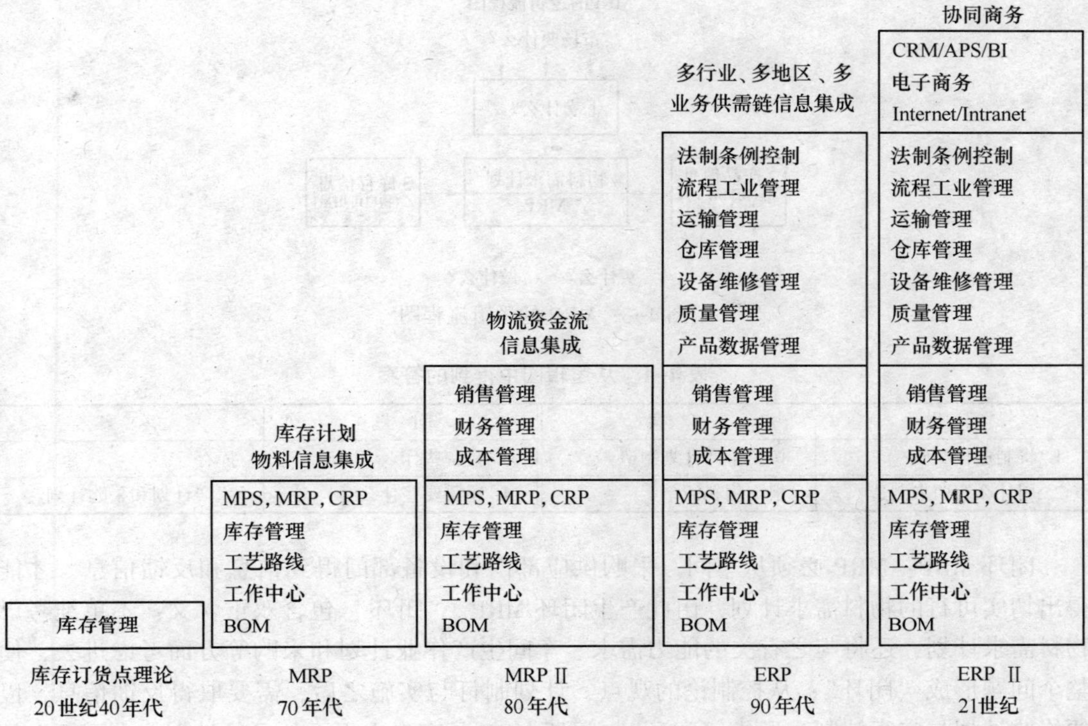

图 4-1 ERP 理论及技术的形成及功能扩展过程

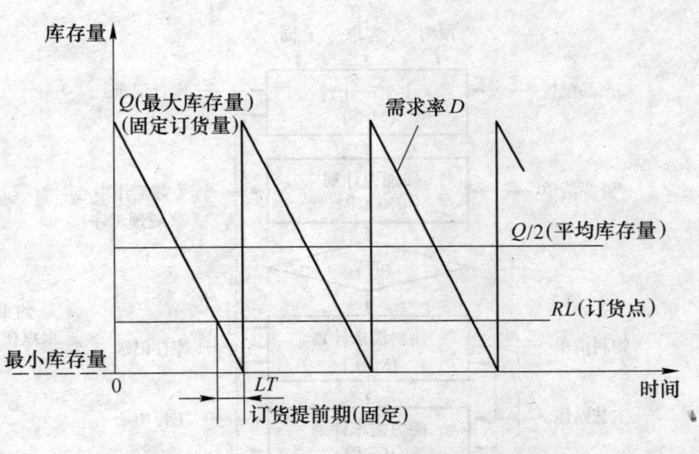

图 4-2 经济订货批量假设下的库存量变化

满足生产需求而不断提高订货点的数量，从而造成库存积压，库存占用的资金大量增加，产品成本也就随之较高，企业缺乏竞争力。在此环境下，人们认识到“在需要的时候提供需要的数量”的重要性。理论研究与实践并进，发展并形成了物料需求计划理论，也即基本的 MRP。MRP 的逻辑流程图如图 4-3 所示。图 4-3 的思路见表 4-1。这种思想提出物料的订货量是根据需求来确定的，需求分为独立需求与相关需求，相关需求应考虑产品的结构，即产品结构中各种物料的需求量是相关的。

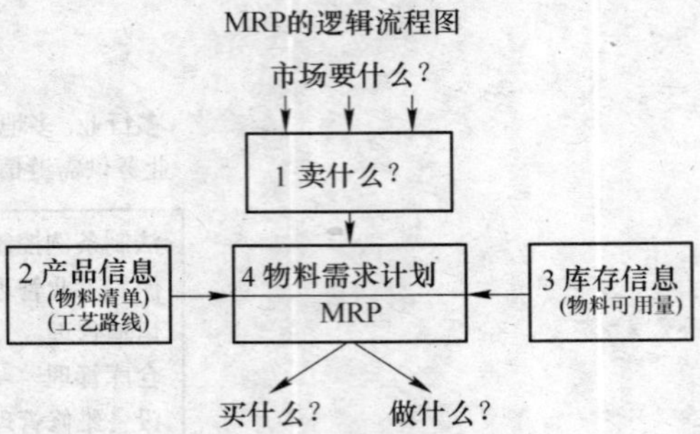

图 4-3 MRP 的逻辑流程图

表 4-1 从逻辑图中得到的答案

问 题	答 案	问 题	答 案
1. 将制造什么？	按主生产计划制造	3. 具备些什么？	库存
2. 用什么东西来制造？	根据物料清单	4. 还需要些什么？	生产计划和采购计划

闭环 MRP：MRP 必须从车间、采购供应部门和设备部门得到信息和反馈信息，才能得出切实可行的物料需求计划，由此产生闭环 MRP。“闭环”包含双重含义：不单纯考虑物料需求计划，还将与之有关的能力需求、车间生产作业计划和采购等方面考虑进去，使整个问题形成“闭环”；从控制论的观点，计划制订与实施之后，需要取得反馈信息，以便修改计划与实行控制，形成“闭环”。闭环 MRP 具有自上而下的可行计划；自下而上的执行反馈以及实时应变的优点。闭环 MRP 的逻辑流程如图 4-4 所示。

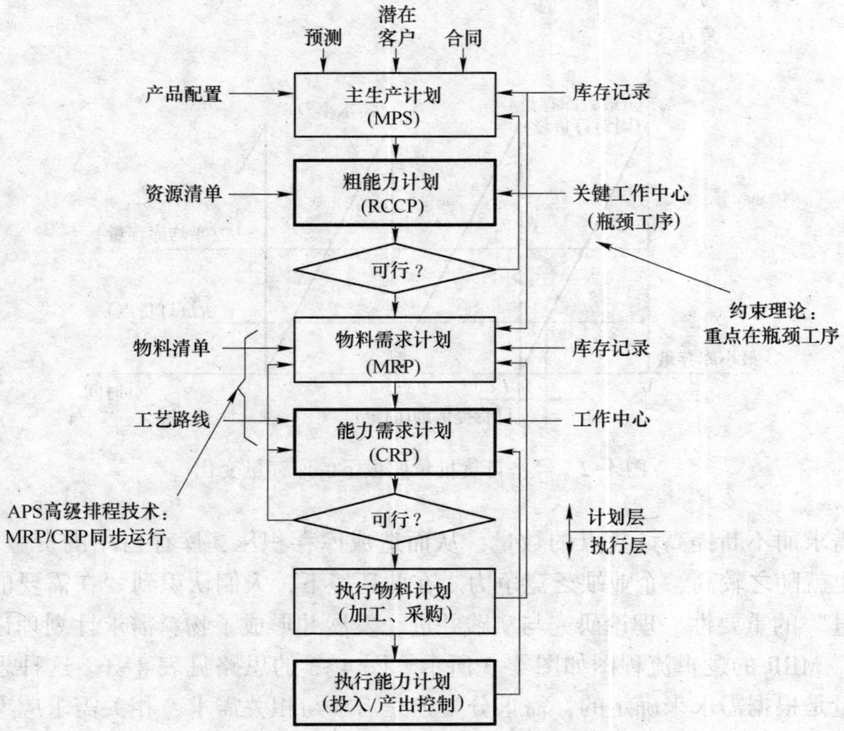

图 4-4 闭环 MRP 逻辑流程图

4.2.3　制造资源计划（MRPⅡ）

制造资源计划（MRPⅡ）不是与 MRP 完全不同的新技术，而是在 MRP 的基础上发展起来的一种新的模式。在 MRP 出现之前，各种生产经营活动孤立进行。生产能力计划需求仅仅是粗糙估算，不考虑时间性，无法准确判断生产能力是否能满足生产任务要求；车间生产作业控制也是不考虑零部件计划完工期限；采购更具有盲目性。

MRPⅡ是整个企业的系统，它包括整个生产经营活动：销售、生产、库存、生产作业计划与控制等（图 4-5）。以往企业内的各种系统，如生产系统、财务系统、销售系统、供应系统、设备系统、技术系统、人力资源系统等相对独立运行，缺乏协调，多头管理，数据不一致。现代企业作为有机整体，各项活动相互关联，相互依存，应该建立统一的系统，使企业有效运行。MRPⅡ能提供完整、详尽的计划：使企业内各部门的活动协调一致，形成一个有机整体；各部门享用共同的数据，消除了工作重复和不一致；使各部门之间的关系更加密切，提高了企业的整体效率。

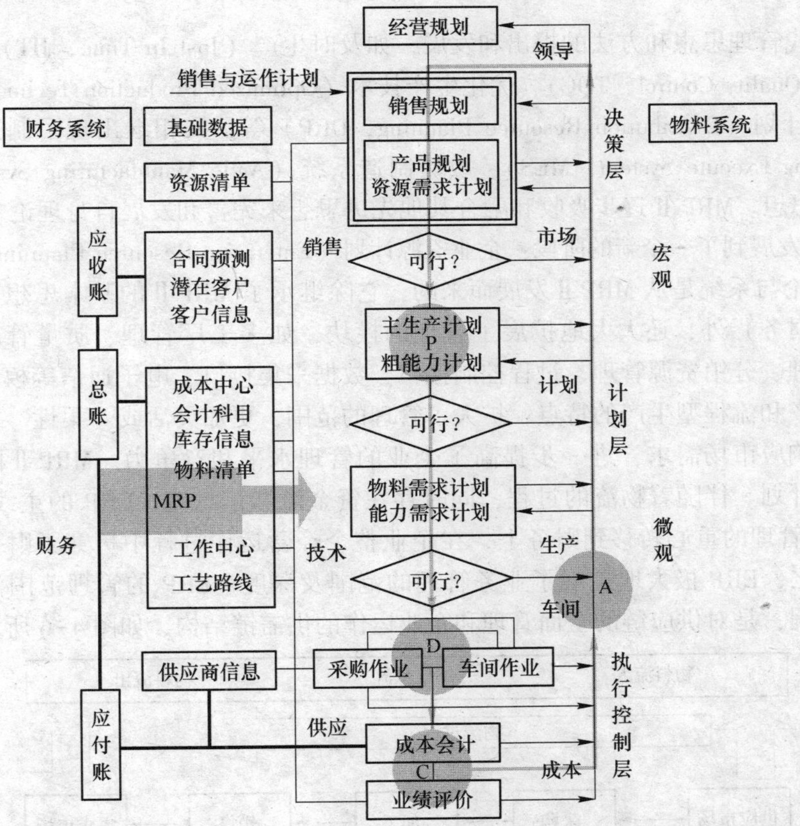

图 4-5　MRPⅡ的逻辑流程图

（1）**营销部门**。营销部门可以通过产品出产计划与生产部门建立密切联系。按市场预测与顾客订单，使产品出产计划更符合市场要求；签订销售合同有可靠依据，可大大提高按期交货率。由于 MRP 有适应变化的能力，可以弥补预测不准的弱点。

（2）**生产部门**。过去的生产难以按预定的生产作业计划进行。计划永远跟不上变化；

凭经验和“缺件表”工作。有了 MRP Ⅱ后，计划的完整性、周密性和应变性大大加强；调度工作简化，工作质量提高；从经验管理走向科学管理。

(3) **采购部门**。过去的采购部门面临两难：早订货，多订货。供方要求提早订货，企业不能提早确定需要的数量和交货期。有了 MRP Ⅱ后，采购部门可按时、按量供应各种物料。

(4) **财务部门**。实行 MRP Ⅱ之后，可采用共同的数据，财务报表在生产报表的基础上自动生成；将生产计划中的产品单位转化为货币单位，构成经营计划；将实际销售、生产、库存与计划数进行分析比较可自动生成控制报告；将生产计划变更传递到经营计划，可迅速了解变更造成的财务影响。

(5) **技术部门**。技术部门提供 MRP Ⅱ系统赖以运行的基本数据。产品结构清单、加工路线必须正确，不能有含糊之处。修改设计和工艺文件要经过严格的手续，否则会造成混乱。要求产品结构清单的准确度必须达到98%以上；加工路线的准确度必须达到95%~98%以上；库存记录的准确度达到95%以上。

4.2.4 ERP

随着现代管理思想和方法的提出和发展，如及时生产（Just In Time，JIT）、全面质量管理（Total Quality Control，TQC）、优化生产技术（Optimized Production Technology，OPT）及分销资源计划（Distribution Resource Planning，DRP）等，又相继出现了制造执行系统（Manufacturing Execute System，MES）、敏捷制造系统（Agile Manufacturing System，AMS）等现代管理思想。MRP Ⅱ逐步吸收和融合其他先进思想来完善和发展自身理论。20 世纪 90 年代 MRP Ⅱ发展到了一个新的阶段：企业资源计划（Enterprise Resource Planning，ERP）。

ERP 理论与系统是从 MRP Ⅱ发展而来的，它除继承了 MRP Ⅱ的基本思想（制造、供应、销售及财务）外，还大大地扩展了管理的模块，如多工厂管理、质量管理、设备管理、运输管理、分销资源管理、过程控制接口、数据采集接口、电子通信等模块。它融合了离散型生产和流程型生产的特点，扩大了管理的范围，更加灵活或“柔性”地开展业务活动，实时响应市场需求，进一步提高了企业的管理水平和竞争力。MRP Ⅱ的核心是物流，主线是计划。伴随着物流的过程，同时存在资金流和信息流。ERP 的主线也是计划，但 ERP 已将管理的重心转移到财务上，在企业整个经营运作过程中贯穿了财务成本控制的概念。总之，ERP 极大地扩展了业务管理的范围及深度。ERP 的管理范围涉及企业的所有供需过程，是对供应链的全面管理和企业运作的供需链结构，如图 4-6 所示。

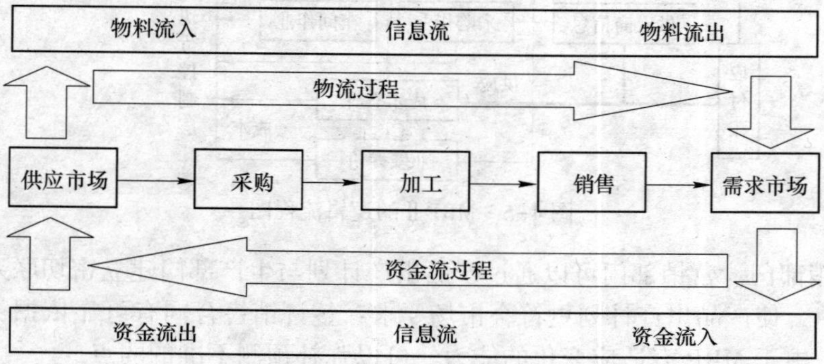

图 4-6 企业运作的供需链图

4.2.5 ERPⅡ

ERP 的管理范围有继续扩大的趋势，同互联网结合，彻底改变企业的经营管理模式，继续扩充供需链管理（Supply Chain Management，SCM）。SCM 融合了企业本身的所有经营业务、企业的办公业务，如电子商务（Electronic Commerce，EC）、客户关系管理（Customer Relationship Management，CRM）、办公室自动化（OA）等。

4.2.6 ERP 未来发展趋势

随着时代的进步和经济的发展，ERP 的应用面也越来越广，也必然走进各大小企业。随着经济全球化与电子商务、人工智能等的兴起，ERP 不断发展。在未来，ERP 有以下几个发展方向：

（1）SaaS（Software-as-a-Service，软件即服务）模式。软件厂商将应用软件统一部署在自己的服务器上，客户可以根据自己实际需求，通过互联网向厂商定购所需的应用软件服务，该模式比较适合中小企业。

（2）协同化。例如协同商务。协同商务（Collaborative commerce，缩写为 C-commerce），指企业内部人员，贯穿于贸易共同体的业务伙伴和客户之间的协作及电子化的业务交互过程。贸易共同体可以是一个行业或行业分支，也可以是供应链或供应链的一部分。

（3）智能化。人工智能基础上的智能系统，如智能决策支持系统、商务智能等。

4.3 主流 ERP 系统

4.3.1 主流 ERP 系统的开发与操作环境

（1）操作系统：Windows、Linux 等。

（2）应用软件：Microsoft SQL Server 2000、Oracle、DB2 等常用数据库，网页三剑客，Microsoft visual studio2005。

（3）开发语言：HTML/JAVASCRIPT/ASP/ASP.NET/JSP/C#等。

4.3.2 主流 ERP 系统架构

采用 B/S(Browser/Server) 即浏览器/服务器结构，是随着互联网技术的兴起，对 C/S 结构的一种变化或者改进的结构。传统的 C/S 结构是一种企业内部的局域网络结构，用户需要安装客户端软件才能使用，数据计算和存储分布于客户机和服务器之间，对客户机性能要求较高，使用范围有局限性，操作烦琐，系统维护和升级麻烦，应用成本较高；在这种模式下，受限于用户硬件和网络环境，企业的供需价值链不是开放的。而 B/S 结构本身就是一种开放式的跨平台的操作系统，在这种结构下，用户界面完全通过 WWW 浏览器实现，一部分事务逻辑在前端实现，但是主要事务逻辑在 WEB 服务器和数据库服务器端实现，形成所谓三层结构；B/S 结构利用不断成熟和普及的浏览器技术实现原来需要复杂专用软件才能实现的强大功能，是一种全新的软件系统构造技术。因用户只需采用标准浏览器（Internet Explorer、Netscape、Navigator 等）访问使用，使得系统开发环境与应用环境相分离，节约了开发成本，提高了开发效率；同时扩大了使用范围，操作更简便，用户体验更强，系统维护和升级更方便、应用成本较低，真正实现一处安装处处使用的优点。因此，采用 B/S 结构的 ERP 系统将是企业的最佳选择。B/S 的结构如图 4-7 所示。

图 4-7　B/S 结构

目前市场常见的 ERP 软件主要有：SAP、用友、金碟、微软 ERP、台湾中钢（整体产销资讯系统）及其他中小型 ERP 系统。下面以某企业 ERP 系统为例，介绍 ERP 系统的基本架构。某企业 ERP 集成制造系统整体架构如图 4-8 所示。该系统在结构上由四层组成，分别为系统支撑层、数据层、应用支撑层、应用层。其中，系统支撑层负责系统所使用的网络、服务器、客户 PC 机、操作系统、应用服务器等硬件和软件；数据层负责对系统中数据进行各种处理，包括数据仓库、基础数据、数据同步及数据操作；应用支撑层主要实现业务支撑、安全控制、系统集成功能；应用层主要用来实现系统管理、共享资料、供应链、生产制造、人力、财务等各种具体业务。

<table>
<tr><td>应用层</td><td>系统管理</td><td>共享资料</td><td>供应链</td><td>生产制造</td><td>人力资源</td><td>财务系统</td><td rowspan="4">安全可靠、先进合理、标准规范、可移植性好</td></tr>
<tr><td>应用支撑层</td><td colspan="6">1. 业务支撑：基础资料，智能报表，消息引擎，参数配置
2. 安全控制：角色、授权、资源访问控制、SSL
3. 系统集成及优化：数据共享，旧系统升级</td></tr>
<tr><td>数据层</td><td colspan="6">1. 数据仓库
2. 基础数据（共享和基本公共资料库等文件）
3. 数据同步
4. 数据操作（Hibernate、JDBC、Web　Service、EJB）</td></tr>
<tr><td>系统支持层</td><td colspan="6">1. 网络：VPN、有线、无线网等
2. 服务器：数据库服务器、应用服务器、控制服务器等
3. 客户PC机：B/S结构，客户端只需用浏览器访问即可
4. 操作系统：支持任意操作系统，可移植性强
5. 应用服务器：Tomcat、Hibernate 等流行 Java 中间件均可</td></tr>
</table>

图 4-8　某企业 ERP 系统总体结构图

4.3.3　主流 ERP 系统的特点

当前主流 ERP 系统一般具有如下特点：

(1) 整体性。保证物流、人流、资金流、信息流等信息共享。

(2) 网上办公功能。使企业工作不受时间、空间和地区限制，实现异地办公、全球化跨区域管理。考虑开放式供应链上的每一个节点，通过互联网在供应商、制造厂与本企业之间架起一道不受时空限制的桥梁。采用 B/S(Browser/Server) 结构，客户可直接在互联网网上浏览企业主页，查看相关设备的特点，同时可进行网上订货及电子交易，并开展网上招、投标以及合作伙伴的选取，使企业始终是开放的，不断发展的系统。

(3) 权限授予。系统管理员根据要求对公司中不同部门、不同级别的人员赋予不同的系统操作权限，各人员进入系统只可查看和操作被授权的部分。

(4) 柔性。模块式、插件式子系统设计，使各子系统高度集成，并相互独立。

(5) 输入侦错设计。在系统资料输入环节充分应用侦错设计，实现实时错误报警，以防止资料的错误输入。

(6) 追踪监控功能。全面记录每个使用者在系统中的操作过程，帮助管理者追踪各部门及人员工作动态。

(7) 智能报表功能。能根据公司要求灵活生成各种报表，能够方便地生成符合国际标准的财务报表。

(8) 数据完整性。系统内部采用完整、统一的编码体系。基本资料一码到底，串接各系统，保证编码的唯一性、准确性。

(9) 安全性。系统应有安全机制管理，采用严格的权限机制、防火墙及反病毒技术，确保企业数据安全。

(10) 系统稳定性和功能可拓展性。系统自身运行稳定，可与 Excel、Project 等常用软件兼容；系统功能可根据企业需要拓展升级。

(11) 界面友好、操作简易。界面设计风格一致、简洁、方便操作；首页设有新工作提醒模块，并采用工作流程图模式，可以帮助操作者最快查找到新工作信息和所需的内容。

(12) 丰富的优化模型和算法。在设备购置、设备维护与监控、维修费用、合作伙伴的选取等方面设置先进的模型和算法，保证企业具有强劲的市场竞争力。

(13) 企业流程优化。确保每一个流程都是增值的，消除烦琐的、重复的劳动，为企业实行流程优化打下基础。

4.4 ERP 主要内容与结构

制造业总体业务流程图如图 4-9 所示。本书企业管理信息化（ERP）部分（第 4 章~第 18 章）主要包括以下内容：ERP 概述、ERP 系统基本概念及特点、制造业生产模式及总体业务流程、主生产计划、物料需求计划、能力需求计划、销售管理、采购管理、库存管理、车间管理、财务管理、成本管理、设备工程管理信息化、电子商务、业务流程重组及 ERP 项目管理等。

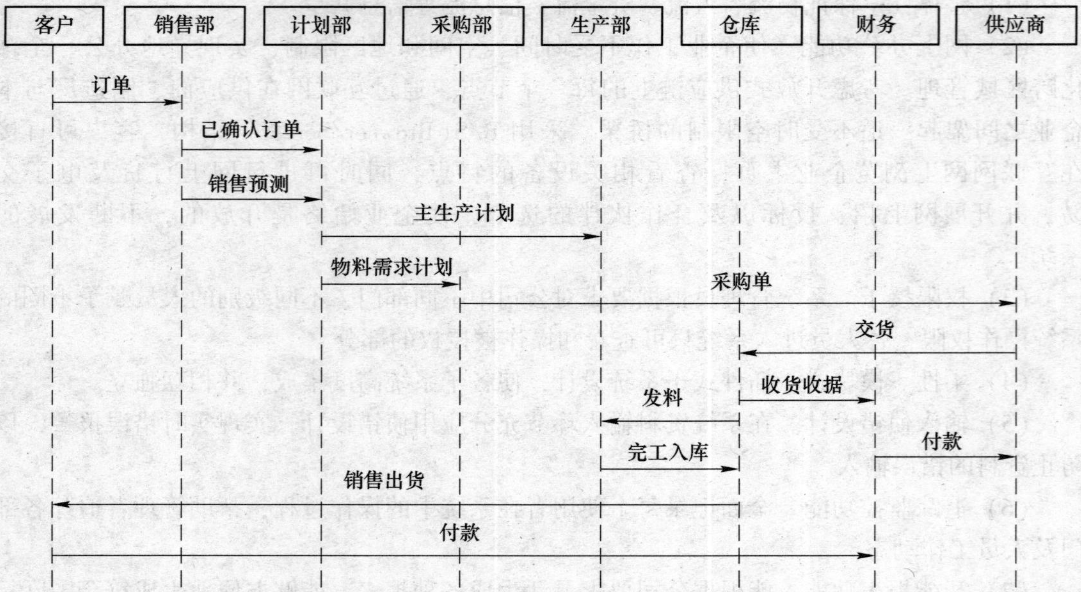

图 4-9 制造业的总体业务流程图

思 考 题

4-1 如何理解 ERP？

4-2 简述 ERP 的发展历程。

4-3 调查某企业，分析其总体业务流程及存在的问题，你认为应该如何改进？

4-4 请调查几家典型企业 ERP 的应用现状及存在的问题，你认为应该如何解决？

5 ERP 系统常用基本概念

在深入了解 ERP 理论及 ERP 系统原理之前，必须先对有关的基本概念做全面的了解。本章主要介绍 ERP 理论及系统的一些基本概念。对这些基本概念的讲解同时也是对 ERP 系统的重要基础数据的讲解，而 ERP 系统运行的这些基础数据又产生于企业的基础管理，是企业管理的基础数据。在 ERP 系统运行前必须首先建立这些基础数据，这与 ERP 系统初始化顺序也是一致的。本章介绍的基本概念有编码、物料编码、物料清单、工作中心、工艺流程、提前期和工作日历。

5.1 编码与物料编码

5.1.1 编码

制造业信息化很主要的工作之一就是编码（identification code），如客户编码、供货商编码、职员编码、部门科研编码、单位编码、仓库编码等。编码合理与否可能影响 ERP 系统的成败。物料编码是以简短的文字、符号或数字、号码来代表物料、品名、规格或类别及其他有关事项的一种管理工具。在物料极为单纯、物料种类极少的工厂或许有没有物料编码都无关紧要，但在物料多到数百种或数千、数万种以上的工厂，物料编码就显得格外重要了。本书以物料的编码为主线讲解编码的原则，编码应遵循以下原则：

（1）唯一性。物料编码的唯一性是指一个物料编码只能代表一种物料，同一种物料只能找到一个物料编码，而绝无一个物料有数个物料编码，或一个物料编码有数项物料，一般地，只要物料的物理或化学性质有变化，只要物料要在仓库中存储，就必须为其指定一个编码。例如某零件要经过冲压成型、钻孔、喷漆三道工序才能完成。如果该物料的三道工序都在同一车间完成，不更换加工单位，即冲压成型后立即进行钻孔，紧接着进行喷漆，中间没有入库、出库处理，则该物料可取一个代码。如果该物料的三道工序不在同一个车间完成，其顺序是冲压、入库、领料、钻孔、入库、领料、喷漆、入库，则在库存管理中为了区分该物料的三种状态，必须取不同的物料编码。如用 3000A、3000B、3000C 三个编码分别表示三种不同加工状态的物料。

（2）简单性。编码的目的在于将物料化繁为简，便于物料的管理，如果编码过于繁杂，则违反了编码之目的。因此物料编码在应用文字符号或数字上应力求简单明了，这样可节省阅读、填写、抄录的时间与手续，并可减少其中的错误机会。物料相当单纯时，只要将物料简单分类为几项即可，物料分类项目多了，就显得很不方便。若物料相当复杂时，就要将大分类再加以细分，这种分类展开也称为多级分类。

（3）完整性。在物料编码时，所有的物料都应有物料编码可归，这样物料编码才能完整。若有些物料找不到赋予的物料编码，则很显然物料编码缺乏完整性。

新产品新物料的产生容易破坏物料编码的完整性。因此每当有新物料产生，即应赋予新的物料编码。应规定新的物料没有编码，采购部门不得从事采购，即使没物料编码的新物料采购进来了，仓库部门或会计部门发现物料订购单缺少物料编码，应立即请采购部门补填物料编码，否则不予入库、不予付款。这样才能确保物料编码的完整性。

（4）分类展开性。物料复杂，物料编码大分类后还要加以细分，如果采用阿拉伯数字十进制，则每段最多只能有十个细分的项目，如果采用英文字母，则每段可有 26 个细分项目，然而细分项目太多，会难于查找；而细分项目太少，则分类展开太慢，分类细分项目通常以 5~9 个较佳。

（5）标准性。若有国家标准或行业标准，尽量与国家或行业标准相符合。

（6）扩展性。物料编码要考虑到未来新产品发展以及产品规格的变更而发生物料扩展或变动的情形。预留物料的伸缩余地，并不能仅就物料的现状加以物料编码的安排，否则他日新物料产生时，会产生新物料无号可编的情况。

物料编码所采用的文字、符号或数字，必须有足够的数量，以便组成的个别物料编码，足以代表所有个别物料，以及应付将来物料扩展时的实际需要，以免遇有特殊物料时无号可编。否则物料系统被破坏，费时误事。

（7）系统性及一贯性。物料编码应依其编码的系统，作井然有序的组织与排列，以便随时可从物料编码查知某项物料账卡或数据。物料编码的系统性，对物料管理可以省掉不必要的麻烦。物料编码要统一而有一贯性，如以年限分类为标准时，就应一直沿用下去，在中途不能改变用籍贯或姓氏来分类，若要这么做必须要分段或分级进行。

（8）适应计算机管理。计算机的应用已经比较普及，因此在编码时一定要考虑录入的方便性，如编码尽可能短、少使用其他符号，如‘#’、‘-’、‘*’等。编码避免同时使用以下数字或字符，以免引起误解：0，o；2，z；1，l。

（9）易记性。在不影响上述八项原则之下，物料编码应选择易于记忆的文字、符号或数字，或赋予暗示及联想性。但这原则是属于次要原则，若上述九项原则俱全而独缺乏此项原则的物料编码，仍不失为优秀的物料编码。

5.1.2 物料编码

物料编码（material code）有时也叫物料代码或物料号（item number 或 part number），它们是计算机管理物料的检索依据。为 ERP 系统运行所需的所有物料进行编码是 ERP 最基础的工作。

物料编码是计算机系统对物料的唯一识别代码，类似每个公民的身份证号。它用一组代码来代表一种物料，如对企业的某型号 A 电视机产品可以用编码“A001”表示。这里所说的物料是指所有的物品，如材料、成品和半成品等，凡是属于物质的东西都可以称为物料。每个企业可以有自己的一套物料编码方法，也可以用有关的推荐标准，如 GB 7635—87《全国工农业产品（商品、物资）分类与代码》。ERP 系统在物料编码方面没有强制性规定，只要合法的计算机符号都可以，如数字、英文字母等都可以。当然，不同的 ERP 软件系统可能会有不同的要求。但最基本的要求是：物料编码必须是唯一的。也就是说，同一企业内（同一 ERP 系统中）不可以出现不同物料用同一个物料代码。无论该物料在企业的何地或在何种产品中出现，它只能以唯一的代码出现。一种物料用一个编码，但可以存放在不同的仓库中。当然，作为一个数据类型的字段有字段长度的限制，也就是说物料编码方案必须考虑所选用ERP系统的物料代码的字段长度。一般来说，物料编码采用数字、英文字母（最好统一为大写，但有的ERP系统不分大小写）、数字与英文字母混合编码。编码的位数一般为6~24位。还要考虑结合条形码管理。物料编码可以有一定的规律（意义），即编码的每一位代表一种意义，如0代表原材料，1代表在制品，2代表成品。但也可以无任何意义，只按顺序编码（流水号，从0开始）。如果企业的技术零件图号是唯一的，也可以采用该号作为物料编码。

企业的物料编码一旦确定后（指已经录入到ERP系统中，而且该物料已经有业务发生），一般不允许更改与删除。ERP软件一般不提供删除物料编码的功能。即使要删除，也要把有关的业务结清（会计结账），并将其转入历史资料库供以后查阅，同时必须从系统内的所有库和表文件中删除该编码。

物料编码主文件也叫物料代码文件（库），是用来存储物料在ERP系统中的各种基本属性和业务数据的。它的信息是多方面与多角度的，基本涵盖了企业涉及的物料管理活动的各个方面。它是进行主生产计划和物料需求计划运算的最基本文件。各种ERP软件的物料编码主文件的内容不尽相同。一般来说，物料编码主文件含有以下信息。

（1）物料的技术资料信息。这类信息提供物料的有关设计及工艺等技术资料，如物料名称、品种规格、型号、图号/配方、计量单位（基本计量单位与默认计量单位）、默认工艺路线、单位重量、重量单位、单位体积、体积单位、设计修改号、版次、生效日期、失效日期及成组工艺码等。

（2）物料的库存信息。此类信息提供物料库存管理方面的信息，如物品来源（制造、采购、外加工、虚拟件等）、库存单位、ABC码、物品库存类别、批量规则、批量周期、年盘点次数、盘点周期、积压期限、最大库存量、安全库存量、在库数量、库存金额、默认仓库、默认货位、物品容差%、批次管理（Y/N）、单件管理（Y/N）及限额领料标识（Y/N）、是否消耗件（如图纸可以设置为产品结构的非消耗件）等。

（3）物料的计划管理信息。该类信息涉及物料与计划相关的信息。在主生产计划（MPS）与物料需求计划（MRP）计算时，首先读取物料的该类设置信息，如计划属性（MPS、FAS、MRP、订货点等）、生产周期、提前期、累计提前期、JIT码（Y/N）、最终装配标志（Y/N）、生产分配量、销售分配量、不可用量及库存可用数量等。

（4）物料的采购管理信息。这类信息用于物料采购管理，如上次订货日期、物品日耗费量、订货点数量、订货点补充量（即订货批量）、主供应商、次供应商及供应商对应代码等。

（5）物料的销售管理信息。此类信息用于物料的销售及相关管理，主要有物品销售类型（视需求而定）和销售收入科目、销售成本科目、销售单位和默认销售商等。

（6）物料的财务有关信息。该类信息涉及物品的相关财务信息，一般有物品财务类别（财务分类方法）、增值税代码、实际成本、标准成本、计划价、计划价币种、成本核算方法（计划成本或实际成本）、最新成本单价、成本标准批量以及成本项目代码。

（7）物料的质量管理信息。物料还必须有质量管理信息，一般要有检测标志（Y/N）、检测方式（全检、抽检）、检验标准文件，是否有存储期以及存储期限。在以上各类物料信息中，有的是在设置物料基本资料时就必须设置的（如物料编码、物料名称、计量单位和来源码等)，而另外的是在各相关业务需要时编辑和设置的（如在库数量、可用与不可用量等)。当然各种 ERP 软件的物料代码文件在内容（字段）方面会有所不同。物料编码(物料）属性的内涵是否丰富以及是否对各类行业物料有一定的包容性，在一定程度上可以反映某一 ERP 系统是否有很强的生存力，是否可取得广泛的应用范围，或者说是否行业性很强。

5.2 物料清单

5.2.1 物料清单概念

物料清单（Bill of Materials，BOM）是产品结构的技术性描述文件。它表明了产品组件、子件、零件直到原材料之间的结构关系，以及每个组装件所需要的各下属部件的数量。物料清单是一种树形结构，称为产品结构树。具体表现形式如图 5-1 所示。

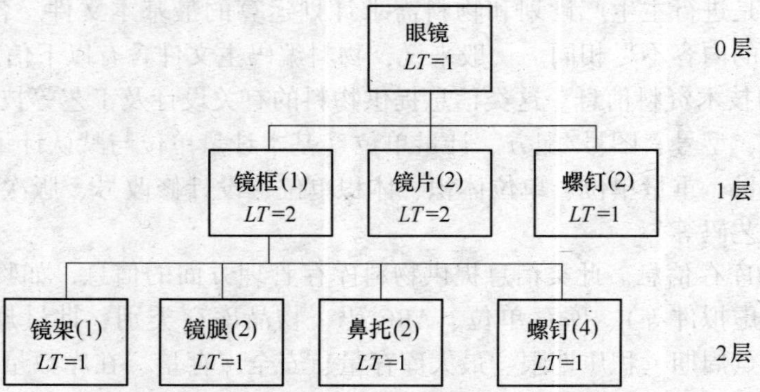

图 5-1 眼镜的产品结构树

物料清单表明了组装成最终成品的各分装件、组件、零部件和原材料之间的结构关系以及每一组组装件的用量。ERP 的 BOM 是制造用的物料清单（表 5-1），BOM 在 ERP 系统中具有非常重要的作用，如图 5-2 所示。

表 5-1 眼镜的 BOM 表

产品零件号：#20000-眼镜 层次 0

零件号	描述	装配数量	单位	层次
20100	镜框	1	个	1
·20110	镜架	1	个	2
·20120	镜腿	2	个	2
·20130	鼻托	2	个	2
·20099	螺钉	4	个	2
20300	镜片	2	个	1
20099	螺钉	2	个	1

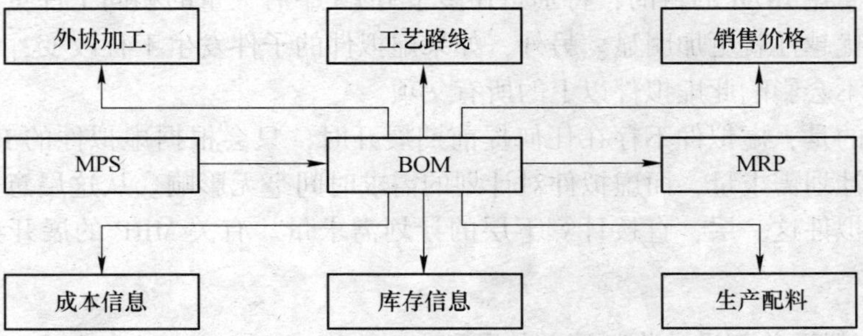

图 5-2 BOM 与其他数据关系图

物料清单的作用如下：物料清单是生成 MRP 的基本信息，是联系 MPS 与 MRP 的桥梁；物品工艺路线可以根据物料清单来生成产品的总工艺路线；在 JIT 管理中，反冲物料库存必不可少，而且要求 100%的准确率；为采购外协加工提供依据；为生产线配料提供依据；成本数据根据物料清单来计算；提供制订销售价格的依据。

由此可见物料清单在 ERP 系统中影响面广。实施 ERP 系统后，企业应该努力达到 100%准确率的目标。同时，ERP 软件系统物料清单的灵活性和行业的包容性也可以成为该 ERP 系统是否具有很强的生存力，是否可取得广泛应用范围的参考标志（如化工行业在产品生产过程中会有中间副产品的产生，在 BOM 中可以设置为副产品进行管理）。另外，对物料清单还必须有相应的加密要求，操作权限要细致到对字段的控制。物料的计划属性中会涉及“虚拟件”，下面从两个方面介绍它的概念与用途：

（1）作为一般性业务管理使用。“虚拟件”表示一种并不存在的物品，图纸上与加工过程都不出现，属于“虚构”的物品。其作用只是为了达到一定的管理目的，如组合采购、组合存储、组合发料，这样在处理业务时，用计算机查询只需要对虚拟件操作，就可以自动生成实际的业务单据。这种“虚拟件”甚至也可以查询到它的库存量与金额，但存货核算只针对实际的物料。

（2）简化产品结构的管理。为了简化对物料清单的管理，在产品结构中虚构一个物品。如图 5-3 所示。如果对 A 产品 BOM 的定义采用图 5-3(a) 的方式，那么，子件 B、C 的 BOM 文件定义过程会重复引用到 D、E 与 F 物料，加大工作量，并且数据库的存储空间也会增加。而采用图 5-3(b) 的定义方式，增加一个“虚拟件”物料 K，并定义 K 的 BOM 文件，则 B、C 的 BOM 中只需要加入一个子件 K，无需重复加入子件 D、E 与 F 物

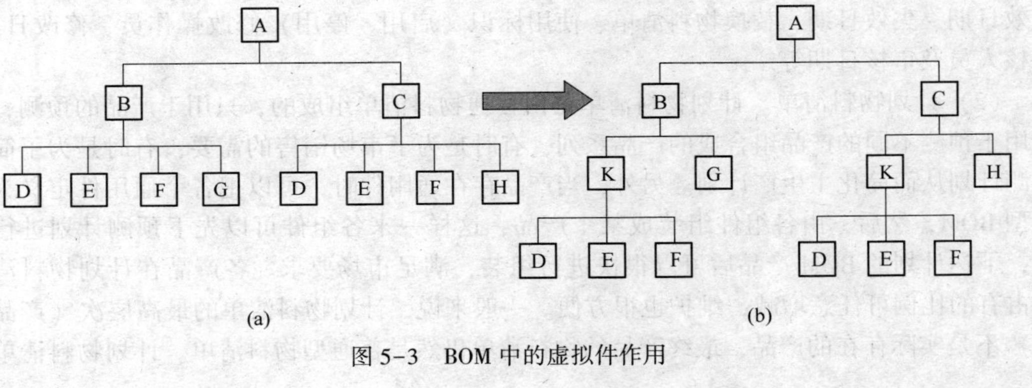

图 5-3 BOM 中的虚拟件作用

料，从而达到简化 BOM 的目的，特别是在多个 BOM 中有大量的相同子件重复出现时，这种定义方式的优越性就更加明显。另外，如果虚拟件的子件发生工程改变，也只影响到虚拟件这一层，不会影响此虚拟件以上的所有父项。

必须说明的是，虚拟件不存在任何提前期展开时，只会根据虚拟件的 BOM 构成，计算下级子件的计划需求量，而虚拟件对计划的需求时间毫无影响。从这层意义上理解，就好像跳过了虚拟件这一层，直接计算下层的计划需求量。有关 MRP 的展开参考本书的物料需求计划一章。

5.2.2 制造物料清单与设计物料清单的区别

只有正确理解制造物料清单与设计物料清单的异同，才能更好地理解制造物料清单的作用。制造物料清单与设计物料清单有很多相似之处，这里只对它们之间的区别进行描述。

（1）作用不同。ERP 系统的制造物料清单是管理文件，是生产、销售计划的基础，它与工艺、设计、生产能力、库存等都有联系。而设计物料清单纯粹是技术文件，只是设计输出结果之一，不能用于生产计划。

（2）组成不尽相同。制造物料清单是设计和工艺的综合，除常规的产品构成物料外，还有与产品相关的消耗品（如毛坯、工艺用品、用剂）和加工工具（有时会把工装夹具、模具按其单件消耗量加入制造物料清单），而在设计物料清单上出现的物料，有的在制造物料清单中不会出现（制造时作为一个加工件处理）。制造物料清单中的虚拟件在设计物料清单时通常不会出现。

（3）包含的信息不尽相同。制造物料清单的构成反映物料的加工顺序，设计物料清单则不能全面反映。ERP 系统的制造物料清单包含的信息更多，甚至包括物料消耗定额、工序加工顺序和副产品。

5.2.3 ERP 系统物料清单的分类

5.2.3.1 物料清单的种类

根据物料清单的作用，可分为普通型物料清单、计划物料清单（Planning Bill of Material）、模块化物料清单、成本物料清单等。

（1）普通型物料清单。此类物料清单是最为常用和常见的，主要由物品的实际结构组成，有时会考虑计划用的非产品结构物料。常见的物料清单文件结构中包括单位代码、母件代码、物料清单序号、物品代码、缺省工作中心、子件消耗量、废品率、有效版本号、生效日期、失效日期、替换物料清单、使用标识（启用、停用）修改操作员、修改日期、审核人员及审核日期等。

（2）计划物料清单。计划物料清单是由普通物料清单组成的，只用于产品的预测，尤其用于预测不同的产品组合成的产品系列，有时是为了市场销售的需要，有时是为了简化预测计划从而简化主生产计划。另外，当产品存在通用件时，可以把各个通用件定义为普通型 BOM，然后，由各组件组装成某个产品，这样一来各组件可以先下预测计划进行生产，下达计划的 BOM 产品后可以很快进行组装，满足市场要求。各产品在计划物料清单中占有的比例可任意增减，维护也很方便。一般来说，计划物料清单的最高层次（产品系列）不是实际存在的产品，最终产品的物料清单仍然是普通型物料清单。计划物料清单的结构常常是单层，如图 5-4 所示。

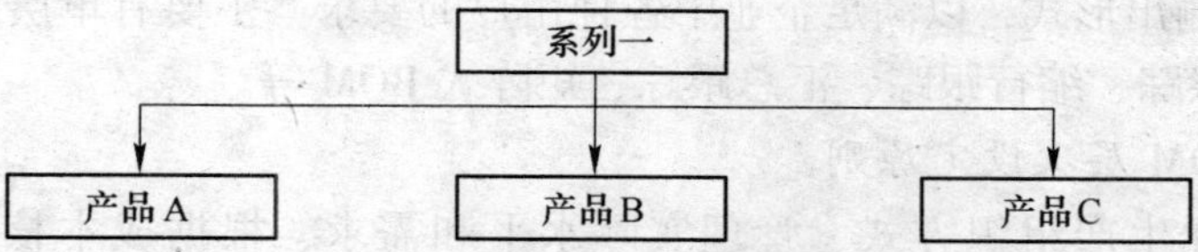

图 5-4 计划物料清单

(3) 模块化物料清单。模块化物料清单是对通用型的产品组件进行模块化管理，在 ERP 系统中物料清单要支持模块化管理。在产品结构中，有的子件构成中大部分相似，而且这种相似的结构也会在其他的产品中出现，这种结构可以模块化（类似于封装）。这种产品的结构如果按普通型物料清单管理，则数据重复量很多，会造成数据库庞大，查询速度较慢。在进行模块化型管理后，凡是用到该通用模块结构时无需重新输入数据，只需引用该模块，如图 5-5 所示。

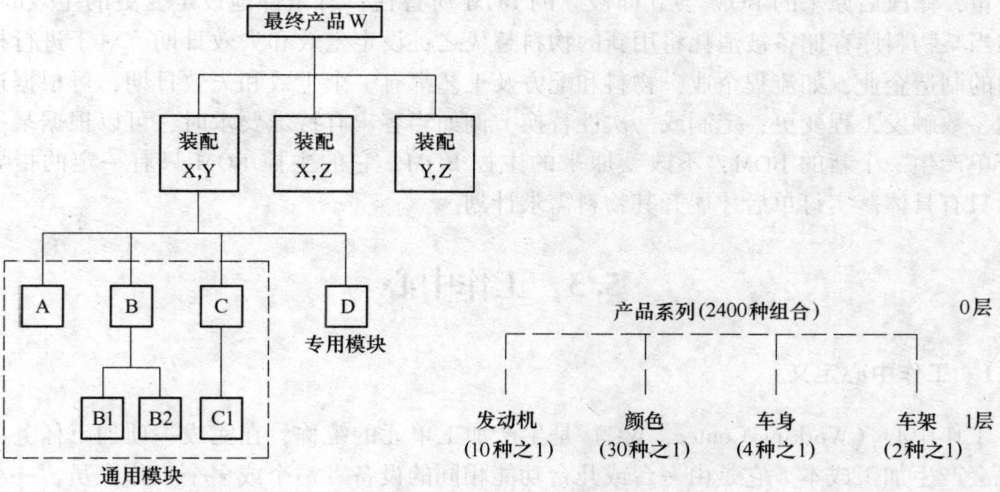

图 5-5 模块化物料清单

(4) 成本物料清单。成本物料清单（costed BOM）是建立和说明每种物料的成本构成的。如物料的材料费、人工费和间接费用（制造费），是物料的标准成本。其结构类似于普通型物料清单，表 5-2 给出了一个成本物料清单的示例。

表 5-2 成本物料清单

层次	母件代码	子件	子件名称	计量单位	数量	材料费	人工费	间接费用	合计	本层累计
0		CP01	圆珠笔	支	1	—	0.05	0.01	0.06	0.30
1	P01	M01	笔帽	个	1	0.02	—	0.01	0.03	0.03
1	P01	T01	笔套	个	1	0.05	—	0.01	0.06	0.06
2	P01	X01	笔芯	支	1	—	0.02	0.01	0.03	0.15
2	X01	XY02	笔芯油	毫升	1	0.02	—	0.01	0.03	0.03
2	X01	XT03	笔芯头	个	1	0.05	—	0.01	0.06	0.06
2	X01	XG04	笔芯杆	个	1	0.02	—	0.01	0.03	0.03

5.2.3.2 物料清单输出形式

BOM 有多种输出形式，以满足企业中各种用户的要求。主要有单层展开、缩行展开、汇总展开、单层跟踪、缩行跟踪、汇总跟踪、矩阵式 BOM 等。

5.2.3.3 BOM 层次设定原则

根据企业实际生产组织方式、管理实际水平和需求、根据成本核算的需要来考虑 BOM 层次设定。通常情况下，不要超过 5~6 层。

5.2.3.4 BOM 的工程变更

所谓的 BOM 的工程变更，就是对 BOM 中的物料项目、种类和数量的改变。引起 BOM 的工程变更的原因主要有：产品设计的更改；原材料市场发生变化；工艺上的变更；生产设备、工艺制造场所的变化；客户要求变化；制造过程中临时考虑的因素，如设备故障、气温、湿度等；成本和经济核算方面的考虑；错误纠正。

常用的几种 BOM 工程变更的方式：直接在 BOM 中替换、增加和删除物料项目或修改其数量，修改后原来的 BOM 会立即被新的 BOM 所替代；有条件地设定变更的生效时间。例如当某物料库存储备被消耗将用新的物料替代之；设定生效和失效日期。对于进行批次控制的制造企业，如流程企业，物料和配方及工艺都有一个生效和失效日期，可根据这些日期参数触发工程变更；定制或一次性替换。例如当客户有特殊要求时，可以根据某一特定订单产生一个新的 BOM，不改变原来的主控 BOM，它的主控 BOM 只有一定的指导作用，只有具体落实订单后才展开其物料需求计划。

5.3 工作中心

5.3.1 工作中心定义

工作中心（Working Center，WC）是生产加工单元的统称，在完成一项加工任务的同时也会产生加工成本。它是由一台或几台功能相同的设备，一个或多个工作人员，一个小组或一个工段，一个成组加工单元或一个装配场地等组成的，甚至一个实际的车间也可作为一个工作中心，在这种情况下可大大简化管理流程。

工作中心是 ERP 系统的基本加工单位，是进行物料需求计划与能力需求计划运算的基本资料。物料需求计划中必须说明物料的需求与产出是在哪个工作中心，能力需求是指哪个工作中心的能力。同时工作中心也是成本核算时成本发生的基本单元和车间生产作业核实投入与产出情况的基本单元。一个车间由一个或多个工作中心组成，一条生产线也是由一个或多个工作中心组成。

在工艺路线文件中，一道工序或多道工序对应一个工作中心，经过工作中心加工的物品要发生加工费用，产生加工成本，因此，可以将一个或多个工作中心定义为一个成本中心。

5.3.2 工作中心作用

工作中心的作用有以下几个：（1）是物料需求计划（MRP）与能力需求计划（CRP）运算的基本单元。（2）是定义物品工艺路线的依据。在定义工艺路线文件前必须先确定工作中心，并定义好相关工作中心数据。（3）是车间作业安排的基本单元。将车间任务和作业进度安排到各个加工工作中心。（4）是完工信息与成本核算信息的数据采集点。

5.3.3 关键工作中心

关键工作中心（critical work center）在 ERP 系统中是专门进行标识的，关键工作中心有时也称为瓶颈工序（bottleneck），是运行粗能力计划的计算对象。

根据约束理论（Theory of Constraints，TOC）指出关键或瓶颈资源决定的产量，从这点意义上说也可以帮助理解为什么 ERP 系统的主生产计划只进行粗能力计划的计算。关键工作中心一般具有以下特点：（1）经常加班，满负荷工作。（2）操作技术要求高。工人操作技术要求熟练，短期内无法自由增加工人（负荷和产量）。（3）使用专用设备，而且设备昂贵。如多坐标数控机床、波峰焊设备等。（4）受多种限制，如短期内不能随便增加负荷和产量（通常受场地、成本等约束）。注意，关键工作中心会随着加工工艺、生产条件、产品类型和生产产量等条件而变化，并非一成不变，不要混同于重要设备。

5.3.4 工作中心数据

工作中心数据包括工作中心代码、工作中心名称、工作中心简称、工作中心说明、替换工作中心、车间代码、人员每天班次、每班小时数、工作中心每班平均人数、设备数（单班、双班、三班等）、是否为关键工作中心、效率、利用率、超额系数、日标准能力（按设备、按人员）、核算标志（设备/人/双能力）、投入允许误差、产出允许误差、标准工时率、优先级算法、初始队列、班次标识（Y/N）、班组标识（Y/N）、设备标识（Y/N）及人员标识（Y/N）等。

（1）工作中心能力数据的计算。工作中心能力数据指工作中心每日可以提供的工时、机台时或可加工完工的产品数量。工作中心的标准能力数据是由历史统计数据分析得到。计算如下：

$$工作中心能力=每日班次\times每班工作时数\times效率\times利用率 \tag{5-1}$$

其中：

$$效率=完成的标准定额小时数/实际直接工作小时数 \tag{5-2}$$

或

$$效率=完成的标准定额产量/实际完成的产量 \tag{5-3}$$

$$利用率=实际直接工作小时数/计划工作小时数 \tag{5-4}$$

式中的工作小时可以是工人工时、机器台时或者综合考虑的有效时数。企业在计算每班工作时数时，应分成下列两种情况统计计算：

1）并行（分散）作业。此类工作中心相当于一个相同加工工序的群组，如车床组、钳工班等，作业特点是物品在该工作中心的加工可以由该工作中心的任意一个加工单元完成，如图 5-6 所示。此类工作中心的工作小时数，与工艺路线中物品在工作中心的加工工时定额及产品提前期都要统一，例如，每车床的日工作小时是 8，那么该工作中心的日工作小时（能力数据）是 $3\times8=24$ 小时/日。

2）流水作业。此类工作中心的作业采用流水式作业，产品在该工作中心的加工工时即为占用该工作中心的工作时数。如图 5-7 所示。

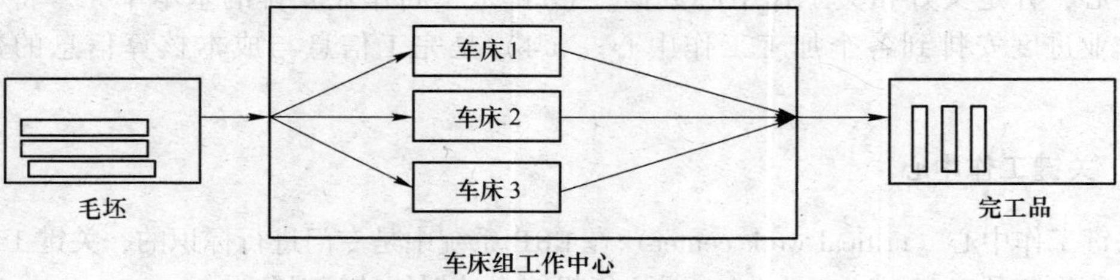

图 5-6 车外圆车床组加工形式

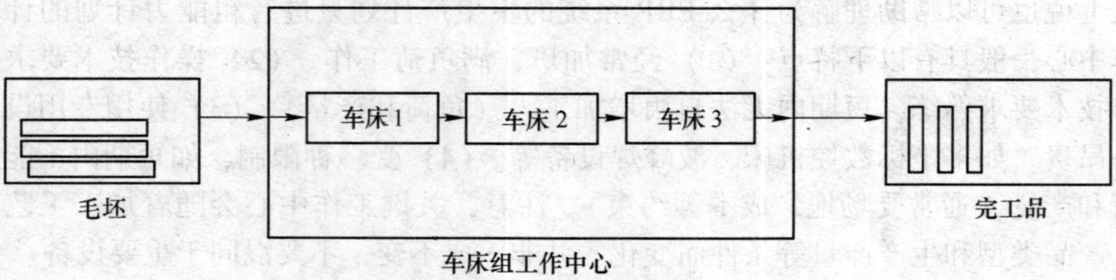

图 5-7 车外圆车床组加工形式

例如，某产品某日在图 5-7 中的工作中心加工，产品在该工序的定额工时是 2 小时，由于工作中心的能力数据是 8 小时/日，则该工作中心该日只剩下 6 小时工作能力（假设日工作 8 小时）。

（2）工作中心成本数据的计算。生产加工在工作中心每小时发生的费用，称为工作中心费率。工作中心发生的费用有人员工资、直接能源（如电、水、气、汽）、辅助材料（如机床用润滑油等）、设备维修费和资产折旧费等。在核定产品的标准成本、进行产品的成本模拟及成本差异分析时都会用到工作中心成本数据。

工作中心费率的单位为元/工时或元/台时，要根据历史统计资料进行分析得出。计算方法如下：

工作中心直接费率=工作中心日所有发生费用/工作中心日工作时数

工作中心间接费率=分摊系数×车间发生的间接费用/工作中心日工作时数

（或者按直接费率的百分比来计算）

当能力数据、工作中心费用发生变化时，工作中心的费率也要进行修改。

5.4 提前期

5.4.1 提前期概念与作用

提前期（lead time）是指某一工作的工作时间周期，即从工作开始到工作结束的时间。提前期的观念主要是针对“需求”而提出的。如要采购部门在某日向生产部门提供某种采购物料，则采购部门应该在需要的日期之前就下达采购订单，否则，不可能即时提供给生产部门，这个提前的时间段就是提前期。

从提前期的概念可以看出它的重要作用，提前期是生成 MPS、MRP 和采购计划的重要数据。

5.4.2 提前期分类

提前期分为：(1) 生产准备提前期，是从生产计划开始到生产准备完成（可以投入生产）所需的时间。(2) 采购提前期，是采购订单下达到物料完工入库的全部时间。(3) 生产加工提前期，是生产加工投入开始（生产准备完成）至生产完工入库的全部时间。(4) 装配提前期，是装配投入开始至装配完工的全部时间。(5) 累计提前期，是采购、加工、装配提前期的总和。(6) 总提前期，是指产品的整个生产周期，包括产品设计提前期、生产准备提前期、采购提前期以及加工、装配、试车、检测、发运等提前期的总和。

5.4.3 生产加工（或装配）提前期的构成

生产加工（或装配）提前期由排队时间、准备时间、加工时间、等待时间和传送时间构成。其中排队时间、等待时间、传送时间之和即为通常的保险期或缓冲期。在 ERP 系统中可以分为两类：与加工产品数量有关的提前期称为变动提前期；与加工产品数量无关的提前期称为固定提前期。

5.4.4 提前期的设置

一般在 ERP 系统中提前期是在物品代码中进行维护的（直接维护或根据工艺路线生成），采购件要设置采购提前期，而制造件则要设置加工提前期。累计提前期是根据物料清单的结构层次，由系统自动逐层滚动累加生成的。生产加工部分的变动提前期就是占用工作中心的加工时间。占用工作中心的加工时间要与产品的单位人员、单位设备的加工标准时间区分开来。这里可以看出，加工提前期与物品的工艺路线及工作中心能力有关。

5.5 计划展望期

计划展望期（planning horizon）是主生产计划（MPS）所覆盖的时间范围，即计划的时间跨度，此长度之外（计划的最末时间后），是下一个计划的时间范围。计划展望期应大于产品的总提前期，许多企业以月、季度等为计划展望期的时间跨度。

5.6 工艺路线

5.6.1 工艺路线的定义

工艺路线（routing）主要说明物料实际加工和装配的工序顺序、每道工序使用的工作中心、各项时间定额（如准备时间、加工时间和传送时间，传送时间包括排队时间与等待时间）及外协工序的时间和费用。

5.6.2 工艺路线的作用

工艺路线的作用是：(1) 用于能力需求计划的分析计算、平衡各个工作中心的能力。工艺路线文件中说明了消耗各个工作中心的工时定额，用于工作中心的能力运算。(2) 用于计算 BOM 的有关物料的提前期。根据工艺文件的准备时间、加工时间和传送时间计算提前期。(3) 用于下达车间作业计划。根据加工顺序和各种提前期进行车间作业安排。用于加工成本的计算。根据工艺文件的工时定额（外协费用）及工作中心的成本费用数据计算出标准成本。(4) 根据工艺文件、物料清单及生产车间、生产线完工情况，生成在各个工序的加工进度的整体情况，以及对在制品的生产过程进行跟踪和监控。

5.6.3 工艺路线的制订

ERP 系统的工艺路线可以根据传统的工艺卡片来制订，并进行相应的扩充，有许多自身的特点。

根据工艺卡片确定工序顺序和工序名称，并确定对应的工作中心（代码、名称）以及对应各工作中心工序的工时定额（包括准备时间、加工时间和传送时间）。工时定额是计算提前期、工序能力和成本数据的主要依据，数据来自历史统计资料，由工艺部门、生产部门和工业分析部门共同制订。

工序单位标准时间是在一定时期、一定的工艺条件下制订的，这个数据是传统上所说的物品工时定额，是人员或单位设备的工序时间，还需根据工作中心能力（人数、设备数）制订占用工作中心的时间，这时要考虑分散作业与流水作业这两种情况的不同。(1) 分散作业。分散作业工序的工时定额即为占用工作中心的时间。(2) 流水作业。流水线人数或流水作业的设备越多，工作中心的加工时间会越短（但不是成线性关系，也就是说当人数或设备增加到一定程度时，加工的时间已经不会缩短，还可能延长）。该工序占用工作中心的时间还要除以作业人数或设备数（如果不是线性关系，则要考虑转化系数）。

每道工序对应一个工作中心，当然可以多道工序对应同一个工作中心（会反复利用该工作中心进行加工）。可以从工艺文件中知道某物料是经过哪些工作中心完成的。因为 ERP 系统的工艺路线是管理文件，因而还要考虑非生产加工工序，如运输等可以作为一道工序。外协加工必须在工艺路线中体现，因为它影响总提前期和费用。有时在加工中会出现两种以上物品放在一起加工，如机械加工中两个半圆合并起来进行车削加工，称为“配作”。考虑可替代工艺路线，以利于平衡和调整生产计划与物料需求计划。表 5-3 为工艺路线报表。

表 5-3 工艺路线报表

加工物料：M10101　　物料名称：YD101 面板
生效日期：2000/07/18　　失效日期：2001/70/29

工序号	工序名	工作中心编码+名称	工序单位标准时间			占工作中心时间（提前期）			传送时间	人工数		设备数	外协费
			准备时间	加工工时	设备台时	准备时间	加工工时	设备台时		服务	加工		
1	下料	下料班	0.01	0.02	0.02	0.01	0.02	0.02	0.01	1	1	1	—
2	冲大旋钮孔	冲床 1	0.02	0.01	0.01	0.02	0.01	0.01	0.01		1	1	—
3	冲 6 孔	冲床 2	0.02	0.03	0.03	0.02	0.03	0.03	0.01		1	1	—
4	磨光	钳工班	0.01	0.05	0.05	0.01	0.03	0.03	0.01		1		—
5	电镀	电镀班	0.05	0.05	0.05	0.05	0.05	0.05	0.01		1		—

工艺路线文件一般有以下字段内容：物品代码、工序号、工序状态（正常、可选或停用）、工序说明、工种代码、工作中心代码、准备时间单位、准备时间、标准准备时间、加工时间单位、加工时间、标准加工时间、搬运时间（小时）、等待时间、占工作中心时间、使用工装、平行交叉标识（平行、交叉、混合）、最小传送量、替换工作中心、外协标识（Y/N）、标准外协费和工序检验标志（Y/N），等等。

5.7 工作日历

工作日历（work calendar）也称为工厂生产日历，如图 5-8 所示。它包含各个生产车间和相关部门的工作日历，在日历中标明了生产日期、休息日期和设备检修日，这样在进行 MPS 与 MRP 的运算时可避开休息日。不同的分厂、车间和工作中心因为生产任务不同、加工工艺不同而受不同的条件约束，因而可能会设置不同的工作日历，ERP 系统最好可以灵活处理工作中心的日历，当然这会增加系统的计算量。

工作日历文件的一般结构（字段）中包含车间代码、工作中心代码、日期、年度、日期状态（工作、休息、停工）、社会星期、工厂部门星期、年有效工作天数及累计有效工作天数等。

图 5-8 企业生产日历

思 考 题

5-1 编码需遵守的原则是什么？你所在的企业有物料编码吗？

5-2 什么是 BOM？请举一个 BOM 的例子。

5-3 制造 BOM 与设计 BOM 有何异同？

5-4 什么是工作中心，是车间、班组、设备，还是人员？

5-5 什么是提前期，为什么要设置提前期（可以读完本书后回答）？

5-6 工艺路线的作用是什么？列举一个工艺路线的构成例子。

6 销售管理

销售部门的主要职能是为客户提供产品及服务，从而实现企业的资金转化并获取利润，为企业提供生存与发展的动力源泉，并由此实现企业的社会价值。

6.1 销售管理概述

各行业的产品结构多种多样，相应的生产类型也千差万别，生产的组织形式也灵活多样，因此也就有不同的销售计划与控制方法。在对 ERP 理论深入了解之前，有必要先了解企业生产类型的划分与特点。

6.1.1 销售与生产类型的关系

生产类型的划分方法有多种方式，表 6-1 列出了常见的几种划分方法。

表 6-1 生产类型划分

分类方法	生产类型	特点
按产品使用性能	通用生产	产品适用面广，需求量大，通常做销售预测计划，生产过程相对稳定
	专用生产	根据客户要求专门设计，需求量小，生产过程稳定性差，生产计划与生产过程的控制较复杂
按生产工艺特点	流程型	生产加工工艺是连续进行的，工艺过程的顺序固定不变，生产过程相对稳定，但必须确保每个生产环节的正常运行，否则全线停车。如化工、炼油、造纸、制糖、水泥等行业属于此类型
	加工组装型	产品一般由多重零部件组成，组成生产工艺属于离散型的，最后由零部件总装而成，其特点是控制零部件的加工进度、齐套性，生产管理较为复杂。如机械制造、电子制造、设备制造等行业属于此类型
按生产稳定性与重复性	大量生产	产品品种少，产品数量大，生产稳定，生产追求连续性。如螺丝等标准件，还有家电、汽车业等行业属于此类型
	成批生产	品种较多，产量比大量生产要少，要求均衡生产
	单件小批生产	品种很多，产量小，但设备多为通用，要求采用柔性制造技术

图 6-1 说明了销售与生产类型之间的几种关系：现货生产（Make To Stock，MTS）、订货生产（Make To Order，MTO）、订货组装（Assemble To Order，ATO）及工程生产（Engineer To Order，ETO）。

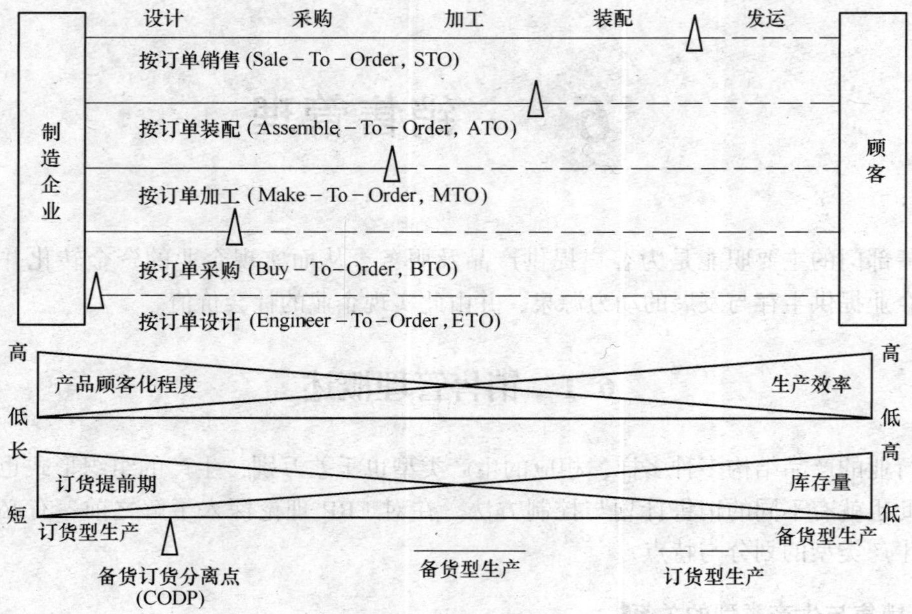

图 6-1 销售环境与生产类型[5]

(1) 现货生产。现货生产也叫做备货生产，是在未收到市场订单的前提下进行计划并组织生产。现货生产的计划对象是最终销售产品，通过市场收集的信息（市场调查或来源于分销网点、渠道）对各种类型的产品按不同的比例组织生产，并产生产品库存，直接供客户选择。现行很多企业主要采用此方式安排生产计划和组织生产。由于不受销售订单的约束，生产组织井然有序，生产计划的主动权大，计划制订后，一般修改较少。在现货生产类型下，生产必须重点抓好生产进度控制、车间投入产出控制，协调、平衡各生产服务部门的能力与计划，生产过程要抓好生产效率、质量控制与成本控制。库存部门要不断反映产品库存信息，在下达车间生产订单时应考虑产品的库存控制，对预测与销售出入较大的要及时调整，拖后或提前安排生产。

(2) 订货生产。订货生产有的也叫定货生产，是按客户的订单、销售合同来组织安排生产。它的特点是必须保证订单、合同的交货期，计划的对象也是最终产品。订货生产可以避免产品库存积压，使产品库存量很少或没有。在这种销售环境下，生产的各种数据要尽量准确，抓好生产能力平衡，解决关键（瓶颈）资源的约束问题，同时做好设备、仪器的维护、保养，合理安排维修计划，生产工艺的优化、车间作业控制非常重要，但最重要的是保证订单的交货期。

(3) 订货组装。订货组装又叫装配生产，是根据现有库存的组件按客户的订单要求有选择地组装，主要是安排总装计划（Final Assembly Schedule, FAS），控制产品的产出进度。其组件按预测计划安排生产计划，预先生产入库。

(4) 工程生产。工程生产也称为专项生产，它是在接到客户订单后，按客户的订单要求进行专门设计和组织生产，整个过程的管理按工程管理的方法进行。它适用于复杂结构的产品生产，如造船、电梯、专用测试设备和锅炉等，其计划的对象是最终产品。

多数企业的销售环境既有订单，也有预测备货，或按通用件、标准件生产零、配件，进行产品的最终组装，有时又会接到客户专门的设计订单，因此，企业的生产类型是多种形式的组合，产品的结构既可能是单层，也可能是多层，企业应该适应生产类型的变化。产品结构特点与生产类型对主生产计划的影响将在主生产计划部分详细描述。

6.1.2 销售管理业务流程

企业销售管理业务流程如图 6-2 所示。

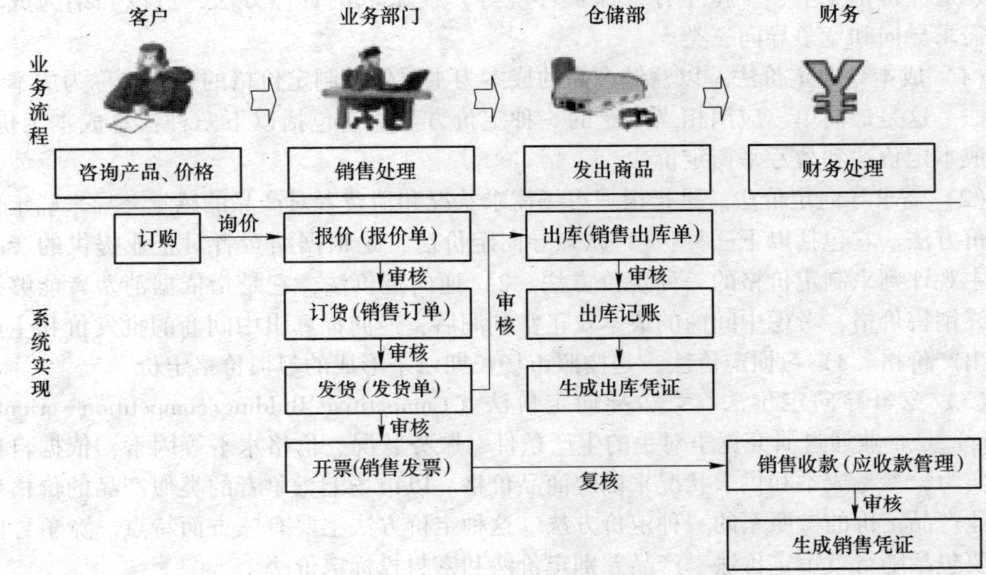

图 6-2 企业销售管理业务流程

6.2 ERP 销售管理子系统的功能

6.2.1 市场预测

市场预测指根据市场需求信息，估计未来特定的时间内，所有或某些特定产品的销售数量和金额。其过程是通过对历史的、现在的销售数据进行分析，同时结合市场调查的统计结果，对未来的市场情况及发展趋势做出推测，指导今后的销售活动和企业生产活动。销售预测是企业制订销售计划和生产计划的重要依据。在 ERP 系统中，销售预测是许多计划的重要来源之一。

6.2.2 销售计划管理

销售计划管理，其核心内容是销售目标的合理分解。这些方面包括品种、区域、客户、业务员、结算方式、销售方式和时间进度。通过分解也可以检验目标的合理性与挑战性，发现问题可以及时调整。合理的销售计划是确保销售工作效率和工作效果的关键。分解目标后应定期按计划跟进目标执行状况，根据宏观环境评估销售目标的合理区间，必要时进行适当的调整。

销售计划的编制是按照客户订单、市场预测情况和企业生产情况，对某一段时期内企业的销售品种、各品种的销售量与销售价格做出安排。企业的销售计划通常按月制订（或按连续几个月的计划滚动）。企业也可以制订针对某个地区或某个销售员的销售计划。

6.2.3 产品定价与报价管理

产品定价方法是企业为实现其定价目标（利润最大化、提高市场占有率、预期投资收益率、适应价格竞争、维持生存、保护环境等）所采取的具体方法，可以归纳为成本导向、需求导向和竞争导向三类。

（1）成本导向定价法。以营销产品的成本为主要依据制定价格的方法统称为成本导向定价法。这是最简单、应用相当广泛的一种定价方法。它包括以下三种：总成本定价法、边际成本定价法和盈亏平衡定价法。

（2）需求导向定价法。是指根据市场需求状况和消费者对产品的感觉差异来确定价格的定价方法。它包括以下三种：1）认知导向定价法，是根据消费者对企业提供的产品价值的主观评判来制定价格的一种定价方法。2）逆向定价法，它是指依据消费者能够接受的最终销售价格，考虑中间商的成本及正常利润后，逆向推算出中间商的批发价和生产企业的出产价格。3）习惯定价法，是按照市场长期以来形成的习惯价格定价。

（3）竞争导向定价法。竞争导向定价法（Competitive Bidding/competition-orientated pricing）是企业通过研究竞争对手的生产条件、服务状况、价格水平等因素，依据自身的竞争实力，参考成本和供求状况来确定商品价格。以市场上竞争者的类似产品的价格作为本企业产品定价的参照系的一种定价方法。这种定价方法主要有三方面特点。竞争导向定价主要包括随行就市定价法、产品差别定价法和密封投标定价法。

ERP 系统报价管理模块主要协助销售部门处理报价单的跟踪和审核作业。报价管理模块可以根据报价批量、BOM 和工艺路线等资料迅速估算出产品的成本、交货时间，这对于销售人员是有力的支持。在 OEM 企业中，由于新产品的订单相当频繁，这种支持显得尤其重要。报价单是一种文件，叙述向某期望中的客户提出的价格、销售条件及产品或服务的说明。

ERP 系统报价管理流程：营销人员接到用户的询价，将该信息输入到系统中；产品设计开发人员很快收到这个信息，并按客户的要求进行设计模拟，将结果保存在系统中；营销人员不但立刻可以看到该产品的预期物料成本、工艺成本、人工成本等详细的成本信息，进一步查询还可以看到预期完工时间、瓶颈因素、与该客户的过往交易、客户信用、过往准时交货率、该客户过往投诉等重要信息。ERP 系统报价管理流程使报价变得快捷、准确、主动，提高了客户的满意度、降低了误报风险，加强了公司内部的配合能力，提高了资源利用率。

6.2.4 销售订单跟踪与管理

根据客户的需求信息、交货信息、产品的相关信息及其他注意事项制订销售订单，并通过对企业生产可供货情况以及产品定价情况和客户信誉情况的考查来确认销售订单。销售部门将销售订单信息传递给生产计划人员，以便安排生产，并进行订单跟踪，监控其进度、成本等。销售订单是企业生产、销售发货和销售货款结算的依据。对销售订单的管理是销售工作的核心。

6.2.5 提货管理

按销售订单的交货期组织货源，下达提货单，并组织发货，然后将发货情况转给财务部门。销售发货管理的内容包括根据销售订单中已到交货期的订单进行库存分配，下达提货单。在工厂内交货的订单由用户持提货单到仓库提货；厂外交货的则按提货单出库并组织发运。提货管理流程如图 6-3 所示。

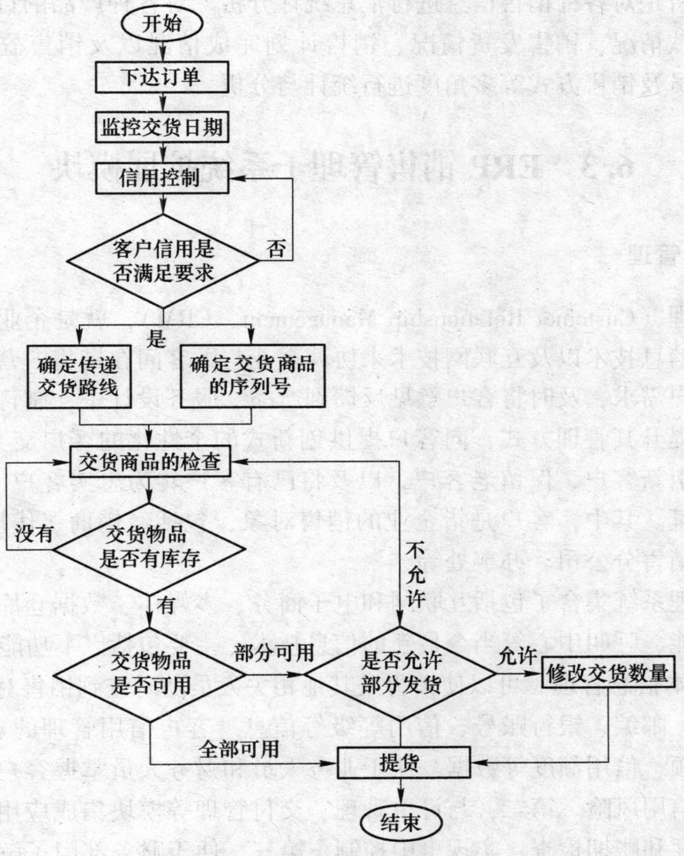

图 6-3 提货管理流程

6.2.6 结算管理

开出销售发票向客户催收销售货款，并将发票转给财务部门记账。销售发票管理是对销售出去的产品开出销售发票，向客户收取销售货款，同时将发票转给财务部门记账。对于客户退货可以开红字发票冲抵销售收入。销售账款结算是财务部门根据销售发票收取销售货款，将客户来款分配到未收款的销售发票上。对于拖欠货款的客户，销售人员要做好收款计划，同时要配合财务人员积极催款。

6.2.7 服务管理

对客户提供各种相关的服务，为进一步稳固市场与开拓市场打下基础。销售服务是企业对客户提供售前、售中和售后服务并进行跟踪。销售部门（或联系技术部门）解答售前客户对产品的技术咨询，跟踪合同、了解订单的交货情况及客户对产品质量、交货期的满意程度，提供售后服务支持（或联系技术部门），如产品安装、产品调试、产品维护和产品维修等，并向质量部门和技术部门提供产品的售后质量记录。

6.2.8 销售分析

销售统计分析是对各种销售信息进行汇总统计分析。对各种产品的订单订货情况、销售情况、订单收款情况、销售发货情况、销售计划完成情况以及销售盈利情况等，从地区、客户、销售员及销售方式等多角度进行统计与分析。

6.3 ERP销售管理子系统扩展模块

6.3.1 客户关系管理

客户关系管理（Customer Relationship Management，CRM），就是企业为提高核心竞争力，利用相应的信息技术以及互联网技术来协调企业与顾客间在销售、营销和服务上的交互，深入了解客户需求，及时将客户意见反馈到产品、服务设计中，制订针对客户的合理价格政策，从而提升其管理方式，向客户提供创新式的个性化的客户交互和服务的过程。其最终目标是吸引新客户、保留老客户，以及将已有客户转为忠实客户，增加市场份额，是企业成功的关键。其中，客户是指企业的销售对象，包括经销商、代理商、最终用户，甚至企业内部的销售分公司、办事处等。

客户关系管理系统集合了包括互联网和电子商务、多媒体、数据仓库和数据挖掘、专家系统和人工智能、呼叫中心等当今最新的信息技术，主要包括以下功能。

（1）**客户基本信息管理**。可以使销售及其他相关人员随时查到销售对象的地址、联系人、电话、传真、邮编、银行账号、信用等级等信息。客户信用管理的意义在于：第一，维护客户应收余额、信用额度等数据，便于业务人员和财务人员掌握客户的信用情况，尽可能在事前规避信用风险。第二，与订单管理、交付管理等模块集成应用，在关键业务流程中进行信用额度和账期检查，实现事中控制。第三，便于财务部门了解客户和公司的应收账款回款情况，并据此评估企业的信用管理政策的有效性，实现事后评价。

（2）**客户全生命周期的管理**。分为市场营销中的客户关系管理、销售过程中的客户关系管理、客户服务过程中的客户关系管理等。

（3）**客户分析**。客户分析主要包含以下几个方面（简称7P）：客户概况（profiling）分析；客户忠诚度（persistency）分析；客户利润（profitability）分析；客户性能（performance）分析；客户未来（prospecting）分析；客户产品（product）分析；客户促销（promotion）分析；客户满意度（satisfaction）分析。

6.3.2 分销资源计划

分销资源计划（Distribution Resource Planning，DRP）就是科学地利用与调配分销网络中的各种资源，并有效地进行控制，为企业的产品提供销售服务，从而获得最大的经济效益及无形价值。

分销资源计划是管理企业分销网络的系统，目的是使企业具有对订单和供货具有快速反应和持续补充库存的能力。它主要解决分销物资的供应计划和调度问题，达到保证有效地满足市场需要又使配置费用最低的目的。分销网络示意图如图 6-4 所示。

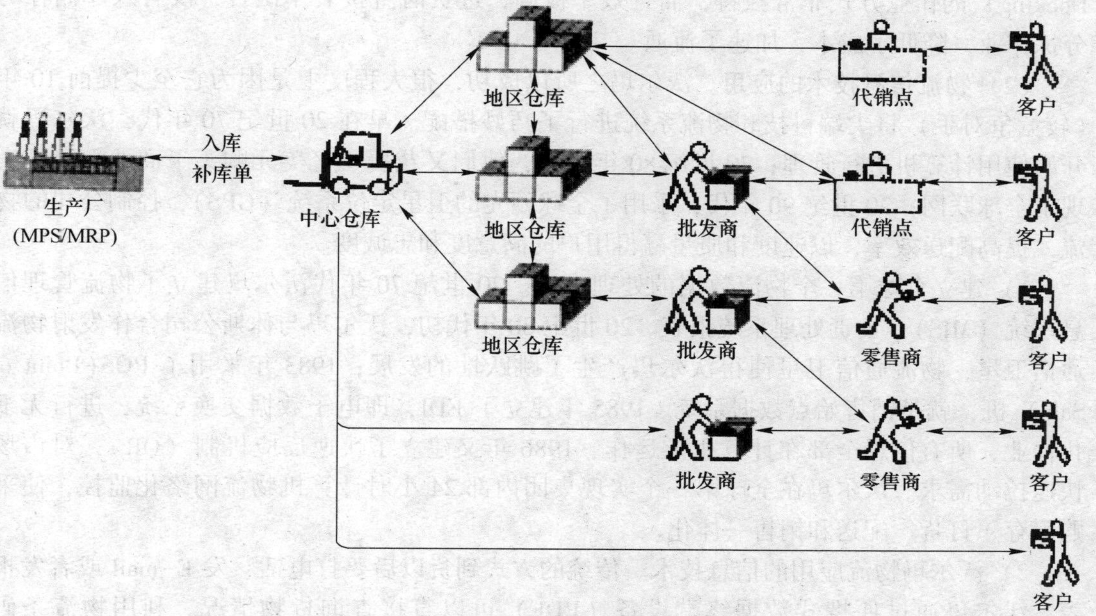

图 6-4 分销网络示意图[3]

6.3.3 沃尔玛物流与供应链管理案例

沃尔玛公司是一家美国的世界性连锁企业，以营业额计算为全球最大的公司，其控股人为沃尔顿家族。沃尔玛主要涉足零售业，是世界上雇员最多的企业，连续三年在美国《财富》杂志全球 500 强企业中居首。

沃尔玛百货有限公司由美国零售业的传奇人物山姆 · 沃尔顿先生于 1962 年在阿肯色州成立。经过 40 多年的发展，沃尔玛公司已经成为美国最大的私人雇主和世界上最大的连锁零售企业。沃尔玛是全球 500 强榜首企业。

沃尔玛的业务之所以能够迅速增长，并且成为现在非常著名的公司之一，是因为沃尔玛在节省成本以及在物流配送系统与供应链管理方面取得了巨大的成就。沃尔玛对信息技术的执著追求有目共睹，正是缘于此，沃尔玛低成本战略才得以屡试不爽。

（1）**降低成本系列方法在物流配送中心的应用**。在整个物流过程当中，最昂贵的就是运输部分，所以沃尔玛在设置新卖场时，尽量以其现有配送中心为出发点，卖场一般都设在配送中心周围，以缩短送货时间，降低送货成本。沃尔玛在物流方面的投资，也非常集中地月于物流配送中心建设。

1）快速高效的物流配送中心。物流配送中心一般设立在 100 多家零售店的中央位置，也就是配送中心设立在销售主市场。这使得一个配送中心可以满足 100 多个附近周边城市的销售网点的需求；另外运输的半径既比较短又比较均匀，基本上是以 320 公里为一个商圈建立一个配送中心。

2）沃尔玛配送中心采用的作业方式。配送中心的一端是装货的月台，另外一端是卸货的月台，两项作业分开。看似与装卸一起的方式没有什么区别，但是运作效率由此提高很多。配送中心就是一个大型的仓库，但是概念上与仓库有所区别。交叉配送 CD（Cross Docking）的作业方式非常独特，而且效率极高，进货时直接装车出货，没有入库储存与分拣作业，降低了成本，加速了流通。

（2）物流信息技术的应用。沃尔玛之所以成功，很大程度上是因为它至少提前 10 年（较竞争对手）将尖端科技和物流系统进行了巧妙搭配。早在 20 世纪 70 年代，沃尔玛就开始使用计算机进行管理；20 世纪 80 年代初，他们又花费 4 亿美元购买了商业卫星，实现了全球联网；20 世纪 90 年代，采用了全球领先的卫星定位系统（GPS），控制公司的物流，提高配送效率，以速度和质量赢得用户的满意度和忠诚度。

1）建立全球第一个物流数据的处理中心。20 世纪 70 年代沃尔玛建立了物流管理信息系统（MIS），负责处理系统报表。20 世纪 80 年代初，沃尔玛与休斯公司合作发射物流通信卫星，物流通信卫星使得沃尔玛产生了跳跃性的发展；1983 年采用了 POS（Point of Sale）机，就是销售始点数据系统。1985 年建立了 EDI，即电子数据交换系统，进行无纸化作业，所有信息全部在计算机上运作。1986 年又建立了快速反应机制（QR），对市场快速拉动需求。沃尔玛在全球第一个实现集团内部 24 小时计算机物流网络化监控，使采购库存、订货、配送和销售一体化。

2）沃尔玛物流应用的信息技术。传统的方式到货以后要打电话、发 E-mail 或者发报表，沃尔玛通过便携式数据终端设备（PDF）可以直接查询货物情况。利用物流条码（BC）技术，能及时有效地对企业物流信息进行采集跟踪。利用射频标识技术（RFID，是一种非接触式的自动识别技术），通过射频信号可自动识别目标对象并获取相关数据，识别工作无须人工干预，可在各种恶劣环境中工作。

（3）“无缝”供应链的运用。物流的含义不仅包括了物资流动和存储，还包含了上下游企业的配合程度。沃尔玛之所以能够取得成功，很大程度上在于沃尔玛采取了“无缝点对点”的物流系统。沃尔玛所指的供应链是说产品从工厂到商店的货架，在供应链中，每一个供应者都是这个链当中的一个环节，沃尔玛使整个供应链成为一个非常平稳、光滑、顺畅的过程。这样，沃尔玛的运输、配送以及对于订单与购买的处理等所有的过程，都是一个完整网络当中的一部分，大大降低了物流成本。

思考题

6-1　你所在企业的生产类型属于哪一类？

6-2　请概要描述一下销售管理的主要业务。

6-3　请概要描述一下客户关系管理。

6-4　请概要描述一下，销售管理子系统的业务处理流程。

6-5　结合某企业，找出销售管理过程中可能存在哪些问题，问题的原因是什么？如何改进？

6-6　请分析沃尔玛物流与供应链管理的特点。

7 主生产计划

制造业涉及的有关物料计划一般可以分为三种：综合计划（或称为生产大纲）、主生产计划及物料需求计划。本章主要阐述主生产计划的制订方法。

7.1 主生产计划的定义和作用

主生产计划（Master Production Schedule，MPS）是以出厂产品与重要部件的物料编码、需求数量与交货期为起点，计划出厂产品与重要部件的生产时间（周、日、甚至小时）和生产数量。

主生产计划的制订取决于需求大纲（毛需求）、库存状况和粗能力计划。需求大纲（毛需求）主要由以下几种途径形成：(1) 客户订单；(2) 预测；(3) 备品备件；(4) 厂际间需求；(5) 计划维修件。其中，需求大纲（毛需求）指市场需求；毛需求量指由以上几种途径形成的所有物料的需求量汇总在一起的、初步的需求数量；净需求（Net Requirement，NR）指毛需求（Gross Requirement，GR）中，扣除库存后企业计划投入生产的数量。

主生产计划的确定过程伴随着粗能力计划的运行，即要对关键资源进行平衡。主生产计划驱动物料需求计划，再由物料需求计划生成车间作业计划与采购计划。所以，主生产计划在 ERP 系统中起着承上启下的作用，实现从宏观计划到微观计划的过渡与连接。主生产计划与其他子系统的关系如图 7-1 所示。

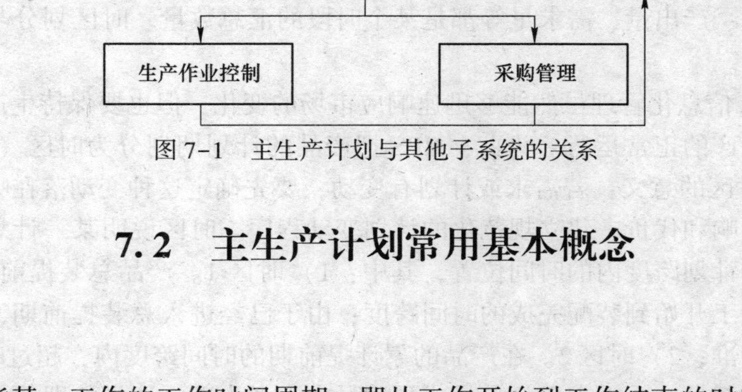

图 7-1 主生产计划与其他子系统的关系

7.2 主生产计划常用基本概念

7.2.1 提前期

提前期是指某一工作的工作时间周期，即从工作开始到工作结束的时间。提前期的概念主要是针对“需求”提出的。提前期的作用是生成 MPS、MRP 和采购计划的重要数据。提前期可分为生产准备提前期、采购提前期、生产加工提前期、装配提前期、累计提前期和总提前期，如图 7-2 所示。

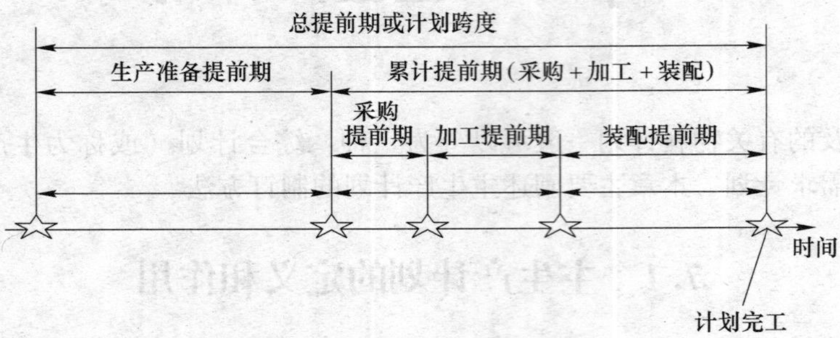

图 7-2 各种提前期及其之间的关系

(1) 生产准备提前期。是从生产计划开始到生产准备完成所需要的时间。

(2) 采购提前期。是采购订单下达到物料完工入库的全部时间。

(3) 生产加工提前期。是生产加工投入开始至生产完工入库的全部时间，由排队时间、加工时间、等待时间和传递时间构成，其中排队时间、加工时间和传递时间即为通常的保险期或缓冲期。

(4) 装配提前期。是装配投入开始至装配完工的全部时间。

(5) 累计提前期。是采购、加工、装配完工的全部时间。

(6) 总提前期。是指产品的整个生产周期，包括产品设计提前期、生产准备提前期、采购提前期以及加工、装配、试车、检测、发运等提前期的总和。

7.2.2 计划展望期、时段、时区和时栅

(1) 计划展望期（计划的时间跨度）。MPS 通常是有一定的时间范围的，该时间范围即计划的时间跨度，通常称为 MPS 的计划展望期。计划展望期应大于产品的总提前期，许多企业以月、季度等为计划展望的时间跨度。

(2) 时段。在 ERP 系统中，为了简化计算，我们可以将时间划分为时段（time period），例如小时、天、周等，作为系统中计算时间的最小单位。对于同一时段内发生的事件，系统不再细分时间点，而近似认为是在同一时间发生的。MRP 运算过程中涉及的重要数据如计划量、产出量、需求量等都是某个时段的汇总数量。时区划分与需求量显示如图 7-3 所示。

(3) 时区。信息化管理虽然能够迅速响应市场的变化，但也要保持生产计划相对的稳定性，以利于生产的正常运行。为此，MPS 把产品的计划期划分为时区（time zone），如图 7-4 所示。时区的意义：若需求或计划有变动，要先确定这种变动落在哪个时区，以分析变动带来的影响和代价，建立规范化的计划变动程序。时区说明某一计划的产品在某时刻处于该产品的计划跨度内的时间位置，其中：1) 时区 1。产品总装提前期的时间跨度，即产品从投入加工开始到装配完成的时间跨度；由于已经进入总装提前期，故毛需求以已经下达的订单为准；2) 时区 2。在产品的累计提前期的时间跨度内，超过时区 1 以外的时间跨度；为保险起见，毛需求以订单量或预测量中大者为准，这样，即使再有一定数量的

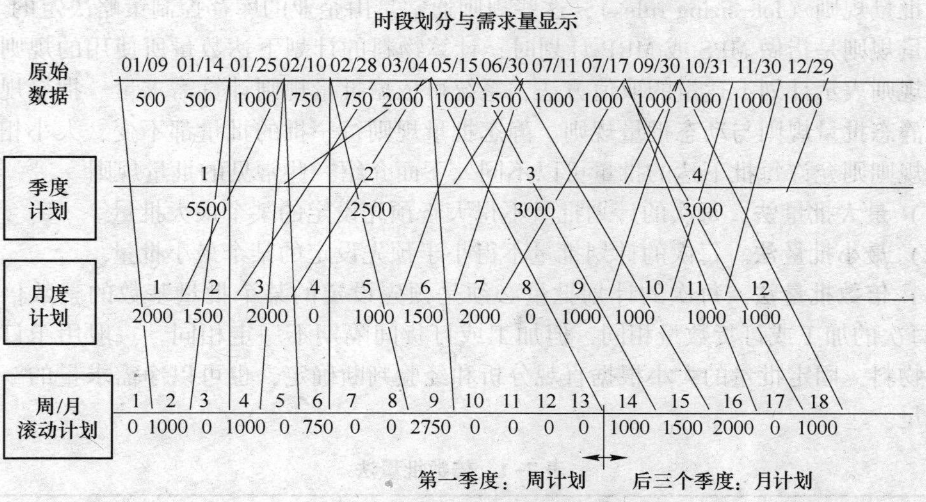

图 7-3 时区划分与需求量显示

紧急订单，也可轻松应付；3）时区 3。超过时区 2 以外的时间跨度；这个时区的订单确定程序还比较低，可能还会有新的订单，也可能会有已下达的订单被撤销，因此毛需求以预测量为准。

（4）时栅。时区之间的分界点称为时栅（time fence）。时栅分为需求时栅与计划时栅。1）需求时栅。时区 1 与时区 2 的分界点为需求时栅；2）计划时栅。时区 2 与时区 3 的分界点为计划时栅。计划时栅有时也被称为计划确认时栅（Firm Planning Time Fence，FPTF），其意义是产品在累计提前期内的计划一般都已确认，如果此时再不确认，可用的生产时间将不足以保证按时交货。

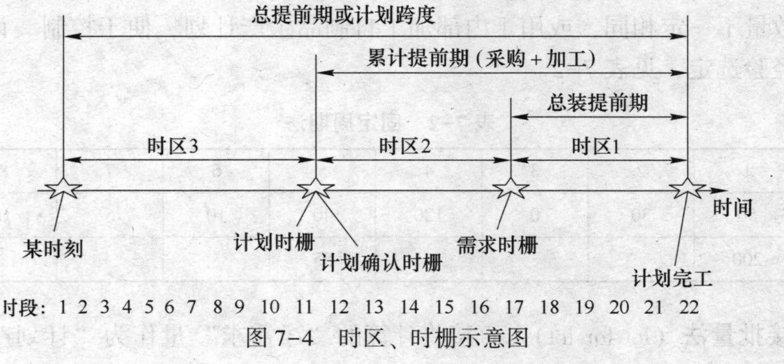

图 7-4 时区、时栅示意图

7.2.3 批量规则与批量周期

7.2.3.1 批量规则

批量过大，则占用的流动资金过多，加工或采购的费用减少；批量过小，占用流动资金减少，但加工或采购的费用增加。实际计划生产或采购的交付数量和订货数量未必等于净需求量。准备加工、订货、运输、包装等都必须是按照一定的数量来进行，为确定物料的生产/采购批数和每批的生产/采购数量，除了需求本身，通常还要遵循一组额外的规则，即批量规则（lot-sizing rules），这些规则通常是由企业的库存控制策略决定的。

批量规则是指做 MPS 或 MRP 计划时，计算物料的计划下达数量所使用的规则，不同的批量规则表示计划下达量的取值方法，系统可依据批量规则计算需求量。批量规则分为两类：静态批量规则与动态批量规则。静态批量规则每一批的批量都不变，大小相同。动态批量规则则允许每批下达的批量可以不同。下面介绍一些常见的批量规则。

（1）**最大批量法**。每次的计划批量不得大于预先设定的某个最大批量。

（2）**最小批量法**。每次的计划批量不得小于预先设定的某个最小批量。

（3）**倍数批量法**。每次的计划批量必须是预先设定的某个批量基数的整数倍，见表 7-1。每次的加工或订货数量相同，但加工或订货间隔期不一定相同，一般用于订货费用较大的物料，固定批量的大小根据直观分析和经验判断确定，也可以净需求量的一定倍数作为批量。

表 7-1　倍数批量法

周次	1	2	3	4	5	6	7	8	9
净需求量	50	30	0	120	40	10	5	0	40
批量	60	60	0	120	0	60	0	0	0
剩余	10	40	40	40	0	50	45	45	5

（4）**经济批量法**（EOQ）。根据“经济订货周期”公式确定生产的周期，计划批量随需求而变动，在一个周期内，计划产出量全部下达在该周期的第一个时段。一般用于需求是常量和已知的，成本和提前期也是常量和已知的，库存能立即补充，且连续需求的、库存消耗稳定的场合。对于需求离散的 MRP 方法，库存消耗是变动的，EOQ 方法的效率不高。

（5）**固定周期法**（fixed time）。固定周期法用于每次加工或订货间隔周期相同，但加工或订货的数量不一定相同，或用于内部加工自制品生产计划，便于控制。订货间隔的周期可以根据经验选定，见表 7-2。

表 7-2　固定周期法

周次	1	2	3	4	5	6	7	8	9
净需求量	50	30	0	120	40	10	5	0	40
批量	200				55				60

（6）**直接批量法**（lot for lot）。直接将计算的“净需求”量作为“计划产出”量，见表 7-3。直接批量法就是物料需求的批量等于净需求量——按需订货法（as required）。直接批量法适用于生产或订购数量和时间基本上能给予保证的物料，或者所需要的物料的价值较高，不允许过多地生产或保存的物料。

表 7-3　直接批量法

周次	1	2	3	4	5	6	7	8	9
净需求量	50	30	0	120	40	10	5	0	40
批量	50	30	0	120	40	10	5	0	40

需要特别指出的是，对于层次结构的产品，各层物料都有批量问题。每一层物料的变化，都将波及下属所有物料，引起一连串变动；波动逐层放大，下层物料批量急剧变化，一般仅在最低层元件订货时考虑批量。

7.2.3.2 批量周期

批量周期指如果物料按周期批量订货时，订货的周期。在 MPS 或 MRP 的计算过程中，根据此处定义的批量周期（以天为单位）对周期批量合并净需求，将其作为计划量。

7.2.4 损耗率

损耗率主要由组装废品系数、零件废品系数和材料利用率构成。

（1）组装废品系数。组装废品系数就是装配件在装配过程中的零件损耗。例如，装配产品 A，估计有 5%的玻璃管毁坏，装配 100 件 A，按有 105 个玻璃管部件的需求：100×(1+5%)。

（2）零件废品系数。零件废品系数就是对于一定数量的订单，预计入库存时有一定百分比的减少。零件废品系数是对订单数量而不是对毛需求的调整。例如，产品 A 需求的零件废品系数为 2%，组装废品系数为 5%，A 需求为 100 时，订单应为 102，A 项目 102 的订单数对玻璃管的毛需求量应为 100×(102%×105%)。

（3）材料利用率。材料利用率就是有效产出与总输入的比率。例如，某装配件的材料利用率是 95%，为了得到 100 件的产品就要有 106 个装配件才能保证（100/95% = 105.3）。

7.3 主生产计划计算方法

主生产计划（MPS）来源于销售计划（合同、预测、综合计划），MPS 的制订过程是个不断反复的过程，制订中不断平衡关键能力，即进行粗能力计划的运算，最后审批确认，进入物料需求计划的制订过程。主生产计划基本概念与计算方法如下：

（1）收集整理需求数据。

（2）确定展望期、提前期、安全库存、批量规则等。

（3）划分时段、时区、时栅。

（4）编制 MPS。从第一个时段开始，根据毛需求—净需求—计划产出量—计划投入量—预计可用库存量的顺序计算各个计划值，然后转入下时段，如此循环直至计划展望期内的最后一个时段。具体如下：

1）**毛需求**（Gross Requirement，GR）。毛需求指市场需求。毛需求量指初步的需求数量，所有物料的需求量汇总在一起，即是需求大纲。

2）**净需求**（Net Requirement，NR）。净需求指需要生产的数量。

$$NR = GR - \text{上时段末的 } PAB - SR + \text{安全库存} \tag{7-1}$$

如结果为负时，取 NR = 0；计划收到（Scheduled Receipts，SR）指上一个计划的计划收到量。

3）**计划产出**（Planned order Receipts，PR）。净需求量经过批量规则的调整后，便得到计划产出量。

4）**计划投入**（Planned Order Release，POR）。理想状态下，计划投入在数量上等于计划产出，所处时段是在对应的计划产出基础上往前推相应的提前期。

5）**预计可用库存**（Projected Available Balance，PAB）。

$$PAB=上时段\ PAB+SR-GR+PR \tag{7-2}$$

特别地，“过去”上时段的 PAB 指上一个计划结束时刻的可用库存。

MPS 经过确认并下达后，便成为企业内部具有约束力的指导生产的文件。在 ERP 系统中，MPS 输出为报表形式、甘特图。

例 7-1　某物料各时段的预测量和合同量见表 7-4，请计算毛需求。

表 7-4　某物料各时段毛需求的需求计算

物　料　号：100000　　　　　　　　　　　　计划日期：2000/01/31
物 料 名 称：X　　　　安全库存量：5　　　　计 划 员：CS
提　前　期：1 周　　　批　　　量：10　　　　需求时界：3
现有库存量：8　　　　批 量 增 量：10　　　　计划时界：8

时段	当期	1 02/03	2 02/10	3 02/17	4 02/24	5 03/03	6 03/10	7 03/17	8 03/24	9 03/31	10 04/07	11 04/14
预测量		5	5	5	5	5	5	5	5	5	5	5
合同量		12	8		2	7	6		13	5		2
毛需求		**12**	**8**		**5**	**7**	**6**	**5**	**13**	**5**	**5**	**5**

例 7-2　某物料各时段毛需求、计划收到量、预计库存量见表 7-5，请计算各时段预计库存量、净需求、计划产出量和计划投入量。

表 7-5　某物料各时段需求计算

物 料 号：10000　　　　　　　　现有库存量：8
物料名称：X　　　　　　　　　　安全库存量：5
提 前 期：1 周　　　　　　　　　批　　量：10

时段	当期	6/10	6/17	6/24	7/01	7/08	7/15
毛需求		12	8		5	7	6
计划接收量		10					
预计库存量	8	**6**	**8**	**8**	**13**	**6**	**10**
净需求			**7**		**2**		**5**
计划产出量			**10**		**10**		**10**
计划投入量		**10**		**10**		**10**	

注：1. 在计算预计库存量时，假定计划产出量已确认为计划接收量；
2. 净需求考虑了补充安全库存量。

7.4　粗能力计划（RCCP）

7.4.1　粗能力计划的作用

粗能力计划是对关键工作中心的能力进行运算而产生的一种能力需求计划，它的计划对象只针对设置为“关键工作中心”的工作能力，计算量要比能力需求计划小许多。主生产计划的可行性主要通过粗能力计划（Rough-cut Capacity Planning，RCCP）进行校验。

约束理论（Theory of Constraints，TOC）认为产量和库存量是由瓶颈资源决定的，从这点上说，粗能力计划与约束理论的思想一致，即关键资源和瓶颈资源决定了企业的产能，只依靠提高非关键资源的能力来提高企业的产能是不可能的。粗能力计划的运算与平衡是确认主生产计划的重要过程，未进行粗能力平衡的主生产计划是不可靠的。

主生产计划的对象主要是最终完成品（0 层物料），但都必须对下层物料用到的关键资源和工作中心进行确定与平衡。下面详细描述粗能力计划的建立与运行。

7.4.2 粗能力计划的建立与运行

（1）建立关键工作中心的资源清单。资源清单主要包括各种计划产品占用关键资源的负荷时间（工时、台时），同时列出关键工作中心的能力清单进行对比，对超负荷的工作中心可以用不同的颜色标识（如红色）。资源清单的建立有两种方式：

直接维护 MPS 对象的物料的资源清单，也即为产品顶层物料的资源清单，说明完成该物料全过程加工所用的关键工作中心和占用关键工作中心资源的情况。只有当能力发生改变时再进行修改和维护工作，这种方法一般在小型的 MRP Ⅱ或 ERP 系统中使用。

在工艺路线中维护物料的占用资源和消耗资源，再根据工艺路线生成 MPS 对象物料的资源清单，同时根据相关的变动情况加以维护。一般的 ERP 系统都采取这种方法。不同的 ERP 软件可能采用不同的方法，表 7-6 是一个资源清单示例。

表 7-6 工作中心能力计划

工作中心编码：G001　　工作中心名称：1 号车床
车 间 编 码：C01　　车 间 名 称：机械加工车间
核 算 方 式：设备　　日 能 力：16
资 源 代 码：Z01　　资 源 名 称：台时
计 算 日 期：2000/01/1

时段	需求负荷	现有能力	能力超/欠	负荷率
1	90	80	-10	112.5%
2	60	80	+20	75%
3	70	80	+10	87.5%

（2）寻找超负荷时段，确定各时段负荷的起因。进一步确定某工作中心的各具体时段的负荷与能力，找出超负荷时段。找出超负荷时段后，再确定各时段的负荷由哪些物料引起，各占用资源的情况如何，然后平衡工作中心的能力，同时要总体平衡 MPS 最终产品的各子件的进度（可初步平衡，详细的平衡在物料需求计划与能力需求计划制订时进行）。采取的方法是提升、扩充关键工作中心的能力或者进行主生产计划调整。常用的分析图有直方图、饼图和产品进度平衡图，图 7-5 所示主生产计划员要对主生产计划和关键资源的能力之间的矛盾进行协调和平衡。一般可以从以下两个方面来解决这类矛盾。

1）改变负荷。重新制订计划，延长交货期，取消客户订单，减少订货数量等。

2）改变能力。更改加工路线，加班加点，组织外协，增加人员和机器设备。主生产

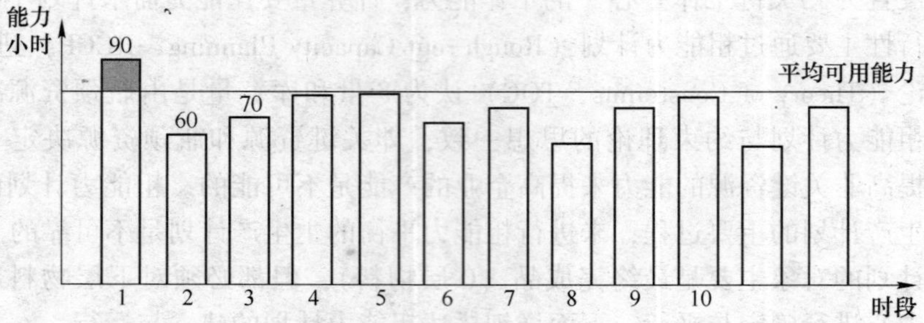

图 7-5 工作中心能力计划

计划员应尽可能解决这些矛盾，若确有难以解决的严重问题，应把分析的情况及提出的建议报告给上级，协调有关部门工作，与有关部门一起商讨解决办法。

7.4.3 粗能力计划的优点与不足

粗能力计划优点：简单可行，它只考虑关键工作中心及其概括的信息，对作新产品计划很理想，容易实施，只需要较小的计算能力，重新计划时间短，支持模拟过程，避免产生不现实的计划，为高级管理层制订计划提供支持。

粗能力计划的限制：（1）忽略已有的库存及各种状态的未结车间订单；（2）并不包括所有的工作中心；（3）其假设为：不考虑提前期；典型的产品组合及典型的批量大小。

思 考 题

7-1 什么是 MPS？MPS 处于计划中什么样的地位？它的来源是什么呢？

7-2 什么是 RCCP？它作用是什么？RCCP 是如何计算的？

7-3 请解释以下概念：时段、时区（1，2，3）和时栅（计划时栅与需求时栅）。如何理解它们之间的关系？时区 1、时区 2 和时区 3 从时间上讲，哪一个在前面？并结合实际举例说明。

7-4 列举你所知道的批量规则。你所在的企业采用什么批量规则？

7-5 请解释以下概念：毛需求、计划接收量、预计可用库存量、计划产出量、计划投入量、可供销售量和可用库存量。它们如何计算？

7-6 请画出 MPS 计算流程图。

7-7 请列举一个实际例子，模拟 MPS 运算过程。

8 物料需求计划与能力需求计划

能力需求计划主要用来检验物料需求计划是否可行，以及平衡各工序的能力与负荷。本章将详细讲述能力需求计划的原理。

8.1 物料需求计划

物料需求计划（MRP）的原理参见 4.2.2 节。MRP 的计算流程如图 8-1 所示。

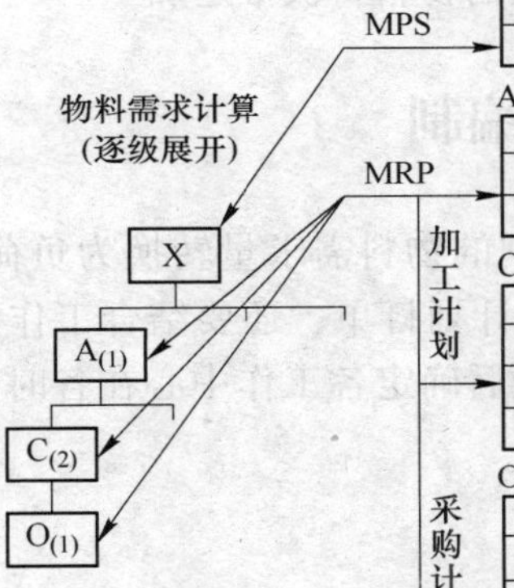

X　提前期=1　批量=1　现有量=0

时段	1	2	3	4	5	6	7	8	9	10	11	12
计划产出量			10		10		10		10		10	
计划投入量		10		10		10		10		10		5

A　提前期=1　批量=1　现有量=0

时段	1	2	3	4	5	6	7	8	9	10	11	12
计划产出量		10		10		10		10		10		5
计划投入量	10		10		10		10		10		5	

C　提前期=1　批量=1　现有量=0

时段	1	2	3	4	5	6	7	8	9	10	11	12
计划接收量	20											
计划产出量			20		20		20		20		10	
计划投入量		20		20		20		20		10		10

O　提前期=2　批量=40　现有量=10

时段	1	2	3	4	5	6	7	8	9	10	11	12
毛需求		20		20		20		20		10		10
计划接收量						40						40
预计库存量	50	30	30	10	10	30	30	10	10	0	0	30
净需求						10						10
计划产出量						40						40
计划投入量				40						40		6

图 8-1　MRP 的计算流程

8.2 能力需求计划的作用与分类

能力需求计划（Capacity Requirement Planning，CRP）主要内容如下：首先对各时段和各工作中心所需的各种资源进行精确计算，得出人力负荷、设备负荷等资源负荷情况，然后进行生产能力与生产负荷的平衡工作，最后制订出能力需求计划。

能力需求计划主要用来检验物料需求计划是否可行，以及平衡各工序的能力与负荷。能力需求计划与粗能力需求计划同属于对以上问题的求解，都是为了平衡工作中心的能力与负荷，实现计划的可执行性与可靠性。但能力需求计划与粗能力需求计划又有区别，见表 8-1。

能力需求计划的作用是：检验整个 MPS/MRP 的可行性。能力需求计划的分类可分为无限能力计划和有限能力计划两种。

表 8-1　能力需求计划与粗能力需求计划的区别

对比项目	区　别	
	粗能力需求计划	能力需求计划
计划阶段	MPS 制订阶段	MRP 与 SFC 制订阶段
能力计划对象	关键工作中心	各个工作中心
负荷计算对象	独立需求件	相关需求件
计划的订单类型	计划及确认的订单（不含已下达的计划订单）	全部订单（含已下达的计划订单）
使用的工作日历	工厂工作日历或工作中心日历	工作中心工作日历
计划的提前期考虑	偏置天数	开始与完工时间，有时精确到小时

无限能力计划就是在作需求计划时不考虑生产能力的限制，而对各个工作中心的能力和负荷进行计算，作出能力/负荷报告。

有限能力计划指工作中心的能力是有限的，计划的安排按照一定的规则，先将能力分配给优先级高的物料，当工作中心负荷已满时，优先级低的物料将被推迟加工。

8.3　有限能力计划的编制

考虑能力需求计划的计算方式时，要把物料需求计划的物料需求量转换为负荷小时，即把物料需求转换为对能力的需求。不但要考虑 MRP 的计划订单，还要结合工作中心和生产日历，同时还得考虑工作中心的停工及维修情况，最后确定各工作中心在各时间段的可用能力，CRP 运行流程如图 8-2 所示。

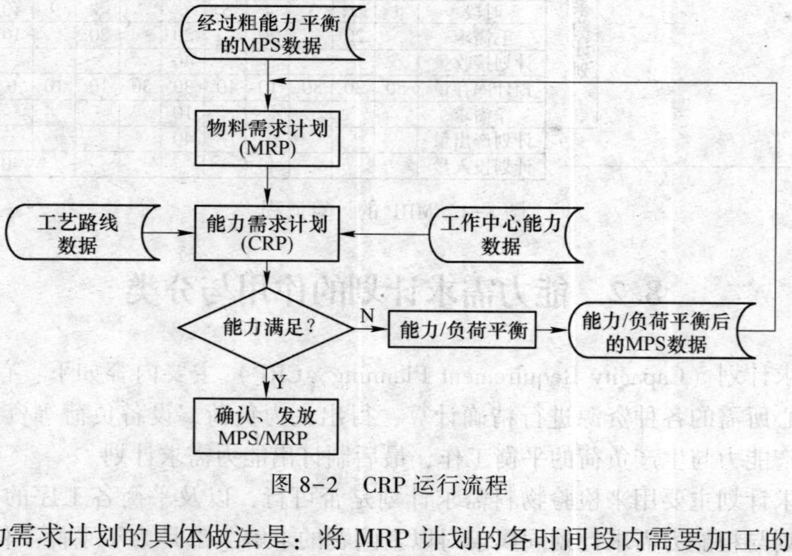

图 8-2　CRP 运行流程

编制能力需求计划的具体做法是：将 MRP 计划的各时间段内需要加工的所有制造件通过工艺路线文件进行编制，得到所需要的各工作中心的负荷，再同各工作中心的额定能力进行比较，提出按时间段划分的各工作中心的负荷报告。然后，由管理人员根据报告提供的负荷情况及订单的优先级因素加以调整和平衡。编制能力需求计划的步骤如下。

（1）**收集数据**。能力需求计划需要的数据有以下这些数据。1）任务单数据。任务单是下达生产制造指令的有关单据。它的内容是针对经 MRP 运算后或虽未经 MRP 运算但需要由企业自行制造的物料而下达的加工任务书。根据其不同的状态和阶段，又可将任务单分为 MRP 计划任务单、确认任务单和投放任务单。2）工作中心数据。工作中心 WC01 的物料需求计划工作中心是能力的基本单元，与能力有关的数据有每天班次、每班小时数、每班人数、每班设备数、效率、利用率及超额系数。3）工艺路线数据。工艺路线是表达 BOM 中制造物料的加工与传递顺序的资料。工艺路线描述一个或若干个物料从现行库存状态经过加工到另一个库存状态的过程。工艺路线是能力需求计划运算时的重要信息，主要提供物料加工的工序、工作中心和加工时间等数据。4）工厂生产日历。工厂生产日历是企业用于编制计划的特殊日历，该日历一般将不工作的日期排除（星期天、法定假日及其他非生产日期）。

（2）**能力计算**。能力由工作中心的工作日历和工作中心的能力数据决定。

（3）**负荷计算**。负荷由 MPS、工艺路线数据决定。将所有的任务单分派到有关的工作中心上（不考虑有效的能力和限制），然后确定有关工作中心的负荷，并从任务单的工艺路线记录中计算出每个有关工作中心的负荷。当不同的任务单使用同一个工作中心时，将按时间段合并计算。

负荷=该物料产量×占用该工作中心的标准工时

若能力−负荷>0，则能力富余；

若能力−负荷<0，则能力不足；

若能力−负荷=0，则能力匹配。

（4）**能力负荷图的绘制**。图 8-3 反映了某工作中心某阶段的负荷和能力的关系。

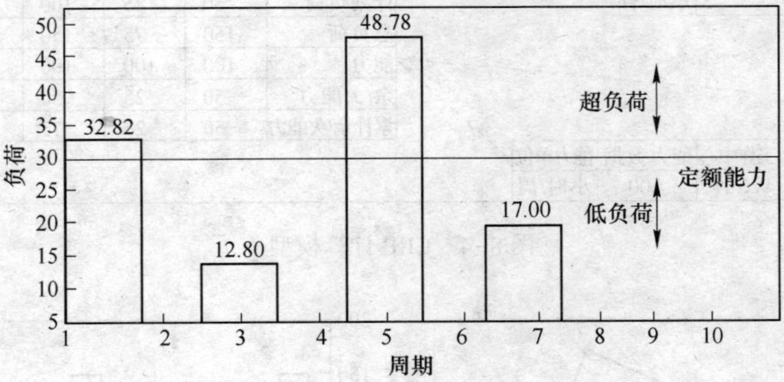

图 8-3　能力负荷图

（5）**能力负荷平衡，制订能力需求计划**。能力需求计划中有两个要素：负荷和能力。解决负荷过小或超负荷能力问题的方法有三种：调整能力、调整负荷，以及同时调整这两者。1）调整能力的方法主要有加班；增加人员和设备；提高工作效率；更改工作路线；增加外协处理等。2）调整负荷的方法主要有调整生产批量；推迟交货期；撤销订单等。

表 8-2 为某车间某时段的能力负荷情况。表中列出了所需加工的各种产品占用各工作中心的负荷，各工作中心的所需能力、定额能力及最大能力。

（6）**确认能力需求计划**。通过反复平衡和调整，当能力和负荷达到平衡时，即可确认能力需求计划，正式下达任务单。

表 8-2 某车间的能力负荷情况 （单位：h）

资源	生产计划项目								所需能力	定额能力	最大能力
	A	B	C	D	E	F	G	H			
1610 机器中心					69	125			194	175	200
2510 锻压	200		38		30		10		278	320	410
8 压铸	25	75			110			65	275	280	350
自动焊接		17	95	125			75		312	350	400
喷漆线		102		35		190		220	547	490	600

例 8-1 能力需求计划的计算模型如图 8-4 所示。已知已下达及执行的 MPS、当前 MPS（尚未下达及执行）、工艺路线、工作中心日历及工作中心能力数据，可得到该工作中心的能力与负荷情况（右下角）。该工作中心的能力与负荷情况的折线图及直方图如图 8-5 所示。

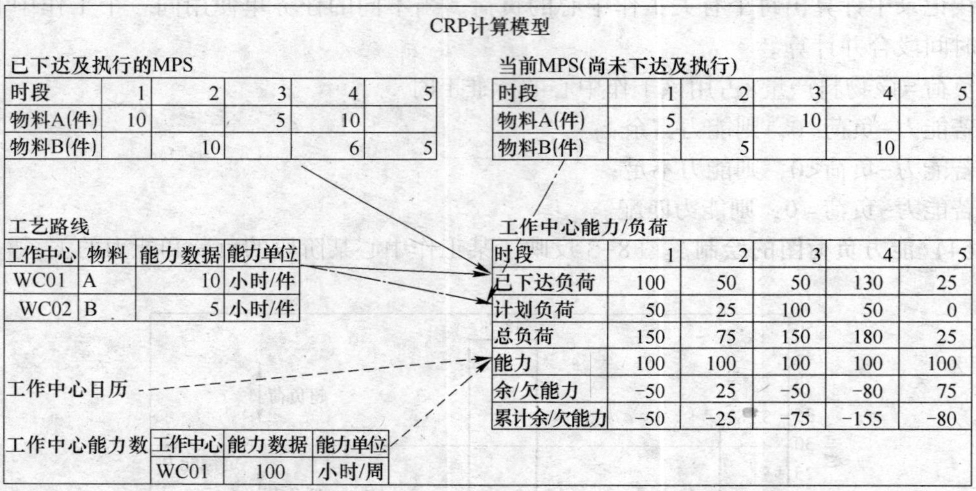

图 8-4 CRP 计算模型

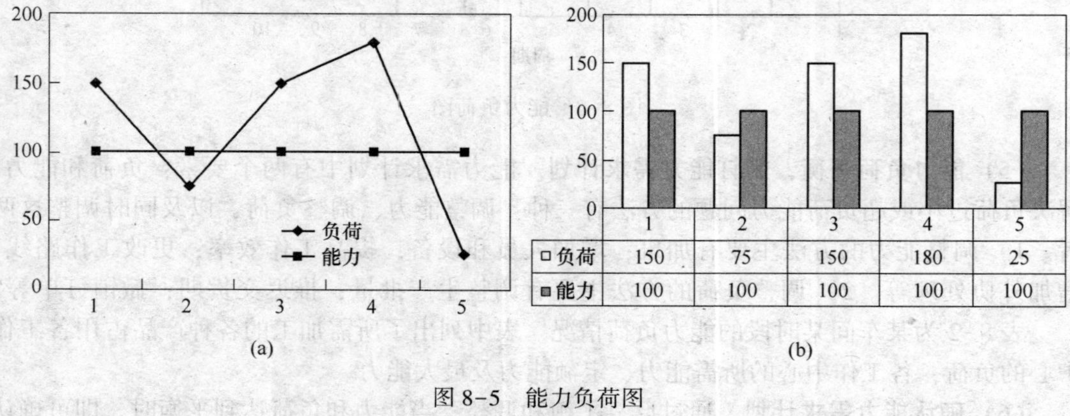

图 8-5 能力负荷图

（a）折线图；（b）直方图

8.4 先进排程

实现有限能力计划的一种形式是先进排程（Advanced Planning and Scheduling，APS）系统。APS能产生现在与将来的、通过各种规则及需求约束自动产生的、可视化的详细计划。高级计划排产是一个计划排程软件包，能高效地帮助制造企业控制生产计划。

APS的研究主要集中在车间的生产计划排程与生产调度方面。其约束包括资源工时、物料、加工顺序及自定义约束条件。它能管理整个资源。更重要的是它能快速响应意外的结果。它考虑所有生产过程中的因素，包括班次、工时、工具、材料的可用性、可知/未可知的设备维护、当前负荷、能力。极少ERP厂商自己开发APS，大都是直接购买专业公司的现成软件加以集成，即使SAP、ORACAL也不例外。

APS的目标就是追求生产计划的优化和能力的平衡，这本身是有难度的工作，但是最难的还在于“约束”，优化和平衡的追求都是在多种约束条件之下的追求。约束与优化成为一对最大的矛盾，甚至在特别复杂的约束下到底有没有最优，能优化到什么程度，理论上都成为疑问。制造系统的生产排程和生产调度是针对一项可分解的工作（如产品制造），探讨在在尽可能满足约束条件（如交货期、工艺路线、资源情况）的前提下，通过下达生产指令，安排其组成部分（操作）使用哪些资源、其加工时间及加工的先后顺序，以获得产品制造时间或成本的最优化。

APS的编制方法有顺排法、倒排法和混排法。所谓顺排法就是从当前时刻或指定的计划开始时刻开始，将各工序计划依时间顺序向后排程。倒排法与顺排法相似但方向相反，从交货期或指定的完成时间开始，将各工序计划逆时间顺序向前排程。

8.4.1 顺排法

如前所述，顺排法就是从当前时刻或指定的计划开始时刻开始，将各工序计划依时间顺序向后排程，如图8-6所示。流程如图8-7所示。

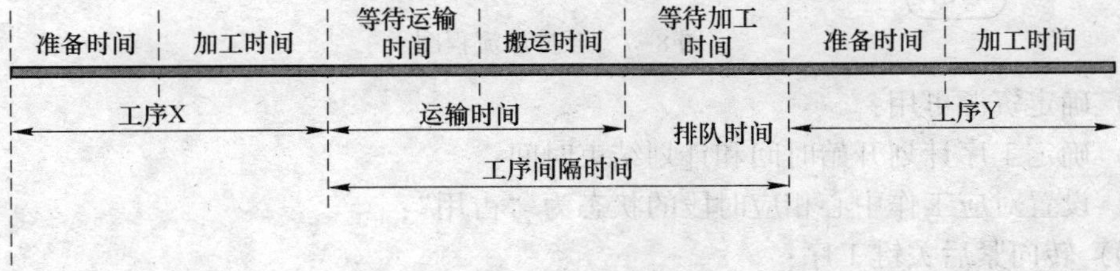

图8-6 顺排法

用APS的顺排法安排生产计划的主要步骤如下：

（1）将所有任务按优先级排序，形成任务列队；

（2）取第一个任务；

（3）计算各工序占用对应工作中心的工作时间跨度；

（4）确定关键路径；

（5）取第一个关键工序；

（6）确定当前工序最早可开始时间；

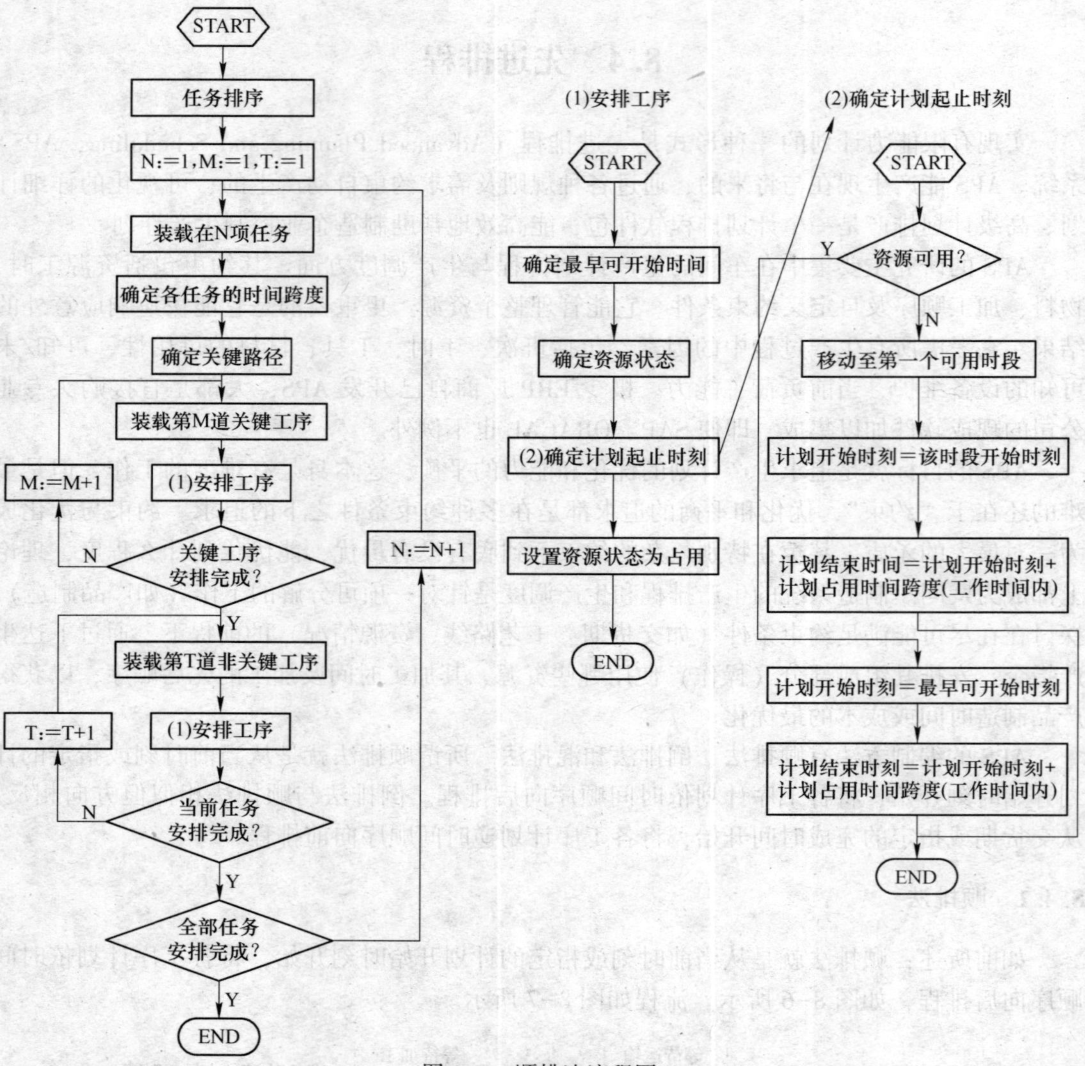

图 8-7 顺排法流程图

(7) 确定资源可用；

(8) 确定工序计划开始时间和计划结束时间；

(9) 设置对应工作中心相应时段的状态为“占用”；

(10) 转向紧后关键工序；

(11) 转向非关键工序；

(12) 转向任务列队中的下一个任务。

在当前的资源条件下，在任务的累计提前期不能满足交货期的情况下，顺排法会通过推迟部分或全部工序的加工来解决。

例 8-2 已知方桌的工艺路线如图 8-8 所示，各工序占用对应工作中心的时间见表 8-3。假定现在是 6 月 13 日，接到两个订单 C001 和 C002，各订方桌 100 套，交货期分别为 6 月 16 日、6 月 17 日。假定采购物料都不短缺，工作中心均未占用。试用顺排法安排生产计划。

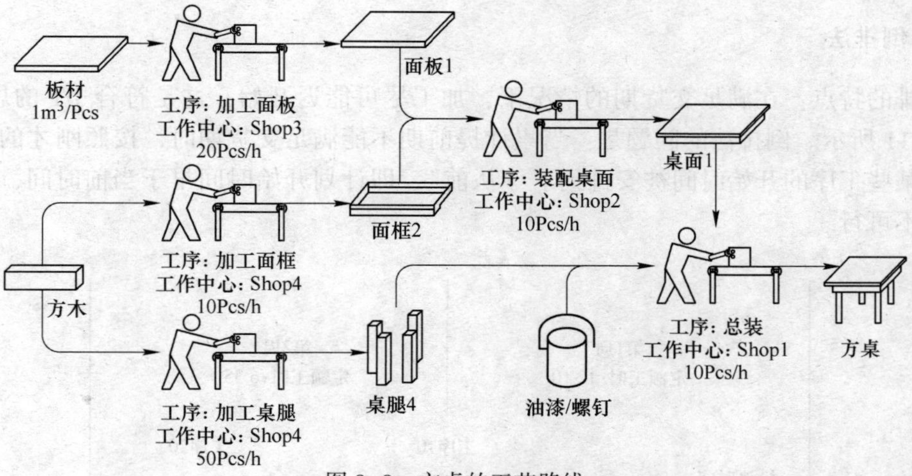

图 8-8　方桌的工艺路线

表 8-3　各工序占用对应工作中心的时间计算

代码	工序名称	工作中心	效率（件/小时）	加工数量（件）	占用时间（小时）
①	总装	Shop1	10	100	10
②	加工桌腿	Shop4	50	400	8
③	装配桌面	Shop2	10	100	10
④	加工面板	Shop3	20	100	5
⑤	加工面框	Shop4	30	100	3.33

(1) 绘制网络计划图，确定关键路径。利用各工序占用对应工作中心的时间跨度计算表的数据绘制网络计划图，找出关键路径，如图 8-9 所示。

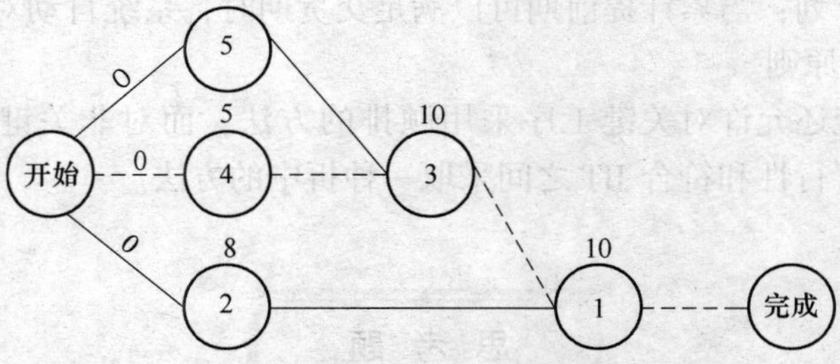

图 8-9　“方桌”任务网络图

(2) 顺序排产。如图 8-10 所示。

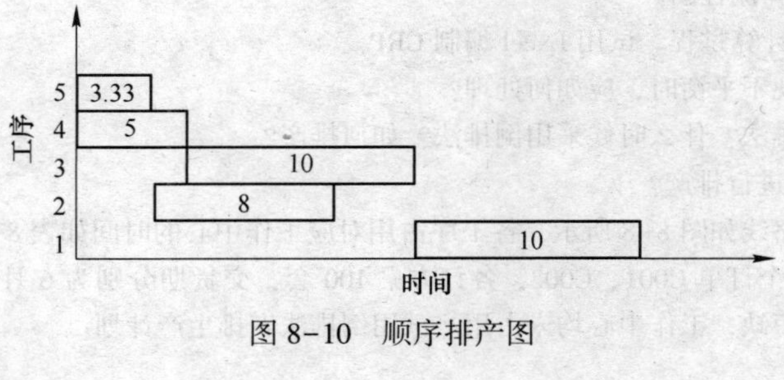

图 8-10　顺序排产图

8.4.2 倒排法

倒排的特点：在满足交货期的情况下，加工尽可能迟开始，这是符合 JIT 的思想的，如图 8-11 所示。倒排法的问题是：当累计提前期不能满足交货期时，按照刚才的算法将会导致某些工序的开始时间被安排到了“从前”，即计划开始时间早于当前时间，可能导致计划不可行。

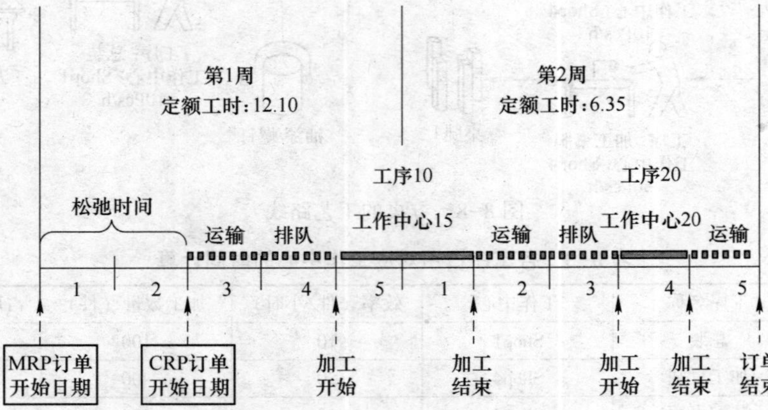

图 8-11 某订单的倒序排产图

8.4.3 顺排法与倒排法综合应用

顺排法与倒排法各有利弊，在实际的应用中，有的系统会根据情况自动采用其中的一种方法。当某任务累计提前期不能满足交货期时，系统自动对该计划各工序进行顺排，以便得出一个可行的计划；当累计提前期可以满足交货期时，系统自动对该计划个工序进行倒推，以符合 JIT 的原则。

此外，有的系统还允许对关键工序采用顺排的方法，而对非关键工作采用倒排的方法。在保证计划的可行性和符合 JIT 之间采取一种折中的方法。

思 考 题

8-1 什么是 CRP？它的作用是什么？

8-2 请绘制 CRP 的运算流程图。

8-3 举例说明 CRP 的计算过程。试用 Excel 编制 CRP。

8-4 当能力与负荷出现不平衡时，应如何处理？

8-5 什么时候采用顺排法？什么时候采用倒排法？如何排产？

8-6 如何用 PROJECT 进行排产？

8-7 已知方桌的工艺路线如图 8-8 所示，各工序占用对应工作中心的时间如表 8-3 所示。假定现在是 6 月 13 日，接到两个订单 C001、C002，各订方桌 100 套，交货期分别为 6 月 16 日、6 月 17 日。假定采购物料都不短缺，工作中心均未占用。试用倒排法安排生产计划。

9 采购管理

采购工作主要为企业提供生产与管理所需的各种物料，采购管理就是对采购业务过程进行组织、实施与控制的管理过程。企业的采购工作相当重要，并且也非常繁杂。相当多的企业采购人员经常因采购工作中的一些琐事而影响了采购工作的效率，对采购工作的主要控制要素：物料供应的数量、价格以及供应时间反而只是勉强应付，几乎没有时间与精力去研究采购市场与开发供应商，更谈不上建立企业的稳固、高效和低成本的供应链条。ERP 的出现为采购工作注入了强大的活力，提供了管理与技术并举的解决方案。应该说，在诸多业务部门的 ERP 推广与应用中，采购部门是见效最快的部门之一。本章讨论 ERP 的采购业务内容及实现方法，读者可从中揣摩到采购工作的流程变化，体会效益是如何提高的。有关更深层次的业务改进，可以阅读本书的业务流程重组一章。

9.1　采购业务的作用与目标

采购管理在企业经营管理中占据非常重要的位置。任何企业要向市场提供产品或服务都离不开原材料或消耗品的采购。对于制造业来说，物料成本占整个产品成本的比重较大或非常大，大多数制造业的采购原材料成本都占其销售额的一半以上。

采购业务的目标是适时、适量、适质、适价地为生产部门提供生产所需的物料。考虑到材料在产品中的费用份额，因此采购部门必须想方设法降低材料的采购成本，同时还必须考虑物料的库存。大量物料库存积压，意味着物料的库存成本增加，资金占用增加。降低材料成本与提高采购作业的质量已成为每个企业追求的目标。采购管理就是对采购业务过程进行组织、实施与控制管理。在保证生产连续运行的条件下，使采购成本最低、物料库存最小。

9.2　采购业务概述

9.2.1　采购业务工作内容

采购业务的主要内容与大致程序如下：

(1) **制订采购计划**。采购部门必须根据生产计划产生的需求，按物料规格、数量、需求时间及质量等要求提供给生产部门。对要求外协加工的物料，由生产技术部门、生产部门与采购部门共同确定外加工方案，或者由采购部门主要确定外加工方案，因为采购部门对市场的加工能力、供应情况更加了解。另外，部分物料不是由生产部门（或计划部门）提出需求，而是由库存部门提出，因为部分物料是按订货点控制需求的。

(2) **选择供应商**。供应商处于企业供需链的供应端。企业在选择供应商时一般来说要考虑四个要素：价格、质量、交货期和服务。传统企业与供应商的关系是一种短期的、松散的、竞争对手关系，这种关系容易出现价格上的波动、质量上的不稳定及供货期的不可靠现象。现代企业把建立和发展与供应商的关系作为企业整个经营战略的重要部分，与供应商共同分析成本与质量因素，并向供应商提供技术支持。尤其是在 JIT 生产方式下，要求供应商在需要的时候按需要的数量提供优质产品。因此，在 JIT 方式下，这种合作关系要求更稳定、更可靠。ISO9000 质量保证与管理体系，要求企业对分供方（即供应商）进行评估，并向分供方提供全部的质量与技术要求，帮助分供方进行质量改善。强化企业与供应商的合作关系。但企业对供应商太过于依赖也可能导致供应商缺乏竞争力，增加企业风险。一般地说，企业每种物料的供应商至少应保持两家较为合适。企业可根据自身特点与市场环境制订适合自己的策略。

(3) **下达与跟踪订单**。根据采购计划选择供应商，下达采购订单。这要求采购人员必须将材料的质量要求、数量要求及交货时间要求准确无误地下达给供应商。因此，采购人员除了应具有采购专业知识外，还要熟悉企业所需求的材料技术要求与制造工艺知识。

采购员发出采购订单后，为了保证订单按时、按质及按量交货，要对采购订单进行跟踪检查，控制采购进度。

(4) **来料验收**。采购部门要协助库存与检验部门对供应商来料进行验收，按需收货，不能延期也不能提前，平衡库存物流。

9.2.2 采购业务流程

某企业的采购业务的详细流程如图 9-1 所示。

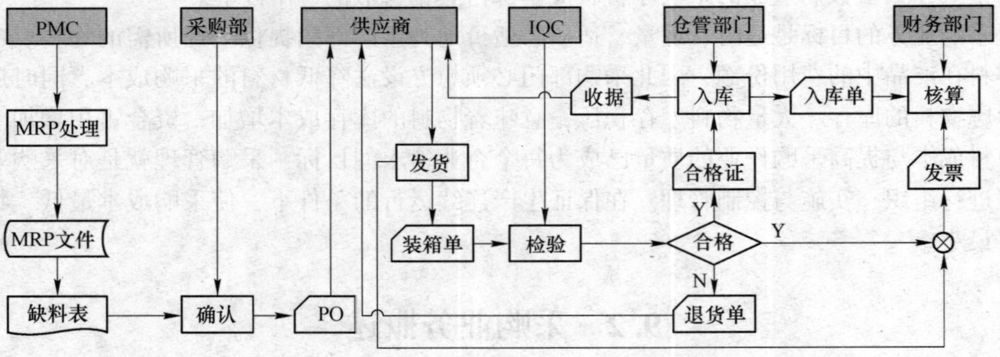

图 9-1 采购业务流程图

9.3 采购管理子系统的运行

采购管理子系统的运行流程如图 9-2 所示。

(1) **系统基础数据录入与维护**。采购管理子系统的基本数据有采购员资料、供应商资料、采购提前期以及业务流程设置。对这些数据应及时加以录入与维护。建立供应商资料，对首选、次选等供应商加以分类，并建立供应商的供应物料明细（品种、价格、供应期、运输方式等），资料最终必须进行确认才有效。

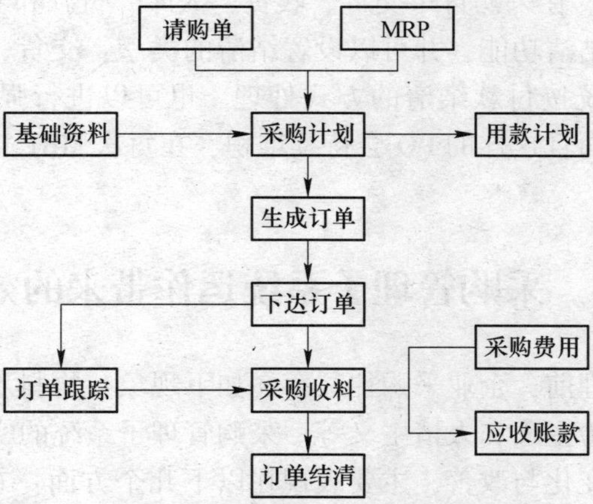

图 9-2 采购管理子系统的业务运行流程

（2）**生成采购计划**。采购计划应综合考虑物料的订货批量、采购提前期、运输方式、库存量以及计划外的物料申请，进行系统自动物料合并，也可以人工干预和修改。另外，有些原材料的采购提前期很长（有的进口件要半年以上的采购周期），有可能超过主生产计划制订周期。这类采购计划应经过销售、财务与计划等部门的综合讨论与评估来确定所需的数量和时间，然后制订材料的中期或长期采购计划。

（3）**洽谈及选择供应商**。该过程要落实采购订单的采购供应商。采购业务人员应广泛利用市场的采购供应资源，进行价格咨询并商谈有关交货数量、交货期、质量要求与技术要求，落实每种物料的供应商。对新开发的供应商资源，还要进行供应商的认证，经过相应的评审并合格后才能作为许可采购的供应商。

（4）**生成用款计划**。生成采购计划后，系统自动生成用款计划，并根据询价结果进行维护。由财务部门对用款计划进行确认，之后反馈意见给采购部门。

（5）**采购订单下达**。根据订货批量、采购提前期、库存量、运输方式、用款计划以及计划外的物料申请进行物料合并，生成采购订单，并经过确认后即可进行订单输出，最后下达给供应商，也可以网上发布订单。对于临时追加的采购任务，可以通过与供应商协商直接下达采购订单。采购订单（Purchase Order，PO）由 MRP 经过计划员或采购员确认后生成。特殊情况下，经批准的计划外的物料申请也可生成 PO。PO 上应载明供应商代码、订货品种、数量、价格、交货期等信息。PO 下达给供应商后，对于供应商而言，就是客户订单（CO）。

（6）**采购订单跟催**。采购业务人员对下达的采购订单应按计划进行跟踪，系统可以设置跟踪的时间周期，形成订单跟催计划。在跟催过程中，要了解供应商的生产进度及质量情况，并及时对供应商给予支持。

（7）**来料验收**。由采购业务员对来料按订单与发票进行验收，并录入收货单与发票。也可以根据系统集成的特点与企业的实际流程，直接由来料检验人员（或物料管理员）对来料按订单验收，并对不按计划交货的供应商进行管理控制（拖期、提前）。

（8）**结账与费用核算**。结账付款工作应由采购部门配合财务部门来完成，并根据物料的采购结算单据和对采购各种费用的分摊，计算出物料的采购成本。

(9) **采购订单结清**。在采购订单交货、收货、入库、付款和考核后，要及时结清采购订单。有些系统有自动结清功能，并可以设置结清的类型：交货、收货、入库、付款、考核等结清方式。一般系统按付款结清的方式处理。也可以进行强制结清。如若不然，PO会一直处于有效状态，而且这样的PO会持续堆积，在每次MRP时都参与运算，严重影响系统的性能。

9.4 采购管理子系统运作带来的效益

企业实施信息化管理前，企业采购往往存在如下现象：物料不清晰、流程不受控、库存积压与资金占用、经验主义和人情主义等。采购管理子系统的实施可以给企业采购部门的管理工作带来显著的变化与改善，主要表现在以下几个方面：(1) 采购工作效率提高；(2) 信息处理的效率提高；(3) 业务人员素质提高；(4) 基础管理工作水平提高。

9.5 惠普的供应商协同解决方案——电子化采购案例

惠普现是国际化公司，有60%的营业额是来自于美国之外，其文化具有多样性，员工来自各个不同的国家和团队。这么大一个公司采购量很大，需要在全球不同的地方综合各种采购能力、采购优势和各种技术优势来形成惠普自己的优势。比如半导体的采购量处于世界第一名，内存方面的采购量也非常大，微处理器使用第一名，磁盘使用第一名。作为这样一个大型的跨国公司，有这么大采购量的公司，怎样解决其采购问题和制订采购战略呢？

在2000~2001年，早期惠普存在跟其他企业同样的问题，有很多产品部门、很多业务部门，他们的采购、他们的物流，甚至他们的供应链都是各自为政，不同的业务部门有不同的供应链；不同的部门有不同的采购计划、采购策略。所以，怎样整合就成了一个问题，这是制造业尤其是高科技制造业中很多企业面临的共性问题。

具体表现为下面几个方面：从惠普来说有层次多，总部、亚太、中国；然后有很多的区域，比如说香港区、大陆区、台北区，而且生产有很多方面是通过外包，通过合同、通过制造商，通过OEM来达成的。供应商从全球来看也是非常大的集群，怎么整合这么大的集群？这些要求使惠普当时的领导层认识到，维护世界级的成本结构，才是新惠普在将来取得成功的一个关键因素。基于上述情况，惠普高层领导决定创新采购流程、创新采购策略、创新采购系统，提出电子化采购。

电子化采购的目的是要形成一流的采购流程和进行采购工具的创新，进而形成供应链的竞争优势和成本优势。远景是两方面，一方面是作为跨国公司在采购供应链方面要有全球的可见性，即可以从总部的物流部门看到每个地区采购链上、供应链上的情况，可以做一些合并，来达到规模经济，降低成本的效益。另一方面，也不能丧失惠普每个业务系统所具有的灵活性。所以目标很简单，首先是降低库存成本、降低采购成本，然后是提高效率。

在惠普这样的大公司，要推动这么一个计划其实不容易。惠普采取的方法就是先制定统一的远景，然后制定出原则，明确现在要做什么、将来要做什么，同时兼顾每个职能部门的业务和利益。

其实企业投资最容易见效的地方在哪里？就在物料采购成本、库存成本这一块，最明显，这部分成本的降低能够直接反映到企业的利润率上面去，所以这个计划从一开始就要求在每年是正的投资回报。换句话说，当年投资就要当年见效。

在这些战略的指导下，惠普开始设计电子采购系统，这个系统主要由以下四方面组成：第一个是订单和预测协同，惠普的电子化采购强调预测和协同，利用互联网的功能，来做网上的订单处理和预测处理。第二个是库存协同，尽量把自己的库存降到最小。理论上可以越来越小，这是可以做的，但要知道供应商有多少库存，在需要的时候能否满足你，无论在质量上、数量上还是价格上，这就需要平时有一个系统来做交互。第三个是拍卖，就是用电子采购、电子拍卖，这是惠普自有的电子化交易市场。在这一块，惠普决定做自由化电子化交易过程中间经历的一个过程，大家知道 2000 年、2001 年的时候，大家强调的是公共公有的这一块，惠普后来经过各种技术评估和投资回报甚至一些标准的评估，决定建立自有的电子化买卖系统。第四个是物料资源的寻找、获取、选择、决策系统，这主要是一些基于供应链的智能的分析，这个供应链是多层的，惠普供应链下面不仅要看到第一层的供应商，还要看到第二层、第三层的，原则上是要看到整个的供应链，然后找到最优化的资源配置，可以把它归纳成 buy power，形成企业自己的竞争力。

这个系统 2002 年当年，就节省了采购和物料成本大概 1 亿多美金。

思　考　题

9-1　采购业务有哪些工作内容？

9-2　请说出采购管理子系统的运行流程。

9-3　您所在企业的采购存在问题吗？ERP 能否提供解决方案？

9-4　结合某企业，找出采购管理过程中可能存在哪些问题，问题的原因是什么？如何改进？

9-5　请结合 9.5 节案例，回答下面的问题：（1）试根据惠普公司的实际情况，分析其电子采购系统实施后，可能从哪些方面为企业带来成本的节约。（2）结合惠普公司的实际，分析大型跨国企业在实施集中采购后，如何保证各业务部门、分公司和各产品供应链的灵活性。

10 车间管理

车间管理处于 ERP 的计划执行与控制层，其管理目标是按物料需求计划的要求，按质、按量、按时及低成本地完成加工任务。车间管理的过程主要是依据 MRP、工艺路线与各工序的能力编排工序加工计划，下达车间工作任务单，并控制进度，最终完工入库。

10.1 车间管理概述

车间管理工作的主要内容如下：

（1）生成车间任务。车间接收的 MRP 计划订单是生产计划员根据理想状态的资料制订的，所以在投放前要仔细核实车间的实际情况，要检查工作中心、工具、物料及生产提前期等的有效性，解决计划与实际间存在的问题，最后建立和落实车间任务，做出各物料加工的车间进度计划（加工单）。并根据物料短缺报告说明物料在任务单上的短缺量，帮助管理人员及时掌握有关情况，采取相应措施，并及时加以解决。

（2）生成各工作中心的加工任务。工作中心的加工任务也称为工作中心进度表，工作中心进度表是根据工作中心的正在加工情况、已经进入该工作中心（排队等候）的情况、上工序的加工情况（即将到达的加工任务），做出工作中心的任务计划，以控制生产过程中任务的流动和优先级。它说明了在某个工作中心将要或正在生产什么订单的物料，已完成的数量和未完成的数量，计划生产准备和加工时间与订单的优先级。

（3）下达生产指令。常见的生产指令如生产工单或称为生产工票。每个任务可以下达一张工票，也可以分开多张工票下达，可以对应一个工序或多个工序。通常是一个任务对应一张工票，再流经多道工序。

（4）生产作业控制。生产作业控制的主要内容是进度控制、质量控制、车间物流控制与成本控制。影响生产经营活动的主要因素有人、设备、物料、计划、资金与过程的各种信息流，车间管理子系统的集成为企业的生产控制提供了良好的管理平台与解决方案。其中生产进度控制贯穿了整个生产过程，有的企业进度控制的主要对象是客户需求产品的最终完工进度，但完整的进度控制包括投入进度控制、工序在制进度控制和产出进度控制。

（5）能力与在制品控制。调度与控制投入、产出的工作量，平衡与充分发挥各工序能力，同时控制投入、产出的物料流动，控制在制品（Work In Product，WIP）库存量，保持物流平衡、有序。在制品控制是车间管理的一项重要的工作内容，由于物料占用了企业的大量资金，是生产成本的主要构成部分，车间必须对车间原材料、半成品及成品加以严格控制。对车间物料定期组织盘点，对盘盈或盘亏的物料和在制品在得到有关部门确认后要及时进行调整，并要总结分析加以预防控制。

（6）录入加工信息。一般加工工票记录与说明了任务单在工艺路线中每道工序的情况：工序计划开始与结束的时间，实际加工的开始与结束时间，发放到工序上的数量，在工序上加工的数量，已经加工完成的数量，已转下道工序的数量，在工序中报废的数量，以及加工工作中心，加工人员或班组，加工工时、台时，完工数量、完工时间，废品数量和费用等。将各种车间数据实时录入到车间管理信息系统，有助于车间计划和控制生产活动，保证产品质量，核算实际生产成本。车间数据包括人工数据、生产数据、质量控制数据和物料移动数据等。

（7）统计分析。对车间生产过程的各种信息进行统计与分析，用于改进车间管理工作。统计分析的数据有进度分析、质量分析、成本分析、车间物流分析及车间人员考勤分析等。车间作业管理子系统帮助车间管理人员监督和控制车间生产活动，同时帮助企业提高劳动生产率，减少车间在制品，提高产品质量。车间管理类型大致有两类：单件小批生产和大批量流水生产。

10.2 车间管理子系统的业务流程及主要功能

车间管理子系统的业务流程图如图 10-1 所示。其主要功能如下。

10.2.1 生成车间工作任务

生成车间工作任务就是要把 MRP 中的物料制造任务下达给车间。一般来说，由于企业的不同车间都可以完成相同的加工任务，而且不同的车间可能会有不同的加工工艺路线，因而必须把物料需求计划明确下达给某个车间加工，当然也允许同一个物料需求计划分配给不同的车间。车间工作任务可以由 MRP 自动生成，也可以由手工建立。有时车间还会涉及一些临时任务，如返工、翻修和改装等。车间任务一般的报表形式见表 10-1。车间任务下达流程如图 10-2 所示。

表 10-1 车间任务的一般报表形式

任务号	MRP 号	物料代码	需求量	需求日期	车间代码/名称	任务数量	计划开工日期	计划完工日期
A001	M009	VCD334-22	10	2015/9/5	VC-01/插件车间	10	2015/9/3	2015/9/5
A002	M010	VCD334-10	10	2015/9/7	VC-01/插件车间	10	2015/9/7	2015/9/7

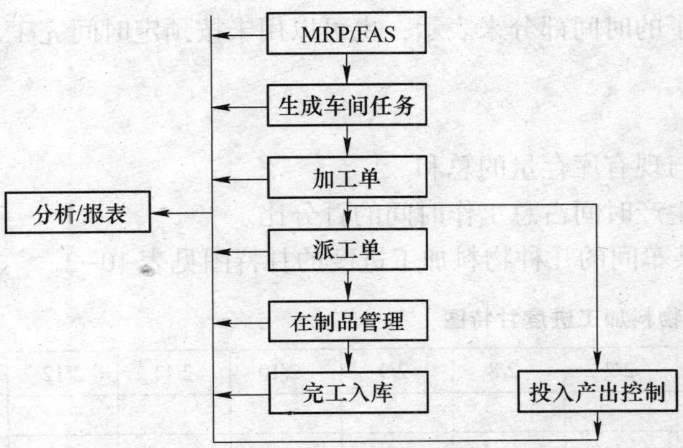

图 10-1 车间管理子系统业务流程图

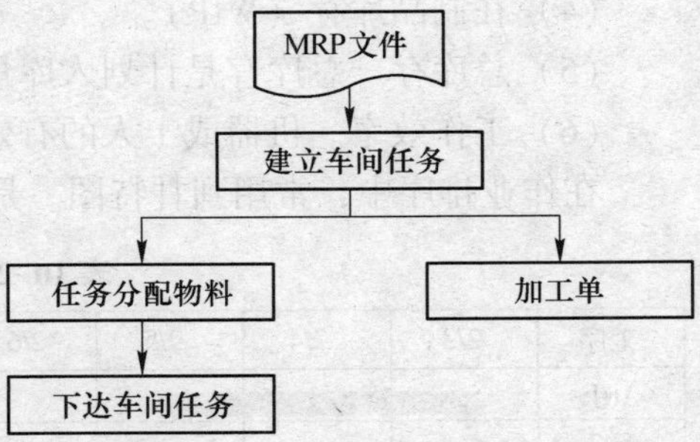

图 10-2 车间任务下达流程

10.2.2 生成加工单

加工单是面向物料的加工说明文件。它说明某任务（加工某物料）的加工工序、工作中心、工作进度及使用工装设备等。加工单是针对物料的加工计划，相当于手工管理中的加工传票。加工单生成的程序流程如图 10-3 所示。

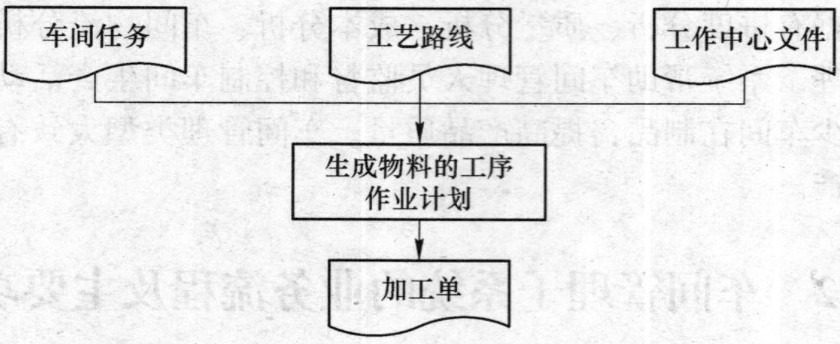

图 10-3 加工单生成

10.2.3 作业排序与派工

根据加工单、各个工作中心的当前正加工任务与排队任务等生产情况，进行各个工序的作业安排，即下达派工单。派工单是面向工作中心（工序）的任务说明文件。计划员进行派工时，应充分考虑各个任务物料的优先级、工序能力（工作中心能力）、任务用料物料的分配等情况，进行作业排序与派工。

10.2.3.1 作业排序

作业排序的目的是：（1）将作业任务按优先级编排；（2）按能力（设备、人力）分配任务；（3）保证任务如期完成；（4）完成任务时间最短。

各种任务的组合编排比较复杂，企业可根据需求设置自己的排序方案，也可进行适当的二次开发。作业排序方案的常见评价标准如下。

（1）工件流程时间。从工件可以开始加工至完工的时间。

（2）全部完工时间。

（3）延迟。用比预定完工时间延迟了的时间部分来表示，也可以用未按预定时间完工的工件数占总工件的百分数来表示。

（4）在制品库存（WIP）。

（5）总库存。总库存是计划入库量与现有库存量的总和。

（6）工作效率。机器或工人的有效生产时间占总工作时间的百分比。

在作业排序中，常用到甘特图。是某车间的几种物料加工进度的甘特图见表 10-2。

表 10-2 物料加工进度甘特图

工序	2/3	2/4	2/5	2/6	2/7	2/8	2/9	2/10	2/11	2/12
A01										
A02										
A03										

10.2.3.2 派工单

派工单（dispatch list）是说明某时段（如周、月）工作中心的加工任务与各任务优先级别的文件。它的作用是安排加工任务，使任务的执行状态为“开工”，它的形式也是多种多样的（表 10-3）。

表 10-3 派工单

车间代码：C01　　车间名称：插件车间

工作中心：G01　　工作中心名称：插件 1　　派工日期：2015/10/8

名称 / 物料代码	任务号	工序号	需求数量	最早开工日期时间	最早完工日期时间	最迟开工日期时间	最迟完工日期时间	剩余/拖后时间（天）	优先级别
A01 V1 板	R01	01	10	2015/10/9	2015/10/11	2015/10/10	2015/10/12	+1	1
A01 V2 板	R02	01	20	2015/10/10	2015/10/12	2015/10/11	2015/10/14	+1	2

10.2.4 录入加工信息

车间数据包括人工数据、生产数据、成本数据、质量控制数据和物料移动数据等。将上述数据及时录入车间管理子系统，有助于计划和控制生产活动，保证产品质量，随时掌握实际生产成本。

10.2.5 统计分析及报表

车间经过进度分析、在制品物流分析、投入产出控制分析、工作效率分析、车间成本分析等生成各种报表。其中投入产出控制（或称为输入/输出控制，Input/Output Control-I/O）是衡量能力执行情况的一种方法。

例 10-1 已知某产品的出产计划和实际产量，见表 10-4。根据表 10-4 可生成该产品的出产计划和实际产量 I/O 图，如图 10-4 所示。

表 10-4 某产品的出产计划和实际产量

日期		1	2	3	4	5	6	7	8	9	10
计划	日产量	40	40	40	40	40	40	40	40	40	40
	累计	40	80	120	160	200	240	280	320	360	400
实际	日产量	20	30	25	30	35	40	45	60	55	60
	累计	20	50	75	105	140	180	225	285	340	400
差异	日产量	-20	-10	-15	-10	-5	0	5	20	15	20
	累计	-20	-30	-45	-55	-60	-60	-55	-35	-20	0

10.3 制造执行系统 MES

制造执行系统（Manufacturing Executive System，MES）定义为：位于上层的计划管理系统与底层的工业控制之间的面向车间层的管理信息系统，它为操作人员/管理人员提供

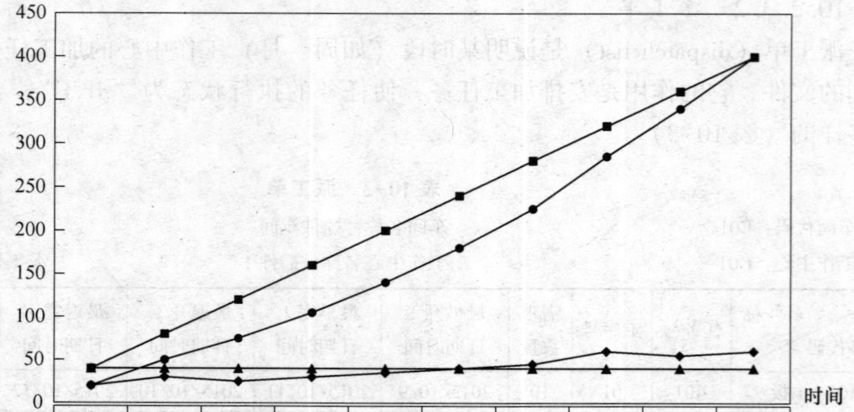

	1	2	3	4	5	6	7	8	9	10
▲ 计划日产量	40	40	40	40	40	40	40	40	40	40
■ 计划日产量累计	40	80	120	160	200	240	280	320	360	400
◆ 实际日产量	20	30	25	30	35	40	45	60	55	60
● 实际日产量累计	20	50	75	105	140	180	225	285	340	400

图 10-4　某产品的出产计划和实际产量 I/O 图

计划的执行、跟踪，以及所有资源的当前状态。一个设计良好的 MES 系统可以在统一平台上集成诸如生产调度、产品跟踪、质量控制、设备故障分析、网络报表等管理功能，使用统一的数据库和通过网络连接可以同时为生产部门、质检部门、工艺部门、物流部门等提供车间管理信息服务。

系统通过强调制造过程的整体优化来帮助企业实施完整的闭环生产，协助企业建立一体化和实时化的 ERP/MES/SFC 信息体系。车间层信息化 MES 与 ERP 等系统的关系如图 10-5 所示。

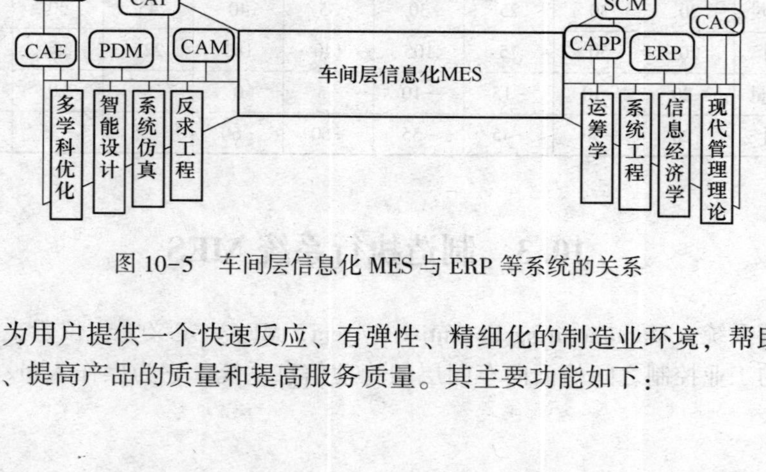

图 10-5　车间层信息化 MES 与 ERP 等系统的关系

MES 可以为用户提供一个快速反应、有弹性、精细化的制造业环境，帮助企业降低成本、按期交货、提高产品的质量和提高服务质量。其主要功能如下：

（1）采用强大数据采集引擎、整合数据采集渠道（RFID、条码设备、PLC、Sensor、IPC、PC 等），覆盖整个工厂制造现场，保证海量现场数据实时、准确、全面的采集。

（2）打造工厂生产管理系统数据采集基础平台，具备良好的扩展性。

（3）采用无线、RFID、条码、传感器及移动计算技术，打造从原材料供应、生产到销售物流的闭环条码系统。

（4）全面完整的产品追踪追溯功能。

（5）生产 WIP 状况监视。

（6）Just-In-Time 库存管理与看板管理。

（7）实时、全面、准确的性能与品质分析 SPC。

（8）基于 Microsoft. NET 平台开发，支持 Oracle/SQL Sever 等主流数据库。系统是 C/S 结构和 B/S 结构结合，安装简便，升级容易。

（9）个性化的工厂信息门户（portal），通过 WEB 浏览器，随时随地都能掌握生产现场实时信息。

思 考 题

10-1　简述车间管理工作的业务流程和主要功能。

10-2　简述加工单和派工单的区别。

10-3　如何进行投入产出控制?

10-4　如何理解 MES?

10-5　参观某 MES，分析其结构、功能、作用及可能存在的不足，并提出改进意见。

11 库存管理

库存管理是企业物料管理的核心，是指企业为了生产、销售等经营管理需要而对计划存储、流通的有关物品进行相应的管理，如对存储的物品进行接收、发放、存储保管等一系列的管理活动。库存管理工作包括物料的存储、收发、使用及计划与控制等相关的各方面。本章将对库存管理的业务与策略以及 ERP 库存子系统管理流程的实现进行详细的讨论。

11.1 库存的分类

在了解库存作用前，有必要先了解库存的分类。库存的分类方法有多种：

（1）按价值划分，可分为贵重物品与普通物资，如库存 ABC 分类法就属于按价值分类的方法。

（2）按物品在企业的产品成型状态划分，可分为原材料库存、半成品库存和产品库存。

（3）按库存物品的形成原因（或用处）划分，可分为安全库存、储备库存、在途库存和正常周转库存。安全库存是为了应付需求、制造与供应的意外情况而设立的一种库存。例如，原材料供应的意外，有时会因为供应商可能发生的生产事故、原材料采购意外等造成材料供应短缺，因而要对一些材料设立安全库存；产品销售的不可预测性，也要存储一定量的成品库存；预防本企业生产发生的意外情况，设立半成品的安全存储量，等等。储备库存一般是企业用于应付季节性市场采购与销售情况，如采购困难、材料涨价、销售旺季等。在途库存是由于材料和产品运输而产生的库存量。正常周转库存是指一般用于生产等企业经营需要而产生的库存，如按生产计划采购的物资等。

（4）按物品需求的相关性可分为独立需求库存与相关需求库存。独立需求库存是指某一物品的库存需求与其他物品没有直接关系，库存量是独立的。相关需求库存是指某一物品的库存量与有些物品有关系，存在一定的量与时间的对应关系。

企业要针对不同的库存物品类别，采取不同的库存管理方法及策略。

11.2 库存控制的概念及作用

11.2.1 库存控制的概念

传统的狭义观点认为，库存控制主要是针对仓库的物料进行盘点、数据处理、保管、发放等，通过执行防腐、温湿度控制等手段，达到使保管的实物库存保持最佳状态的目的。这只是库存控制的一种表现形式，或者可以定义为实物库存控制。从广义的角度去理解，库存控制应该是为了达到公司的财务运营目标，特别是现金流运作，通过优化整个需求与供应链管理流程，合理设置 ERP 控制策略，并辅之以相应的信息处理手段、工具，从而实现在保证及时交货的前提下，尽可能降低库存水平，减少库存积压与报废、贬值的风险。从这个意义上讲，实物库存控制仅仅是实现公司财务目标的一种手段，或者仅仅是整个库存控制的一个必要的环节；从组织功能的角度讲，实物库存控制主要是仓储管理部门的责任，而广义的库存控制应该是整个需求与供应链管理部门，乃至整个公司的责任。

库存控制（inventory control），是对制造业或服务业生产、经营全过程的各种物品、产成品以及其他资源进行管理和控制，使其储备保持在经济合理的水平上。库存控制是使用控制库存的方法，得到更高的盈利的商业手段。库存控制是仓储管理的一个重要组成部分。它是在满足顾客服务要求的前提下通过对企业的库存水平进行控制，力求尽可能降低库存水平、提高物流系统的效率，以提高企业的市场竞争力。库存控制要考虑销量、到货周期、采购周期、特殊季节特殊需求等几个方面。

11.2.2 库存控制的作用

库存控制的作用在于：在保证企业生产、经营需求的前提下，使库存量经常保持在合理的水平上；掌握库存量动态，适时、适量提出订货，避免超储或缺货；减少库存空间占用，降低库存总费用；控制库存资金占用，加速资金周转。

库存量过大所产生的问题：增加仓库面积和库存保管费用，从而提高了产品成本；占用大量的流动资金，造成资金呆滞，既加重了货款利息等负担，又会影响资金的时间价值和机会收益；造成产成品和原材料的有形损耗和无形损耗；造成企业资源的大量闲置，影响其合理配置和优化；掩盖了企业生产、经营全过程的各种矛盾和问题，不利于企业提高管理水平。

库存量过小所产生的问题：造成服务水平下降，影响销售利润和企业信誉；造成生产系统原材料或其他物料供应不足，影响生产过程的正常进行；使订货间隔期缩短，订货次数增加，使订货（生产）成本提高；影响生产过程的均衡性和装配时的成套性。

11.3 库存控制模型

库存量的控制问题一般分为两种情况来讨论，即独立需求库存的控制与相关需求库存的控制。

11.3.1 独立需求的库存控制

独立需求物品是指物品的需求量之间没有直接的联系，也就是说没有量的传递关系。这类库存物品的控制主要是确定订货点、订货量、订货周期等。独立需求物品的库存控制模型一般按定量库存控制模型或定期库存控制模型来控制，下面分别描述这两种模型。

11.3.1.1 定量库存控制模型

定量库存控制模型控制库存物品的数量。当库存数量下降到某个库存值时，立即采取补充库存的方法来保证库存的供应。这种控制方法必须连续不断地检查库存物品的库存数量，所以有时又称为连续库存检查控制法。假设每次订货的订货批量是相同的，采购的提前期也是固定的，并且物料的消耗是稳定的，那么它的模型如图 11-1 所示。

从这种控制模型中可以看出，它必须确定两个参数：补充库存的库存订货点与订货的批量。订货批量按经济订货批量求解。

经济订货批量（Economic Order Quality，EOQ）的原理是要求总费用（库存费用+采购费用）最小。由于库存的费用随着库存量的增加而增加，但采购成本却随着采购批量的增大而减少（采购批量加大，库存也就增加），因此这是一对矛盾，不能一味地减少库存，也不能一味地增加采购批量。这就要找到一个合理的订货批量，使总成本（库存成本与采购成本之和）为最小，如图 11-2 所示。经济订货批量就是对这个合理订货批量的求解。

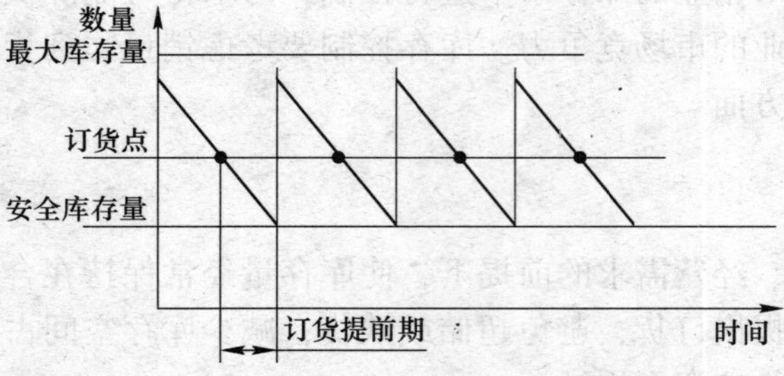

图 11-1 定量库存控制模型

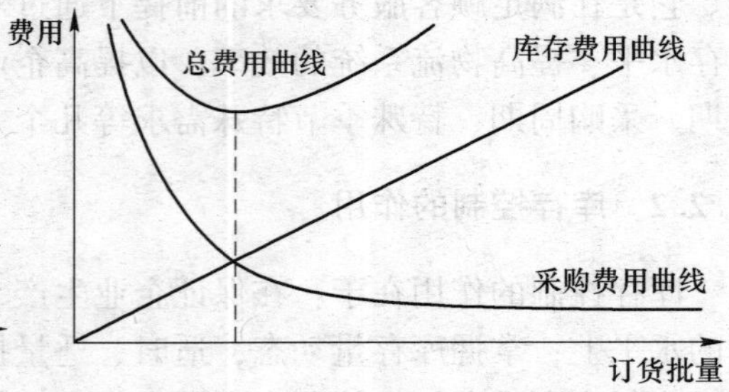

图 11-2 经济订货批量的确定模型

以下是该库存模型的参数计算方法：

订货点： $$R = LT + A \tag{11-1}$$

经济订货量： $$Q = \sqrt{\frac{2CD}{H}} = \sqrt{\frac{2CD}{HP}} \tag{11-2}$$

式中 C——单位订货费用，元/次；

D——库存物料的年需求率，件/年；

H——单位库存保管费，元/(件·年)；

LT——订单周期内物料的消耗量；

A——安全库存量。

11.3.1.2 定期库存控制模型

定期库存控制模型按一定的周期 T 检查库存，并随时进行库存补充，补充到一定的规定库存 S。这种库存控制方法不存在固定的订货点，但有固定的订货周期。每次订货也没有一个固定的订货数量，而是根据当前库存量 I 与规定库存量 S 比较，补充的量为 $Q=S-I$。但由于订货存在提前期，所以还必须加上订货提前期的消耗量。这种库存控制方法也要设立安全库存量。这种模型主要是确定订货周期与库存补充量，如图 11-3 所示。

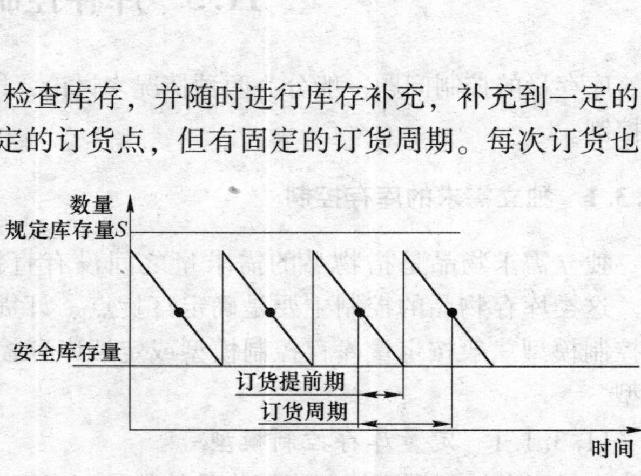

图 11-3 经济订货周期模型

订货周期按经济订货周期（Economic Order Interval，EOI）的模型确定。计算方法如下：

经济订货周期：
$$T = \sqrt{\frac{2C}{DFP}} = \sqrt{\frac{2C}{DH}} \tag{11-3}$$
订货量：
$$Q = (T + L)D/365 \tag{11-4}$$
最大库存量：
$$S = D/T \tag{11-5}$$
式中 L——订货提前期；

C——单位订货费用，元/次；

D——库存物料的年需求率，件/年；

P——物料价格，元/件；

H——单位库存保管费，元/(件·年)；

F——单件库存保管费与单件库存购买费之比，即：
$$F = H/P \tag{11-6}$$

定期库存控制方法可以简化库存控制工作量，但由于库存消耗的不稳定性，有缺货风险存在，因此一般只能用于稳定性消耗及非重要性的独立需求物品的库存控制。由于该模型是月订货的周期来检查库存并补充库存，因而还必须确定订货的操作时间初始点，一般可以设置在库存量到达安全库存前的订货提前期的时间位置，如图 11-3 所示。

11.3.2 相关需求的库存控制

相关需求也称为从属需求，是指物料的需求量存在一定的相关性。一种物料的需求是由另外一种物料的需求引起的，这样物料的需求不再具有独立性。详见物料需求计划。

11.4 库存控制方法与策略

11.4.1 库存控制方法

11.4.1.1 ABC 库存控制法

由于各种库存物品的需求量和单价各不相同，其年耗用金额也各不相同。那些年耗用金额较大的库存物品，由于其占压企业的资金较大，对企业经营的影响也较大，因此需要进行特别的重视和管理。ABC 库存分类法就是根据库存物品的年耗用金额的大小，把库存物品划分为 A、B、C 三类。ABC 的分类可参考表 11-1。

表 11-1 库存物品的 ABC 分类

类别	占库存资金	占库存品种
A	大约 80%	大约 20%
B	大约 15%	大约 30%
C	大约 5%	大约 50%

ABC 库存分类法的实施步骤如下：

（1）先计算每种库存物资在一定期间，例如一年内的供应金额，用单价乘以供应物资的数量。

（2）按供应金额的大小排序，排出其品种序列。

（3）按供应金额大小的品种序列计算供应额的累计百分比并绘 ABC 分析图，如图 11-4 所示。

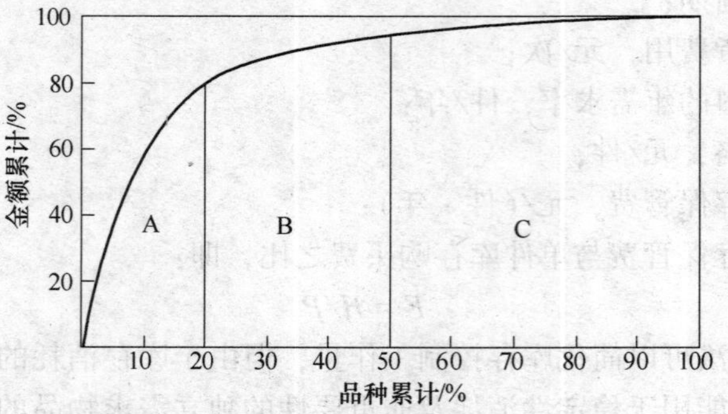

图 11-4 ABC 分析图

A 类库存商品。对于这类品种少、价值高的商品，应当投入较大力量精心管理、严格控制，防止缺货或超储，尽量将库存量压缩到最低，并保持最高的服务水平，即最少 98% 的存货可得性。按库存模型计算每种商品的订货量，按最优批量、采用定量订购方式订货；严密监视库存量变化情况，库存量一降到报警点时便马上订货；库存进出库记录填写严格；对需求进行较精确的预测，尽量减少安全库存量。

B 类库存商品。这类库存品属于一般的品种。按经营方针调节库存水平，保持较高的服务水平，至少 95% 的存货可得性。单价较高的库存品采用定量订货方式；其他的采用定期订货方式，可对若干商品进行联合统一订货，存货检查较频繁，物品进出库记录填写比较严格，并保持较多的安全存货。

C 类库存商品。对企业的经营影响最小，对其的管理也最不严格。集中大量订货，以较高的库存来减少订货费用，并保持一般的服务水平；存货检查按年度或季度进行，简单填写物品进出库记录，多准备安全存货，减少订购次数，降低订货费用。

ABC 库存管理法的优点主要有：（1）压缩总库存量；（2）释放被占压的资金；（3）使库存结构合理化。

11.4.1.2 JIT 库存控制法

JIT（Just In Time）意为及时或准时，是 20 世纪 70 年代日本创造的一种库存管理和控制的现代管理思想，在日本丰田集团得到广泛实施，并取得巨大的成效。JIT 是一种倒拉式管理，即逆着生产工序，由顾客需求开始，订单→产成品→组件→配件→零件或原材料，最后到供应商。

实施 JIT 库存控制法应具备以下条件：

（1）完善的市场经济环境，信息技术发达；

（2）可靠的供应商，按时、按质、按量地供应，通过电话、传真、网络即可完成采购；

（3）生产区域的合理组织，生产系统要有很强的灵活性；

（4）注重设备维修、检修和保养，使设备失灵为零；

（5）完善的质量保证体系，无返工，次品、不合格品为零。

JIT 库存控制法的特点：

（1）它把物流、商流、信息流合理组织到一起，成为一个高度统一、高度集中的整体；

（2）体现了以市场为中心，以销定产，牢牢抓住市场的营销观念，而不是产品先生产出来再设法向外推销的销售观念；

（3）生产活动组织严密，平滑顺畅，没有多余的库存，也没有多余的人员；

（4）实现库存成本大幅度下降。

实施 JIT 库存控制法对采购的要求：

（1）采用少的供应商，对供应商的选择需要进行综合评价；

（2）密切进行信息交流，信息高度共享；

（3）交货时间要求严格；

（4）采取小批量采购策略。

11.4.1.3 MRP 库存控制法

MRP 是物料需求计划（Material Requirement Planning system）的简称，这种方法是由美国著名生产管理和计算机应用专家欧·威特和乔·伯劳士在对多家企业进行研究后提出来的。MRP 被看做是以计算机为基础的生产计划与库存控制系统。MRP 系统的运行步骤如下：

（1）根据市场预测和客户订单，正确编制可靠的生产计划和生产作业计划，在计划中规定生产的品种、规格、数量和交货日期，同时，生产计划必须是同现有生产能力相适应的计划。

（2）正确编制产品结构图和各种物料、零件的用料明细表。

（3）正确规定各种物料的采购交货日期，以及订货周期和订购批量。

（4）动态跟踪各种物料的实际库存量。

（5）通过 MRP 逻辑运算确定各种物料的总需要量以及实际需要量，向采购部门发出采购通知单或向本企业生产车间发出生产指令。

11.4.1.4 联合库存管理

联合库存管理（Joint Managed Inventory，JMI）是一种基于协调中心的库存管理方法，是为了解决供应链体系中的牛鞭效应，提高供应链的同步化程度而提出的。供应链上存在着需求与供给的不确定性，即向供应商订货量的方差会大于向其顾客销售量的方差。并且这种波动会沿着供应链向上游不断地扩大，这种现象称之为“牛鞭效应”。在目前的经济环境中，牛鞭效应是不能消除的，但可以借助供应商或制造商和零售商之间的信息共享，来减轻牛鞭效应带来的负面影响。联合库存强调供应链节点企业同时参与，共同制定库存计划，使供应链管理过程中的每个库存管理者都能从相互之间的协调性来考虑问题，保证供应链相邻的两个节点之间的库存管理者对需求的预测水平保持一致，从而消除需求变异放大现象。联合库存管理的主要优点：

（1）为实现供应链的同步化提供了条件和保证；

（2）减少了供应链中需求扭曲现象，降低了诸多不确定性因素的影响，提高了供应链的稳定性；

（3）库存作为供需双方的信息交流和协调的纽带，可以暴露供应链中缺陷，为改进供应链管理水平提供依据，为实现零库存管理、JIT 采购以及精细供应链管理创造条件；

（4）进一步体现了供应链管理的资源共享和风险分担的原则。

联合库存管理的实施方法：（1）建立共同合作目标；（2）建立联合库存的协调控制方法；（3）建立一种信息沟通的渠道；（4）建立利益分配机制和激励、监督机制。

11.4.1.5 其他的库存控制法

还有一些其他可参考的库存控制方法，可根据实际情况灵活运用。（1）零库存方法；（2）寄售方法（超级市场方案）；（3）自来水式仓库方法；（4）供应商专柜方式；（5）自动销售机方法；（6）巡回访问销售方法。

11.4.2 库存管理水平的衡量指标

库存周转就是对暂时未卖出的货架上的产品依据先进先出的原则进行循环。库存周转包括两种类型：前线存货和后备存货的周转。前线存货是指陈列在货架或者零售商购物环境处的散装商品；后备存货指的是存放在仓库内的用于补货的货物。它要求销售人员一方面应及时向客户的货架上补充货物，保证货架里面的产品陈列符合生动化标准；另一方面应遵循先进先出的原则进行库存周转，目的是保证客户提供给消费者的产品永远是最新的。库存管理水平的衡量指标有很多，常见的有：平均库存值、可供应时间和库存周转率等，此外还有客户服务水平（客户满意度、按时按质按量供货率）等指标。

（1）平均库存值。平均库存值是指某时间段范围内全部库存物品的价值和平均值。这个指标可以让管理者了解企业资产的库存占用情况。这个指标会随市场的变化而变化，只起相对参考作用。

$$平均库存值=(年初存货+年末存货)/2 \tag{11-7}$$

（2）可供应时间。可供应时间是指现在库存能够满足多长时间的需求，按式（11-8）计算：

$$可供应时间=\frac{平均库存值}{相应时段内单位时间（周日）的需求} \tag{11-8}$$

（3）库存周转率。库存周转率的计算公式为：

$$库存周转率（次）=年销售（营业）额/年平均库存值 \tag{11-9}$$

$$库存周转率（天）=360/库存周转率（次）$$

库存周转率还可以细分为：

$$原材料库存周期率=\frac{年材料消耗额}{原材料平均库存值} \tag{11-10}$$

$$在制品库存周转率=\frac{生产产值}{在制品平均库存值} \tag{11-11}$$

$$成品库存周转率=\frac{年销售额}{成品年平均库存值} \tag{11-12}$$

11.4.3 降低库存的策略

针对不同的库存类型，可采取不同的降低库存的策略，见表 11-2。

表 11-2 降低库存的策略

库存类型	采取策略	具体措施
安全库存和储备库存	预测与控制库存产生的原因	改善需求预测工作 准确分析需求量与需求时间 加强过程控制 增加设备与人员的柔性 采取供应链管理模式
正常周转库存	在需要的时候供应与生产	与供应商和客户建立合作伙伴关系，采取供应链管理模式 降低订货费用 生产采取 JIT 生产方式
在途库存	缩短运输时间	加强运输过程控制 加大运输能力
相关需求库存	用物料需求计划理论解决相关需求库存问题	运行 MRP 提高 BOM 的准确率 提高库存记录的准确率

库存管理的衡量指标主要有平均库存值和库存周转率。平均库存值是指某时间段范围内全部库存物品的价值和平均值。这个指标可以让管理者了解企业资产的库存占用情况，这个指标会随市场的变化而变化，只起相对参考作用。

库存周转率（次数）越高，表明库存周转速度越快，存货的占用水平越低，流动性越强，库存管理的效率越高；反之，库存周转速度越慢，存货储存过多，占用资金多，有积压现象。分析企业库存周转率的高低应结合企业过去的库存周转情况和同行业的存货平均水平进行判断。

销售人员帮助客户进行货架补货，不仅能刺激销售，而且能节约客户的时间，节约自己的时间。为了保证消费者购买到新鲜产品，按照先进先出的原则，可避免产品过期、客户退货等事件发生，更好地满足消费者的需求。

11.5 库存管理子系统

库存管理子系统的主要功能为入库管理、出库管理、移库管理、退料管理、库存管理、盘点管理。库存管理子系统构成如图 11-5 所示。

11.5.1 物料的入库

采购订单的来料入库根据采购订单来接受物料（安排检验），办理入库手续，开收料入库单（收货单、入库单），分配材料库存货位，同时监督来料是否与订单相符。有些 ERP 系统可能将来料的收货、入库等并入采购子系统中，并由采购组织收料。具体的业务

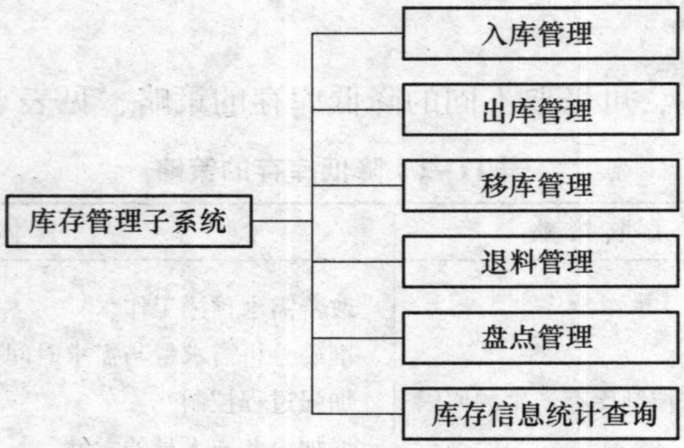

图 11-5　库存管理子系统的构成

流程要根据 ERP 的软件流程、管理思想及企业的具体情况（如组织架构、职能要求、人员素质、成本、效率等）进行业务变革，即进行业务流程重组。对于其他情况的来料收货和入库，其系统的处理流程与采购订单的来料收货和入库不同。此类材料入库无需采购订单，经过审核收货且检验合格后，即可安排入库（进行仓库、货位分配）。这两种情况的处理流程不同，因而操作权限也分别不同，但都可以在录入发票后，自动产生记账凭证（记入材料采购、应收款、库存材料科目等）。

入库业务还包括生产完工入库、生产剩余物料入库以及销售退货入库。这几种入库在库存子系统中分别按不同的流程来处理，对各种入库方式都可以通过自定义来实现。完工的物品有半成品与成品。生产完工入库后进行生产成本的计算，数据转入财务子系统处理。销售退货有不同的处理方式，如扣减货款、换货等处理，相关数据都转入财务子系统。

例如某入库管理模块：来料到达仓库时，库房人员核对、验收后，对采购合同进行确认，系统自动生成入库单，其中包含名称、类别、金额、入库时间、备件来源等信息，库房人员只需要对其分配仓库号、货位号，入库手续即可完成。同时，系统自动将该信息反馈给财务部门和计划/采购部门。

11.5.2　物料的出库

物料出库有生产领料、非生产领料与销售提货。生产计划的领料按车间订单（加工单、工票或组装计划，它们都来源于主生产计划）与分工序用料，并可以根据物料清单（BOM）与工艺路线自动生成工序领料单。非生产领料有多种形式，系统都可以自由定义领料的类别。销售提货按销售订单或合同生成出货单据，并可自动生成销售订单与合同的出货单。生成的销售出货单可以追溯相应的资料，如单据、订单、生产加工单与原材料信息，从而实现 ISO9000 质量体系的管理要求。这些过程都可以给财务子系统传递相关数据及生成财务记账凭证。有时还会涉及特殊物料发料，如印刷业的纸张、冲压业的钢板以及服装业的布料等发料，这些过程涉及物料的发料排版及余料管理等功能，属于行业性的特殊要求。如果库存管理子系统中没有相应的处理功能，也可以考虑软件的二次开发工作。

例如某出库管理模块：各车间通过库存信息查询模块找到需要的备件，在系统上填写领料单，经成本确认后，系统将领料单发至库房，库房确认，发料系统自动生成出库单，包括名称、类别、金额、出库时间、领出单位等信息，同时系统将此信息反馈给财务部门。

11.5.3 物料的移动/退料/库存管理

物料的移动是库存之间（有时会在分厂之间和分公司之间）的物料调拨，这种物料可以不经过检验（但经过长途运输也要检验，可以通过设置系统参数进行控制），也可以根据系统参数设置要求生成凭证（如果是财务的材料明细账还应分仓库核算）。

退料管理：指领用后多余的备件退还给仓库。

库存管理：系统定期对库存备件进行扫描判定，当发现某类备件低于库存量时，将此信息反馈到采购模块，自动生成订货信息，其数量为规定库存量与安全库存量之差。

11.5.4 库存盘点

库存盘点是对库存物品的清查，是对每一种库存物料进行清点数量、检查质量及登记盘点表的库存管理过程，其目的主要是为了清查库存的实物是否与账面数相符以及库存物资的质量状态（即可用库存量）。实物数与账面数有出入的，要调整物料的账面数量，做到账物相符，并且应遵守相应的管理处理流程。每种库存物料都应设立相应的盘点周期，并可以通过系统自动输出到期应盘点的物料。盘点方法一般有冻结盘点法和循环盘点法两种。正在冻结盘点的物料需停止进行入出库操作，而循环盘点时可以同时进行入出库处理。

例如某库存盘点模块：对库存物料进行数量清点、状态检查及记录。目的是弄清事物与账面记录是否相符。如不相符，要调整账面数，以达到“账物相符”的要求。当每种库存备件盘点周期确定后，系统可自动输出到期应盘点的备件。物料盘点报表见表 11-3。

11.5.5 综合信息统计查询与分析

从各种角度对库存物料信息做分析，例如日常的物料进、出、存的业务数据分析，物料占用资金分析，物料来源和去向分析，物料分类构成分析等，并可以分析各种库存管理指标，如上节讨论过的库存管理策略中的各种周转率、可供应时间等。这些信息对企业的库存与其他管理工作有监督和促进作用。

库存管理子系统通过对库存物品的入库、出库、移动和盘点等操作进行全面的控制和管理，帮助企业的仓库管理人员管理库存物品，以达到降低库存，减少资金占用，杜绝物料积压与短缺现象，提高客户服务水平，保证生产经营活动顺利进行的目的。库存管理子系统从级别、类别、货位、批次、单件、ABC 分类等不同角度来管理库存物品的数量、库存成本和资金占用情况，以便用户可以及时了解和控制库存业务等各方面的准确数据。对库存管理子系统与采购、生产、销售、成本及总账等子系统之间密切的数据传递进行管理。例如，采购物料通过库存接受入库，生产所需原材料和零部件通过仓库发放，销售产品由成品仓库发货，库存物料成本及占用资金由成本和总账管理来核算等。

综合信息统计查询的功能：到货/入库/出库/移库/库存查询、分账目查询、收发存报表打印等。物料库存汇总表见表 11-4。

表 11-3 物料盘点报表

盘点编号:首次盘点 账务期间:首次盘点 金额单位:元

序号	物料编码	规格	单位	储位码	账面数量	账面价值	实际数量	实际价值	盘盈(亏)数量	盘盈(亏)价值	盘点备注
1	K10101010001 千变风机	GFDD560-90B 40W 220V	台	CH020245 物料库第 2 排第 4 层第 5 位	0.00	¥0.00	6.00	¥600.00	6.00	¥600.00	闽东天宜
2	K10102010002 轴流风机	JY15050HBL2	只	CH020256 物料库第 2 排第 5 层第 6 位	33.00	¥38.46	0.00	¥0.00	-33.00	¥38.46	盘亏评估
3	K10102010003 轴流风机	200FZY2-D-220V	台	CH020256 物料库第 2 排第 5 层第 6 位	0.00	¥0.00	4.00	¥400.00	4.00	¥400.00	家山景源
4	K10102010004 轴流风机	MQ15050HBL2AC-220V		CH020255 物料库第 2 排第 5 层第 5 位	0.00	¥0.00	1.00	¥1,000.00	1.00	¥1,000.00	闽泉电机
5	K10102010005 轴流风机	BAB1725H2AC 220V		CH020255 物料库第 2 排第 5 层第 5 位	8.00	¥36.53	1.00	¥1,000.00	-7.00	¥963.47	BISEN
6	K10103020001 风机网子	200FZ		CH020254 物料库第 2 排第 5 层第 4 位	0.00	¥0.00	13.00	¥130.00	13.00	¥130.00	盘盈评估
7	K10103020002 风机网子	15050		CH020254 物料库第 2 排第 5 层第 4 位	0.00	¥0.00	25.00	¥250.00	25.00	¥250.00	盘盈评估
8	K10103020003 风机网子	1725H2		CH020254 物料库第 2 排第 5 层第 4 位	0.00	¥0.00	26.00	¥260.00	26.00	¥260.00	盘盈评估
9	K20101010001 三相油浸式变压器	S11-M-200KVA-10/0.4-0.4%	台	CH02AAAA 物料库公用储位	0.00	¥0.00	1.00	¥20,000.00	1.00	¥20,000.00	南通亚威
10	K20102020001 控制变压器	BK150	只	CH020615 物料库第 6 排第 1 层第 5 位	4.00	¥236.00	4.00	¥236.00	0.00	¥0.00	金山门
11	K20102020002 控制变压器	BK250	只	CH020616 物料库第 6 排第 1 层第 6 位	2.00	¥170.00	2.00	¥170.00	0.00	¥0.00	金山门
12	K20102020003 控制变压器	BK300	只	CH020616 物料库第 6 排第 1 层第 6 位	4.00	¥386.16	4.00	¥386.16	0.00	¥0.00	金山门
13	K20102020003 控制变压器	BK300	只	CH020616 物料库第 6 排第 1 层第 6 位	0.00	¥0.00	1.00	¥96.54	1.00	¥96.54	盘盈评估
14	K20102030001 控制变压器	BK. 500 100 220	只	CH020615 物料库第 6 排第 1 层第 5 位	0.00	¥0.00	2.00	¥200.00	2.00	¥200.00	盘盈评估
15	K20102030003 控制变压器	BK1-1000	只	CH020615 物料库第 6 排第 1 层第 5 位	0.00	¥0.00	1.00	¥120.00	1.00	¥120.00	盘盈评估
16	K20102030004 控制变压器	BK-100	只	CH020616 物料库第 6 排第 1 层第 6 位	0.00	¥0.00	4.00	¥630.00	4.00	¥630.00	玉林互通
17	K20103010002 三相变压器	SG-750 380/24V		CH020615 物料库第 6 排第 1 层第 5 位	0.00	¥0.00	1.00	¥21,000.00	1.00	¥21,000.00	盘盈评估

表 11-4　物料库存汇总表

账务期间:2010-08-01—2010-08-08　　金额单位:元

序号	物料编码	规格	单位	期初数量	期初价值	本期入库		本期出库		期末数量	期末价值
						数量	金额	数量	金额		
1	K10101010001 千变风机	GFDD560-90B 40W 220V	台	6.00	¥600.00	0.00	¥0.00	0.00	¥0.00	6.00	¥600.00
2	K10102010002 轴流风机	JY15050HBL2	只	0.00	¥0.00	0.00	¥0.00	0.00	¥0.00	0.00	¥0.00
3	K10102010003 轴流风机	200FZY2-D-200V	台	4.00	¥400.00	0.00	¥0.00	0.00	¥0.00	4.00	¥400.00
4	K10102010004 轴流风机	MQ15050HBL2AC-220V		1.00	¥1,000.00	0.00	¥0.00	0.00	¥0.00	1.00	¥1,000.00
5	K10102010005 轴流风机	BAB1725H2AC 220V		1.00	¥1,000.00	0.00	¥0.00	0.00	¥0.00	1.00	¥1,000.00
6	K10103020001 风机网子	200FZ		13.00	¥130.00	0.00	¥0.00	0.00	¥0.00	13.00	¥130.00
7	K10103020002 风机网子	15050		25.00	¥250.00	0.00	¥0.00	0.00	¥0.00	25.00	¥250.00
8	K10103020003 风机网子	1725H2		26.00	¥260.00	0.00	¥0.00	0.00	¥0.00	26.00	¥260.00
9	K20101010001 三相油浸式变压器	S11-M-200KVA-10/0.4-0.4%	台	1.00	¥20,000.00	0.00	¥0.00	0.00	¥0.00	1.00	¥20,000.00
10	K20102010002 变压器	BK-500		0.00	¥0.00	0.00	¥0.00	0.00	¥0.00	0.00	¥0.00
11	K20102020001 控制变压器	BK150	只	4.00	¥236.00	0.00	¥0.00	0.00	¥0.00	4.00	¥236.00
12	K20102020002 控制变压器	BK250	只	2.00	¥170.00	0.00	¥0.00	0.00	¥0.00	2.00	¥170.00
13	K20102020003 控制变压器	BK300	只	4.00	¥386.16	0.00	¥0.00	0.00	¥0.00	4.00	¥386.16
14	K20102030001 控制变压器	BK-500 100/220	只	2.00	¥200.00	0.00	¥0.00	0.00	¥0.00	2.00	¥200.00
15	K20102030003 控制变压器	BK1-1000	只	1.00	¥120.00	0.00	¥0.00	0.00	¥0.00	1.00	¥120.00
16	K20102030004 控制变压器	BK-100	只	4.00	¥630.00	0.00	¥0.00	0.00	¥0.00	4.00	¥630.00
17	K20103010002 三相变压器	SG-750 380/24V		1.00	¥21,000.00	0.00	¥0.00	0.00	¥0.00	1.00	¥21,000.00
18	K20104010001 行灯变压器	JMB-500VA 220/36		1.00	¥650.00	0.00	¥0.00	0.00	¥0.00	1.00	¥650.00
19	K30101010002 电流互感器	LZZBJ6-10 600/5 0.5/10P10	台	1.00	¥300.00	0.00	¥0.00	0.00	¥0.00	1.00	¥300.00
20	K30101010005 电流互感器	LZZBJ6-12 100/5 0.5 级	台	0.00	¥0.00	0.00	¥0.00	0.00	¥0.00	0.00	¥0.00
21	K30101010007 电流互感器	LZZBJ9-10 75/5 0.5/10P/10	台	1.00	¥350.0	0.00	¥0.00	0.00	¥0.00	1.00	¥350.00

11.6 戴尔电脑公司的供应链管理案例

戴尔致力于倾听客户需求，提供客户所信赖和注重的创新技术与服务。戴尔之所以能够不断巩固其市场领先地位，是因其一贯坚持直接销售基于标准的计算机产品和服务，并提供最佳的客户体验。戴尔公司创立之初是给客户提供计算机组装服务，先天在研发能力和核心技术方面与业界的IBM、惠普等公司有着一定差距，要想在市场竞争中占据一席之地，必须进一步分拆计算机价值链的机会，依靠管理创新获取成本优势。因此，戴尔在发展过程中虽有业务和营销模式的革新，但把重点放在成本控制和制造流程优化等方面，尤其是创造了直销模式，这可以减少中间渠道，直接面对最终消费者，达到降低成本的目的，而实施面向大规模定制的供应链管理更能帮助戴尔与供应商有效合作和实现虚拟整合，降低库存周期及成本，从而获取高效率、低成本的优势，这也正是其核心竞争力所在。戴尔公司的黄金三原则是“压缩库存、倾听顾客意见和直接销售”。戴尔直销模式的精华在于“按需定制”，在明确客户需求后迅速做出回应，并向客户直接发货。戴尔成本上的竞争力来自于三个方面：（1）没有经销商这个中间环节；（2）戴尔全球化的供应链管理；（3）戴尔的精细化管理，使得戴尔的库存保持在4天以内。所以，戴尔在价格上非常有竞争力。

11.6.1 戴尔成功的诀窍

该公司分管物流配送的副总裁迪克·亨特一语道破天机：“我们只保存可供5天生产的存货，而我们的竞争对手则保存30天、45天，甚至90天的存货。这就是区别。”

亨特无疑是物流配送时代浪尖上的弄潮者。亨特在分析戴尔成功的时候说；“戴尔总支出的74%用在材料配件购买方面，2000年这方面的总开支高达210亿美元，如果我们能在物流配送方面降低0.1%，就等于我们的生产效率提高了10%。

（1）供应商管理——严格遴选，控制风险。戴尔公司之所以能围绕直销实现JIT生产，就是因为它有一个组织严密的供应商网络。戴尔公司95%的物料来自这个供应网络，其中75%来自30家最大供应商，另外20%来自规模略小的20家供应商。供应商管理实行：1）整套的供应商遴选与认证制度；2）一个循序渐进的考核过程；3）与供应商之间没有中间商的阻隔；4）风险控制。

（2）库存控制——物料的低库存与成品的零库存。戴尔平均物料库存只有约5天。在IT业界，与其最接近的竞争对手也有10天以上的库存，业内的其他企业平均库存更是达到了50天左右。由于材料成本每周就会有1%的贬值，因此库存天数对产品的成本影响很大，仅低库存一项就使其产品比许多竞争对手拥有了8%左右的价格优势。

高效率的物流配送使戴尔的过期零部件比例保持在材料开支总额的0.05%~0.1%之间，而这一比例在戴尔的对手企业都高达2%~3%，在其他工业部门更是高达4%~5%。

戴尔的库存管理并不仅仅着眼于“低”，通过双向管理其供应链，通盘考虑用户的需求与供应商的供应能力，使二者的配合达到最佳平衡点，实现“永久性库存平衡”，这才是戴尔库存管理的最终目的。

1）把库存的压力转移给供应商。戴尔没有仓库，戴尔的工厂外边有很多配套的厂家。

戴尔在网上或电话里接到订单，收到了钱之后会告诉你要多长时间货可以到。在这段时间它就有时间去对订单进行整合，对既有的原材料进行分拣，需要什么原材料就下订单给供应商，下单之后，货到了生产线上才进行产权交易，之前的库存都是供应商的。

2）确保库存的物料品质。首先，戴尔会同供应商进行深入、充分的交流，共同探讨技术、设计、生产过程等多方面的细节，使供应商与戴尔就库存品质的预期及实现途径达成共识。在此后的合作中，戴尔还会及时将最终用户的应用体验反馈给供应商，并通过定期业务分析等方式，帮助供应商总结经验、吸取教训，努力实现库存品质的稳定与提高。

3）采用符合行业标准的、模块化的产品。戴尔很少在一个新技术或新产品刚刚出现时把它“推”向市场，而是要等到技术已经标准化、产品已经成熟时，才大规模进入市场，并力争在进入后马上成为市场的领导者。正因为如此，戴尔大量采用符合行业标准的、开放的技术，而不是独家、封闭的技术。这一点反映在库存物料管理上，就使得戴尔特别强调库存本身的标准化，要求它们符合行业的标准，尽可能实现模块化与可互换。

（3）**流程管理——电子化贯穿始终**。戴尔电子化的供应链系统为处于链条两端的用户和供应商分别提供了网上交易的虚拟平台，戴尔有 90%以上的采购程序通过互联网完成。除此之外，戴尔还推出一个供货商的入门网站——名为 valuechain. dell. com 的企业内联网。“电子化”还贯穿了从供应商管理、产品开发、物料采购一直到生产、销售乃至客户关系管理的全过程。

11.6.2 戴尔公司库存危机

11.6.2.1 库存过量

戴尔出现库存过量的背景是，公司成立才 4 年多，就顺利地从资本市场筹集了资金，首期募集资金 3000 万美元。对于靠 1000 美元起家的公司来说，这笔钱的筹集，使戴尔的管理者开始认为自己无所不能。大量投资存储器，一夜之间形势逆转，导致重大存货风险。“我们并不了解，自己只知道追求成长，对其他的事一无所知，”迈克尔说，“成长的机会似乎是无限的，我们也习惯于不断追求成长；”“我们并不知道，每一个新的成长机会，都伴随着不同程度的风险。”戴尔公司当时大量购买存储器的原因主要有：

（1）戴尔成长良好，其领导只看到机会，忽视了风险；

（2）戴尔当时刚刚上市，募集了数千万美元的资金，大量的现金趴在账上，导致领导者产生急于做大的心理，并为资金寻找出路；

（3）戴尔公司成立的时间不长，迈克尔本人对市场机会看得多一些，对风险则认识不足；

（4）戴尔当时的总经理沃克是个金融家，对 PC 行业的特性认识不足，没有人能够制约迈克尔的决策等。

11.6.2.2 存货风险

戴尔每年的采购金额已经高达 200 多亿美元，假如出现库存金额过量 10%，就会出现 20 亿美元的过量库存，一则会占用大量的资金；二则库存若跌价 10%，就会造成 2 亿美元的损失。在采购、生产、物流、销售等环节，戴尔保持低库存或者零库存的努力在继续，避免带来资金周转缓慢、产品积压及存货跌价方面的风险。迈克尔评价说：“在电子产业里，科技改变的步调之快，可以让你手上拥有的存货价值在几天内就跌落谷底。而在信息产业，信息的价值可以在几个小时、几分钟，甚至几秒钟内变得一文不值。存货的生命，如同菜架上的生菜一样短暂。对于原料价格或信息价值很容易快速滑落的产业而言，最糟糕的情况便是拥有存货。我们在 1989 年经历的第一个重大挫折，原因居然与库存过量有关系。我们当时不像现在，只采购适量的存储器，而是买进所有可能买到的存储器，我们在市场景气达到最高峰的时候，买进的存储器超过实际所需，然后存储器价格就大幅度滑落。而屋漏偏逢连夜雨，存储器的容量几乎在一夕之间，从 256K 提升到 1MB，我们在技术层面也陷入了进退两难的窘况，我们立刻被过多且无人问津的存储器套牢，而这些东西花了我们大笔的钱。这下子，我们这个一向以直接销售为主的公司，也和那些采取间接模式的竞争对手一样，掉进了存货的难题里。结果，我们不得不以低价摆脱存货，这大大减低了收益，甚至到了一整季的每股盈余只有一分钱的地步。”

11.6.2.3 库存过量引发重大的省思

戴尔遇到巨大的库存风险之后，通过媒体向投资者公开披露风险信息，造成股价暴跌，这使迈克尔本人第一次面临前所未有的市场压力。巨大的库存风险促使戴尔公司积极深刻地反省自己，同时也促使迈克尔深思存货管理的价值。存货过量的风险是直接引导戴尔确立“摒弃存货”原则的基础：一是充分利用供应商库存，降低自身的库存风险；二是通过强化与供应商的合作关系，并利用充分的信息沟通降低存货风险。在经历风险之后，戴尔才深刻认识到库存周转的价值。在互联网技术出现之后，戴尔公司又进一步完善了库存管理模式，并丰富了“信息代替存货”的价值内涵。

思考题

11-1 分析库存对企业的利弊。

11-2 简述控制库存的常用方法。

11-3 如何衡量库存管理水平？

11-4 什么是定量库存控制模型？联系实际举个例子。

11-5 什么是定期库存控制模型？联系实际举个例子。

11-6 简述库存管理子系统的主要功能。

11-7 结合某企业，找出库存管理过程中可能存在哪些问题。问题的原因是什么？如何改进？

11-8 请分析戴尔成功的原因。

12 质量管理

质量是产品或服务满足要求的特征总和。可以分为狭义和广义两种类型。狭义质量是指产品质量。广义质量是指产品和服务等方面的质量。

CAQ（计算机辅助质量管理，Computer Aided Quality）就是运用计算机实现产品质量数据采集分析、处理和传递的自动化的系统。

12.1 ISO9000族与ERP

质量管理体系是实施质量管理所要求的组织的结构、程序、过程和资源，是在质量方面指挥和控制组织的管理系统。由国际标准化组织（International Standard Organization, ISO）制定和颁布的ISO9000族质量管理体系标准。

2000版ISO9000标准将质量管理分成“管理职责”、“资源管理”、“产品实现”和“测量、分析与改进”四大模块，强调过程方法模式、管理的系统方法，以及持续改进。2000版ISO9000族标准的结构由5项标准和一些技术报告组成：

ISO9000　质量管理体系、基础和术语

ISO9001　质量管理体系、要求

ISO9004　质量管理体系、业绩改进指南

ISO19011　质量和（或）环境管理体系、审核指南

ISO10012　测量控制系统

ISO9000标准为ERP提供了一个规范的管理环境，ERP作为一种集现代化管理思想与信息技术于一体的管理工具，又为ISO9000质量体系提供了科学、高效的运行平台，提高了质量管理的效率。二者相互弥补，相互促进，这种既有着广泛的内在联系、又有区别的关系使ISO9000与ERP的相互融合成为了一种趋势。

ISO9000与ERP都希望通过企业整合内外部的资源，规范企业作业流程，实现业务各环节的标准化，减少不必要的环节，提高企业的综合竞争能力，两者都强调以业务流程为基础，致力于持续改进，让顾客满意，这些共同的管理目标成为ISO9000与ERP融合的基础。ISO9000的绝大多数内容都可以融合到ERP系统中，ERP的实施有效固化ISO9000的实施成果，让企业充分享受信息带来的便捷和高效。ERP可以帮助人们高效地采集、存储、传输、处理企业的日常业务中产生的大量数据，为企业各层次的管理者提供及时准确的决策信息，正是因为信息化技术满足了企业追求效率的内在要求，为ISO9000的管理实践提供了新的手段，使ISO9000的信息化成为必然。

12.2 质量管理业务概述

质量管理通常可以分为质量信息综合管理、质量标准管理、质量计划、质量信息采

集、质量检测、质量控制和质量分析与改进等。

12.2.1 质量信息综合管理

质量信息综合管理包括质量体系管理、质量分析工具管理、市场及技术信息管理、计量器具、人员及设备质量管理、质量文件管理等。

质量管理工作中使用的文件类型主要有质量手册、质量计划、规范、指南、程序、作业指导书、图样和记录。

12.2.2 质量标准管理

质量标准是建立质量管理系统运行所需的基本参数和技术标准，包括质量等级、质量缺陷分类、检测方法、检测项目类别、抽样标准与检测标准文件等。按质量管理体系的要求，系统要设立使用人员与使用权限。每个质量系统人员负责不同的质量管理活动内容、不同的产品及其生产加工工序。以下对这些系统的基本参数分别进行说明。

质量等级是根据不同的等级标准自动判断产品质量优劣的标准，如一等品、二等品等。

质量缺陷分类是根据检验标准的检验结果判断产品质量缺陷的类别。如轻微缺陷、轻缺陷、重缺陷、严重缺陷，最后根据质量缺陷类别判定产品是否可被接受或产品的质量等级。

检测方法是衡量单位产品质量的方法，检测方法主要包括计量检验、计数检验、全数检验和抽样检验等。企业是否应该采用全数检验，可以参考以下因素：检验是否具破坏性；检验的项目；检验的数量；影响产品质量的重要质量项目；是否为昂贵的、高精度或重型的产品和有特殊要求的产品或零部件；该产品的生产质量是否稳定；是否可采用自动化检验。

检测项目类别是对所有检测对象的外观、性能等分类，如长度、直径、面积、体积、重量、表面粗糙度、机械强度、电流和电压，等等。检测项目可以是计量项目，也可以是计数项目。

抽样标准就是利用抽取的随机样本对产品或过程进行检验。企业所采用的抽样标准与检测标准是企业最基础的质量管理标准文件。

检测标准文件是企业质量检验的主要标准文件，不同的企业、不同的产品都有不同的检验标准。检测标准文件中规定了物品的检验项目、检测项目的合格取值范围、所采取的抽样标准、批量、AQL 值与检验等级等。检验项目的定义应该由统一标准规定，如长度如何编码，宽度如何编码，同一个检验项目类别又如何明细编码，等等。系统中的检验文件最好可以显示检验物品的图形，以便一目了然地对应检验项目。每个检验项目的定义见表 12-1。

表 12-1 检测标准文件[4]

制订/日期： 审核/日期： 批准/日期：

物品代码		物品名称					
文件编号	ZL01	文件名：×××号				有效日期	版本 A
抽样标准	GB 2828			AQL	1.0	检查水平	水平Ⅱ
抽检形式	一次抽检	严宽度	正常检验	主检表	1101A	抽样数量	
检验项目	描述		检验方法	标准值			
			计量				

12.2.3 质量计划

质量计划内容主要有质量功能配置（QFD）、质量指标计划、质量品种计划、质量成本计划、质量考评计划、质量发展计划、质量改进措施计划以及质量检测计划等。

12.2.4 质量信息采集

质量信息是产品质量形成过程中产生的各种有用的情报和资料。质量信息采集方法主要有：(1) 手工检测；(2) 半自动检测。(3) 自动检测。

12.2.5 质量检验

一般地，企业通常在三个不同时段设置检验：进料检验（IQC）、过程检验（PQC）和成品检验（FQC）。进料检验（Incoming Quality Control，IQC）：对原材料、零部件、外协件进行检验，以确保产品质量和产品实现过程的正常运行；过程检验（Process Quality Control，PQC）：防止出现成批的不合格品，避免不合格品流入下道工序；成品检验（Final Quality Control，FQC）：保证不合格品不入库或不出厂。每个检验工序对应一个检验工作中心，根据检验标准形成抽样方案，判断单项是否合格并确定最终检验结果。质量检验主要业务流程如图 12-1 所示。

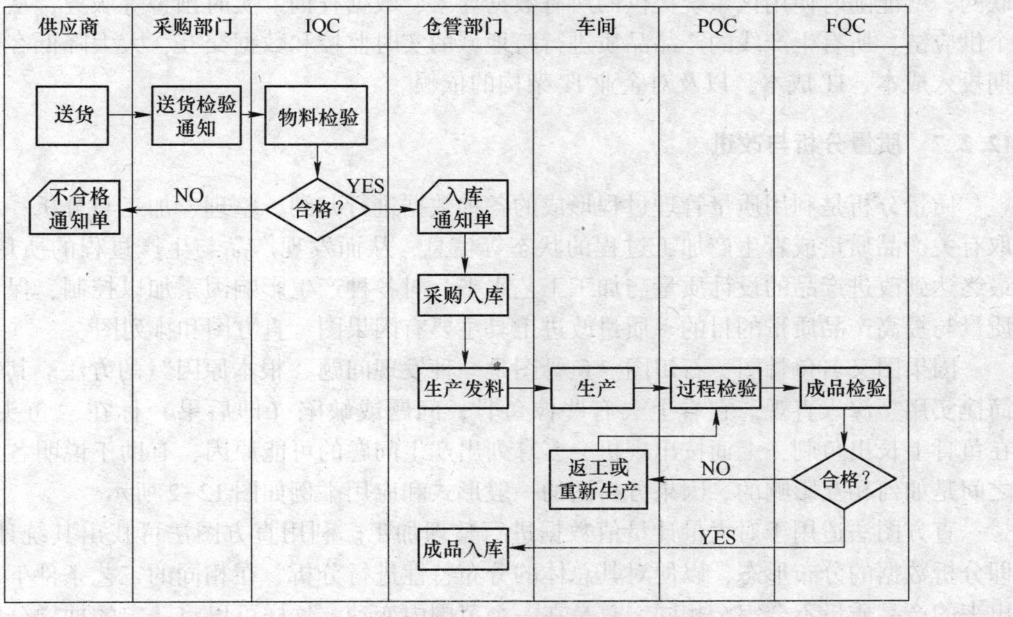

图 12-1　质量检验主要业务流程

12.2.6 质量控制

12.2.6.1　统计过程控制

统计过程控制（Statistical Process Control，SPC）是一种借助数理统计方法的过程控制工具。它对生产过程进行分析评价，根据反馈信息及时发现系统性因素出现的征兆，并采取措施消除其影响，使过程维持在仅受随机性因素影响的受控状态，以达到控制质量的目的。它认为，当过程仅受随机因素影响时，过程处于统计控制状态（简称受控状态）；当过程中存在系统因素的影响时，过程处于统计失控状态（简称失控状态）。由于过程波动具有统计规律性，当过程受控时，过程特性一般服从稳定的随机分布；而失控时，过程分布将发生改变。SPC 正是利用过程波动的统计规律性对过程进行分析控制。因而，它强调过程在受控和有能力的状态下运行，从而使产品和服务稳定地满足顾客的要求。

生产过程的质量控制通常采用的方法是控制图。控制图是判断生产工序过程是否处于控制状态的一种手段，利用控制图可以区分质量波动的原因是由偶然原因引起还是由系统原因引起。通过控制图来判断生产是否异常，使生产过程处于受控状态，做到预防为主，把影响产品质量的诸因素消灭在萌芽状态。控制图的基本格式包括两部分：

（1）标题部分。包括工厂、车间、班组的名称及编号，机床设备的名称及编号，零件、工序的名称及编号，检验部位、要求、测量器具的名称及编号，操作工、调整工、检验工及绘图者的姓名及编号，以及控制图名称及编号等。

（2）控制图部分。根据概率统计的原理，在坐标上做出两条控制界限和一条中心线，然后把按时间顺序抽样所得的质量特性值（或样本统计量）在图上绘点。

12.2.6.2 基于 SaaS 的统计过程控制解决方案

基于 SaaS（软件即服务）设计架构的统计过程控制解决方案，使用者只要能访问互联网，就能随时使用该系统提供的所有数据导入、数据查询、实时预警等服务，从而对整个供应链、所有生产线的产品品质进行跨地域的实时监控和数据交互，大大降低客户的前期投入成本、IT 成本，以及对企业 IT 架构的依赖。

12.2.7 质量分析与改进

质量分析是利用质量管理过程形成的各种数据进行归纳、整理、加工与分析，从中获取有关产品质量或者生产加工过程的状态等信息，从而发现产品与生产过程的质量问题，最终达到改进产品的设计质量与加工工艺水平，对各种产生影响因素加以控制，保证产生质量与提高产品质量的目的。质量改进工具主要有因果图、直方图和排列图。

因果图又名鱼骨图、石川图。鱼骨图是一种发现问题“根本原因”的方法。其特点是简捷实用、深入直观。它看上去有些像鱼骨，问题或缺陷（即后果）标在“鱼头”外。在鱼骨上长出鱼刺，上面按出现机会多寡列出产生问题的可能原因，有助于说明各个原因之间是如何相互影响的。因果分析图的一般形式和应用举例如图 12-2 所示。

直方图法适用于对大量计量值数据进行整理加工。利用直方图法可找出其统计规律，即分析数据的分布形态，以便对其总体的分布特性进行分析。在相同的工艺条件下，加工出来的产品质量不会完全相同，总是在一个范围内变动，这样可以将一定的抽样分成若干组，按其顺序分别在坐标上画出一系列的直方形，并将直方形连接起来，观察图的形状，判断生产过程的质量是否稳定。

通过直方图可以了解产品质量的特性分布状况、平均水平和分散程度，有利于判断工序是否正常，工序能力是否满足需要，不良产品是否发生等。

例如对 A 产品如表 12-2 所示的样品测量值，通过如表 12-3 所示的数据分组生成如图 12-3 所示的直方图[4]。

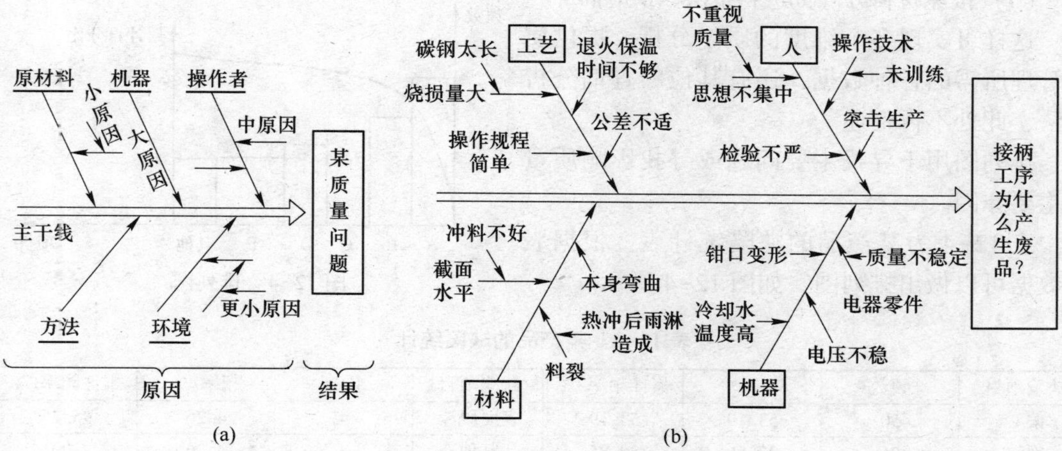

图 12-2　因果分析图

(a) 因果分析图的一般形式；(b) 因果分析图应用举例

表 12-2　样品测量值

10	19	11	21	16
14	12	18	14	12
15	16	16	16	23
13	14	15	19	18
17	14	12	17	16
16	10	14	18	20
15	17	15	16	13
16	19	17	15	22
15	16	14	16	14
16	17	15	18	13

表 12-3　数据分组

所收集到的数据个数	分组个数
50 以内	5~7 组
50~100	7~10 组
100~250	10~20 组

质量子系统还可以实现多种分析报表，分层法、统计分析表法可通过系统的自由定义查询功能实现。分层法的数据分层方法可参考如下几种：

(1) 按时间间隔分（如可以按生产班次分）；

(2) 按操作工位（人员）分；

(3) 按使用设备分；

(4) 按不同加工工艺（操作方法）分（如温度、压力等）；

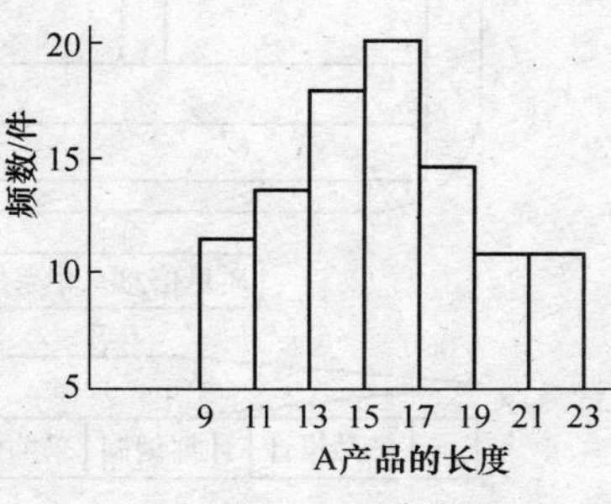

图 12-3　直方图

(5) 按原材料分（如进料批次、供应商等）。

这样可实现多个维度的质量分析，提供质量管理所需的各种数据，还有其他的查询分析方法，此处不再赘述。

排列图用于寻找主要问题或寻找影响质量的主要原因。

表 12-4 为某产品的缺陷统计表，根据表中数据可以做出排列图，如图 12-4 所示。

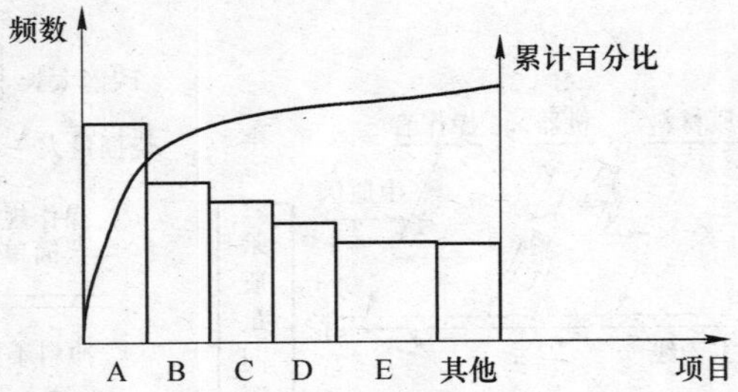

图 12-4　排列图

表 12-4　某产品的缺陷统计

缺陷项目	频数	频率/%	累计频率/%	缺陷项目	频数	频率/%	累计频率/%
偏心	50	53.19	53.19	表面脱漆	4	4.26	95.75
裂纹	26	27.66	80.85	其他	4	4.26	100
表面花	10	10.64	91.49	合计	94	100	

12.3　计算机辅助质量系统功能

CAQ 系统是基于 ISO/TS 体系管理的要求展开设计和开发的质量管理系统，其核心价值是为实现企业质量管理的持续性改进机制的固化，实现在现有科技高速发展背景下的质量管理模式和跨越发展，旨在提升企业产品质量保证能力的一套管理系统。CAQ 系统结构参考模型如图 12-5 所示。质量信息采集系统从企业环境中采集质量信息传送给 CAQ 系

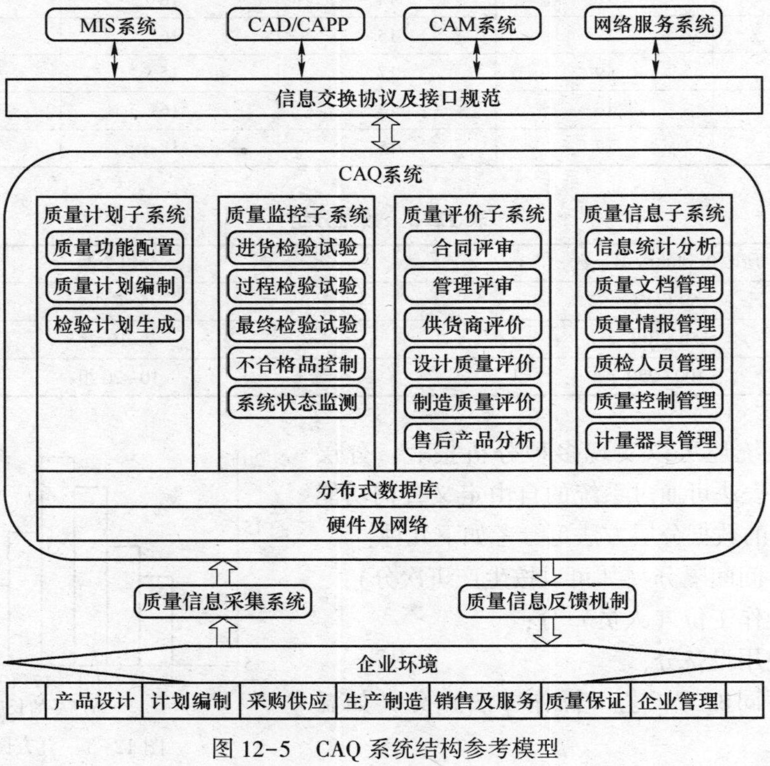

图 12-5　CAQ 系统结构参考模型

统，CAQ 系统再通过信息交换协议与接口和外界 MIS 系统、CAM 系统以及网络服务系统等进行信息交换，交换的信息通过质量信息反馈机制再反馈到企业环境中。一般而言，不同的企业会有不同的 CAQ 系统结构模型。CAQ 系统主要包括以下功能模块：质量计划子系统、质量信息采集与反馈、质量监控、质量评价、质量信息综合管理及软件系统运行管理等。

思考题

12-1　如何理解 ISO9000 与 ERP 的关系？

12-2　企业应如何实施质量分析、控制与改进？

13 财务管理

财务管理（financial management）是对内会计，做的是内账，这种报表的作用是帮助经营管理者采取正确的经营决策，帮助企业更好的发展，也称为管理会计（management accounting）。财务会计（financial accounting）是对外会计，是给投资者、税务局等看的报表，这种报表的作用是吸引投资和对外界负责。

ERP 系统涉及的会计事务既有财务会计又有管理会计，ERP 系统的成本管理采用的是管理会计的方式。可将 ERP 系统的财务管理子系统分为三大部分：财务管理、固定资产管理和成本管理。

财务管理包括账务管理、应收、应付、工资核算、现金管理、材料、销售核算等业务。固定资产管理描述 ERP 系统对企业固定资产的管理。本章重点讨论财务管理和固定资产管理。

成本管理描述成本核算、成本控制等业务的有关理论与实现，这部分将在下一章讨论。

由于 ERP 系统的财务管理是集成信息的财务管理，它集成了采购管理、原材料管理、产成品的管理、销售管理、生产管理、设备管理、固定资产管理等所有与企业有关的财务活动，因而它比单一的计算机财务系统具有集成度高、信息处理及时等优点，如果信息集成度做得较好的话，企业财务的70%以上的凭证是可以自动生成的。

本章首先对单一的标准会计系统加以分析、描述，在清楚计算机代替手工记账以后，再进一步讲述如何做到会计信息的集成。由于我国财政部于 2000 年 12 月 29 日颁布了新的会计制度——《企业会计制度》，本文对财务管理的论述参考了我国最新的会计制度。

13.1 财务管理业务概述

财务管理是在一定的整体目标下，关于资产的购置（投资）、资本的融通（筹资）和经营中现金流量（营运资金），以及利润分配的管理。财务管理是企业管理的一个组成部分，它是根据财经法规制度，按照财务管理的原则，组织企业财务活动，处理财务关系的一项经济管理工作。简单地说，财务管理是组织企业财务活动、处理财务关系的一项经济管理工作。

工业企业财务管理的内容包括固定资金管理、流动资金管理、专用资金管理、产品成本管理、销售收入管理、企业纯收入和财务支出管理等。其中固定资金管理是指垫支在劳动资料上的资金（包括厂房、机器设备等固定资产）；流动资金是指垫支在劳动对象上的资金（包括原材料、燃料、在产品、产成品、银行存款及各种结算项目）；专用资金是指具有专门用途的资金（包括生产发展基金、更新改造基金、新产品试制基金及大修理基金等）。

财务管理业务以货币为主要计量单位，对经济活动进行连续、系统和全面的记录、制作记账凭证、记账、复核、登账、算账、结账、对账、转账、制表等多项业务，流程如图13-1所示。

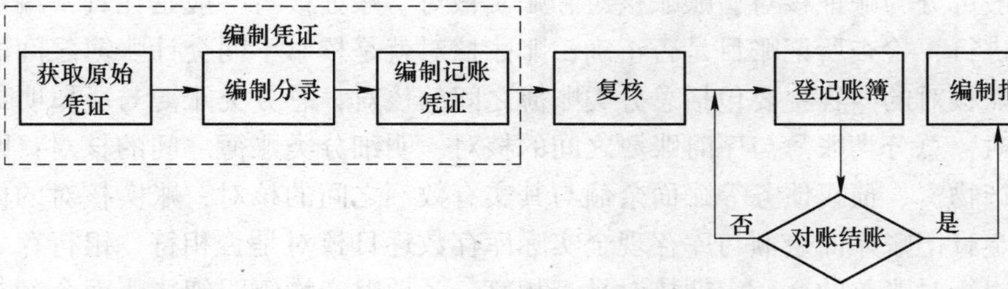

图13-1　财务管理业务流程图

13.1.1　凭证制作与复核

会计凭证是指记录经济业务发生或完成情况的书面证明，也是登记账簿的依据。凭证的制作和管理是财务工作的一项重要内容，会计必须做到每一项经济业务都取得或填制原始凭证，根据审核无误的原始凭证编制记账凭证。任何单位，每发生一项经济业务，如现金的收付、物资的进出、往来款项的结算等，经办人员要收集业务的原始凭证（发票、入出库单等），并必须按照规定的程序和要求根据业务活动涉及的财务科目，认真填制会计凭证，以书面形式记录经济业务发生或完成的日期、经济业务的内容，并在会计凭证上签名或盖章，以对会计凭证的真实性和正确性负责。在一段时间后要将凭证归类装订成册以备检查。财务涉及的凭证一般包括收款凭证、付款凭证和转账凭证。

根据原始凭证制作的记账凭证在输入计算机后必须经过复核，在确认了制作凭证的正确性和合法性后，才能将记账凭证作为登记账簿的依据，通过凭证进入总分类账、明细账和日记账。

13.1.2　记账

记账应按规定设置总账、明细账和日记账，根据审核无误的会计凭证及时登记入账。企业的账务有对内与对外两类，对内的有资产、成本、工资、材料与利润等，对外的账簿有往来账与银行账，该类账的工作量较大，比较繁杂。往来账是指企业与往来户（客户、供应商）之间发生的应收款、预收款、应付款及预付款业务。往来业务量对企业来说一般是比较多的。在应收款方面，企业经常发生客户拖欠货款的现象，其中对应收款的业务跟踪不力也是一个主要的原因。

在应付款方面，因往来的材料业务非常频繁，每种材料又可能有多家供应商，这类业务的对账经常比应付款的对账业务还要烦琐，有时还容易发生争执，影响企业形象与合作关系。要管理好每一个往来户的每一笔往来款，首先要对往来户单独设立账户，将每一笔应收、应付款详细记录清楚；当收款或付款时，将收到或付出的款项逐笔分配到应收或应付款记录中进行勾对，销掉应收或应付款记录。银行账因为牵涉流动资金的管理，所以管理起来较为严格，需要计算每天的收入、支出并结出余额。

13.1.3 对账与结账

在结账之前要做好对账工作。对账就是核对账目，是对账簿记录进行的核对工作。其目的在于使期末用于编制会计报表的数据真实、可靠。

对账一般可分为账证核对、账账核对和账实核对。账证核对一般是在日常编制凭证和记账过程中进行，检查所记账目是否正确；账账核对就是核对不同会计账簿之间的记录是否相符，账账核对的内容主要包括总分类账簿之间的核对，总分类账簿与所属明细分类账簿之间的核对，总分类账簿与序时账簿之间的核对，明细分类账簿之间的核对；账实核对是指各项财产物资、债权债务等账面余额与其实有数额之间的核对，账实核对的内容主要包括库存现金日记账账面余额与库存现金实际库存数逐日核对是否相符，银行存款日记账账面余额与银行对账单的余额定期核对是否相符，各项财产物资明细账账面余额与财产物资实有数额定期核对是否相符，有关债权债务明细账账面余额与对方单位的账面记录是否相符。

结账是一项将账簿记录定期结算清楚的账务工作。在一定时期结束时（如月末、季末或年末），为了编制财务报表，需要进行结账，具体包括月结、季结和年结。结账内容通常包括两个方面：一是结清各种损益类账户，并据以计算确定本期利润；二是结清各资产、负债和所有者权益账户，分别结出本期发生额合计和余额。结账前，应将本期发生的经济业务全部登记入账，并保证其正确性。对于发生的错误，应采用适当的方法进行更正。应在本期经济业务全面入账的基础上，根据权责发生制的要求，调整有关账项，合理确定本期应计的收入和应计的费用。

13.1.4 制作财务报表

财务报表又称对外会计报表，是会计主体对外提供的反映其某一特定日期财务状况和某一会计期间的经营成果、现金流量等会计信息的文件，财务报表包括资产负债表、利润表、现金流量表和所有者权益变动表及附注，附注是财务报表的有机组成部分。

（1）资产负债表。资产负债表是反映企业在某一特定日期的财务状况的财务报表。

（2）利润表。利润表是反映企业在一定会计期间的经营成果的财务报表。

（3）现金流量表。现金流量表是反映企业在一定会计期间的现金和现金等价物流入和流出的财务报表。

（4）所有者权益变动表。所有者权益变动表是反映构成所有者权益的各组成部分当期的增减变动情况的报表。

（5）附注。附注是对在财务报表中列示项目所作的进一步说明，以及对未能在这些报表中列示项目的说明等。附注由若干附表和对有关项目的文字性说明组成。编制附注的目的是通过对财务报表本身作补充说明，以更全面、系统地反映企业财务状况、经营成果和现金流量的全貌，向使用者提供更为有用的决策信息，帮助其作出更加科学合理的决策。

企业每个核算期末都要制作报表，上报上级单位及财政税务部门。各类财务报表从不同角度反映企业的财务状况和经营成果，并及时为企业领导提供相关财务信息，如资金使用情况、企业赢利情况、资金运转情况等。这些信息是企业制订企业方针政策和决策时不可缺少的依据。财务分析工作汇总各类财务信息，通过分类整理和系统分析可以发现企业财务及经营活动中存在的问题。

13.2 ERP 系统财务管理子系统

ERP 系统财务管理子系统主要包括总账管理、应收/应付账款管理、工资管理、固定资产管理、货币资金管理等模块。

13.2.1 总账管理

总账主要是处理记账凭证输入、复核、登记账簿、输出日记账、一般明细账及总分类账、编制会计报表等工作，是会计核算的核心部分，支撑和统帅着其他各部分。

13.2.2 应收/应付账款管理

应收账款是企业因销售商品、提供劳务而向购货单位（客户）或接受劳务单位收取的款项。应付账款是企业应付购货账款，它是企业向外赊购商品的会计处理。

应收/应付管理模块的作用有如下几点：

（1）改善收付款处理的精度，避免数据重复录入。

（2）及时提供对账单。

（3）改善客户、供应商的查询响应，可以立即答复客户、供应商及相关人员关于账款的问题。

（4）简化客户发票和账款收入的处理过程。

（5）提高资金的运用，使资金能够得到更好的配置。

（6）提高商业信用，协助企业更有效地利用商业信用，并改进资金周转率。

应收/应付账模块的功能如下：

（1）客户、供应商资料维护。客户、供应商资料维护，结算币别，结算方式，扣税方式。

（2）对账管理。对账管理的主要业务包括生成对账单和调整对账单。

（3）发票管理。发票管理具有将对账清单、出库单或入库单等信息传递至发票的功能。

（4）账龄管理。账龄管理具有分析应收应付账龄的功能，通过建立应收账款客户的付款到期期限和应付账款的收款到期期限，系统自动生成催款单和付款排期表，为企业减少坏账损失，加速资金周转，合理地进行资金的调配，提高资金的利用效率。

（5）坏账管理。坏账管理具有坏账条件维护、坏账申请、坏账审核、坏账处理等功能。坏账的处理方法有直接转销法，备抵法。

（6）建立会计分录。应收账系统能够自动建立有关应收账的全部会计分录，这些分录可以自动过到总账中去。

13.2.3 工资管理

工资分为工资核算和工资管理两部分。其中核算能处理员工工资的结算、工资的核算和分配，以及有关按工资总额提取的各项经费的计提等。工资管理则是处理员工的工资政策。

工资核算的处理流程如图 13-2 所示。

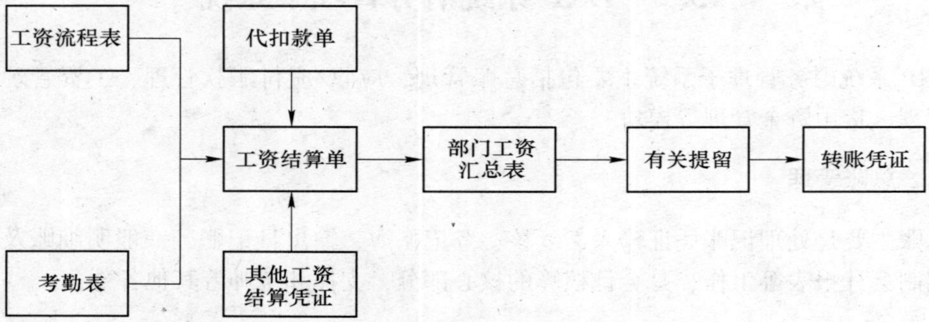

图 13-2 工资核算的处理流程

工资模块的主要功能有工资核算和工资管理：工资核算首先完成考勤、工资调整表、代扣款项目等项目的输入，然后，根据这些原始的数据，计算出应付给员工的实发工资金额、计提费用，再进行分配和结转，编制转账凭证，打印各类工资表并提供工资查询功能。工资管理主要完成单位的工资计划、工资预算和工资标准等管理功能。

13.2.4 固定资产管理

固定资产是指使用年限在一年以上，单位价值在规定标准以上，并且在使用过程中保持原有实物形态的资产，包括房屋及建筑物、机器设备、运输设备、工具器具等。固定资产管理的主要功能如图 13-3 所示。

图 13-3 固定资产管理的主要功能

（1）基础数据维护。包括固定资产分类、固定资产科目（如固定资产、累计折旧、租金费用等）、固定资产卡片等。

（2）固定资产折旧管理。通过设置折旧参数和采用折旧方法来计算折旧费用，并自动生成转账凭证。其中，折旧参数主要包括折旧基数、净残值、折旧年限等，折旧的方法主要有平均年限法、工作量法、双倍余额递减法和年数总和法。

平均年限法又称直线法，是指将固定资产的应计折旧额均衡地分摊到固定资产预计使用寿命内的一种方法。采用这种方法计算的每期折旧额均相等。计算公式如下：

固定资产年折旧额 =（固定资产原值 - 预计净残值）/ 折旧年限

固定资产年折旧率 = 固定资产年折旧额/固定资产原值×100%

固定资产月折旧额=固定资产原值×固定资产月折旧率

例如，一台机器设备原值 80000 元，预计净残值 8000 元，预计使用 15 年，按平均年限法计提折旧，则第二年应计提折旧为：

年折旧额 = (80000 - 8000)/15 = 4800(元)

(3) 固定资产增减管理。包括固定资产增加（固定资产购入、固定资产自建、固定资产的改建和扩建、其他单位投资转入、融资租入、捐赠以及固定资产盘盈等）及固定资产减少（固定资产转让、固定资产报废或损毁、固定资产盘亏等）。

(4) 固定资产维修管理。数额较小时，一般在发生时就直接计入当月费用，借记“制造费用”和“管理费用”等账户，贷记“原材料”；大修时，一般采用预提或待摊的方法。

(5) 固定资产租赁管理。包括对固定资产的租入和租出的租赁合同管理以及租金计划管理。租入与租出的合同，将作为计算相应费用的依据。租赁合同一般要说明租赁时间范围、起始日期、结束日期、费用计算方法、费用明细、每期付款时间、原值、净值和往来客户的类型等。

13.2.5 货币资金管理

货币资金管理是对硬币、纸币、支票、汇票和银行存款的管理统称。货币资金管理模块的主要功能有收入管理、支出管理、票据管理、零用现金及银行存款的核算、银行对账管理以及其他管理。

13.3 ERP 系统财务管理子系统内部各模块之间的关系

ERP 系统的财务与单一的财务软件最大的不同就是前者数据集成化程度高。ERP 系统基本涵盖了企业所有的经济业务，其中经济活动过程中的数据来自各个业务子系统，这是集成化财务系统与单一财务系统的主要区别，也是主要优点。

根据集成财务系统的特点。通常又把财务管理系统分为账务管理模块、应收账款模块、应付账款模块、银行账管理模块、现金管理模块、固定资产管理模块、工资核算模块和成本管理模块，各模块之间的关系如图 13-4 所示。

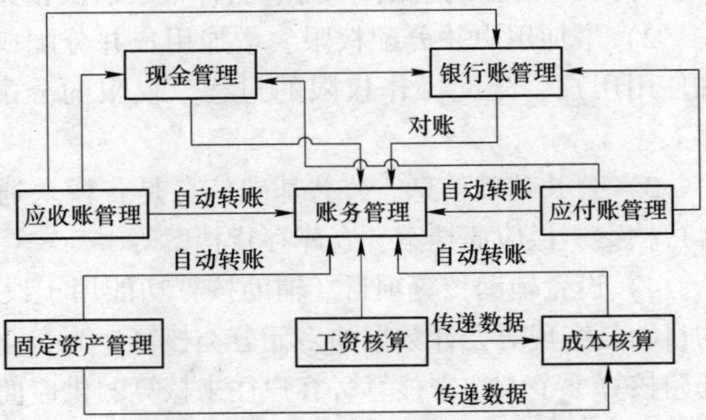

图 13-4 ERP 系统财务管理子系统内部各模块之间的关系

13.4 ERP 财务管理子系统的实现

本节主要讨论 ERP 财务管理子系统的实现，某 ERP 财务管理子系统的功能如图 13-5 所示。

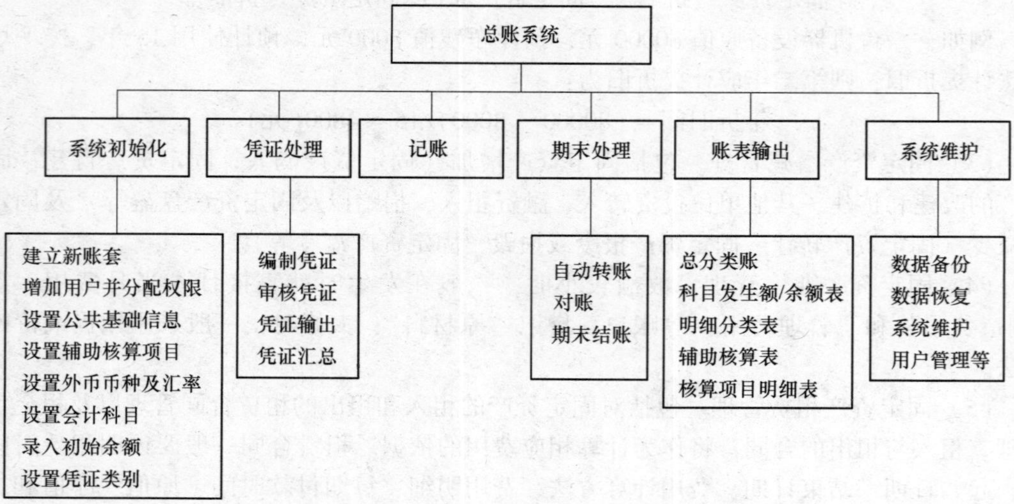

图 13-5 ERP 系统财务管理子系统的功能

13.4.1 ERP 财务管理子系统业务内容

ERP 财务管理子系统的主要内容有以下几个方面：系统初始化、凭证处理、记账、期末处理、账表输出以及系统维护。

（1）**系统初始化**。系统初始化的内容主要包括：

1）建立新账套。在开始应用会计核算软件开展会计核算工作时，首先就要在系统中建立当前会计主体独立使用的一套核算数据，并明确有关事项以适应当前会计主体的核算要求，这就是“建立新账套”。“账套”是软件中存放会计业务数据资料文件的总称，包括会计科目、记账凭证、账簿、会计报表以及相关业务资料等内容。

2）增加用户并分配权限。增加用户并分配权限也叫“财务分工”，是为会计软件增加使用用户，分配操作权限的过程。权限的分配，可以是一人一岗、一人多岗或一岗多人。

3）公共基础信息。公共基础信息是各模块通用的信息，包括部门档案、职员档案、客户档案、供应商档案、仓库存货档案等。

4）设置辅助核算项目。辅助核算功能用于设置会计科目是否有辅助核算。辅助核算的目的是实现对会计数据的多元分类核算，为企业提供多样化的信息。辅助核算一般包括部门核算、个人往来核算、客户往来核算、供应商往来核算、项目核算五种专项核算。

5）设置外币币种及汇率。设置外币是指当企业有外币核算业务时，设置所使用的外币币种、核算方法和具体汇率。用户可以增加或删除币别。外币及汇率的设置与录入固定汇率还是浮动汇率有关。

6）设置会计科目。会计科目设置是指企业、事业等单位，在国家统一规定的会计科目的基础上，建立本会计主体的会计科目体系。具体内容包括：确定其所使用的会计科目的数量、级次、名称，每一个会计科目所包括的具体内容、记录和核算的方法与要求，以及各科目之间的联系。所以，会计科目的设置不单纯是从会计对象的内容出发，而更多地是从其方法出发；是会计核算工作的第一步。会计科目的设置包括增加修改或删除会计科目以及设置科目属性。

7）录入初始余额。在首次使用新的财务软件时，初始余额是指软件启用以前的科目总账、明细账、辅助账等余额。该余额包含新的财务软件启用以前，已进行的会计处理的所有业务信息，同时也包含了未进行会计处理的一些业务信息。

8）设置凭证类别。设置凭证类别是指对记账凭证进行分类编制，用户可以按照企业的需求选择或自定义凭证类别。财务软件通常会提供以下几种常用的分类供客户选择：记账凭证；收款凭证、付款凭证、转账凭证；现金凭证、银行凭证、转账凭证；现金收款凭证、现金付款凭证、银行收款凭证、银行付款凭证、转账凭证。

（2）**凭证处理**：

1）制作凭证。制作凭证的方法有很多种，最常见的是在总账系统手工填制记账凭证。除手工填制凭证外，企业还可以借助常用凭证和机转凭证来完成凭证的录入工作。将常用的凭证存储起来，在填制会计凭证时可随时调用。当企业每月把收入和成本结转到本年利润，或是在年终把收入支出结转到本年结余，或是其他业务子系统发生经济业务时，可以通过在“自动转账”中编制转账公式来实现。

2）凭证审核。审核确认所制作凭证的正确性和合法性。根据会计制度，审核人员和制单人员不能是同一个人；审核凭证只能由具有审核权限的人员进行；已通过审核的凭证不能被修改或者删除，需要审核人员取消审核签字后，才能进行；审核未通过的凭证必须进行修改，通过审核后方可被记账。

3）将审核无误的凭证输出以及汇总。

（3）**记账**。**根据凭证进行记账**。

（4）**期末处理**。在会计期末，要对收入、费用类账户余额进行结转，计算出本期的利润或亏损。账务处理模块的期末处理是指会计人员在每个会计期间的期末所要完成的特定业务，主要包括会计期末的转账、对账、结账。

1）自动转账。自动转账是指对于期末那些摘要、借贷方科目固定不变，发生金额的来源或者计算方法基本相同，相应凭证处理基本固定的会计业务，将其既定模式事先录入并保存到系统中，在需要的时候，让系统按照既定模式，根据对应会计科目间的数据自动生成相应的记账凭证。自动转账的目的在于减少工作量，避免会计人员重复录入此类凭证，提高记账凭证录入的速度和准确度。常用的自动转账功能有自定义转账和期末损益结转。

2）对账。对账是为了保证账簿记录正确可靠，对账簿数据进行检查核对。对账主要包括总账与明细账、总账与辅助账、明细账和辅助账之间的核对。因为凭证需要在借贷平衡后方可保存，所以计算机自动记账后各种账簿都应该是正确的、平衡的。但由于非法操作、计算机病毒或其他原因，有时可能会造成某些数据被破坏，因而引起账账不符。为了保证账证相符、账账相符，用户应经常进行对账，至少一个月一次，一般可在月末结账前进行。只有对账正确，才能进行结账操作。

3）期末结账。结账主要包括计算和结转各账簿的本期发生额和期末余额，终止本期的账务处理工作，并将科目余额结转至下月作为期初余额。所有本期会计业务处理完毕后，方可进行期末结账处理。结账每月只能进行一次。结账后，当月不能再填制和修改凭证。

(5) **账表输出**。期末结账后，进行账表的输出，主要有总分类账、科目发生额/余额表、明细分类表、辅助核算表、核算项目明细表等。

(6) **系统维护**。账表输出后，要进行数据备份、数据恢复、系统维护、用户管理等。

13.4.2 财务管理的业务流程与处理要点

财务管理的业务流程如图 13-6 所示，描述如下：

(1) 根据原始凭证或原始凭证汇总表编制记账凭证。

(2) 编制转账凭证。

(3) 根据收款和付款凭证登记现金日记账和银行存款日记账，并登记有关的明细账与辅助账。根据转账凭证登记有关的明细账与辅助账。

(4) 根据记账凭证编制科目汇总表，由科目汇总表登记总账。总账主要是处理记账凭证输入，复核，登记账簿，输出日记账、一般明细账及总分类账，编制会计报表等工作，是会计核算的核心部分，支撑和统帅着其他各部分。

(5) 月末进行银行对账。

(6) 定期（或需要时）进行结账，即核对总账与明细账、日记账是否一致，月末进行结账处理。

(7) 根据总账、明细账、相关资料编制会计报表。

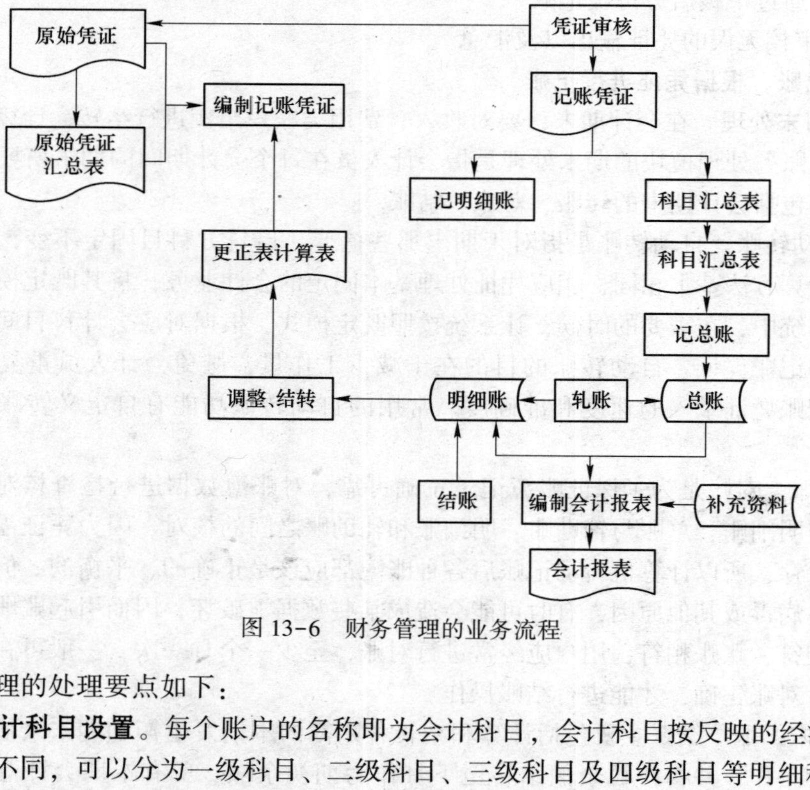

图 13-6 财务管理的业务流程

财务管理的处理要点如下：

(1) **会计科目设置**。每个账户的名称即为会计科目，会计科目按反映的经济业务内容的详细程度不同，可以分为一级科目、二级科目、三级科目及四级科目等明细科目。会计电算系统要求设置科目编码（表 13-1），设置科目的级别、级长，每个科目的科目类型、余额方向、助记码、现金账标志、银行账标志、往来账标志等。会计科目是填制会计凭证、登记会计账簿、编制会计报表的基础。会计科目是一个完整的体系，它是区别于流水账的标志，是复式记账和分类核算的基础。

表 13-1 4-2-2 结构的科目代码

科目代码	科目名称
1211	原材料
121101	原材料—黑色金属
12110101	原材料—黑色金属—A 材料
12110102	原材料—黑色金属—B 材料
121102	原材料—有色金属

（2）**凭证录入**。凭证常用的分类方式有记账凭证；收款、付款、转账凭证；现金、银行、转账凭证；现金收款、现金付款、银行收款、银行付款、转账凭证等。

大部分记账凭证可由原始凭证自动生成，但由于原始凭证一般种类繁多、形式多样，往往不便于计算机处理，处理的依据依然是人工编制的凭证。因此，有的还要输入人工编制的记账凭证。另外，财务处理涉及许多转账业务，这些转账业务可由系统自动完成。同一凭证的不同分录、科目之间的对应关系要比较清晰，因此，可以在凭证分录中增加对方科目。

（3）**账户余额**。账户余额与手工处理稍有不同，一般有两种方法，第一种账户余额计算公式如下：

$$期末余额=期初余额+本期借方发生额-本期贷方发生额 \tag{13-1}$$

借方与贷方设置的符号不同（正、负），余额为正表示余额在借方，余额为负表示余额在贷方。另外一种方法是与习惯相同，初始设置科目时，同时设置科目的余额方向（借方、贷方、两性），如余额方向是两性的账户，余额为正则在借方，否则在贷方。

（4）**总账设置**。电算化财务的总账是由明细账汇总而来，它们肯定是平衡的，总账可以动态刷新或定期汇总加入记录，计算公式如下：

$$期末余额=年初余额+年借方发生额-年贷方发生额 \tag{13-2}$$

$$月末余额=月初余额+月借方发生额-月贷方发生额 \tag{13-3}$$

（5）**银行对账**。企业和银行处理银行结算业务时，由于凭证传递的时间差，经常会出现一方已经登账，而另一方未登账的情况，即存在未达账项。应根据对账单期末余额和企业银行账期末账面余额进行调整，计算如下：

$$银行调整后余额=对账单余额+企业已收银行未收金额-企业已付银行未付金额 \tag{13-4}$$

$$企业银行账调整后余额=企业银行账面余额+银行已收企业未收金额-银行已付企业未付金额$$

调整后双方余额相等，则说明银行和企业记账正确。

13.5 ERP 系统财务管理子系统与其他子系统的关系

ERP 系统中财务管理子系统与 ERP 其他各相关子系统的关系如图 13-7 所示。

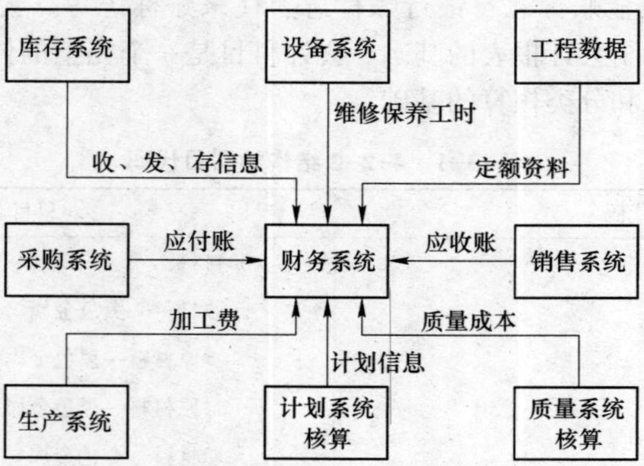

图 13-7 ERP 财务管理子系统与其他各相关子系统的关系

思考题

13-1 什么是管理会计与财务会计？

13-2 财务管理工作有哪些工作内容？

13-3 固定资产折旧方法主要有哪几种？

13-4 ERP 系统财务管理子系统主要包括哪些模块？

13-5 请绘制财务子系统与其他子系统的关系图。

14 成本管理

成本是一项综合经济指标，企业经营管理中各方面工作的业绩都可以直接或间接地在成本中反映。产品的设计优劣、工艺的合理与先进性、原材料的消耗与实际利用的偏差、生产效率的高低、产品质量的控制情况及固定资产的利用情况等，都可以通过成本直接或间接地反映出来。企业通过对成本的计划、监督、分析与控制等来加强管理，优化资源利用，降低成本，提高效益。

14.1 成本构成

企业的基本生产经营活动是生产与销售企业产品。在制品的直接生产过程中，从原材料的投入生产到产成品制成的整个制造过程，会发生各种各样的生产耗费。在制品的制造过程中发生的各种生产耗费主要包括原料及主要材料、辅助材料、燃料等的支出；生产单位（如分厂、车间）的固定资产的折旧；直接生产人员及生产单位管理人员的工资以及其他一些货币的支出等。以上所有支出构成了企业在制品制造过程的全部生产费用。为生产一定品种、一定数量的产品而发生的各种生产费用支出的总和就构成了产品的生产成本。

企业为了销售产品也会发生各种各样的费用支出。如企业负担的运输费、装卸费、包装费、保险费、展览费、差旅费、广告费，以及销售人员的工资和销售机构的其他费用等。所有这些为销售本企业产品而发生的费用，构成了企业的产品销售费用。此外，还有行政部门管理费用、财务费用等。销售费用、管理费用、财务费用与生产没有直接关系，而是按发生的期间归集，直接计入当期损益，构成企业的期间费用，一般不列入 ERP 的成本管理模块，但可以在财务管理模块中体现。

成本管理子系统与财务、生产、库存和销售等系统密切相关。它可以更准确、快速地进行成本费用的归集和分配，提高成本计算的及时性和正确性。同时，通过定额成本的管理、成本模拟与成本计划，能够更为有效地进行成本预测、计划、分析与考核，提高企业成本的管理水平。工业企业成本管理工作的内容大致包括成本计算、成本计划、成本日常控制、管理与成本分析等几个环节。

成本的分类与构成如图 14-1 所示。直接成本是指那些与具体生产的物料有关的费用，分别计入直接材料费与直接人工费。间接成本是指那些不能明确分清用于哪个具体物料上的费用。其中与产量有一定关系的称为变动间接费（如动力、燃料等费用），而与产量无直接关系的称为固定间接费（如非直接生产人员的工资、办公费、房屋折旧与照明等）。

责任会计制要求建立责任中心。制造业的主要责任中心有成本中心与利润中心。成本中心只负责对成本的管理与控制，是一个成本积累点，它可以是分厂、业务部门、车间、班组与工作中心等。利润中心是独立核算、有收入来源的部门（或单位），如分厂等。在 ERP 系统中可以灵活设置成本中心与利润中心。

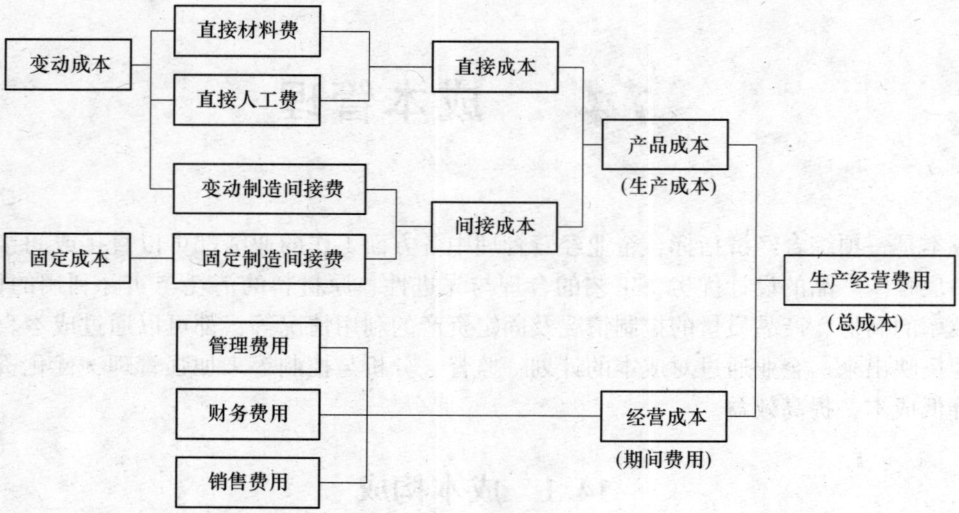

图 14-1　企业各种成本的构成

14.2　ERP 的成本计算方法

ERP 的成本计算方法支持品种法、分批法与分步法。在用分步法计算时，企业按产品生产的步骤归集生产成本，将生产成本归集到工作中心。产品成本的计算工作大致可以划分为以下几项工作：

（1）确定成本计算对象。成本计算对象是为计算产品成本而确定的归集生产费用的各个对象，即成本的承担者。确定成本计算对象是设置产品成本明细账、分配生产费用和计算产品成本的前提。

（2）确定成本计算期。成本计算期是指计算产品成本时，生产费用计入产品成本所规定的起止日期，即每次计算产品成本的期间。

（3）核算材料实际成本。

（4）归集和分配各项生产费用。

（5）在产成品和在制品之间分配产品成本。各产品的基本资料库中都设立了在制品成本的计算方法，如约当产量比例法、不计算在制品成本法、按年初数固定计算在制品成本法、在制品按消耗原材料费用计价法、在制品完工产品成本计算法、在制品按定额成本计价法和定额比例法。最常用的为约当产量比例法，即将月末在制品实际数量按其完工程度折算为完工产品的数量，将本月所汇集的全部生产费用按照完工产品的数量和月末在制品的约当产量的比例进行分配。

$$\text{单位产品成本数}=\frac{\text{月初在制品实际成本}+\text{本月发生的生产费用}}{\text{完工产品数量}+\text{月末在制品约当产量}} \tag{14-1}$$

$$\text{完工产品实际成本}=\text{完工产品数量}\times\text{单位产品成本数} \tag{14-2}$$

$$\text{月末在制品实际成本}=\text{月末在制品约当产量}\times\text{单位产品成本数} \tag{14-3}$$

$$\text{某工序在制品完工率}=\frac{\text{前面各个工序工时定额之和}+\text{本工序工时定额}}{\text{产品工时定额}}\times 50\% \tag{14-4}$$

最后，可以得到各相应产品的成本分析结果。

14.2.1 直接材料费的计算

直接材料费是指直接用于产品生产，构成产品实体的原料、主要材料、外购半成品以及有助于产品形成的辅助材料和其他直接材料所产生的费用。

直接材料费计算的基础是产品结构，即制造物料清单 BOM，计算的最底层都是从原材料开始。企业的原材料是外购件（含外加工件），这层的费用包括材料采购价格与采购间接费（采购部的管理费、材料运输费与材料的保管费用等），各层物料的直接材料费的计算是个卷积的过程，计算公式如下：

本层制造件的直接材料费=∑下层制造件的直接材料费+∑下层原材料的材料费　　(14-5)

材料费=材料实际耗用量×材料的价格×产品用量　　(14-6)

产品材料费的构成与计算如图 14-2 所示。

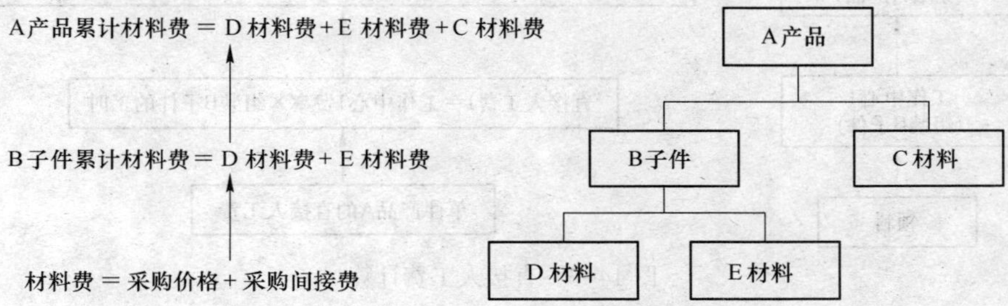

图 14-2　产品材料费的构成与计算

材料的实际费用由采购价格与采购间接费用组成，但材料价格的计价方法不同，因而对应的计算方式也不同。

（1）先进先出。领用的材料按入库时间的先后顺序，先入库的先出库，此时耗用材料的价格采用最先入库时的材料价格。

（2）后进先出。此时是先领用最后入库的材料，材料的价格是最后入库时的价格。

（3）加权平均。加权平均一般是会计期末一次性计算材料价格的计价方式：

加权平均价格=期间总入库金额/期间总入库数量　　(14-7)

（4）移动加权平均。原理类似于加权平均，但不是在期末计算价格，而是每批采购来料后计算一次平均价格，公式如下：

$$移动平均价格 = \frac{本次入库金额 + 上次结存金额}{本次入库数量 + 上次结存数量} \quad (14-8)$$

（5）最后价格。材料的价格以最后一次（即最近期的进货）的价格为最终价格。

（6）计划价格。材料的价格按计划价格计价，不随买入的价格变动。对于按计划价核算的材料，可用计划价跟踪材料的实际用量，再通过分配价格差异计算产品耗用材料的实际成本。

产品耗用材料的实际成本=材料实际用量×计划价×产品产量+材料价格差异　　(14-9)

计算各工序/工位的材料费公式如下：

材料费=期初值+本核算期领用量×单价+材料成本差异　　(14-10)

材料成本差异=材料计划成本×材料成本差异率　　(14-11)

$$材料成本差异率=\frac{月初结存成本差异+本月收入材料差异}{月初结存计划成本+本月收入计划成本} \quad (14-12)$$

14.2.2　直接人工费的计算

直接人工费是指直接参加生产的工人工资以及按生产工人工资总额和规定的比例计算提取的职工福利费。

直接人工费的计算过程：利用产品的工艺路线文件及产品结构文件（BOM），从底层向高层累加，一直到产品的顶层直接人工费。直接人工费计算公式如下：

各层直接人工费 = 人工费率(工作中心文件) × 工作小时数(工艺路线文件)　(14-13)

卷积计算的过程是利用产品的工艺路线文件及产品结构文件（BOM）从底层向高层累加，一直到产品的顶层直接人工费，如图 14-3 所示。

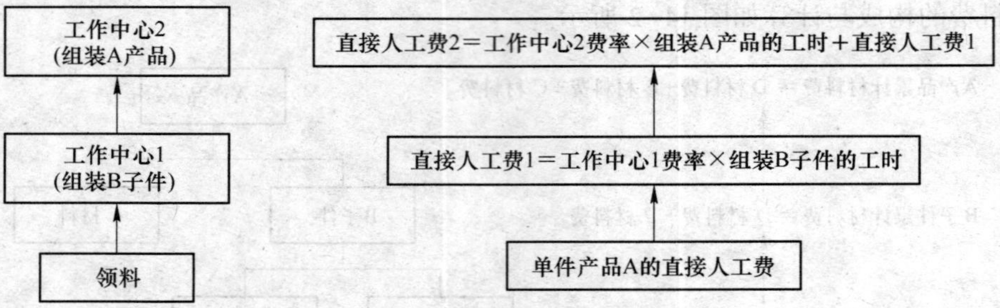

图 14-3　直接人工费计算

14.2.3　间接费用的分配

间接费用不同于直接材料费与直接人工费，它并不随着工票或凭证按物料分别实时记录，因而不像计算直接材料费与直接人工费那样可以由物料清单及工艺文件、工作中心直接而且准确地计算。新会计制度计算产品成本采用制造成本法，间接费用只核算到车间一级，由于加工成本是在工作中心发生，因此，间接费用要分配到工作中心。间接费用的分配方法主要由下述三个步骤构成：(1) 确定分配依据；(2) 计算工作中心的间接费率；(3) 分配产品的间接费用。

(1) 确定分配依据。根据企业的历史统计资料，预计会计期间生产部门的产能，结合产品、车间、工作中心、费用类型等情况确定分配依据，如表 14-1 所示。

表 14-1　间接费用的分配

间接费用成本集	分配依据	工作中心占用
照明、空调	覆盖面积	该列是设置工作中心的数据，按这个数据来计算、归集该项间接费用成本
电力费	设备功率、使用时间	
折旧、保险费、维修费	固定资产价值	
管理人员工资、办公费	工人人数	
搬运费	搬运次数	

(2) 计算工作中心的间接费率。如表 14-1 所示，费用必须进一步分配到工作中心，

确定各个间接成本因素的分配率，但分配的条件、因素都在不断改变，还要根据实际情况进行统计分析并不断调整优化。

(3) 产品的间接费用分配。间接费用最终都会分配到各个产品，因此，分配到工作中心的费用还必须分配到产品，计算方法为：

$$产品某成本因素的费用分配率=\frac{该时期工作中心的该间接费用总金额}{该时期工作中心的工作小时}$$

多数情况下，分母用工时表示，但如果是设备密集型生产则可用台时表示。因此，某产品在某工作中心的间接费用计算为：

该项费用额=该产品该工作中心费用分配率×占用工作中心工时

以上间接费用的分配是传统的分配方法，其以工作中心的工时或台时为基准（或以产量为基准），但随着产品成本结构中的间接费用的比重增加，这种方式已经无法满足决策的需要，出现了作业成本法（Activity-Based Costing）的成本核算理论与方法。

14.2.4　作业成本法

传统间接费用分配是把间接费分配给生产车间，再按统一的间接费用率不加区别地分配给各种产品。当产品有如下情况：（1）非产量相关制造费用比重加大；（2）产品多样性程度提高时，如果继续使用传统意义上的分配标准，必然不能反映产品间接费用的真实情况，因而不利于决策。

作业成本法，最早是由美国哈佛大学教授卡普兰和罗宾·库柏提出来的。ABC 法是把间接费用先分配到各种作业成本集上，再根据产品发生的作业量，乘以成本动因单位费用，分配到具体产品。

采用作业成本法应遵循两个基本原则：（1）作业消耗资源，产品消耗作业；（2）生产导致作业的产生，作业导致成本的发生。ABC 法首先将间接计入成本按作业（活动）进行归集，然后按不同作业的不同成本动因率将间接计入成本一一分配到产品或产品线，如图 14-4 所示。

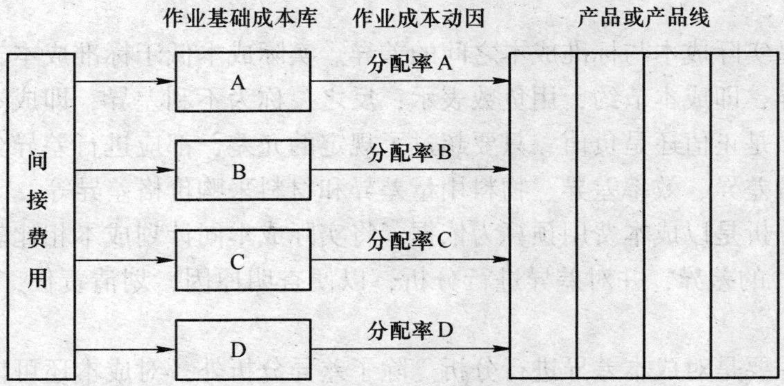

图 14-4　作业成本分配

14.3　成本类型与成本计划

在 ERP 系统中一般设置三种成本类型：标准成本、实际成本和模拟成本。标准成本是经过反复认真的分析、模拟和测算后才确定的。在确定的同时，也应确定成本差异的允许误差。实际成本指实际的生产成本。模拟成本指用于计划或决策时的近似成本。

成本计划是以统一的货币形式，产生企业规定计划期内的产品生产耗费和各种产品的成本水平计划方案。主要由产品单位成本计划、生产费用预算、产品销售收入计划及毛利等构成。企业根据新年度的生产计划，得到各种产品各个月份的计划产量；根据每种产品的产品结构，原材料、辅助材料的耗费定额和计划价格，得出产品的材料成本；根据每种产品的加工路线和加工时间得到产品的直接加工费用；根据企业订立的费用支出计划，得到各种间接费用和管理费用的预算金额，按照一定的比例将这些费用分摊到各产品上。

通过以上的工作即可得到新年度各产品的计划成本；再根据各产品的计划产量和售价，可以得到产品的计划销售收入，销售收入减去销售成本即可得到新年度的计划毛利，如图 14-5 所示。

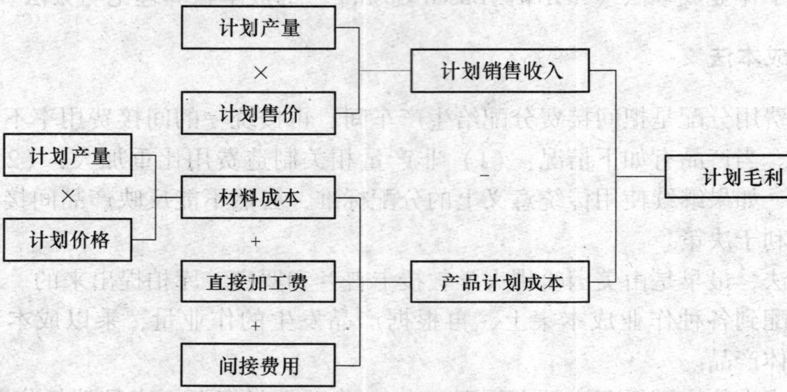

图 14-5 计算计划毛利

14.4 成本差异分析

成本差异是实际成本与标准成本之间的差异。实际成本低于标准成本，二者之间的差异称为有利差异，即成本节约，用负数表示；反之，称为不利差异，即成本超支，用正数表示。不论差异是正值还是负值，只要超过了规定的允差，都应进行差异分析。成本差异又可分为人工费差异、效率差异、物料用量差异和材料采购价格差异等。

成本差异分析是以成本费用预算为依据，将实际成本同计划成本相比较，揭示实际脱离计划（标准）的差异，并对差异进行分析，以便查明原因，划清责任，及时采取措施，降低成本费用。

成本分析主要是对成本差异进行分析。除了差异分析外，对成本还可以从以下几方面进行分析：计划成本与实际成本对比分析，可比产品的当前成本与历史成本对比分析，单位产品各成本项目计划与实际数对比分析，等等。

14.4.1 直接材料成本差异的计算分析

直接材料成本差异包括价格差异（价差）和数量差异（量差）两部分。直接材料成本差异的计算公式为：

直接材料成本差异＝实际价格×实际数量－标准价格×标准数量

造成价差的原因有采购价格变化、运输费用增加、材料代用或变更、自制件该为外购件等。

材料价差＝(实际价格－标准价格)×实际数量 (14-14)

造成量差的原因有报废或损耗、材料利用率变化、产品结构变化等。

材料量差＝(实际耗用数量－标准耗用数量)×标准价格 (14-15)

例 14-1 生产 A 产品所用甲材料的标准价格为 45 元/千克，标准用量为 3 千克/件。假设企业本月投产 A 产品 8000 件，领用甲材料 32000 千克，其实际价格为 40 元/千克。其直接材料成本差异计算分析如下：本例中，标准价格：45 元/千克，标准用量：3 千克/件；实际价格：40 元/千克，实际用量：32000/8000＝4 千克/件。

价格差异＝单位产品材料价格差异×产量
＝(40－45)×4×8000＝－160000 元 (14-16)

用量差异＝单位产品材料用量差异×产量
＝(4－3)×45×8000＝360000 元 (14-17)

总差异＝40×4×8000－45×3×8000＝200000 元

差异分析：在上述计算中，总差异为正数，说明消耗甲材料总体超过标准，导致超支 200000 元。其中：价格差异为负数，代表节约，其原因是材料实际价格低于标准价格，至于真正原因是最近材料市场价格普遍下降，还是材料采购部门的工作业绩，应进一步查明。若是前者，应考虑其价格变化的持续性，考虑是否修改企业的材料标准价格；若是后者，应给予材料采购部门适当奖励，以巩固和发扬。用量差异为正数，代表超支，其原因是材料实际用量超出标准用量，即生产部门耗用材料超标。应进一步查明材料用量超标的具体原因，改进工艺或是节约材料。

14.4.2 直接人工成本差异的计算分析

直接人工成本差异的计算公式如下：

直接人工成本差异＝实际工时价格×实际工时－标准工时价格×标准工时 (14-18)

直接人工成本：包括人工工资差异和人工效率差异，计算公式如下：

人工工资价格差异＝(实际工时价格－标准工时价格)×实际工时 (14-19)

人工效率差异＝(实际工时－标准工时)×标准工时价格 (14-20)

例 14-2 生产 A 产品标准工资率为 10.8 元/小时，标准工时为 1.5 小时/件。假定企业本月实际生产 A 产品 8000 件，用工 10000 小时，实际应付直接人工工资 110000 元。其直接人工成本差异计算分析如下：本例中，标准价格：10.8 元/小时；标准用量：1.5 小时/件：

实际价格：110000/10000＝11 元/小时；

实际用量：10000/8000＝1.25 小时/件。

价格差异(工资率差异)＝单位产品人工工资率差异×产量
＝(11－10.8)×1.25×8000＝2000 元 (14-21)

用量差异(效率差异)＝单位产品人工用量差异×产量
＝(1.25－1.5)×10.8×8000＝－21600 元 (14-22)

$$总差异 = 11×1.25×8000-0.8×1.5×8000 = 19600 元$$

差异分析：在上述计算中总差异为正数，说明人工费用总体高于标准，导致超支19600元。其中：价格差异，也叫工资率差异，为正数，代表超支，原因可能在于人工工资的普遍上涨，企业招募到合适的熟练工人花费了更多的代价，在制定下期标准人工工资率时应考虑这一因素。用量差异，也叫效率差异，为负数，代表节约，如果是因为本期生产部门的工人工作效率很高，应结合产品生产过程，研究有哪些工艺、环节、作业、操作、工序等效率高，对相关人员给予适当奖励，以继续巩固和发扬。

14.4.3 制造费用差异的计算分析

制造费用差异的计算公式为：

$$制造费用差异 = 实际分配率×实际工时-标准分配率×标准工时 \quad (14-23)$$

其中：

$$制造费用开支差异 = (实际分配率 - 标准分配率) × 实际工时 \quad (14-24)$$

$$制造费用效率差异 = (实际工时 - 标准工时) × 标准分配率 \quad (14-25)$$

造成制造费用开支逆差的原因主要有两个：一是各项费用项目的价格高于预计价格；二是各项费用的耗费量大于预计耗费量。

例 14-3 生产A产品标准变动制造费用分配率为3.6元/小时，标准工时为1.5小时/件。假定企业本月实际生产A产品8000件，用工10000小时，实际发生变动制造费用40000元。其变动制造费用成本差异计算分析如下：

本例中，标准价格：3.6元/小时，标准用量：1.5小时/件

实际价格：40000/10000 = 4元/小时

实际用量：10000/8000 = 1.25小时/件

$$\begin{aligned}价格差异(耗费差异) &= 单位产品变动制造费用价格差异 × 产量 \\ &= (4 - 3.6) × 1.25 × 8000 = 4000 元\end{aligned} \quad (14-26)$$

$$\begin{aligned}用量差异(效率差异) &= 单位产品变动制造费用用量差异 × 产量 \\ &= (1.25 - 1.5) × 3.6 × 8000 = 7200 元\end{aligned} \quad (14-27)$$

$$总差异 = 4×1.25×8000-3.6×1.5×8000 = -3200 元$$

差异分析：在上述计算中，总差异为负数，说明变动制造费用总体消耗低于标准，节约了3200元。其中：**价格差异**，也叫耗费差异，为正数，说明变动制造费用分配率较高，代表超支，其原因可能是生产部门不够节约，各种间接费用较高，甚至是浪费造成的，应查明具体原因，及时改进。**用量差异**，又叫效率差异，为负数，代表节约，说明本期生产部门的工人工作效率高，同人工效率差异分析一样，应结合产品生产过程，研究有哪些工艺、环节、作业、操作、工序等效率高，对相关人员给予适当奖励，以继续巩固和发扬。

14.5 成本控制

企业的生产制造过程是动态的，成本的发生过程也是动态的。随着生产制造过程的进行，成本按照实际发生情况进行计算并累加。发生的费用从一个账户转移到另一个账户，各种成本数据也随之产生，有关人员要及时跟踪、记录各种成本数据及其相关标准数据等

信息，这样就可以在掌握生产计划的同时也掌握相关成本与会计数据，并根据成本执行情况，必要时随时加以控制和调整。

14.6 成本管理子系统与其他子系统的关系

成本管理子系统与采购管理、质量管理、人力资源管理、设备管理、分销资源计划、车间管理和财务管理等子系统都有关联，如图 14-6 所示。

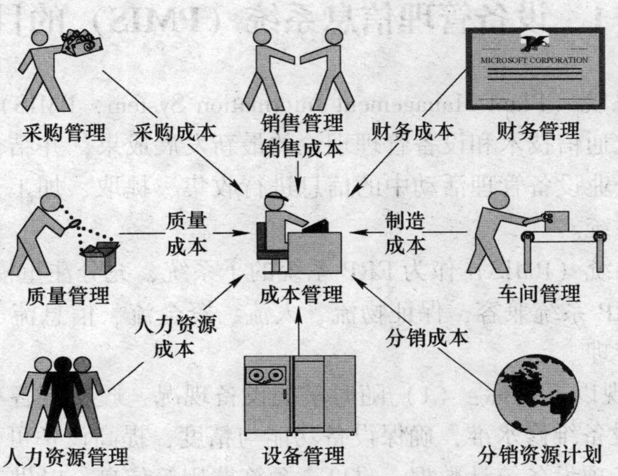

图 14-6 成本管理子系统与其他子系统的关系

思 考 题

14-1 生产成本由哪些因素构成？

14-2 ERP 是如何计算材料成本的？

14-3 人工成本是如何计算的？

14-4 间接费用如何分配？

14-5 什么是 ABC 成本法？你认为企业实施 ABC 成本法的难点在哪里？

14-6 如何进行成本差异分析？

15 设备工程管理信息化

15.1 设备管理信息系统（PMIS）的目标

设备管理信息系统（Plant Management Information System，PMIS）就是以系统思想的方法，利用现代信息通信技术和设备管理理论的最新发展成果，并结合国家有关设备管理的法律、法规，对企业设备管理活动中的信息进行收集、提取、加工、输出，从而形成支持组织决策的信息系统。

设备管理信息系统（PMIS）作为ERP系统的子系统，充分注重模块接口和数据共享，PMIS向上必须与ERP系统兼容，保证物流、人流、资金流、信息流等信息共享。并实现设备的全生命周期管理。

PMIS系统应实现以下目标：(1) 随时掌握设备现况、履历等各项图文数据，提供管理参考。(2) 提升设备维修水准，确保设备功能与精度，提高设备可开动率、作业线生产作业率。(3) 汇集各项设备统计数据、进度、预算费用等信息，以供高层决策用。(4) 提高对外委厂商及协力作业控制能力，提升外委品质，降低外委成本。(5) 提高设备趋势分析与寿命预测的正确性，减少事故发生，并正确判断事故原因。(6) 提高设备工作计划的弹性，合理安排设备维护各项工作，减少人力物力的浪费。(7) 加强职业安全卫生要求事项的配合，符合法令法规要求。(8) 针对工程全生命周期，提供涵盖工程基本数据建立、底价规划、询价、议比价、订约、估验、报支完工等各阶段各项作业的协助，以便有效管理工程。(9) 预算的实际支出数据自动抛财务系统，减少人工收集数据时间、提高数据准确性。(10) 提供资产验收功能，将工程实支数转固定资产，同时自动抛会计账，减少人工操作。(11) 可处理固定资产购置、营缮、受赠、出售、报废、盗失、灾害、换入换出、异动、闲置、重估及折旧作业，提供固定资产增减明细表、摊提折旧明细表。(12) 在固定资产处理过程中，由系统自动产生会计账务的传票分录至会计系统，与会计系统配合相互查证。

15.2 PMIS编码设计

设备管理系统标准体系，包括设备点检、维修成本、物料、资产管理等基本模块的有效运行，需要一个庞大的数据库作支持。该体系主要分为两大类：第一类是设备管理系统各类编码；第二类是设备管理系统所必须的基础资料。两大部分有机地构成了设备管理系统标准体系数据库。

编码体系数据库是设备管理信息化系统各专业管理模块之间进行链接和身份识别的代号，是管理者实施系统管理与操作的进门“钥匙”，是一种获取系统内部资源与信息的起点，是沟通系统的语言。因此，设备编码的质量，直接影响系统管理与运行的质量，在设计与编制时务必认真。

15.2.1 设备位置编码

在系统设计中，设备位置编码是诸多种编码中的最主要任务之一，是最能体现具体设备唯一身份的代码，表征设备在生产现场中所处的地理位置，是每一台具体设备的唯一身份代码。编码设计的好坏，直接影响设备管理系统信息化运行与信息管理的质量。因此，在进行系统编码策划和设计时必须进行全面考虑。编码基本应遵循“四项原则”：

（1）符合层级原则。从总体上讲，设备编码要按照“设备→分部设备→零部件”的层级式关系进行编制。

（2）符合唯一性原则。为准确识别设备、分部设备和零部件的身份，在编码中要确保各代码所表示的特定含义唯一性，绝对不可出现重码。一台设备（或分部设备，或零部件）只能有一个代码。

（3）符合扩展性原则。考虑到企业未来的发展，如设备更新、改造和扩建等，编码位置要留有较大的扩展空间，以满足不断发展变化的需要。

（4）符合预算、成本核算对应性原则。编码时，要结合预算中心和成本中心的设置，以保证系统在财务抛账、费用归集和财务处理中不至于出现矛盾和差错，避免给费用的统计、分析与管理带来不便。

例如，某企业的设备位置编码设置为六个层级：第一层级为工厂地域码；第二层级为生产线码；第三层级为区域码；第四层级为设备码；第五层级为分部设备码；第六层级为零部件码，如图 15-1 所示。

在编码的设置上，要充分考虑到码位、码长与码所代表的内涵是否能够满足设备点检、维修、零部件更换与储备、资产管理、预算中心、成本中心等综合管理的需要。

从点检和维修的角度考虑，设备码和分部设备码都可以是点检或维修的主体，但分部设备则是这一主体的最小单位。零部件码一般不能作为点检和维修的主体，而只是当它达到磨损极限、寿命极限或损坏时，进行更换时使用，因此零部件应该理解为更换的主体。

15.2.2 设备类别编码

设备类别编码是对设备公共管理元素进行标准化、规范化和管理简洁化的一个过程。设备类别主要有两种形式：一是广域类别分类；二是局域类别分类。广域类别分类，是指在厂际之间通用的，适应于不同生产厂之间标准化、规范化的需要，具有相当的广泛性。局域类别分类，是指在一个厂区内具有同类管理特性和技术属性的设备类别划分，只适用于在一个生产厂内部的标准化和规范化。这样进行分类是为了达到以下目的：用于查询同类别设备中重要设备清单；用于查询技术标准单纯的重要更换件的库存量；用于对基本技术标准相近，但有差异且可作为互换品的重要设备及更换件进行模糊查询。应对基本技术属性相同的、必须进行点检管理的重要设备及部件，建立企业范围内统一的类别规范和规范下的定额标准。

主码(8位)														
设备								分部设备			零部件			
工厂地域		生产线		区域		设备		专业	分部设备		零部件		零部件细分	
1	2	3	4	5	6	7	8	9	10	11	12	13	14	15
第一层		第二层		第三层		第四层		第五层			第六层		第七层	

序号	工厂区域	工厂地域 第一位码	第二位码(数字符)					
		英文符	1	2	3	4	5	6
1	原料区	A	工业港	焦化公司	烧结厂	金资公司		
2	炼铁区	B	炼铁厂					
3	炼钢区	C	一炼钢厂	二炼钢厂	三炼钢厂			
4	型线区	D	大型厂	棒材厂				
5	热板区	E	轧板厂	热轧厂	二热轧	三热轧		
6	冷板区	F	冷轧场	硅钢厂	二冷轧	二硅钢	三冷轧	三硅钢
7	计控区	J	计控场					
8	能源区	M	热力厂	燃气厂	供电厂	供水厂	氧气厂	
9	质检区	Q	质检中心					
10	矿山区	T	大冶铁矿	灵乡铁矿	金山店铁矿	程潮铁矿	乌龙泉铁矿	
11	公司机关	G	股份机关					

(a)

主码(8位)								附加码(7位)						
设备								分部设备			零部件			
工厂地域		生产线		区域		设备		专业	分部设备		零部件		零部件细分	
1	2	3	4	5	6	7	8	9	10	11	12	13	14	15
第一层		第二层		第三层		第四层		第五层			第六层		第七层	

序号	专业名称	表示符号	序号	专业名称	表示符号
1	机械	M	9	交通运输	Y
2	电气	E	10	动力管网	D
3	液压润滑	L	11	仪器仪表	A
4	土建	G	12	计算机	C
5	炉窑	F	13	通信	W
6	起重	Q	14	水处理	J
7	压力容器	R	15	金属加工	X
8	安全环保	H	16	其他	

(b)

图 15-1　某企业的设备位置编码

设备类别编码的编制原则：

（1）重要性。在编制时要充分考虑到设备、分部设备或其零部件在生产中所处的重要地位，进行有重点、有选择的编制。便于管理部门查询其设备清单、技术标准及重要更换件。

（2）合理性。在对设备、分部设备或零部件进行分类的过程中，要充分考虑到分类是否准确和合理。分类准确与合理的最重要标志，就是看是否能够在具体的类别指导下建立起统一的规范和标准。

（3）简洁性。类别代码本身只是对若干种类设备、分部设备和零部件的分类、检索和查询，因此应尽可能做到简洁明了。

（4）唯一性。类别代码是对设备、分部设备或零部件所分类别的识别，因此同设备编码一样，也不能出现重复编码，必须严格保持代码在特定意义条件下的唯一性，以便于准确识别。设备类别分类的准确和科学直接关系到系统基础资料数据库建立的优化程度。

从理论上讲，企业的所有设备都具有所属的类别分类，类别可以覆盖到所有的设备。但在实际上，做到这样的分类是十分困难的。因此，从实际操作中，衡量设备分类合理的标准就是所分出的设备类别，能够包括的设备数量比例越大越好。如果太小，分类就失去了它本身的意义。某企业的设备类别编码如图 15-2 所示。

设备类别代码					
类别				流水号	
设备类别分类属性	设备类别分类				
1	2	3	4	5	6
(A、B…)	(A、B…)	(A、B…)	(A、B…)	(0-9)	(0-9)
第一层	第二层			第三层	

序号	设备类别分类属性	代码	序号	设备类别分类属性	代码
1	通用机械	T	11	工业炉窑	L
2	炼焦机械	B	12	工业烟囱	Y
3	烧结机械	C	13	运输机械	M
4	炼铁机械	D	14	港口机械	N
5	炼钢机械	E	15	化产机械	P
6	轧钢机械	F	16	电气设备	R
7	起重机械	G	17	仪器设备	S
8	环保设备	H	18	计算机	A
9	液压润滑	J	19	通信	U
10	工业建筑	K	20	其他	Q

图 15-2　某企业的设备类别编码

15.2.3　设备备件、材料编码

物料编码是从采购和仓储的角度考虑的，是设备零部件和材料纳入仓储管理的特定代名词。从理论上讲，设备零部件编码是附属于设备和分部设备之后的，与它们的关系可以说保持着“父—子—孙”的对应关系，层级和隶属关系非常明确。零部件编码是在设备码之下的延续，也是表征其地理位置的代码，一个零部件有一个编码，即便是相同的规格型号的零部件，它们的编码也会因在现场所处的地理位置和空间位置不同而截然不同，显然具有明显的唯一性特征。然而，物料编码则与零部件编码的方式完全不同，它们是以品种规格划分的，只要零部件的规格型号相同，则物料的编码一定相同，只不过与零部件编码保持着一定的对应关系，以某企业为例，设备备件（材料）编码如图 15-3 所示。

备件编码

1	2	3	4	5	6	7	8	9	10	11	12
A、B…	0-9	0-9	0-9	0-9	0-9	0-9	0-9	0-9	0-9	0-9	0-9 AB…
第一层	第二层		第三层		第四层		自主编号				

材料编码

1	2	3	4	5	6	7	8	9	10	11	12
1-9	0	0	0-9	0-9	0-9	0-9	0-9	0-9	0-9	0-9	0-9
第一层		第二层		第三层		第四层		自主编号			

属性名	金属	电工	化工	油品	建材	包装	耐火材料
编码	100	200	300	400	500	600	700

序号	分类名称	代码	序号	分类名称	代码
1	计算机	IN	10	气动润滑件	QR
2	电气	IQ	11	起重机械	QZ
3	电源	DY	12	烧结机械	SJ
4	大型工具	GJ	13	通信	TX
5	环保机械	HB	14	通用	TY
6	加热及热处理机械	JR	15	仪表	YB
7	精整机械	JZ	16	液压件	YY
8	炼钢机械	LG	17	轧钢机械	ZG
9	炼铁机械	LT			

与存货会计科目一致

图 15-3　某企业设备备件（材料）编码

15.3　PMIS 系统的功能模块设计

根据我国企业的设备管理工作状况，在 ERP 供应链思想指导下，突出设备管理以物流、资金流、信息流、技术流为中心的特点。某设备管理信息系统主要设计以下八个功能模块，每个模块又包含若干个功能子模块，如图 15-4 所示。

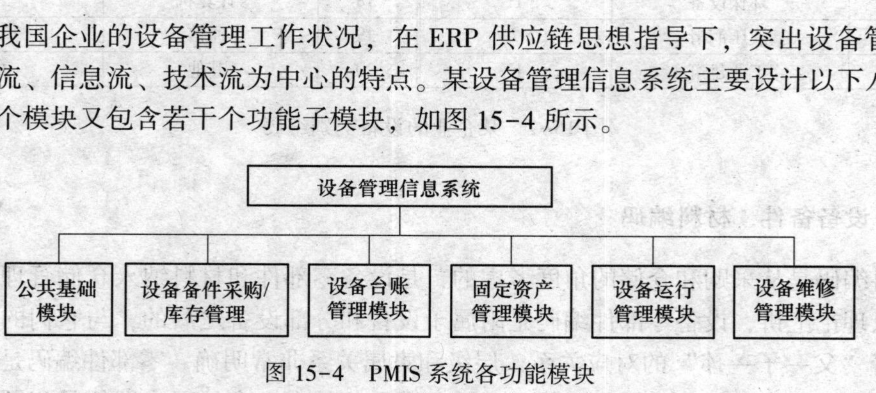

图 15-4　PMIS 系统各功能模块

15.3.1　公共基础模块

公共基础模块包括常用资料库、权限授予和审批流程三部分。

常用资料库将企业各种基本信息，如员工的基本信息，操作人员使用权限，合同的录入、切割、外包等信息进行统一分类、管理。

系统管理员在人员名单中添加使用系统的人员的基本信息后，根据公司要求在授权模块中对该人员在系统中的操作权限进行设置，权限设置完成后，各人员进入系统只可查看和操作被授权的部分。

系统使用权限的设置，让不同部门、不同级别的公司员工分工更加明确，确保公司工作和审核流程的严密性。严格的审核流程保证了企业管理的规范性、数据的完整性和决策的准确性。在审核流程中，每当上下级之间有新工作交流时，在人员登录系统时会在新工作提醒中显示。

15.3.2 设备备件采购/库存管理模块

15.3.2.1 流程分析

采购流程一般为各计划管理部门编制初步的备件计划，经库房认可（是否低于规定库存），再经财务确认（成本、资金是否允许），形成备件采购计划，由采购部门签订采购合同，到货后验收入库，合同、入库单、发票三单核对无误后，财务部门付款。设备备件采购/库存管理模块主要业务流程如图15-5所示。

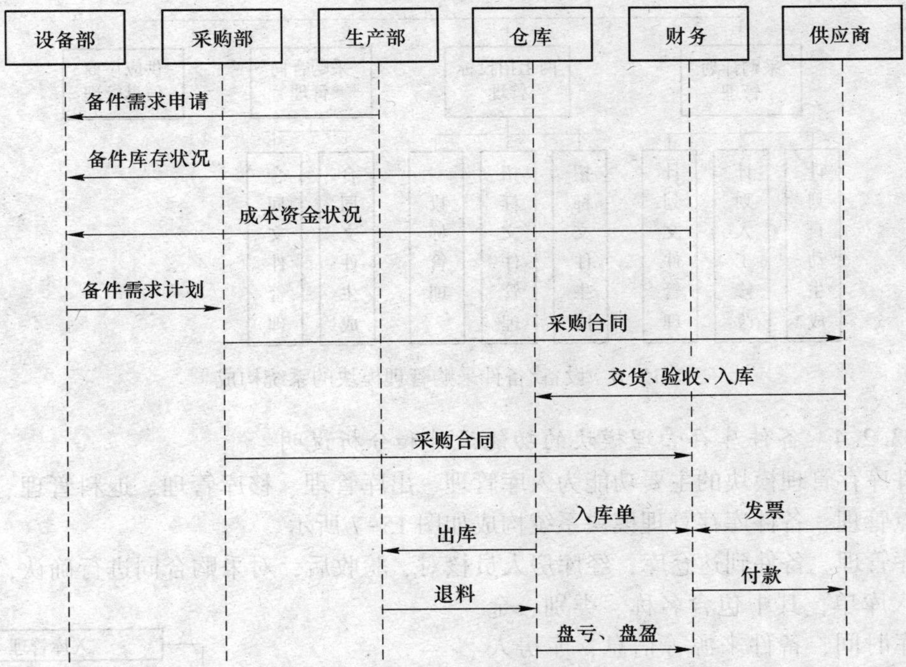

图15-5 设备备件采购/库存管理模块主要业务流程

备件库存管理的一般流程为供货商将备件送至库房，库房管理人员负责与采购合同核对，并对备件质量进行检测，合格后办理入库手续，并根据备件的分类进行仓库号、货位分配；同时，将信息反馈给财务部门和采购部门。当车间领取备件时，车间提出申请，经财务部门成本确认，库房管理人员办理出库手续，并将信息反馈给财务部门。库存管理除了要对备件的来源、去向管理清晰之外，最重要的是要确定合理的库存量，在保证生产的前提下，确保库存占用资金最少，并能提供迅疾、准确的库存信息。

15.3.2.2 功能设计及分析说明

系统可以自动生成部分备件采购计划，再由人工进行删、添确认。系统自动生成的备件采购计划有两个来源：(1) 来源于库存管理模块提供的确保安全库存的采购信息。(2) 来源于维修功能模块提供的紧急采购信息。

采购计划反馈至财务管理系统得到成本、资金的确认后，进行人工的删、添确认，形成最终的采购计划。采购部门调用知识共享管理模块，确认是否有技术含量更高的新设备或性能价格比更好的替代品。同时，调用供应商信息管理模块，进行供应厂商的选取。备选供应商确定后，招、投标管理模块可以自动生成招标书，并对招投标进行全程管理。投标结束经确认后，系统生成采购合同。采购合同经双方认可后，系统自动将合同反馈至财务和库房管理部门。供应厂商供货时，库房管理部门核对验收无误后，对采购合同进行到货确认。同样，系统也会自动将此信息反馈至采购和财务部门。供应厂商只要开具发票，财务部门即可按时付款。

15.3.2.3 设备/备件采购管理模块的系统构成（图 15-6）

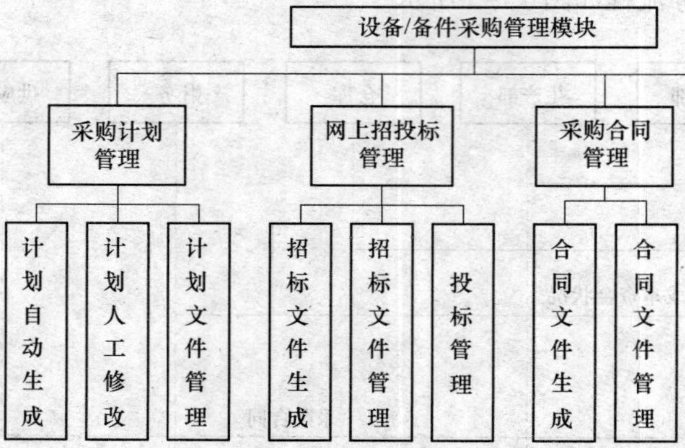

图 15-6 设备/备件采购管理模块的系统构成

15.3.2.4 备件库存管理模块的功能设计和分析说明

备件库存管理模块的主要功能为入库管理、出库管理、移库管理、退料管理、库存管理、盘点管理。备件库存管理模块系统构成如图 15-7 所示。

入库管理。备件到达仓库，经库房人员核对、验收后，对采购合同进行确认，系统自动生成入库单，其中包含名称、类别、金额、入库时间、备件来源等信息，库房人员只需要对其分配仓库号、货位号，入库手续即可完成。同时，系统自动将该信息反馈给财务部门和计划/采购部门。

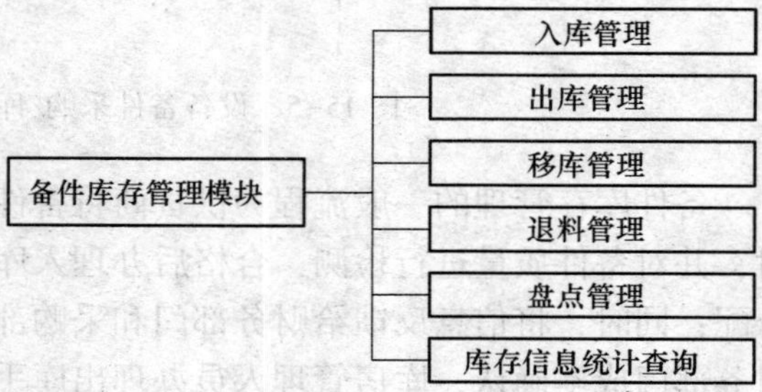

图 15-7 备件库存模块的系统构成

出库管理。各车间通过库存信息查询模块找到需要的备件，在系统上填写领料单，经成本确认后，系统将领料单发至库房，库房确认，发料系统自动生成出库单，包括名称、类别、金额、出库时间、领出单位等信息，同时系统将此信息反馈给财务部门。

移库管理。移库是仓库之间、同一仓库不同库位之间或分公司之间的备件调拨。

退料管理。指将领用后多余的备件退还给仓库。

库存管理。系统定期对库存备件进行扫描判定，当发现某类备件低于库存量时，将此信息反馈到采购模块，自动生成订货信息，其数量为规定库存量与安全库存量之差。

库存盘点。是对库存物料进行数量清点、状态检查及记录的过程。目的是弄清事物与账面记录是否相符。如不相符，要调整账面数，以达到“账物相符”的要求。当每种库存备件盘点周期确定后，系统可自动输出到期应盘点的备件。

综合信息统计查询。到货/入库/出库/移库/库存查询、分账目查询、收发存报表打印等。

15.3.3 设备台账管理模块

台账管理的主要功能为设备基础数据管理、设备图纸资料管理、设备升级改造信息管理、特种设备及仪表管理。设备台账模块的系统构成如图15-8所示。对设备的基础数据进行集成管理，包括设备编号、名称、规格、生产日期、生产厂家、原值、安装单位、使用单位等原始信息。对设备图纸资料的管理，包括设备零件图、设备装配图、设备安装图、设计变更等。设备升级改造信息管理包括历次备件更换记录、设备局部技术改造记录、升级换代信息和改造验收记录等。对特种设备（锅炉、压力容器、起重机械）及仪表的检测、检定记录的管理。

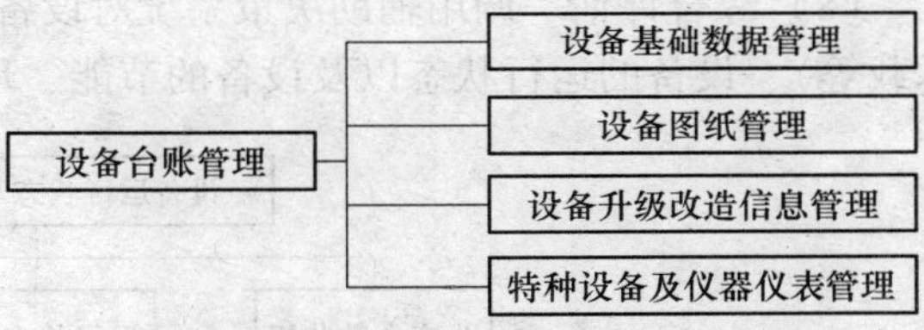

图15-8 设备台账管理模块的构成

15.3.4 固定资产管理模块

固定资产管理模块参见财务管理章节。

15.3.5 设备运行管理模块

设备运行管理模块主要包括运行记录、点检管理、设备的润滑及保养管理、状态监测、设备事故管理、设备故障诊断管理、状态统计、综合评估等。设备运行状态监测管理模块的系统构成如图15-9所示。设备日常维护管理模块的系统构成如图15-10所示。

（1）运行记录。对全厂的主要生产设备运行情况进行记录，包括停机台时记录、运行台时记录、完好检查记录、制度台时规定等。

（2）点检管理。系统根据设备的点检周期，自动提示需要点检的设备。点检数据采用便携式设备输入或手工录入方式，录入完毕一经确认，系统自动生成点检报告，确保点检数据的实效性和准确性。利用计算机对点检记录及标准进行管理，将设备的点检信息与点检标准进行比较，利用人工智能或建立一定的设备状态模型对设备进行故障诊断，增强对设备的动态监控，保证设备的持续、稳定运行。调用辅助决策系统，可对设备进行整体性能评估和趋势分析。对于纳入状态维修管理的设备，可由辅助决策系统判定是否需要状态修理的级别。

(3) 设备的润滑及保养管理。系统根据润滑周期自动提示需要润滑的设备以及需要添加油品的类别、名称、标号，注油点的位置及注油数量等，并对设备的润滑档案进行管理。设备管理人员可以根据设备状况或趋势对润滑周期及注油种类进行动态调整。同样，系统也可自动提示需要清洁保养的设备，并对全程进行跟踪记录。

(4) 状态监测。通过 DCS（Distributed Control System）系统或人工输入设备的运行状态，动态获取设备的运行参数，为设备管理的各功能系统提供基础数据。

(5) 设备事故管理。对设备的各种事故进行管理，记录事故产生的设备、时间、地点、原因、解决方法等相关信息，并可产生事故报表。

(6) 设备故障诊断管理。设备故障诊断主要是对出现的设备故障进行分析诊断，找出设备出现故障的原因，得出设备故障诊断分析结果。

(7) 状态统计。利用状态检测系统对设备的运行状况进行动态跟踪，并记录有关信息，为可能的设备事故提供分析、检查数据，记录设备的运行状态，并可以对设备的运行状况进行统计，生成设备运行报表、设备完好状况等报表。

(8) 综合评估。调用辅助决策系统对设备的整体性能包括生产能力是否达标（功率、承载等）、设备的运行状态以及设备的节能、环保等进行综合评估，并形成趋势分析报告。

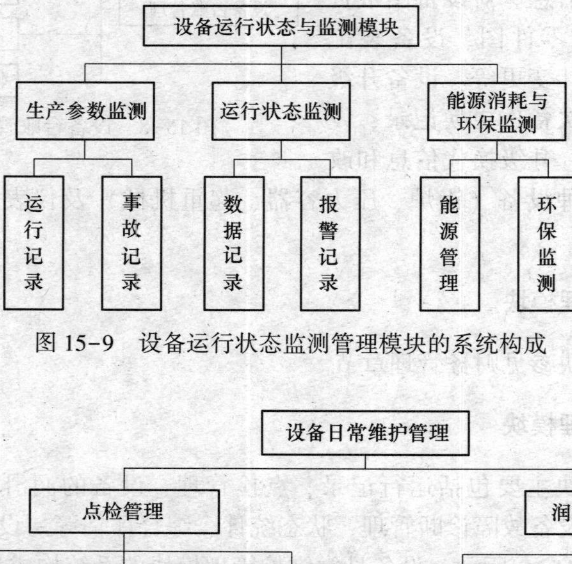

图 15-9 设备运行状态监测管理模块的系统构成

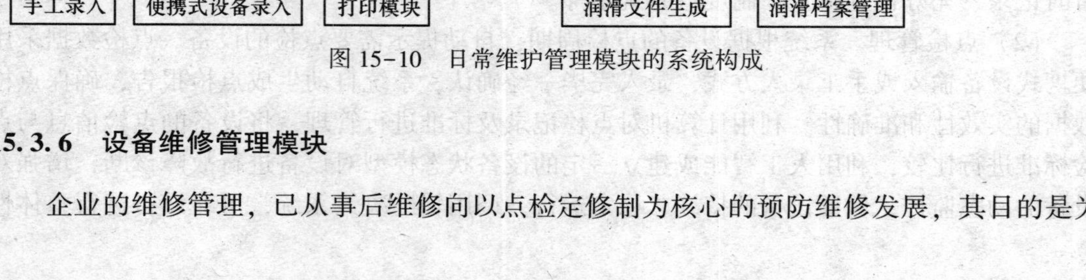

图 15-10 日常维护管理模块的系统构成

15.3.6 设备维修管理模块

企业的维修管理，已从事后维修向以点检定修制为核心的预防维修发展，其目的是为了使生产得以合理安排，并避免和减少设备故障停机，有效提高设备管理水平。但是在预防维修方式下，设备状态的要素提取不全面，过多强调设备的周期检修，容易造成过度维修，造成维修资金和生产的浪费。如果将以时间为基准的预防性维修改为以状态为基准的响应性维修，就会延长检修间隔，避免过度维修。然而，状态维修是建立在准确的状态诊断基础上的，尤其是实时在线监测，这样，就需要企业初时有大量的投入，而企业往往无力承担。针对这一情况，提出优化检修的概念，即状态检修、计划检修和故障检修相结合的检修方法。企业可根据自身情况，结合政府规定行业标准以及制造厂建议等对不同设备采取不同的检修方式。一般来说，限制重要生产线产量的关键设备以及投资大、易出问题的大型设备，应采用状态检修模式。

系统对于纳入计划检修和状态检修管理的两类设备可根据检修周期和状态报告自动生成检修计划。检修计划在检修资源完备的前提下，经资金和成本的确认，传送至生产管理部门，批准后系统自动生成维修工单，并可实时传送至检修部门。检修部门可利用系统编制网络进度计划，绘制网络图，并可调用辅助决策系统对其维修费用、工时进行优化，找出关键路线，指明关键任务。对于多个相关维修项目，还可实现材料、备件、人员等维修资源的统一调度和管理。检修任务完成后，对验收记录、维修记录等相关的文件系统均进行集成化统一管理。维修管理主要业务流程图如图 15-11 所示。

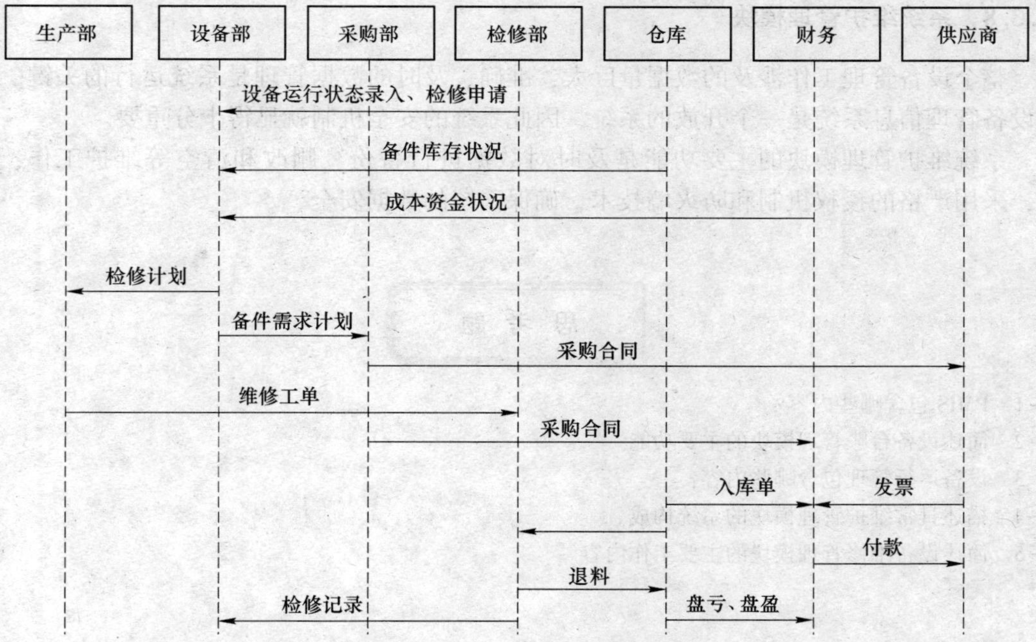

图 15-11　维修管理模块主要业务流程图

设备管理人员还可随时利用系统的查询、统计功能对计划执行情况、工期、费用等进行查询、分析，发现问题迅速响应。

设备维修管理模块的系统构成如图 15-12 所示。

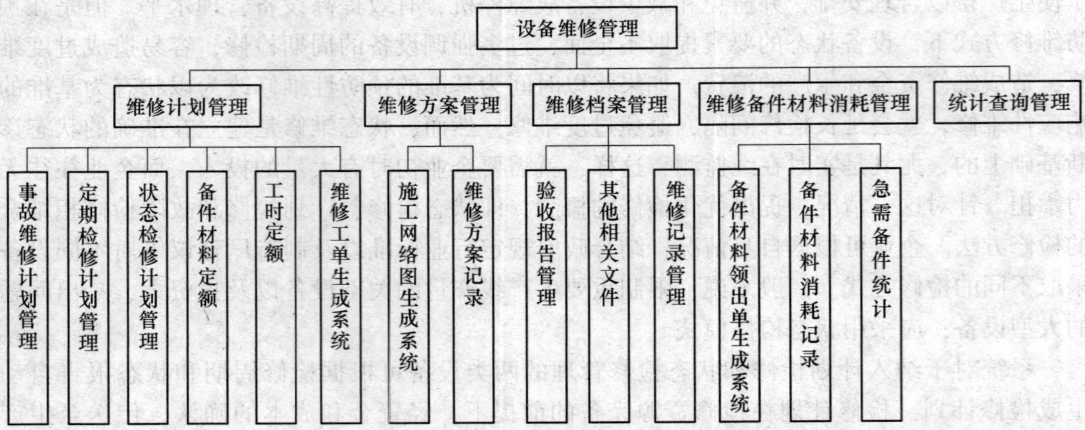

图 15-12 设备维修管理模块的系统构成

15.3.7 设备信息查询管理模块

设备管理工作中会产生大量的信息，对于设备管理人员来说，需要获得及时、准确、完整的所用信息；同时，设备管理工作还需要大量的数据报表，这都需要利用设备信息查询模块来实现数据的统计汇总，并打印输出所需要的数据报表。

15.3.8 系统维护管理模块

整个设备管理工作涉及的数据量巨大，准确、及时的数据管理是系统运行的关键。由于设备管理信息系统是一个开放的系统，因此系统的安全机制就显得十分重要。

系统维护管理模块的主要功能是及时对数据进行备份、删改和清空等维护工作；同时，采用严格的授权机制和防火墙技术，确保系统的数据安全。

思 考 题

15-1 PMIS 包含哪些内容？
15-2 简述设备台账管理模块的主要功能。
15-3 设备运行管理包含哪些内容？
15-4 描述日常维护管理模块的系统构成。
15-5 简述设备维修管理模块的主要工作内容。

16 电子商务

16.1 电子商务概述

16.1.1 电子商务的概念

电子商务是利用计算机技术和网络通信技术进行的商务活动。电子商务可以分为狭义的电子商务（Electronic Commerce，EC）和广义的电子商务（Electronic Business，EB）。

狭义上讲，电子商务是指通过使用互联网等电子工具（这些工具包括电报、电话、广播、电视、传真、计算机、计算机网络、移动通信等）在全球范围内进行的商务贸易活动。是以计算机网络为基础进行的各种商务活动，包括商品和服务的提供者、广告商、消费者、中介商等有关各方行为的总和。

广义上讲，电子商务就是通过电子手段进行的商业事务活动。通过使用互联网等电子工具，使公司内部、供应商、客户和合作伙伴之间，利用电子业务共享信息，实现企业间业务流程的电子化，配合企业内部的电子化生产管理系统，提高企业的生产、库存、流通和资金等各个环节的效率。本章的电子商务是指广义上的电子商务。

16.1.2 电子商务的组成

电子商务由网络平台、电子商务网站、客户服务中心、支付网关、认证中心和物流中心等六大部分构成。

(1) **网络平台**。网络平台是电子商务系统运行的技术基础，具有连接性、协同性、安全可靠性、多选择性和适应性。

(2) **电子商务网站**。电子商务网站是人机交互平台和信息流的界面平台，是电子商务系统的前台部分。

(3) **客户服务中心**。客户服务中心是提供交易过程中的服务平台，处理和满足客户需求，是电子商务系统的后台部分。

(4) **支付网关**。支付网关一般由网上银行承担，现在也有一些第三方的支付，比如支付宝、微信和京东支付等，提供支付服务。

(5) **认证中心**。认证中心提供交易双方的信用保障，使网上交易的双方能够相互确认身份。

(6) **物流中心**。物流中心提供物流平台，接受供应者的送货请求，组织无法从网上直接传送的有形物品送达顾客，并跟踪商品的流向和动态。

16.1.3 移动电商

移动电子商务就是利用手机、PDA 及掌上电脑等无线终端进行的 B2B、B2C 或 C2C 的电子商务。它将互联网、移动通信技术、短距离通信技术及其他信息处理技术完美结合，使人们可以在任何时间、任何地点进行各种商贸活动，实现随时随地、线上线下的购物与交易、在线电子支付以及各种交易活动、商务活动、金融活动和相关的综合服务活动等。

移动电子商务是在无线传输技术高度发达的情况下产生的，比如经常提到的 3G/4G 技术、WiFi 技术等，随时利用手机来最大限度地提高工作效率。

16.2 电子商务的框架

16.2.1 电子商务的基本框架

电子商务框架是描述电子商务的组成元素、影响要素、运作机理的总体性结构体系。电子商务是利用先进的信息网络技术开展的商务活动。其核心是降低个人、组织和社会的交易成本，提高商务活动的效率。

现代商务由信息流、资金流、物流、人员流和信用流等五流构成，其基本框架如图 16-1 所示。其中，人员流的产生是因为商务是人的活动，离不开市场主体。信用流则是在交易过程中，由于信息不对称，要求市场主体相互提供信用所产生的。

在现代商务的基本框架基础上，电子商务的基本框架如图 16-2 所示，可以用“5F+2S+1P”来描述。“5F”是指信息流、资金流、物流、人员流和信用流，“2S”是指安全和标准化建设，“1P”指的是政策法规。其中的商流是核心，是电子商务的最终目的，处于最高端。实施电子商务就是为了顺利实现“5F”的畅通，最终实现商流；通过网站建设进行信息发布、传输和交流，沟通各个相关的市场主体，实现信息流；通过电子支付手段，实现资金流；通过配送体系等方式，实现物流。在整个电子商务的实施过程中，市场主体的参与（人员流）和市场主体之间相互提供信用(信用流)，则是有效完成交易的根本保障。其中，信息流、资金流、物流和信用流等四流的基本功能如图 16-3 所示。

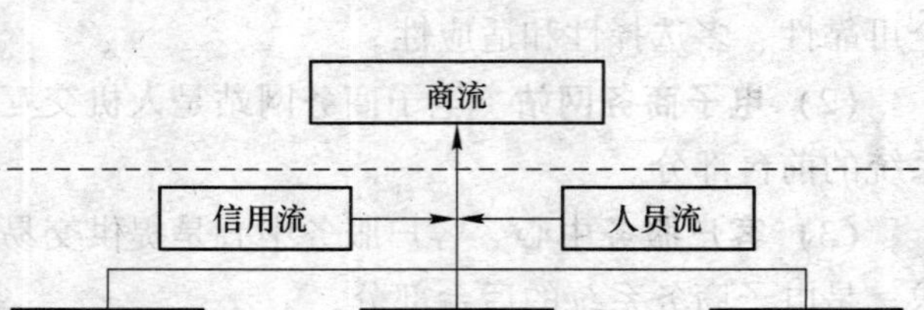

图 16-1 现代商务的基本框架

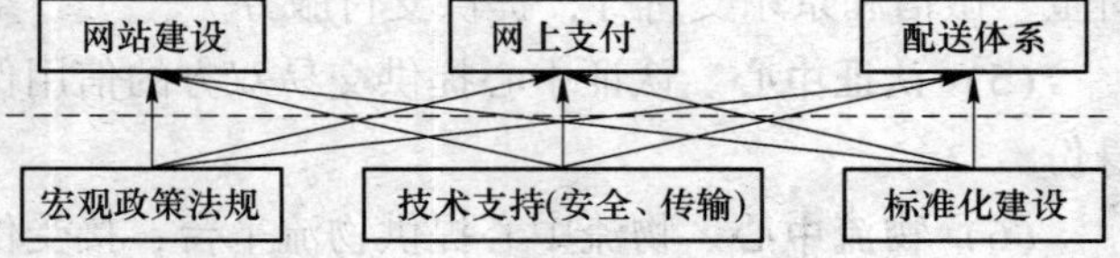

图 16-2 电子商务的基本框架

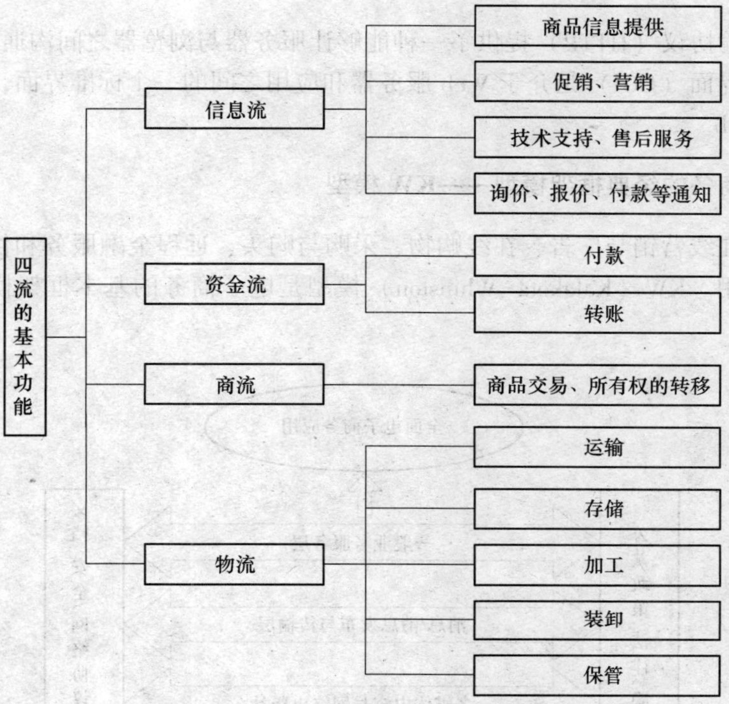

图 16-3　四流的基本功能

16.2.2　基于 Web 的电子商务框架

Web 是发展电子商务的软件基础，是一个全球性的信息架构。基于 Web 的电子商务框架如图 16-4 所示。

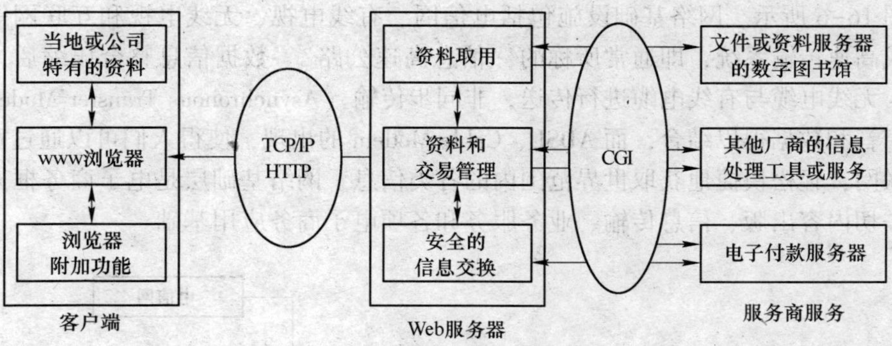

图 16-4　以 Web 为核心的电子商务框架

Web 客户端（Web client）为存取和显示内容提供一个图形使用界面，例如，微软的 IE，网易的领航员（Navigator）等。

Web 服务器（Web server）是存储文件或其他内容的硬件和软件的组合。例如，微软的因特网服务器（Internet information server），网络通信服务器（communication server）等。

超文本传输协议（HTTP）提供了一种能够让服务器与浏览器之间沟通的语言。

通用网关界面（CGI）是介于 Web 服务器和应用之间的一个标准界面，它可以用来整合数据库和 Web。

16.2.3 电子商务的经典框架模型——KW 模型

电子商务在线营销与广告、在线购物、采购与购买、远程金融服务和供应链管理等方面得到全面应用。KW（Kalakota-Whinston）模型是电子商务的基本框架模型之一，如图 16-5 所示。

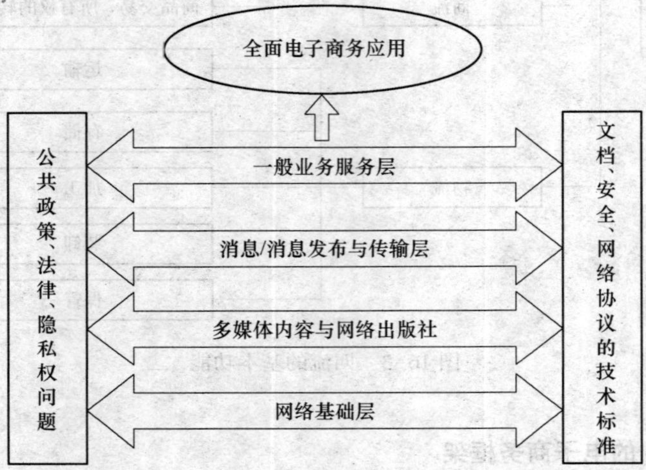

图 16-5 Kalakota-Whinston 电子商务框架

（1）**网络基础层**。KW 的框架模型中，网络基础层提供了商务信息传输的基本线路设施，如图 16-6 所示。网络基础设施包括电信网、有线电视、无线电视和互联网等，这些网络形成高速传输系统，即通常所称的“信息高速公路”。数据信息整合压缩后，能通过电话线、无线电缆与有线电缆进行传送，非同步传输（Asynchronous Transfer Mode，ATM）技术使声音和数据得以结合，而 ADSL、Cable Modem 的出现，使得人们可以通过宽带高速接入互联网，轻松快捷地获取世界范围内的各类信息。网络基础层是电子商务框架的最底层，是一切内容出版、信息传输、业务服务和各项电子商务应用基础。

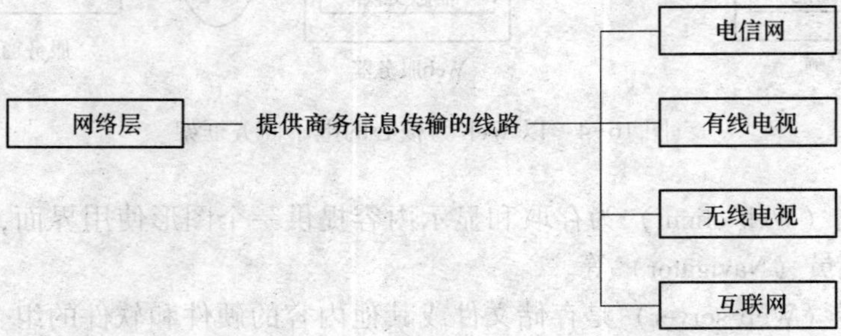

图 16-6 网络层

（2）**多媒体内容与网络出版层**。当有了网络基础设施，信息就具备了传输的通道，可是信息存在的形式多种多样，有文字有声音还有图像，而机器（以电子计算机为主）只能识别简单的代码语言，如何将这些信息表现出来呢？这就需要进行各项信息内容的“出版”（publication），最常用的设施包括超文本标记语言（HTML）、Java 语言和全球信息网（WWW）等。HTML 可以将文本、图形、图像、声音、动画风多媒体项目集中于一体予以发表，Java 语言是一种功能强大的网络编程语言，万维网则是信息内容的展示台，是制作产品并将其出版的一个配发中心。

（3）**消息/信息发布与传输层**。当具备了基本的传输网络和出版环境，信息就可以进行无障碍传输了。然而信息的发布、传输形式并不是单一的，不同的场合、不同的要求需要采用不同的方式，这就构成了消息/信息发布与传输层，如图 16-7 所示。实践应用中，消息/信息的发布/传输基础设施包括电子数据交换（EDI）、电子邮件与超文本传输协议（HTTP）等多种形式。开展电子商务根本上是为了完成商务目的，商务活动会提出原始性、真实性、及时性等要求，因此消息/信息要及时传递到达目的地，同时还必须保证确实是原始信息，没有被截留、修改或复制，消息/信息必须在各种通信设备、介质和网络间畅行无阻并精确流通。

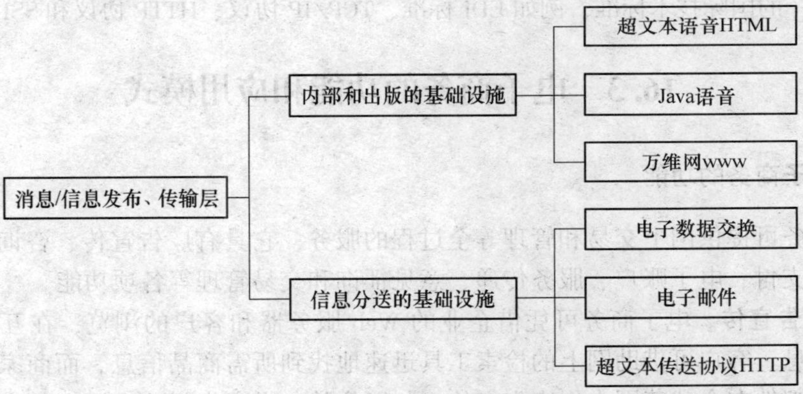

图 16-7　消息/信息发布、传输层

（4）**一般业务服务层**。为了保证交易顺利完成，所有的企业、个人在商务活动中都需要接受一些基本的服务，这就构成了一般服务层，如图 16-8 所示。一般业务服务基础设施主要包含安全、认证、电子支付、电话簿、商品目录、价目表等。互联网是一个开放的环境，开放扩大了选择集合，同时也增加了受干扰的概率。为了保证商务活动的持续进行，必须保证交易安全有效进行，即保证传输信息的保密性、真实性、完整性和不可抵赖性。为了使在线付款能够成功，并能确保相关信息的安全传递，付款服务的基础设施必须建立起完善的认证体系，运用具有加密及身份鉴别的技术方法，为安全电子商务提供服务。

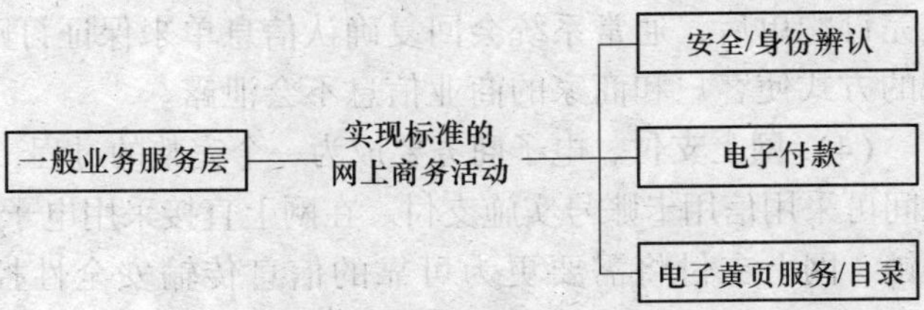

图 16-8　一般业务服务层

（5）**公共政策、法律以及隐私权**。公共政策、法律以及隐私权涉及一些问题，比如消费者权益保护、网络隐私权、知识产权、网络税收、电子合同等，如图 16-9 所示。

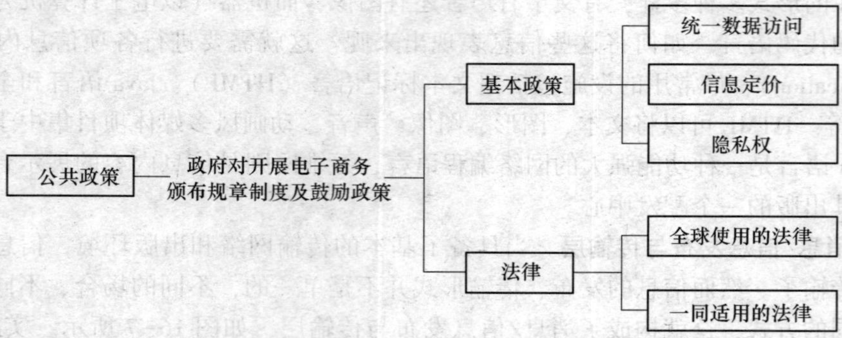

图 16-9 公共政策

(6) **文档、安全、网络协议的技术标准**。技术标准定义了用户接口、通信协议、信息发布标准、安全协议等技术细节。它是信息发布、传递的基础，是网络信息一致性的保证。就整个网络环境来说，技术标准对于保证各种硬件设备和应用软件的兼容性和通用性是十分重要的。目前，许多企业和厂商、国际组织都意识到技术标准的重要性，正致力于联合起来开发统一的国际技术标准，例如 EDI 标准、TCP/IP 协议、HTTP 协议和 SSL 协议等。

16.3 电子商务的功能和应用模式

16.3.1 电子商务的功能

电子商务可提供网上交易和管理等全过程的服务，它具有广告宣传、咨询洽谈、网上定购、网上支付、电子账户、服务传递、意见征询和交易管理等各项功能。

(1) **广告宣传**。电子商务可凭借企业的 Web 服务器和客户的浏览，在互联网上发布各类商业信息。客户可借助网上的检索工具迅速地找到所需商品信息，而商家可利用网上主页和电子邮件在全球范围内作广告宣传。与以往的各类广告相比，网上的广告成本最为低廉，而给顾客的信息量却最为丰富。

(2) **咨询洽谈**。电子商务可借助非实时的电子邮件、新闻组和实时的讨论组了解市场和商品信息、洽谈交易事务，如有进一步的需求，还可用网上的白板会议（whiteboard conference）来交流即时的图形信息。网上的咨询和洽谈能超越人们面对面洽谈的限制、提供多种方便的异地交谈形式。

(3) **网上订购**。电子商务可借助 Web 中的邮件交互传送实现网上的订购。网上的订购通常都是在产品介绍的页面上提供十分友好的订购提示信息和订购交互格式框。当客户填完订购单后，通常系统会回复确认信息单来保证订购信息的收悉。订购信息也可采用加密的方式使客户和商家的商业信息不会泄露。

(4) **网上支付**。电子商务要成为一个完整的过程，网上支付是重要的环节。客户和商家之间可采用信用卡账号实施支付。在网上直接采用电子支付手段将可省略交易中很多人员的开销。网上支付将需要更为可靠的信息传输安全性控制以防止欺骗、窃听、冒用等非法行为。

(5) **电子账户**。网上的支付必须要有电子金融来支持，即银行或信用卡公司及保险公司等金融单位要为金融服务提供网上操作的服务。而电子账户管理是其基本的组成部分。信用卡号或银行账号都是电子账户的一种标志。而其可信度需配以必要技术措施来保证，如数字凭证、数字签名、加密等，这些手段的应用提供了电子账户操作的安全性。

(6) **服务传递**。对于已付了款的客户应将其订购的货物尽快地传递到他们的手中。而有些货物在本地，有些货物在异地，电子邮件将能在网络中进行物流的调配。而最适合在网上直接传递的货物是信息产品。如软件、电子读物、信息服务等。它能直接从电子仓库中将货物发到用户端。

(7) **意见征询**。电子商务能十分方便地采用网页上的“选择”、“填空”等格式文件来收集用户对销售服务的反馈意见。这样使企业的市场运营能形成一个封闭的回路。客户的反馈意见不仅能提高售后服务的水平，更使企业获得改进产品、发现市场的商业机会。

(8) **交易管理**。整个交易的管理将涉及人、财、物多个方面，企业和企业、企业和客户及企业内部等各方面的协调和管理。因此，交易管理是涉及商务活动全过程的管理。电子商务的发展，将会提供一个良好的交易管理的网络环境及多种多样的应用服务系统，保障电子商务获得更广泛的应用。

16.3.2　电子商务的应用模式

电子商务应用模式，是指在电子商务总体框架下，开展电子商务实践过程中形成的，可以指导相同或近似条件下的电子商务活动的标准样式，如图 16-10 所示，主要分为 G2B (G to B)、G2C(G to C)、B2B(B to B)、B2C(B to C) 和 C2C(C to C)。

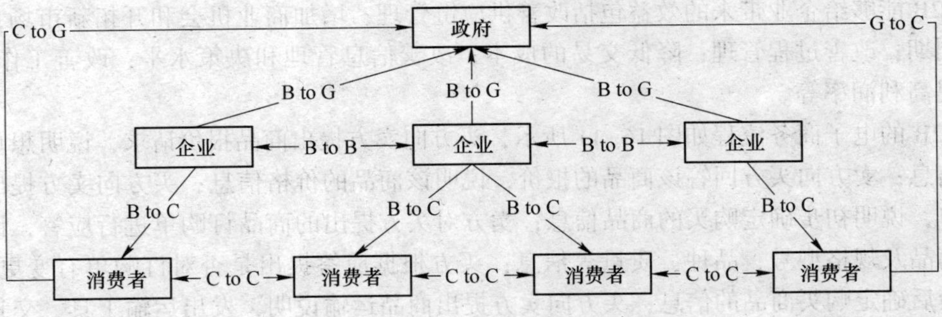

图 16-10　电子商务应用模式

(1) **G2B**。G2B 是指政府（Government）与企业（Business）之间的电子政务，即政府通过电子网络系统进行电子采购与招标，精简管理业务流程，快捷迅速地为企业提供各种信息服务。在 G2B 模式中，政府主要通过电子化网络系统为企业提供公共服务。G2B 模式旨在打破各政府部门的界限，实现业务相关部门在资源共享的基础上迅速快捷地为企业提供各种信息服务，精简管理业务流程，简化审批手续，提高办事效率，为企业的生存和发展提供良好的环境，促进企业发展。

(2) **G2C**。G2C 是指政府（Government）与公众（Citizen）之间的电子政务。是政府通过电子网络系统为公民提供各种服务。G2C 电子政务所包含的内容十分广泛，主要的应用包括公众信息服务、电子身份认证、电子税务、电子社会保障服务、电子民主管理、电子医疗服务、电子就业服务、电子教育、培训服务、电子交通管理等。

(3) **B2B**。商家（泛指企业）对商家的电子商务，即企业与企业之间通过互联网进行产品、服务及信息的交换。通俗的说法是指进行电子商务交易的供需双方都是商家（或企业、公司)。这些过程包括发布供求信息，订货及确认订货，支付过程，票据的签发、传送和接收，确定配送方案及监控物流配送过程等。

(4) **B2C**。B2C 模式是中国最早产生的电子商务模式，以 8848 网上商城正式运营为标志，如今的 B2C 电子商务网站非常多，比较大型的有京东商城、天猫等。

(5) **C2C**。C2C 同 B2B、B2C 一样，都是电子商务的几种模式之一。不同的是 C2C 是用户对用户的模式，C2C 商务平台就是通过为买卖双方提供一个在线交易平台，卖方可以主动提供商品网上拍卖，买方可以自行选择商品进行竞价。

16.4 电子商务的业务流程

电子商务流程是指从消费者在其客户端上网寻找产品或服务信息开始，到售后服务与支持为止所经过的全部过程。

16.4.1 B2B 电子商务业务流程

企业对企业的电子商务（B to B）的主要作用包括企业与供应商之间采购事物的协调；物料计划人员与仓储、运输公司间的业务协调；销售机构与其产品批发零售商之间的协调；为合作伙伴及大众客户提供的服务等。

B2B 能够给企业带来的效益包括改善供应链管理；增加商业机会和开拓新市场，缩短订货周期；改善过程管理；降低交易的成本；改善信息管理和决策水平；改善工作方式，最终提高利润率等。

B2B 的电子商务流程如图 16-11 所示，买方向卖方提出商品报价请求，说明想购买的商品信息；卖方向买方回答该商品的报价，说明该商品的价格信息；买方向卖方提出商品订购单，说明初步确定购买的商品信息；卖方对买方提出的商品订购单进行应答，说明有无此商品及规格型号、品种、质量等信息；买方根据应答提出是否对订购单有变更请求，说明最后确定购买商品的信息；买方向卖方提出商品运输说明，发出运输工具、交货地点

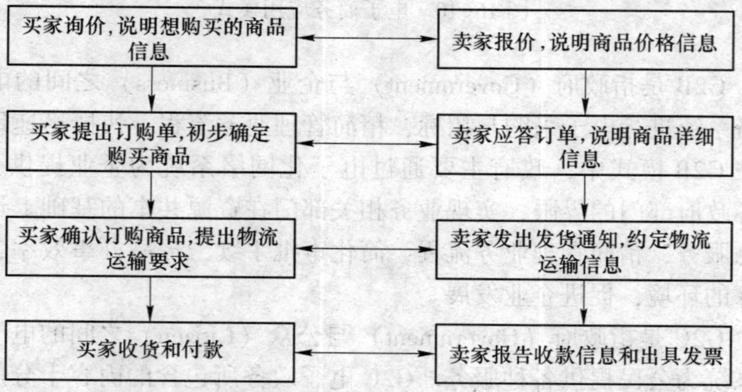

图 16-11 B2B 电子商务流程图

等信息；卖方向买方发出发货通知，约定运输公司、交货地点、运输设备、包装等信息；买方向卖方发回收货通知，报告收货信息；买卖双方收发汇款通知，买方发出汇款通知，卖方报告收款信息；买方收到商品，卖方收到货款并出具电子发票，完成整个交易过程。

16.4.2 B2C 电子商务业务流程

企业对个人的电子商务（B to C），是企业通过互联网向个人提供商品消费信息和其他服务的商业模式，它是随着 WWW 的出现而迅速发展的，一般以网上零售为主。商品包括软件类的无形商品、图书类的有形商品和网络预约类的在线服务等。

B2C 电子商务业务流程图包括前台流程图（图 16-12）和后台流程图（图 16-13）。不同网站的前后台流程不一定完全一致。

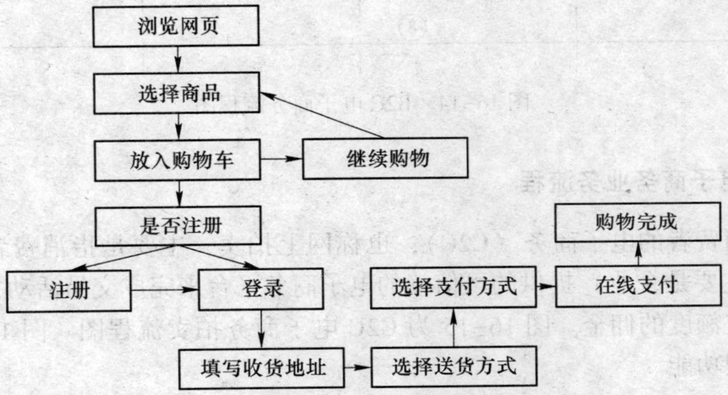

图 16-12 前台流程图

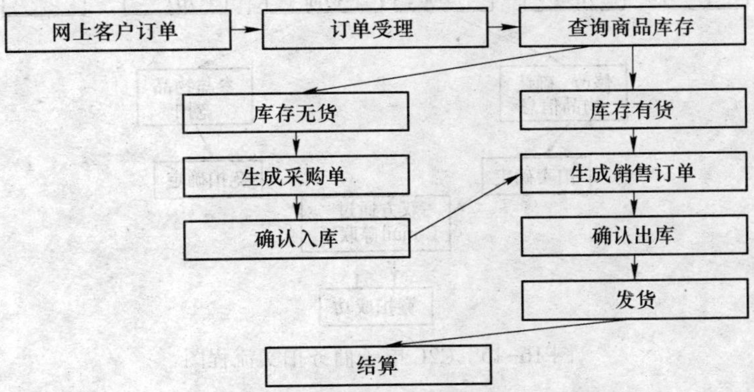

图 16-13 B2C 后台流程图

B2C 是电子商务的一种重要的商业模式，是最富于创造力的领域之一，也是竞争最为激烈的领域之一，目前正处于蓬勃的发展时期。B2C 的发展主力是传统的企业，发展的主要制约因素是安全问题、信用问题、配送问题以及消费习惯等。B2C 的利润来源于公司所提供的业务、广告费，或者提供咨询、购物平台、拍卖等服务的手续费、会员费等。

B2C 电子商务（诸如淘宝、天猫等）将消费者、企业、银行和配送站集合在了一起，如图 16-14 所示。其中，（1）是消费者在企业网站上浏览信息，确定自己要购买的物品，发出订单，网站自动显示付款窗口，并向银行付款；（2）是网站处理将订货信息传到企业监控室；（3）是付款窗口与企业链接，银行接到付款信息；（4）是银行向消费者确认；（5）是银行向企业确认；（6）是企业通知消费者发货通知；（7）是企业通知配送站发货；（8）是配送站发货到消费者；（9）其他，包括消费者确认收货、对商品的评价等。

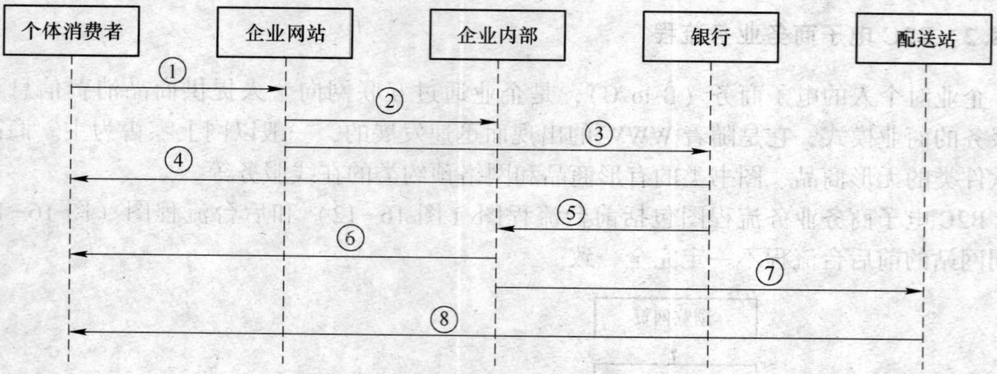

图 16-14 B2C 电子商务流程图

16.4.3 C2C 电子商务业务流程

消费者对消费者的电子商务（C2C），也称网上拍卖，主要是指消费者与消费者之间借助第三方（主要是企业）提供的可信赖的电子商务平台来完成交易活动，第三方在成交后往往收取一定额度的佣金。图 16-15 为 C2C 电子商务拍卖流程图。图 16-16 为 C2C 拍卖网站后台管理功能。

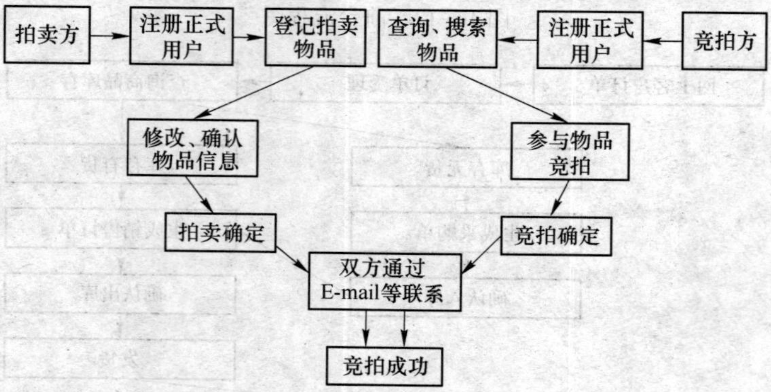

图 16-15 C2C 电子商务拍卖流程图

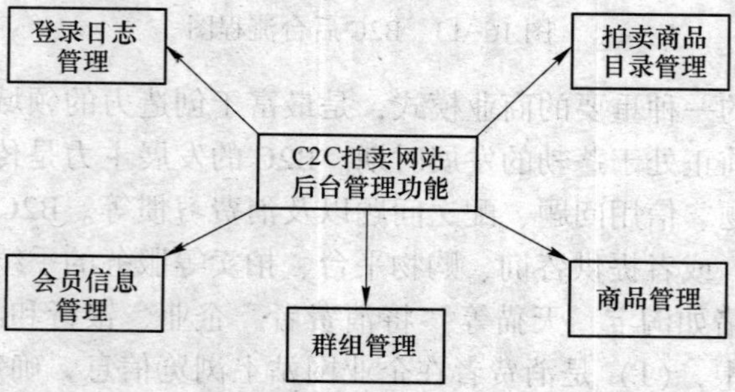

图 16-16 C2C 拍卖网站后台管理功能

16.5 电子商务系统的应用举例

以移动电子商务——京东到家为例。用户流程如下：

（1）用户注册或登录。

（2）选取所需商品。根据个人需求选取或者搜索商品，将所需商品加入购物车后进行结算。

（3）提交订单并付款。用户进行结算界面，确认商品信息无误后，提交订单，选择支付方式进行支付，便可以等待商品送货上门。

（4）查询商品物流。可以根据订单状态实时查看商品的物流信息。

（5）收货并评价。收到货物后，还可以对商家和物流进行评价。

与此同时，当用户提交订单后，商家流程如下：

（1）登录。商家需要登录后台管理 APP——京明管家；

（2）拣货。商家需要根据订单进行拣货。

（3）配送。商家等待配送人员来取货，将商品送至顾客指定地址。

（4）实时查询物流配送。商家可以根据订单号或流水号，实时监控商品的配送状态。

可以看出，与传统电子商务相比，移动电子商务具有随时随地、个性化的特点，普及率更高，更能使人们感受到网络带来的便利和乐趣。随着手机网民数量的进一步增加，手机将成为未来互联网应用最为广泛的终端之一。移动电子商务借助手机快速、灵活、方便的特点，有着广阔的市场前景。

16.6 商务智能

16.6.1 商务智能概述

商务智能（Business Intelligence，简称 BI），又称商业智能，是企业利用现代信息技术收集、管理和分析商务数据和信息，创造和累计商务知识和见解，改善商务决策水平的一套完整的解决方案。

商务智能将企业中现有的数据转化为知识，帮助企业做出明智的业务经营决策。为了将数据转化为知识，需要利用数据仓库、数据挖掘和联机分析处理（OLAP）等技术。因此，从技术层面上讲，商业智能是数据仓库、联机分析处理和数据挖掘等技术的综合运用。

商务智能的出现是一个渐进的复杂的演变过程，而且仍处在发展之中，它经历了事务处理系统（TPS）、高级管理人员信息系统（EIS）、管理信息系统（MIS）和决策支持系统（DSS）等阶段，最终演变成当今的商务智能，如图 16-17 所示。目前提供商业智能解决方案的著名 IT 厂商包括微软、IBM、Oracle、SAP、Informatica、Microstrategy、SAS 等。

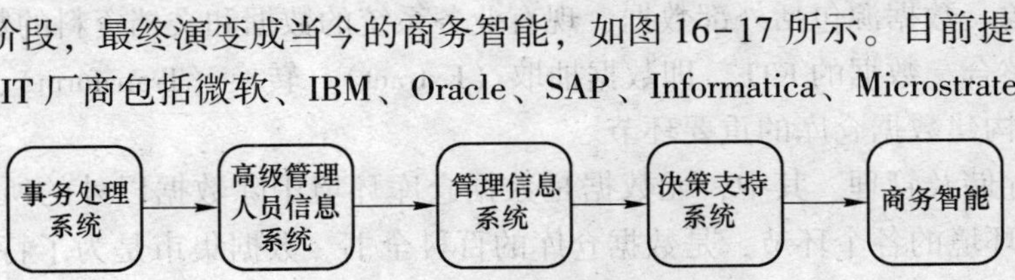

图 16-17 商务智能的演变过程

16.6.2 商务智能的架构与关键技术

商务智能一般由数据仓库、联机分析处理、数据挖掘、数据备份和恢复等部分组成。商务智能的实现涉及软件、硬件、咨询服务及应用，其基本体系结构包括数据仓库、联机分析处理和数据挖掘三个部分，如图 16-18 所示。

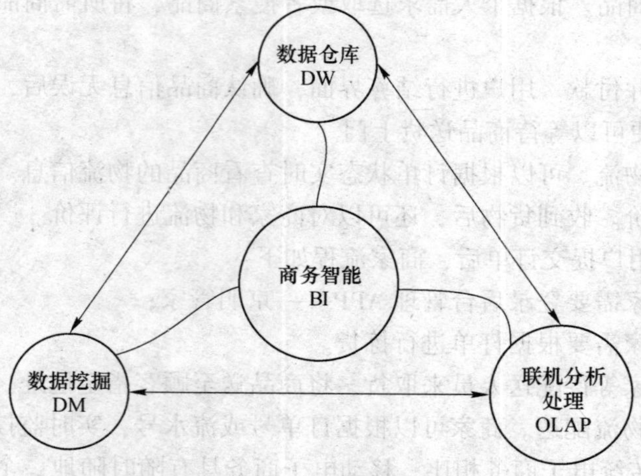

图 16-18 商务智能的架构

(1) **数据仓库**（Data Warehouse，DW/DWH）。数据仓库是面向主题的、集成的、随时间不断变化的数据集合，它用于支持企业或组织的决策分析处理。数据仓库是实现商务智能的基础平台。数据仓库的生成包括数据源、数据整合和数据存储及管理三大环节，如图 16-19 所示。

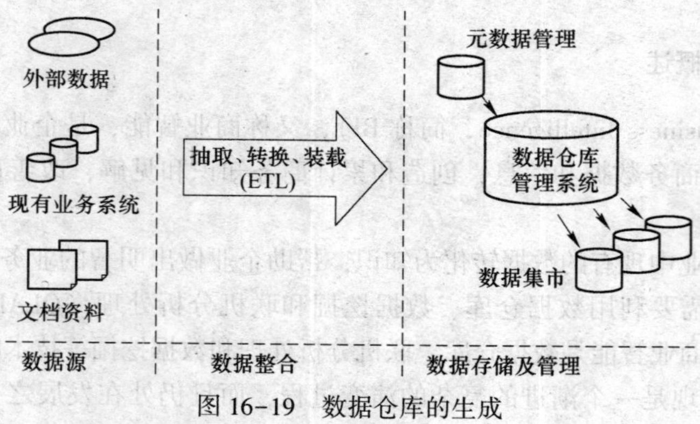

图 16-19 数据仓库的生成

1）数据源。数据源包括外部数据、现有业务系统的数据和文档资料的数据等。

2）数据整合。数据的 ETL，即数据抽取（Extract）、转换（Transform）、装载（Load）的过程，它是构建数据仓库的重要环节。

3）数据存储及管理。其中，元数据是数据仓库环境中除数据以外的所有信息，它贯穿于数据仓库环境的各个环节，是数据仓库的百科全书。数据集市是为了特定的应用目的或应用范围，而从数据仓库中独立出来的一部分数据，也可称为部门数据或主题数据

(subject area)。数据仓库管理包括安全和特权管理、跟踪数据的更新、数据质量检查、管理和更新元数据、审计和报告数据仓库的使用和状态、删除数据、复制分割和分发数据、备份、恢复和存储管理等。

数据仓库的设计步骤如下：

1）选择合适的主题（所要解决问题的领域）。

2）明确定义事实表。事实表是维度模型的基本表，由主键、外键、度量值和其他属性组成。

3）确定和确认维。维度表是在维度模型中包含维度信息的表，一般由一个主键和很多属性列组成。

4）选择事实表。

5）计算并存储事实表中的衍生数据段。

6）转换维度表。

7）数据库数据采集。

8）根据需求刷新维度表。

9）确定查询优先级和查询模式。

(2) **数据挖掘**（Data Mining）。数据挖掘又称为数据库中的知识发现（Knowledge Discovery in Database，KDD），是一种透过数理模式来分析企业内储存的大量资料，以找出不同的客户或市场划分，分析消费者喜好和行为的方法。数据挖掘通过从大量数据中提取或“挖掘”知识，帮助用户理解有关数据的真正含义，并了解数据之间所存在的关系。数据挖掘结构如图16-20所示。

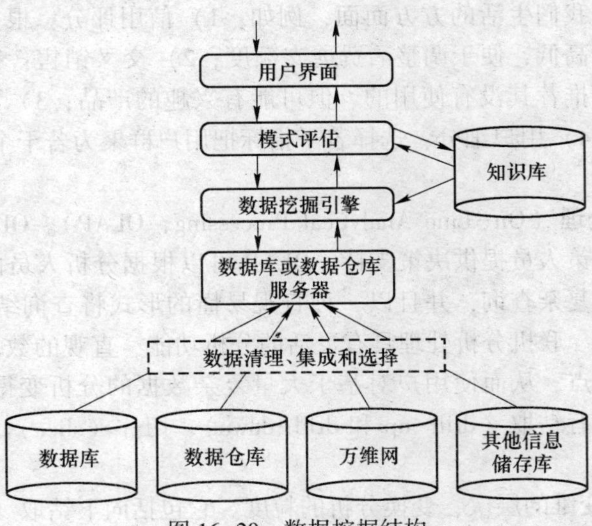

图16-20 数据挖掘结构

若将数据仓库比喻作矿坑，数据挖掘就是深入矿坑采矿的工作。数据仓库应先行建立完成，数据挖掘才能有效率的进行，因为数据仓库本身所含数据是干净（不会有错误的数据掺杂其中）、完备，且经过整合的。

数据挖掘方法很多，如关联方法（association rules）、分类（classification）、聚类（clustering）等，如图16-21所示。

1）关联方法。关联方法决定哪些事情将同时发生。

2）分类。从数据中选出已经分好类的训练集，在该训练集上运用数据挖掘分类技术，建立分类模型，用于没有分类的数据进行分类。

3）聚类。聚类是对记录分组，把相似的记录在一个聚集里。

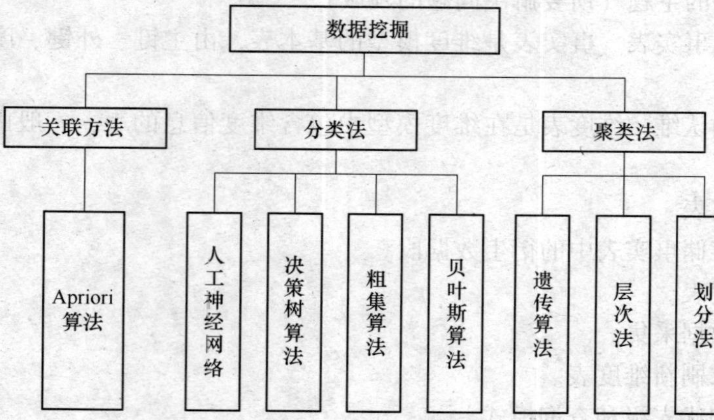

图 16-21　数据挖掘方法及相应的算法

数据挖掘的步骤包括：1）理解业务与理解数据；2）获取相关技术与知识；3）整合与查询数据；4）去除错误、不一致及不完整的数据；5）由数据选取样本先行试验；6）建立数据模型；7）实际 Data Mining 的分析工作；8）测试与检验；9）找出假设并提出解释；10）持续应用于企业流程中。

数据挖掘应用于我们生活的方方面面，例如：1）信用评分：根据用户过去的消费行为特征评估信用得分高低，便于调整话费透支额度；2）交叉销售：针对用户已经使用的产品和业务，向用户推荐其没有使用的、但可能有兴趣的产品；3）预测问题：如用户数预测、收入预测等；4）用户细分：选择若干指标把用户群聚为若干个组，组内特征相似、组间特征差异明显。

（3）联机分析处理（On-Line Analytical Processing，OLAP）。OLAP 专门用于支持复杂的分析操作，为决策人员提供决策支持，OLAP 可以根据分析人员的要求快速灵活地进行大数据量的多维度复杂查询，并且以一种直观易懂的形式将查询结果提供给决策人员，以便制定正确的方案。联机分析处理具有灵活的分析功能、直观的数据操作和可视化的分析结果表示等突出优点，从而使用户对基于大量复杂数据的分析变得轻松、高效。OLAP 的基本多维分析操作有钻取（drill-up 和 drill-down）、切片（slice）和切块（dice）以及旋转（pivot）等。

1）钻取。是改变维的层次，变换分析的粒度。它包括向下钻取（drill-down）和向上钻取（drill-up）/上卷（roll-up）。drill-up 是在某一维上将低层次的细节数据概括到高层次的汇总数据，或者减少维数；而 drill-down 则相反，它从汇总数据深入到细节数据进行观察或增加新维。

2）切片和切块。是在一部分维上选定值后，关心度量数据在剩余维上的分布，如果剩余的维只有两个，则是切片；如果有三个或以上，则是切块。

3）旋转。是变换维的方向，即在表格中重新安排维的放置（例如行列互换）。

联机分析处理系统的主要工具是多维数据模型，它最好和最形象的表现形式是数据立方体。数据立方体可以给数据建模，然后以多维的方式可视化。

联机分析处理常被用于不同地区销售情况的比较，不同时间段的销售情况的比较（如各种商品本周、本月、本年的销售情况的比较），不同销售方式的销售情况的比较等，如图 16-22 所示。

时间	地区	销售渠道	销售额
J1	北京	批发	1200
J1	北京	零售	2300
J1	上海	批发	1233
J1	上海	零售	2122
…	…	…	
J2	北京	批发	3312
J2	上海	批发	3423
…	…	…	

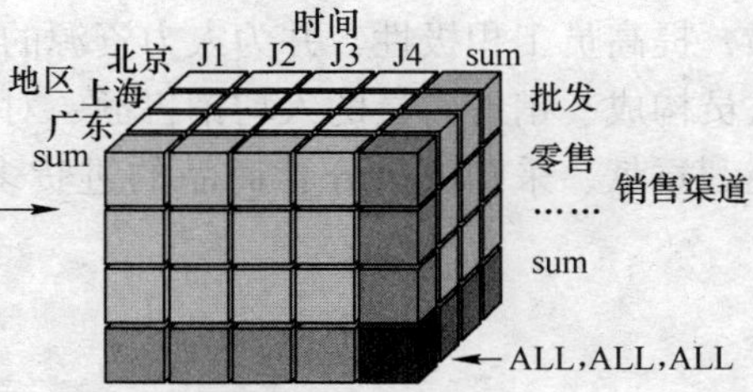

图 16-22　关系表与多位 Cube

16.6.3　商务智能应用

商务智能的完整方案包括数据整合层、数据服务层、应用分析层和信息展现层以及基础管理（如元数据管理、数据标准、模型管理、系统管理、安全管理和备份管理），如图 16-23 所示。

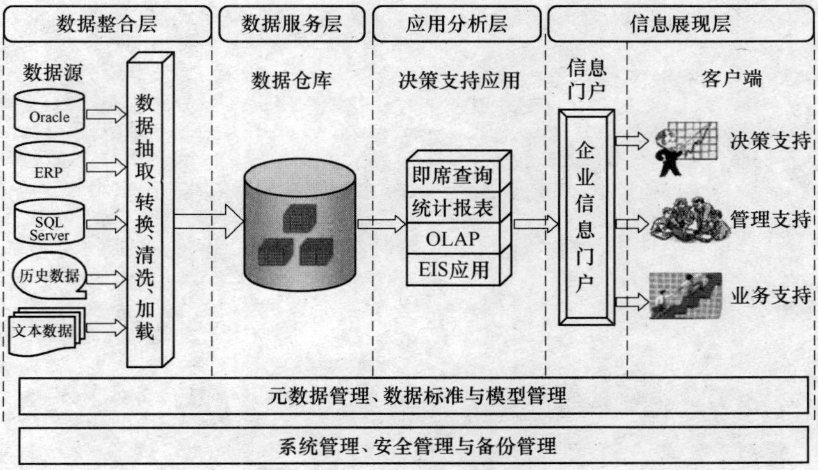

图 16-23　商业智能的完整方案

商业智能在销售分析、商品分析、人员分析和地域分析等诸多方面已经得到成功应用。

（1）销售分析。主要分析各项销售指标，例如毛利、毛利率、交叉比、盈利能力、周转率、同比、环比等；而分析维又可从企业组织结构、类别品牌、日期、时段等角度观察，这些分析维因采用多级钻取，从而可获得相当透彻的分析结果；同时根据海量数据产生预测信息、预警信息等。

（2）商品分析。商品分析的主要数据来自销售数据和商品基础数据，从而产生以分析结构为主线的分析结果。主要分析数据有商品的类别结构、品牌结构、价格结构、毛利结构、结算方式结构、产地结构等，从而产生商品广度、商品深度、商品淘汰率、商品引进率、商品置换率、重点商品、畅销商品、滞销商品、季节商品等多种指标。通过对这些指标的分析指导企业商品结构的调整，加强经营商品的竞争能力和合理配置。

（3）人员分析。通过对企业人员指标进行分析，特别是对销售人员指标（销售指标为主，毛利指标、换购销商品数、代销商品数、资金占用、资金周转等）的分析，可以考核员工业绩，提高员工积极性，并为人力资源的合理利用提供科学依据。主要分析的主题有员工的人员构成、销售人员的人均销售额、对于销售的个人销售业绩、各级组织的人均销售额、毛利贡献、采购人员分管商品的进货多少、购销代销的比例、进口商品销量情况等。

思考题

16-1 试分析阿里巴巴、当当网、淘宝网和中国政府采购网分别属于哪种电子商务的类型。

16-2 上淘宝网体验一次，分析电子商务的基本流程。

16-3 试举一些有关商务智能的例子，例如市场销售预测。

16-4 简述商务智能的架构与关键技术。

16-5 简述数据挖掘的步骤。

17 业务流程重组

企业在实施 ERP 后，企业的管理流程会发生一些变化。一方面，由于 ERP 的推行实施，企业的业务数据可以共享，业务处理的速度明显加快，业务处理能力显著加大；再者，由于企业的业务数据在网络中传递共享，使用 ERP 的业务模块对应的业务职能部门发生变化，如此的业务变更，为流程重组创造了条件。另一方面，企业原有业务管理模式与 ERP 所要求的企业运营管理模式存在一定差异，这样企业在推行实施 ERP 前使流程重组成为必需。因此，在 ERP 实施过程中必须客观地思考这一问题：企业应如何进行业务流程重组。

17.1 业务流程重组的内涵

国际标准化组织在 ISO9001：2000 质量管理体系标准中，对流程的定义是："流程是一组将输入转化为输出的相互关联或相互作用的活动。"流程有六要素：资源、过程、过程中的相互作用（即结构）、结果、对象和价值。流程就是把这些基本要素串联起来：输入的资源、若干活动、活动的相互作用（例如串行还是并行。哪个活动先做，哪个活动后做，即流程的结构）、输出结果、顾客、最终创造的价值。

业务流程重组（Business Process Reengineering，BPR）是最早由美国的 Michael Hammer 和 Jame Champy 提出，在 20 世纪 90 年代达到了全盛的一种管理思想。强调以业务流程（process）为改造对象和中心，以关心客户的需求和满意度为目标，对现有的业务流程进行根本的（fundamental）再思考和彻底的（radical）再设计，利用先进的制造技术、信息技术以及现代的管理手段，最大限度地实现技术上的功能集成和管理上的职能集成，以打破传统的职能型组织结构，建立全新的过程型组织结构，从而实现企业经营在成本、质量、服务和速度等方面的显著的（dramatic）改善。根本的（fundamental）、彻底的（radical）、显著的（dramatic）和流程（process）是业务流程重组的四个核心内容。根本的是指企业进行业务流程重组时，对问题进行的根本性的思考，这样就可能发现企业原来的流程运作机制是过时的，甚至是错误的。采取"我们为什么要做现在的工作？""我们为什么要用现在的方式做这份工作？""为什么必须是由我们而不是别人来做这份工作？"等思考问题的方式。彻底的表明企业对流程的变革不是进行简单的、肤浅的改变或修补，而是抛弃所有的毫无效益或效益低下的作业方式，创造全新的工作方法。显著的说明业务流程重组追求的是企业效益显著的增长或极大的飞跃，而不是略有改善或简单提升等，这是 BPR 的标志与特点。流程是企业的业务流程，是指为顾客带来满意度、为企业创造效益的相互关联的一组活动。业务重组的工作都是围绕企业业务流程而展开，彻底改革无效的、不创造价值的流程。

关于 BPR 还有其他一些提法，比如有的观点认为 BPR 就是对组织中及组织间的工作流程与程序的分析和设计；有的观点认为 BPR 是使用信息技术从根本上改变企业流程以达成主要企业目标的方法性程序；也有的观点认为 BPR 是对企业流程的基本分析与重新设计，以获取绩效上的重大改变。尽管观点的描述不尽相同，但它们的内涵是相似的，即 BPR 的实质是一个全新的企业经营过程（这里的企业经营过程是指为了达到某一经营目标而实施的一系列逻辑），这个过程要打破现有部门和工序分割的限制，以一种最简单、最直接的方式来设计企业经营过程，设置企业组织结构，以实现企业业务流程的重组。哈弗商学院的 Michael Porter 教授将企业的业务流程描绘为一个价值链。竞争不是发生在企业与企业之间，而是发生在企业各自的价值链之间，只有对价值链的各个环节——业务流程进行有效管理的企业，才有可能真正获得市场上的竞争优势。

因此，较全面的 BPR 定义应是指通过资源整合、资源优化，最大限度地满足企业和供应链管理体系高速发展需要的一种方法，它更多地体现为一种管理思想，已经远远超出了管理工具的价值，其目的是在成本、质量、服务和速度等方面取得显著的改善，使得企业能最大限度地适应以顾客、竞争、变化为特征的现代经营环境。

17.2 业务流程重组的流程与方法

业务流程重组要求企业彻底变更原有的思想观念，遵循科学的方法，重新构造企业的业务流程与组织结构，同时与企业、市场实际情况相结合。业务流程重组实施流程如下：

（1）成立 BPR 组织。该阶段的主要工作包括任命高级主管，成立专门委员会，获得高层经理人员对业务重组项目的支持，挑选业务流程重组小组成员，选择咨询顾问或外部专家参与组织。

（2）制订计划。该阶段的主要工作包括识别重组的关键流程；定义项目范围，确定可以量化的目标、实施方法以及详细的项目进度计划；拟制项目计划书。

（3）调查研究。该阶段的主要工作包括对公司进行基础性的研究；通过与客户面谈，核心小组识别当前需求及未来需求；与雇员及经理人员交流，以了解业务实际并通过头脑风暴法获取业务变更的灵感；研究相关著作及期刊以了解行业发展趋势并寻找最佳实践方法；深入现场，记录与分析流程及相关数据；与委员会主管及关键的高级经理交流；参加学术交流；从外部专家和咨询顾问处获取有用的信息。

（4）流程设计与优化。流程设计的方法有：设计创新设想（头脑风暴法、灵机一动），创造新思维；进行"如果—那么"设想，吸收其他公司的成功经验；由领域专家形成 3~5 个模型，吸收不同模型的长处形成综合模型；定义新的流程模型并用流程图描述这些流程；设计与新流程适应的组织结构模型；定义技术需求，选择能够支持新流程的平台。

流程优化可采用 ESIA 方法：

1）清除（eliminate）。应该发现并清除非增值活动，如过量生产或过量供应、等待时间、运输、转移和移动、不增值或失控流程中的加工处理环节、库存与文档、缺陷、故障与返工、重复任务、信息格式重排或转移、调停、检验、监视和控制等。

2）简化（simplify）。在尽可能清除了不必要的活动之后，应该对剩下的必要活动进行简化，如程序和流程、沟通流程、技术分析流程和问题区域设置流程等。

3）整合（integrate）。经过化简的任务需要进一步整合，以使之流畅、连贯并能够满足顾客需要。如为实现面向订单的单点接触的全程服务，由一位员工独立承担一系列任务的工作任务整合；为了高效优质地满足顾客需要，组建单个成员无法承担的系列任务的团队；整合顾客和供应商的资源等。

4）自动化（automate）。在完成了流程与任务的清除、简化和整合的基础上，充分运用和发展信息技术的强大功能，实现以流程加速与提升顾客服务准确性为目标的自动化。

（5）流程评审。对流程的设计方案进行评定和审核，主要内容有：投入与收益分析报告；对客户、雇员影响的评估；对竞争地位变化的评估；争取评估会，以向委员会及评估人员展示并获得批准（项目实施）。

（6）实施流程重组。进入关键性的实施阶段，要注意实施策略，将教育与行政手段结合。该阶段的主要工作包括业务流程及组织模型的详细设计；开发支撑信息系统；进行小范围的实验，成功后再大范围的推广；与员工就新的方案进行沟通；制订并实施变更管理计划；制订阶段性实施计划；制订新业务流程和系统的培训计划，对员工进行培训；制订并执行阶段性实施计划。

（7）业绩评估。业绩评估阶段是将业务流程重组的实施效果与计划目标对比，进行总结、评定，对存在的问题集中分析，为巩固本阶段成果制订管理依据与方法。该阶段的主要工作包括评估新流程的效果；定义关键的衡量标准以进行周期性地评估；向委员会和高层经理人员发表最终报告，以获得认可。

17.3 业务流程重组的核心思想

业务流程重组核心思想概括如下：

（1）以客户为中心，强调面向客户和供应商来整合企业业务流程。全体员工以客户而不是上司为服务中心，每个人的工作质量由顾客做出评价，而不是公司领导。企业在实施BPR的过程中，不仅要考虑企业内部的业务流程还要对企业自身与客户、供应商组成的整个价值链的业务流程进行重新设计。

（2）注重整体流程最优化的系统思想。按照整体流程最优化的目标重新设计业务流程中的各项活动，强调流程中每一个环节的活动尽可能的实现增值最大化，尽可能减少无效的或非增值的活动，以达到提高质量、降低成本和提高整体效率的目的。

（3）借助信息技术手段提升流程的效率。在设计和优化企业业务流程时，强调尽可能利用信息技术手段实现信息的一次处理与共享机制，将串行工作流程改造成为并行工作流程，借助信息技术手段提升流程的效率。

通常，重组之后的业务流程将呈现以下特点：组织扁平化，决策权下放或外移；审核与控制明显减少；同步工作代替了顺序工作方式；通才或专案员主导型的工作方式；管理者的工作职责转变为指导、帮助和支持。

17.4 业务流程重组案例

业务流程重组在欧美企业受到高度重视，得到迅速推广，带来了显著的经济效益，涌现出大批成功的范例。1994 年的早期，由 CSCIndex 公司（战略管理咨询公司）对北美和欧洲 6000 家大公司进行了 621 家抽样问卷调查。调查的结果是：北美 497 家的 69%、欧洲 124 家的 75%已经进行了一个或多个流程重组项目，余下的公司一半也在考虑这样的项目。American Express（美国信用卡公司）通过流程重组，每年减少费用超过 10 亿美元。德州仪器公司的半导体部门，通过流程重组，使集成电路的订货处理程序的周期时间减少了一半还多，改变了顾客的满意度，由最坏变为最好，并使企业获得了前所未有的收入。

福特公司在改革前的旧流程中，验收部门虽然产生了关于货物到达的信息，但却无权处理它，而需将验收报告交至应付款部门。在新流程下，由于福特公司采用了新的计算机系统，实现了信息的收集、储存和分享，使得验收部门自己就能够独立完成产生信息和处理信息的任务，极大地提高了流程效率，使得精简 75%员工的目标成为可能。

惠普公司在采购方面一贯是放权给下面的，50 多个制造单位在采购上完全自主，因为他们最清楚自己需要什么，这种安排具有较强的灵活性，对于变化着的市场需求有较快的反应速度，但是对于总公司来说，这样可能损失采购时的数量折扣优惠。现在运用信息技术，惠普公司重建其采购流程，总公司与各制造单位使用一个共同的采购软件系统，各部门依然是订自己的货，但必须使用标准采购系统。总部据此掌握全公司的需求状况，并派出采购部与供应商谈判，签订总合同。在执行合同时，各单位根据数据库，向供应商发出各自订单。这一流程重建的结果是惊人的，公司的发货及时率提高 150%，交货期缩短 50%，潜在顾客丢失率降低 75%，并且由于折扣，使所购产品的成本也大为降低。

MBL(Mutual Benefit Lifeinsurance）公司是全美第 18 大人寿保险公司。在流程重组前，从顾客填写保单开始，须经过信用评估、承保直到开具保单等一系列过程。这其间包括 30 个步骤，跨越 5 个部门，须经 19 位员工之手。因此，他们最快也需 24 小时才能完成申请过程，而正常则需 5~25 天。这么漫长的时间中究竟有多少是创造附加价值（value-added）的呢？有人推算，假设整个过程需要 22 天的话，则真正用于创造价值的只有 17 分钟，还不到 0.05%，而 99.95%的时间都在从事不创造价值的无用工作。这种僵化的处理程序将大部分时间都耗费在部门间的信息传递上，使本应简单的工作变得复杂。面对上述这种情形，MBL 的总裁提出了将效率提高 60%的目标。这种野心勃勃的 60%的目标是不可能通过修补现有流程达到的，唯一的方案就是实施 BPR。MBL 的新做法是扫清原有的工作界限和组织障碍，设立一个新职位——专案经理（case manager)，对从接收保单到签发保单的全部过程负有全部责任，也同时具有全部权力。借助共享数据库、计算机网络以及专家系统的支持，专案经理对日常工作处理起来游刃有余，只有当遇到棘手的问题时，他们才需请求专家帮助。

中国海尔集团公司从 1999 年开始进行流程重组，实施了“并行工程”，使海尔“美高美”彩电在产品设计上打了一个漂亮的速度战。按原有的开发程序，产品从设计到整体投放市场需要 6 个月；按国际最快的产品开发程序，需要 3 个月，而海尔“美高美”彩电仅用了 2 个月。

思考题

17-1 什么是业务流程重组？

17-2 简述实施业务流程重组的方法。

17-3 业务流程重组的核心思想是什么？

17-4 请列举你所见过的业务流程的几种绘制方法，各有何优缺点？

17-5 请选择某一你认为效率低下的流程进行再设计。

18 ERP 项目准备与实施

18.1 ERP 项目准备

18.1.1 软件的生命周期

软件的生命周期可分为软件定义、软件设计、软件使用与维护三阶段，又可以具体分成以下几个子阶段：可行性研究、需求分析、总体设计（概要设计）、详细设计、编码（实现）、软件调试、运行与维护。软件的生命周期如图 18-1 所示。

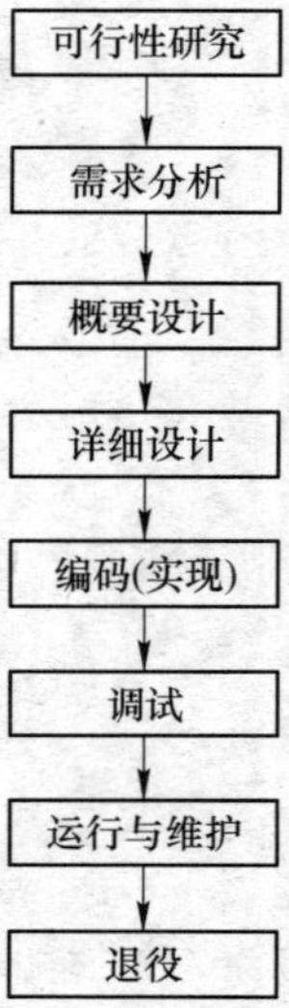

图 18-1 软件的生命周期

18.1.2 软件项目实施的方法及原则

软件项目实施是在企业信息系统建设过程中，由相关人员组成特定项目组，根据客户的需求，向企业提供的一种个性化的、专业化的服务，向企业提供一种有助于其实现管理目标的一整套、有价值的解决方案。并指导用户完成管理软件的客户化工作，帮助企业实现科学管理、降低成本、提高效率。软件项目实施是一项专业性很强的活动，需要由专业的咨询顾问和客户方项目人员协同完成。

软件项目实施难度较大，“宁可要三流的软件、一流的实施，不要一流的软件、三流的实施”。软件项目实施原则主要有：

（1）**需求驱动**。以用户的需求为系统设计的出发点，“效益驱动，先易后难”。

（2）**总体规划**。从系统的总体效益出发，从全局的观点来设计或规划系统，保证系统内部数据和信息的完整性与一致性；注意系统内各局部或子系统间的有机联系和信息交流；防止信息的重复存储和重复处理；采用自顶向下逐层分解，逐步求精；统一规划数据、统一规划处理、统一规划设施（包括计算机硬件和通信设备等）；运用系统的分解和综合技术，使复杂系统简单化；分解的各模块、各子系统又可综合成完整的系统，以实现系统的总体功能。

（3）**业务流程优化**。业务流程优化能够为企业创造优化的业务流程，提升企业的核心竞争力，在业务流程优化过程中的工作重点，就是要消除价值传递链中的非增值活动和调整核心增值活动。业务流程优化可采用 ESIA 方法：清除（Eliminate）、简化（Simplify）、整合（Integrate）、自动化（Automate）。

（4）**标准化**。标准、规范、规程都是标准的一种表现形式，习惯上统称为标准，只有针对具体对象才加以区别。当针对产品、方法、符号、概念等基础标准时，一般采用“标准”，如《土工试验方法标准》、《生活饮用水卫生标准》等；当针对工程勘察、规划、设计、施工等通用的技术事项做出规定时，一般采用“规范”，如《混凝土设计规范》、《建设设计防火规范》等；当针对操作、工艺、管理等专用技术要求时，一般采用“规程”，如：《钢筋气压焊接规程》、《建筑安装工程工艺及操作规程》等。在我国工程建设标准化工作中，由于各主管部门在使用这三个术语时掌握的尺度、习惯不同，使用的随意性比较大，这是造成人们难以理解这三个术语的根本原因。

标准化是指在科学技术和经济管理等社会实践中，对重复性的事物和概念，通过制订、发布和实施标准达到统一，以获得最佳秩序和社会效益。企业标准化是以获得公司的最佳生产经营秩序和经济效益为目标，对企业生产经营活动范围内的重复性事物和概念，以制定和实施企业标准，以及贯彻实施相关的国家、行业、地方标准等为主要内容的过程。过程和文档规范化保证阶段工作的衔接文档是阶段工作的成果，是工作的依据。为了保证对通信内容的正确理解，要求过程和文档采用规范、标准、确定的格式和术语，采用规范的图形和图表。过程和文档规范化的内容主要有：

1）制定研发规范，细化研发过程，将无形的脑力劳动显式化，便于过程度量、改进和控制，留住公司的无形资产。

2）规范表达方式，减少不必要的信息沟通，提高交流的效率。

3）文档规范。建立文档模板。

4）操作过程规范。例如，不同研发阶段应该完成什么样的操作、出具什么样的文档才算结束，这些操作又有什么样的要求。

（5）**集成化**。集成化的业务更加灵活，也更有利于发挥标准化、模块化和简易化的强大优势。在集成条件下，信息化的任何一种变化，只需要一次安装就可以实现，并且自动加以实施。为了满足变化的需要，信息化部门可以自由选择任何标准化的新模块，并简单地进行部署，让企业的变化更加快速，更有成效。

（6）**以企业自身为主体**。软件项目实施不是“交钥匙”工程，专家、顾问仅仅是指导者，企业自己才是实施的主体。信息化必须以企业为主体，以应用为目标。信息技术充其量不过是一种工具和手段。所以，应该由企业自己提出信息化建设规划。

（7）**充分发挥人的作用和信息技术的作用**。在制造业信息化中，片面强调人，或强调信息技术都是行不通的，必须将两者有效地结合，进行适当的分工。要使信息技术和人的作用都能恰当的发挥作用。

在我国廉价劳动生产力的优势逐渐减小的情况下，应用信息化和自动化时一定要核算计算机信息系统代替人所创造的价值。在某些情况下，人工成本会大大低于信息化的成本。在这种情况下，企业最好利用人工，而信息系统作为管理支持系统和执行监控系统。

（8）**贯彻有限目标、滚动规划、逐步推进的原则**。信息化建设必须和企业的目标和规划结合，一是要随着核心业务的发展而发展，二是要随着员工对于信息技术使用水平的提高而提高。在具体的信息系统建设中，要注意整体性、前瞻性、实用性、标准化和可扩充性。在信息化的过程中，必须及时地反思，倾听员工的意见和建议，并对信息化建设的投资进行评估。

18.1.3 筹备小组

组建筹备小组，筹备小组的成员构成主要有：企业决策层的成员，包括业务部门、财务部门、IT 部门相关人员等。筹备小组的任务和作用主要有：组织软件基本原理培训；对企业上马软件项目进行可行性研究；调查同行业管理信息系统的应用状况；明确企业对新系统的需求，提交需求分析报告；同软件商接触，评价和推选软件。

18.1.4 项目可行性分析

判断一个 ERP 项目是否可行，主要考虑必要性和可行性两方面。必要性是指实现新系统开发任务的迫切性。可行性是指是否具备实现新系统的资源和条件。

可行性分析包括技术可行性、经济可行性、运行可行性（操作可行性）、人员可行性、进程可行性、环境可行性和管理可行性。要完成可行性分析就要完成以下几项任务：了解客户的要求及现实环境；要从技术、经济和社会因素三个方面研究并论证软件项目开发的可行性；编写可行性分析报告；制定初步的项目开发计划。这里从技术、经济、运行三个方面进行可行性分析。

（1）技术可行性分析。技术可行性分析主要论证当前成熟技术对系统所提出目标的支持程度以及利用新技术或新设备可能存在的风险，并寻找较为可行的技术途径。分析内容主要涉及新系统实现时所可能用到的各方面的技术，如硬件、通信、软件等。此外，可能要考虑实现相关技术的人才需求，包括相应人员的数量和质量。

（2）经济可行性分析。经济可行性分析主要论证系统的投入和可能产生的效益。进行经济可行性分析常用的方法为成本/效益分析法，具体有投资回收期法、投资报酬比较法和净现值分析法这几种计算方法：

1）静态分析——投资回收期法。投资回收周期是该项目的利润回收最初投资支出所需的时间。经简化后不考虑贴现率的投资回收期计算为：

$$T_p = \frac{K}{NB} + T_k \tag{18-1}$$

式中，T_p 为投资回收期；NB 为年净收入；K 为投资总额；T_k 为项目建设期。

优点：概念清晰、简单易用、直观易懂。

缺点：未反映资金的时间价值；无法反映整个 MIS 生命周期内的真实效益；难以对不同的方案进行选择。

2）静态分析——投资报酬比较法。该方法用来衡量系统投资的收益是否大于投资成本，其定量分析模型为：

$$R = \frac{P - \dfrac{C}{N}}{C} \tag{18-2}$$

式中，R 为投资收益率；P 为系统年收益；N 为投资年限；C 为投资金额。

3）动态分析——净现值分析法（*NPV*）。净现值是按一定的折现率将各年净现金流量折现到同一时点的现值累加值。净现值法就是按净现值大小来评价各方案优劣的一种方法。净现值大于零的方案可行，且净现值越大，方案越优，投资收益越好（净现值最大法则）。

$$NPV = \sum_{t=0}^{n} (CI - CO)_t (1 + i_0)^{-t} \tag{18-3}$$

式中，NPV 为净现值；CI_t 为第 t 年的收益；CO_t 为第 t 年的成本；n 为项目生命周期；i_0 为基准折现率。

(3) 运行可行性分析。运行可行性分析主要论证新系统在组织开发和运行的可能性以及运行后可能引起的对组织的影响。如组织结构、管理方式和工作环境等。寻求适度的、符合组织现实需求的操作、运行环境，将给系统的推广应用带来很多好处。

进行上述项目可行性分析后，需出具可行性分析报告。可行性分析报告的内容一般包括：

1) 项目背景；

2) 投资环境分析；

3) 需求分析（宏观需求分析）与预测；

4) 项目方案选择；

5) 投资估算与财务评价；

6) 风险与不确定性分析；

7) 项目前评价。

18.1.5 软件应用策略与选型原则

软件应用策略一般分为三种：自行开发、购买国外软件、购买国内软件。三种策略各有优劣。

(1) **自行开发**。自行开发的优势主要有：可以从企业最需要信息化的关键环节入手；可以针对企业的业务特点及管理功能进行针对性设计；有助于锻炼企业自己的 IT 队伍。自行开发风险主要有：囿于企业当前的业务环境和管理需求；不利于软件的改版升级；耗时过长，很难让关键人物保持始终如一的热情；项目开发人员协调不善，影响开发进程；项目组人员的变更会影响项目进程。

(2) **购买国外软件**。购买国外软件主要优势有：国外软件蕴含了很多先进的管理思想和管理经验；全面集成、技术稳定、功能灵活、系统开放；发展较为稳定，财力、人力都有坚强的支撑。购买国外软件主要风险有：软件购置费用、实施费用、年维护费用较高；企业的基础管理水平不能适应国外软件的需要；用户化与二次开发的工作量大；软件文档或资料汉化不彻底；软件设计过于复杂。

(3) **购买国内软件**。购买国内软件主要优势有：软件在购置和维护方面的费用相对较低；软件复杂程度低，在易学易用方面较为出色；软件使用文档齐全，简明易懂；软件在适合我国企业管理规范与处理惯例方面有较多的考虑，因而用户化工作量会很少；软件可以得到当地服务机构的快速响应。买国内软件主要风险有：功能有待进一步加强；管理思想与经验、集成性、稳定性有待完善。

选择一个适用的软件产品的主要原则：兼顾软件的功能（物流、资金流、柔性）；兼顾软件的技术性能（可维护性、体系结构）；选择有成功用户先例的软件产品；既不能操之过急，也不要拖延太久；要考虑为了补偿不足的功能需要对软件做哪些修改或扩充；要保留原有系统中好的部分，同时考虑如何与现有系统相连接。

选择软件供应商要看产品、看服务、看价格、看管理、看发展。选型的主要步骤一般为：市场调研（搜集产品信息）、初选、复选、确定合作伙伴、商务谈判等。

18.1.6 项目培训

培训含有教育和训练两重意义。教育侧重于哲理和概念，主要讨论软件系统的原理和运行机制，如何运用软件系统解决经营生产业务中发生的问题等，主要说明“为什么这样做，有什么必要，有什么效益”，是一种面向业务的培训。训练侧重于应用方法，主要说明“怎么做”，是一种面向软件的培训。在ERP项目的各个阶段都可能进行多内容、多对象和多方式的培训。

(1) 培训的意义。项目培训重视对人员的培养，实质上是提高人的素质，调动人的积极性。软件的功能再强，还是要人去运用，而软件所蕴含的能量只有在人们学会运用它时才能真正发挥出来。软件模式中，每一项数据、名词和术语都有严格的定义，每一项事务处理都有严格的程序。要每个人了解本岗位的工作要求，工作质量和对其他岗位的影响。只有对ERP系统有了系统的理解和认识，明白了实施软件系统的必要性和目标效益，实施过程中才能齐心协力。

(2) 培训对象、内容和方式。教育培训的对象有：高层管理人员、中层管理人员、业务员、计算机技术员等。教育培训的内容有：1）软件系统的原理、运行机制、实施方法和软件操作的培训；2）对新流程的培训；3）对数据分析的培训等。针对不同的培训对象与内容，需采用不同的方式，如集中授课和一对一指导等。

18.2 ERP项目实施

18.2.1 成立项目组织

项目组织是为完成某特殊任务而编成的临时组织。在任务完成后会解散，回归行政组织。项目组织必须被赋予权力，以便推动工作的进行。项目组织的权力来源，是由最高行政组织所赋予，其受项目推行委员会的监督。项目成员对于项目事务与一般业务的优先顺序，在项目期间内以项目事务为优先。

成立项目组织的主要目的有：达到公司要求的目标；有专职单位负责，项目容易成功；不受历史包袱的束缚，可以有较创新及客观的点子；提高行政效率；有跨部门组织的沟通协调能力。

软件项目首先必须由熟悉管理业务的人来主持和应用，同时，又要有计算机专业人员的通力合作才能取得成功。应着重强调的是：软件项目必须有企业自己的管理人员投入。按照项目的实施作用，一般把项目组织分成三个级别（即三级项目组织）：项目领导小组、项目实施小组、项目应用小组。图18-2所示为项目领导小组、项目实施小组和项目应用小组的关系。

(1) 项目领导小组。项目领导小组领导整个项目，项目领导小组必须有足够的权威性，通常以企业的“一把手”为核心。项目领导小组由与软件系统有关系的高层管理人员、项目经理组成，通常称为“一把手原则”。在软件项目中，领导小组应承担以下职责：1）亲自参与项目的目标设定和计划工作；2）确定实施小组的人选；3）推进管理改革；4）监督项目在实施过程中是否偏离目标；5）审核项目关键里程碑的进度、质量情况；6）了解并指导项目进程，参与项目例会；7）促进与支持部门间的接触；8）确认 ERP 系统中关键的方针和重要的流程。

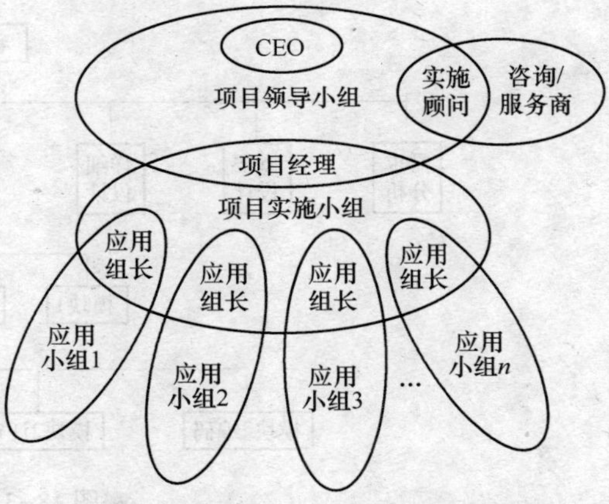

图 18-2 项目领导小组、项目实施小组和项目应用小组的关系[3]

（2）**项目实施小组**。项目实施小组是软件项目实施的常务机构，项目的日常推进工作是由该小组完成的。实施小组的组长即软件项目的项目经理。项目经理任命后，在软件项目成功实施之前，不要轻易变动。项目小组的成员包括各主要业务部门的主管或业务骨干，这些人员不仅熟悉本部门的工作，也了解其他相关部门的情况及相互关系。

项目实施小组向项目领导小组负责，人数为 6~10 人，主要的工作是：1）制订实施计划，保证计划的实现；2）指导、组织和推动应用小组的工作；3）负责数据准备，保证录入数据的准确、及时和完善；4）负责组织原型测试和模拟运行，对管理改革的问题提出解决方案和建议；5）组织和开展企业内部的培训，担负起教员的工作；6）主持制定新的工作准则和工作规程；7）提交各阶段的工作成果报告；8）项目小组每周至少有 1~2 次例会，必要时每天召开短时间的碰头会。

（3）**项目应用小组**。应用小组有两种含义：1）与企业实施的软件系统有关的部门，指定几名骨干组成职能组，在部门主管指导下工作，主要职能有：研究本部门实施软件系统的方法和步骤；掌握与本部门有关的软件功能；准备并录入数据；学会应用各种报表提供的信息；参加制定工作准则与工作规程；培训本部门的使用人员；做好新旧管理模式的切换，运行新系统。每个职能组的成员数为 3~5 人，并对项目组负责。2）在研究一个专题时，组成专题组，在短期内完成某个专题研究。专题组的人数根据需要而定，工作完成后，专题组就可以解散了。

18.2.2 制订实施计划

（1）**制订实施计划要点**。软件项目的实施计划主要包括以下几个方面：确定详细的项目范围及项目工作分解；责任分配矩阵；制订项目的时间计划；制订成本和预算计划；制订人力资源计划；预估实施的主要风险等。

1）确定详细的项目范围。项目范围说明书主要内容：项目的合理性说明；项目目标；项目的可交付成果，形成项目产品清单；项目成果的衡量标准（包括成本、技术、进度、质量标准）；项目目标的实现程度；辅助说明（假设条件、约束因素）。项目范围如图 18-3 所示；项目工作分解结构（Work Breakdown Structure，WBS）如图 18-4 所示。

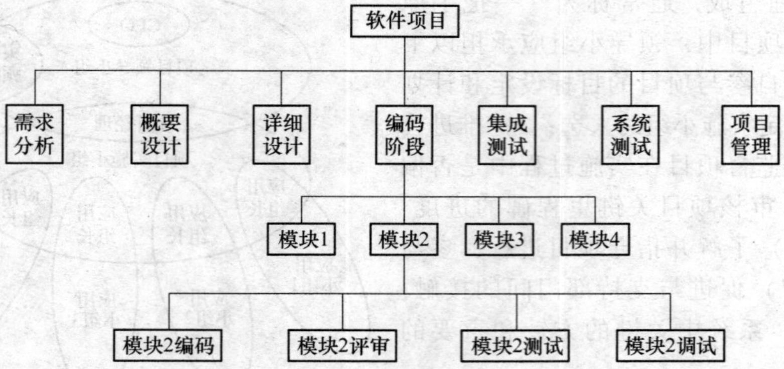

图 18-3　项目范围

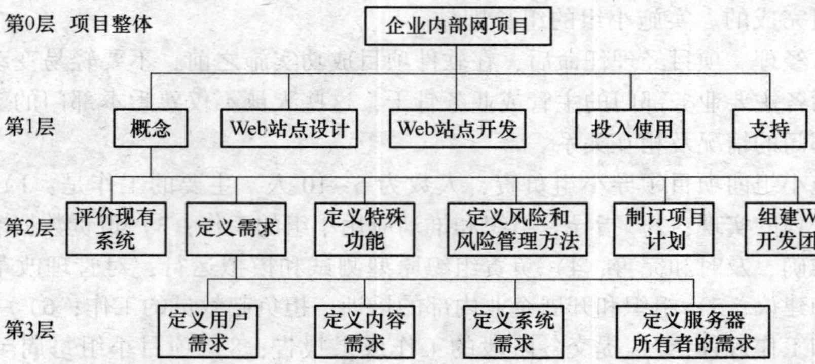

图 18-4　项目工作分解结构

2）责任分配矩阵。责任分配矩阵是项目组织计划编制过程的一个结果或输出，它将项目分解结构中的每一项工作指派给该项目组织结构中的执行人而形成的一个矩阵，如表 18-1 所示。

表 18-1　责任分配矩阵

责任内容	赵伊	王耳	张山	李斯	邓武	崔柳	陈琪	高跋
系统分析	A	P			P			R
数据库设计	R	A			P	P		P
编程实现	P	R	A	P	P		P	P
设备采购						A	P	R
系统测试	A	P	P	P				R

注：A—负责；P—参与；R—签署。

3）制订项目的里程碑计划。里程碑计划是确定项目的关键交付物或者项目交付产品的具体时间表。里程碑计划可以看作是一个项目在初级阶段制订的蓝图，是对项目完成时间以及项目产品交付时间的计划，里程碑计划直接可以在日历上用一个星号或者一个三角加以表示，参见表 18-2。

表 18-2 里程碑计划

里程碑事件	进度时间							
	一月	二月	三月	四月	五月	六月	七月	八月
签署合同		△						
需求说明书定稿			△					
系统设计评审				△				
子系统测试						△		
系统集成测试							△	
用户确认测试								△

有多种可使用的方法用以显示里程碑网络图中的项目信息，△计划完成目标

4）制订项目成本和预算计划，见表 18-3。

表 18-3 WBS 编码与预算和责任

WBS 编码	预算（万元）	责任者	WBS 编码	预算（万元）	责任者
1000	5000	王新建	1320	1200	齐鲁生
1100	1000	设计部门	1321	500	金　震
1110	500	李　岩	1322	500	乔世明
1120	500	张德伦	1323	200	陈志明
1200	1000	设备部门	1330	300	赵志安
1210	700	钱江林	1400	1000	生产部门
1220	300	宋晓波	1410	600	秦益明
1300	2000	基建部门	1420	400	徐　青
1310	500	纪　成			

（2）**制订实施计划的辅助工具**。Microsoft Project 是一个相当好的工具，可以利用它对任务进行逐层分解、制订进度计划、安排人力资源等，编制出详细的项目实施计划并跟踪执行的情况。

18.2.3 软件需求分析

所谓“需求分析”，是指对要解决的问题进行详细的分析，弄清楚问题的要求，包括需要输入什么数据，要得到什么结果，最后应输出什么。在软件工程当中的“需求分析”就是确定要计算机“做什么”，要达到什么样的效果。需求分析是做系统之前必做的工作。

人们已经认识到，需求分析是整个项目最关键的一个环节。假如在需求分析时分析者们未能正确地认识到顾客的需要，那么最后的软件实际上不可能满足顾客的需要，或者软件项目无法在规定的时间内完工。

在软件工程中，需求分析指的是在建立一个新的或改变一个现存的计算机系统时描写

新系统的目的、范围、定义和功能时所要做的所有的工作。需求分析是软件工程中的一个关键过程。在这个过程中，系统分析员和软件工程师确定顾客的需要。只有在确定了这些需要后他们才能够分析和寻求新系统的解决方法。

软件需求分析一般可分为宏观需求分析和微观需求分析。宏观需求分析的范围主要有：企业该不该上软件、有没有条件上软件以及什么时候上等。微观需求分析的范围主要有：各部门业务处理需求、考虑软件使用权限的设置、性能和功能需求、可靠性和可用性需求、界面、查询、业务报表需求、数据接口需求、出错处理需求、约束以及将来可能提出的要求等。

(1) **需求分析的难点**。需求分析是一项重要的工作，也是最困难的工作。该阶段工作主要有以下难点：

1) 供需交流困难。在软件生存周期中，其他四个阶段都是面向软件技术问题，只有本阶段是面向用户的。需求分析是对用户的业务活动进行分析，明确在用户的业务环境中软件系统应该“做什么”。但是在开始时，开发人员和用户双方都不能准确地提出系统要“做什么”。因为软件开发人员不是用户问题领域的专家，不熟悉用户的业务活动和业务环境，又不可能在短期内搞清楚；而用户不熟悉计算机应用的有关问题。由于双方互相不了解对方的工作，又缺乏共同语言，所以在交流时存在着隔阂。

2) 需求动态化。对于一个大型而复杂的软件系统，用户很难精确完整地提出它的功能和性能要求。一开始只能提出一个大概、模糊的功能，只有经过长时间的反复认识才逐步明确。有时进入到设计、编程阶段才能明确，更有甚者，到开发后期还在提新的要求。这无疑给软件开发带来困难。

3) 后续影响复杂。需求分析是软件开发的基础。假定在该阶段发现一个错误，解决它需要用1小时的时间，到设计、编程、测试和维护阶段解决，则要花2.5、5、25、100倍的时间。

(2) **需求分析的方法**。需求分析的方法主要有：1) 面向过程（自上向下分解）的方法；2) 信息工程（数据驱动）（数据流分析结构化分析方法）的方法；3) 面向对象（对象驱动）的方法。

(3) **需求分析的具体方式：**

1) 跟班作业。通过亲身参加业务工作来了解业务活动的情况。这种方法可以比较准确地理解用户的需求，但比较耗费时间。

2) 开调查会。通过与用户座谈来了解业务活动情况及用户需求。座谈时，参加者之间可以相互启发。

3) 请专人介绍。

4) 询问。

5) 设计调查表请用户填写。如果调查表设计得合理，这种方法既很有效，也很易于为用户接受。

6) 查阅记录。即查阅与原系统有关的数据记录，包括原始单据、账簿、报表等。通过调查了解了用户需求后，还需要进一步分析和表达用户的需求。分析和表达用户需求的方法主要包括自顶向下和自底向上两类方法。

(4) **需求分析的一般步骤和具体内容：**

1）首先调查组织机构情况。包括了解该组织的部门组成情况，各部门的职能等，为分析信息流程作准备。

2）然后调查各部门的业务活动情况。包括了解各个部门输入和使用什么数据，如何加工处理这些数据，输出什么信息，输出到什么部门，输出结果的格式是什么。

3）协助用户明确对新系统的各种要求。包括信息要求、处理要求、完全性与完整性要求。

4）确定新系统的边界。确定哪些功能由计算机完成或将来准备让计算机完成，哪些活动由人工完成。由计算机完成的功能就是新系统应该实现的功能。

5）分析系统功能。

6）分析系统数据。

7）编写分析报告。

18.2.4 解决方案设计

基于软件系统，针对目前的情况和未来的需求设计一个合适的解决方案。

（1）**业务分析与业务流程重新设计**。企业实施软件应与业务流程改造（BPI）或业务流程重组（BPR）结合起来，统一规划、统筹安排，组建合理有序的管理体制、组织机构、工作方式，为软件的顺利实施铺路搭桥。

（2）**业务需求与软件功能匹配设计**。对企业的各项业务需求，需要与软件功能进行详细的匹配分析，以决定哪些业务需求软件可以实现，是如何实现的；哪些业务需求软件不能实现，是否要做开发。

（3）**测试、讨论、审批并形成最终解决方案**。对测试环境进行初始化设置，输入必要的数据（可以用一些假设的数据），在测试环境中作业务模拟测试；实施顾问分模块对企业项目成员进行计算机流程的培训，之后进行一起讨论，发现问题，解决问题；尽可能在方案设计阶段解决所有问题，在真正上线时不出或少出问题。

18.2.5 系统配置及二次开发

在解决方案设计完成后，就可以对系统进行安装，并按照解决方案的要求对软件进行设置，包括对业务流程、审核流程、报表单据、用户权限的设置，这一过程通常称为用户化。软件与企业现状如果出现不一致，就要妥善解决，不然系统就无法运作。解决问题的办法只有两个：

（1）**改变软件**。称为“二次开发”。二次开发要注意控制开发的范围和规模，一般限于一些特殊的报表查询，对流程的一些小的修改也可以考虑，且一般不要轻易触及系统程序本身，尽量通过外挂程序，利用系统提供的标准数据或程序接口实现期望的功能。

（2）**改变业务**。采取“业务流程改进”（BPI）或“业务流程重组”（BPR）。

18.2.6 数据准备

软件项目实施需要准备的数据可以分为两大类，即静态数据和动态数据。如图 18-5 所示。

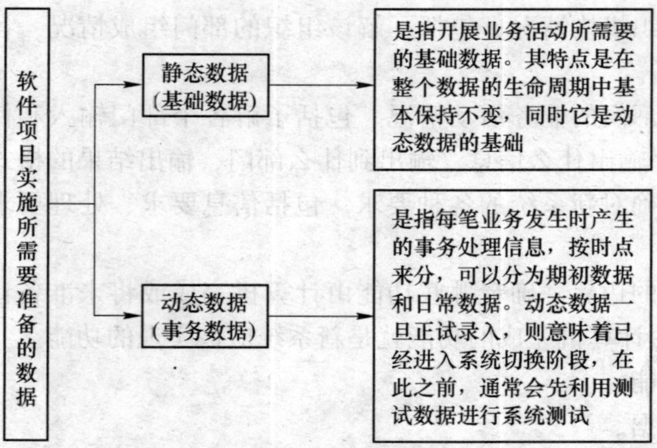

图 18-5　软件项目实施数据分类

18.2.7　模拟运行

模拟运行是对软件的适应性、可靠性的一次检验。通过模拟运行，总体应达到发现问题和提高技能两个目的，细化为：（1）验证或测试用户化和二次开发的可执行性；（2）检查数据的准确性和合理性，确定系统运行的各种参数；（3）调整和确定各种凭证和报表；（4）编制实施软件的工作准则和工作规程；测试文件的实用性，补充完善，提交审批通过后执行；（5）制定企业管理改革措施；（6）模拟结果要使系统真正运行起来，使企业全体员工亲眼目睹和体验软件的做法和实效。实战性模拟时，除项目小组全体成员参加外，还必须有职能小组和生产一线的人员参加。

模拟运行后客户发现的问题，应尽快及时加以处理。表 18-4 为 2012 年 3 月 5 日某项目组就某企业新系统模拟运行后，针对“存在问题及处理办法”的会议讨论结果。

表 18-4　针对“存在问题及处理办法”的会议讨论结果

部门	问　题	技术上是否可修改	修改执行意见
全公司	1. 系统设置问题：系统登录时间设置半个小时过短，取消时间限制	可以修改	改为 4 小时
	2. 登录页面不要验证码	可以修改	如果系统登陆后操作等待时间改为 4 小时以后还认为不够，再修改
销售	3. “销售出库”新增一个“新增行”的功能，使销售出库单可编辑	可以修改	此处的修改方式为： 1. “销售出库”不新增行，将出库的备件、说明书等编辑到“备注”栏，将该页面备注栏加大
	4. 通知单、销售订单问题：昌华现有销售订单改为生产通知单	可以修改	2. 由于“销售订单”的名称昌华员工已经熟悉，此模块日后当成“生产通知单”用，但名称不改。为区别，新增的合同管理模块命名为“合同管理”
	5. 增加一个“合同管理”模块。此模块是独立的模块，只供财务和部分昌华人员使用。且财务可以按销售合同查询	属于新增模块，技术上可以修改	3. 新增“合同管理”模块，但是要尽快定下“合同管理”模块具体需求，再修改 提醒操作注意：生产通知单在系统里面，应该一个合同一个通知单，分开下达时，可用“撤销、修改、再审核”模式，具体分开下达的任务单，在系统外制作，下发

18.2.8 系统切换

软件上线运行是一个新旧系统替换的过程。根据项目的具体情况，切换过程可从以下三种方式中选择：

（1）直接切换。这种切换是旧系统停止运行的时候，新的 ERP 系统立即投入运行。简单、易行、省钱，但风险较大。

（2）并行切换。新旧系统并行工作一段时间，经过这段时间的磨合和考验，证明新旧系统正确无误后，再停止旧系统的运行。风险小，但费用较大。

（3）分阶段切换。比并行切换更保守的切换方式，它放弃了整体切换的方式，而是分模块、分阶段，逐个上线运行，直至所要模块上线完毕并且运行正确，才关闭旧系统。风险小，耗费资源少，但是可能会持续很长时间。

18.2.9 项目后评价

系统成功上线，并持续稳定运行一段时间后，应对企业软件系统进行评估，以期不断修正，使之产生更大的效益，为企业树立新的、更高的目标。软件应用是否成功可以从以下几个方面加以衡量：

（1）系统运行集成化。对软件系统的最基本的要求就算通过系统运用，实现集成化的应用，消除不同部门间或企业间的信息孤岛，建立企业决策完善的数据体系和信息共享机制。软件系统是对企业物流、资金流、信息流进行一体化管理的软件系统，其核心是对企业的销、供、产整个供应链进行整合，通过软件的应用实现企业内部不同部门之间以及企业之间的信息资源的整合，通过信息的实时传递，达到企业决策及时作出的目的。

（2）业务流程合理化。软件系统采用的是流程性的数据信息流，是直线性的，是用数据仓库来保持企业所有数据信息的，这样的话，软件应用成功的前提是必须对企业实施业务流程重组，因此，软件应用成功也即意味着企业业务处理流程趋于合理化，实现销、供、产业务流程的直线传递。

（3）绩效监控动态化。企业面临的是一个动态变化的外部竞争环境，同时企业内部的环境也是不断变化的，因此软件的应用在为企业提供丰富的管理信息的基础上，让这些信息在企业管理和决策过程中真正起到作用是衡量软件应用成功的另一个标志。企业未能利用软件系统提供的信息资源建立起自己的绩效监督系统，就意味着软件系统应用没有完全成功。

（4）管理改善持续化。随着软件系统的集成化和企业业务流程的合理化，企业动态监控的实现，为企业管理水平的提高提供了保障。为此，软件系统为企业的管理改善提供可持续性的支持。

（5）经济效益。实施软件系统的目的就是提高企业的经济效益，软件系统作为企业的一项资产，应该考虑它的投资回报率。

（6）额外收获。软件系统不仅是一个软件技术及工具，同时也是一种管理思想。在软件项目实施过程中，提升了企业的管理人员的管理能力、管理思维，也改善了员工的综合能力。

18.2.10 持续改进

在系统成功上线之后，项目组织也不宜马上解散，因为在对实施的效果正确评估的基础上，进行持续的改进，这是摆在项目组成员面前长期而艰苦的工作。

（1）**坚持细节**。软件系统的长期成功，取决于企业能否坚持做那些简单但极为重要的事情，比如，确保数据的准确性、系统参数的正确维护、严格按照系统规定的程序办事等。

不能反映企业实际运营运作的数据与流程，不管其准确性有多高，实时性有多好，流程效率有多高，从企业经营管理的角度来说，都是浪费企业资源的垃圾。

（2）**流程自动化/改进/重组**。系统效率的提升，首先应尽可能地将操作性流程，如订单输入等自动化，让人力资源从中解放出来；应该着眼于业务流程的改进与优化。

18.3 ERP 项目风险管理

ERP 项目管理可分为范围管理、组织管理、人力资源管理、时间管理、成本管理、质量管理、沟通管理、采购管理、问题管理、知识管理和风险管理等。本节介绍 ERP 项目风险管理。

风险管理实际上是贯穿在项目实施过程中的一系列管理步骤，包括风险识别、风险估计、风险管理策略、风险解决和风险监控。风险是一个事件负面结果的潜在可能性及其量度。风险描述包括可能性大小的描述；遭受损失后果的描述。项目风险识别的方法主要有系统分解法、流程图法、头脑风暴法和情景分析法等。

企业首先需要对 ERP 项目本身有个深刻的认识和理解，通过理解项目去识别项目潜在的各种风险。在对项目风险识别的基础上，评估进行项目风险管理的控制点。在项目实施的过程中，针对这部分风险采取专门措施进行风险管理和控制，从而最大限度地降低风险、控制风险。

ERP 项目是一个高风险、高投入的项目，这些风险可能出现在诸如成本超支、组织变革、项目规划和管理、业务流程重组、软件系统功能等各个方面。

（1）成本超支风险。目前许多软件项目出现成本超支，其原因是企业变革管理的需要、培训的投入和软件功能无法满足要求而投入额外的开发费等。控制项目超支最好的方法是明确定义项目的范围，并通过充分利用第三方的实施经验来细化项目支出。企业要尽可能把项目细分成适合控制的小项目，这样即可以使项目能够目标明确，更重要的是项目费用的控制难度可以降低。

（2）组织变革风险。由于软件的实施会给企业或组织带来相当程度的变革，组织变革管理和相应的培训常常被认为是软件系统实施过程中的主要风险区域。改变员工的工作方式和岗位职责、对员工进行的培训都是整个企业或组织适应新流程和新系统的关键。

（3）项目规划和管理风险。企业在软件项目实施阶段，挑战主要来自对人员、流程和技术等因素的正确、合理和详细的规划和项目管理。

（4）业务流程重组的风险。业务流程重组在优化流程、提高流程效率的同时，不可避免地会带来不利影响。员工对新岗位的不适应，流程在系统中没有配置好等都可能给项目带来风险。

（5）软件系统功能风险。不少准备上软件系统的企业在对软件系统功能作详细了解后发现，软件并不能解决他们业务所涉及的所有问题。其原因有：一方面是企业原本认为软件能解决所有业务问题，这本身是错误的；另一方面，软件供应商们往往夸大自己产品的功能。

对企业来说，应该把注意力放在系统功能是否满足企业的关键业务需求上。企业提出的需求与软件系统的功能可能出现偏差，这样软件系统就处理不了这个需求，这就形成了系统功能风险。

思考题

18-1　如何进行需求分析？

18-2　简述 ERP 项目实施过程。

18-3　请编写某软件项目的可行性分析报告。

18-4　如何进行 ERP 项目的数据准备？

18-5　结合某企业，找出 ERP 项目管理过程中可能存在哪些问题，问题的原因是什么，如何改进？

19 知识管理

19.1 知识管理概述

知识管理在20世纪末兴起于企业，是对企业生产所需知识资源的管理。知识资源包括储藏在图书馆、数据库及人的头脑中可编码的显性知识和储藏在个人头脑中不可编码的隐性知识。研究和开发、人事、培训、财务、营销等部门的管理活动都涉及知识资源的管理。但在生产高度依赖知识的情况下，分散的管理活动已不能满足需要。为此，企业通常在最高管理层设知识主管，负责统筹技术专利的获得、技术培训、客户信息的收集和传播、对蕴藏在组织文化中和掌握在关键技术人员头脑中的隐性知识进行整理和传承等，使分散的知识管理活动专门化、系统化，并促进知识的交流与转化，使各部门拥有的知识能为整个企业所共享。

知识管理的理论和方法在企业中得到应用，如微软、惠普、英特尔、摩托罗拉等公司都制定了实施知识管理的策略，将知识资源视为企业最重要的战略资源，把企业演变为学习型组织，把最大限度地掌握和利用知识资源作为提高企业竞争力的关键因素。国外一些组织已经在激励知识共享和转移方面做出了有益探索，如IBM公司对成员的评估中，知识共享的比重为25%；对于知识型人才，用适当的激励制度和激励工具，保证个人不断积累知识，形成具有创造性的想法，并将自己所拥有的隐性知识（如经验、诀窍以及各种创造性的思想）奉献出来与他人分享，通过与同事的交流，在沟通中获得编码，整合为组织的知识，形成组织资产。

以经济合作与发展组织（OECD）1996年年度报告《以知识为基础的经济》在我国的翻译出版、1997年中国科学院《迎接知识经济，建设国家创新系统》报告发表、1998年国家主席江泽民在北大庆典演讲中指出“知识经济已见端倪”等三件大事为标志，知识经济在中国开始发育、成长，而1998年则成为中国学术领域的“知识经济年”。

1998年，国外知识管理概念和思想引入我国，出现了一批知识管理的专家和学者，如左美云、董小英、王德禄，他们在对国外知识管理著作翻译、介绍和引进的同时，出版了一些专著，如王德禄的《知识管理的IT实现》，对知识管理理论和实践在我国的发展起到了重大的推动作用。知识管理网站的建立对中国知识管理的推动与发展功不可没。其中最为著名的是中国知识管理网，它是目前全球最权威的中文知识管理网站。该网站成立于1998年，是知识管理行业网站，在内容上致力于对国外先进的知识管理理论和案例的翻译和国内学者知识管理方面的论述的介绍，并设立了知识论坛，提供了充分的知识交流和共享平台。

国内一些软件公司，如蓝凌公司、金蝶公司，都已经开发出独立的知识管理软件，为企业实施知识管理奠定了软件基础。国内一些咨询公司，如长城企业战略研究所开始把知识管理作为咨询业务。以国家自然科学基金管理科学部将“企业知识管理问题研究”作为2000年鼓励研究领域为标志，国内学术界关于知识管理的研究掀起一个高潮，并波及企业界，引发了企业知识管理实践的高潮。一些企业开始认识到知识管理对市场竞争的意义，在企业中推行知识管理，用友公司、中国海洋石油总公司都是实施知识管理的成功典范。

19.1.1 知识的阶层性：数据、信息、知识、智慧

数据、信息、知识、智慧四者有着密切的相关性、层次性和不同之处。常常容易混淆。知识，就是人类长期以来通过思索、研究和实践所获得的对世界的认识的总和。知识具有层级性，广义地说，数据、信息、知识、智慧都叫知识，只是精练程度不同。下面简要说明其关系及差异性。

（1）数据（data）。数据是按照一定规则排列组合的物理符号。数据有四种特定的形式：数字、文字、声音和图像，这些符号本身没有任何意义，数据的收集、加工、存储、表示和处理过程决定了数据的价值。

（2）信息（information）。信息是数据所反映的内容。从广义的角度讲，信息是物质的一种属性，是物质存在方式和运动规律的表现形式。信息只能以数据作为其载体，并以数据的形式进行传输。简单地说，信息就是隐含在数据中的内在逻辑和规则。人对信息的接收是从接收数据开始的。要获取信息首先必须了解数据的背景（context）和隐含在数据之中的规则。

（3）知识（knowledge）。知识是信息接收者通过对信息的提炼和推理而获得的正确结论。从广义的角度讲，知识是人类社会经验的总结，是人的主观世界对客观世界的概括和真实反映，是人类通过信息对自然界、人类社会、思维方式和运动规律的认识与掌握，是人的大脑通过思维重新组合的、系统化的信息集合。

（4）智慧。就个人而言，包括从广义的社会知识集合中取得知识，如从书本中学习的前人理论的总结；个人总结的经验以及由此而形成的行为准则和习惯；在理论和经验基础上思考与“内省”而使个人知识升华为个人“智慧”。

19.1.2 知识分类

常见的知识分类法有以下几种：

（1）**隐性知识与显性知识分类法**。显性知识是指可以形式化、制度化，可以用言语或文字可以表达的知识。目前显性知识主要以内容的形式存储、表示。所谓内容就是对各种结构化数据、非结构化文档、信息的统称，内容管理就是将这些内容整合在一起，在一个操作系统平台上，统一调用，进行内容的采集、创建、数字化、加工、存储、组织、挖掘、检索、传递、发布和应用等。隐性知识更大程度地体现了“知识”的价值，由于它主要存储在人的头脑中，因此，对隐性知识的管理除了尽可能使隐性知识显性化之外，主要表现在对拥有知识的人的管理。隐性知识是相对于可以表述出来的显性知识而言的，隐性知识和隐藏知识难于获得，难于理解和难于交流，主要存在于人的大脑

中。隐性知识属于个人的、内在的，与特别情境有关，且难以形式化与沟通。这类知识以非结构化的、非正式的方式存在，具有专有性、对解决现实问题和突发性问题有重要价值，如经验、技巧、构思、洞察力、判断力、解决问题的能力以及组织惯例等。

（2）**通用知识和专门知识分类法**。通用知识（generic）是指科学知识或广为人知的、普遍适用的知识，专门知识（specific）是针对某一具体对象而言的，如企业特有的知识（firm-specific），系统特有的（system-specific）知识。对于在相同技术条件下的企业，企业的技术一般是相同的，这类技术属于通用知识，但单个企业会形成各自的与产品或过程相关的具体知识、技能和经验，也就是说企业建立或具有了系统特有的知识或企业特有的知识。系统特有的知识与制造具体产品的任务或项目有关，企业特有的知识产生于企业的整个活动中。

（3）**公开的知识和秘密的知识分类法**。公开的知识是指可以从科学和技术出版物上得到的知识，秘密的知识则是指由于知识本身的隐含性，或以保密、专利等手段受到保护的知识。

（4）**经济合作与发展组织（OECD）的分类法**。OECD在1996年发表的《以知识为基础的经济》报告中，将知识分为以下四种类型：

1）知道是什么的知识（know-what），是指关于事实方面的知识，比如中国2005年经济发展状况如何、企业有多少员工、企业的主要产品等。

2）知道为什么的知识（know-why），是指事物的客观原理和规律性方面的知识，属于通常所说的科学范畴，如为什么选用某材料、为什么开发某种产品等。这类知识的生产一般需要由专门机构，如研究院、大学等机构的专家学者来完成。

3）知道如何做的知识（know-how），是指用于改变物质世界或者某些用于满足人们某种需要的技术、技巧和能力方面的知识，属于通常所说的技术范畴。

4）知道谁能做的知识（know-who），是指哪些人具有know-what、know-why或know-how这一方面知识，它包含了某种特定的社会关系以及社会分工和知识持有者的特长与水平，属于通常所说的经验和判断的范畴。这种知识能迅速定位掌握某种技能专家的知识。

OECD的年度报告把第一、二类知识称为可编码知识（codified knowledge），可编码知识是可用社会上通用语言文字符号表述的知识，它可以通过读书、听讲、传授和查阅数据库来获得，一般通过正式交流渠道进行转移和扩散，这种知识也称为显性知识。把第三、四类知识称为意会知识（tacit knowledge），就是难于用语言表述的知识，它是不脱离认知主体的，这种知识也称为隐性知识。隐性知识的获得，主要靠“实践”。师傅带徒弟，就是学习隐性知识的典型事例。一般说来，技巧、诀窍、个人经验、技能，是不能通过正式交流与传播渠道转移的，必须靠“亲身体验”、“身教”来扩散。

（5）**企业知识分类法**。对一个企业而言，它的知识构成大致可以分为以下四种存在形式：1）物化在机器设备上的知识；2）体现在书本、资料、说明书、报告中的编码后的知识；3）存在于职员头脑里的意会知识；4）固化在组织制度、管理形式、企业文化中的知识。所以，从知识的构成来看，企业知识管理除了应对企业的信息资源和信息系统进行管理外。还应包括企业技术创新的管理、企业文化的管理、企业员工知识的管理、企业组织和制度的管理、企业固化知识的管理等。现在很多企业已经注意到对研究与开发的投资，然而对教育与培训的投资却重视不够或不知从何处着手；很多企业已经注意到对新知识、新技术的重视，但对已经固化到企业制度、组织形式、产品或设备上的知识则没有重视，或者不知如何管理。

19.1.3 知识管理定义

知识管理概念的提出已有好几年的历史，理论界和实业界从不同的角度给出了各自的定义。

美国生产力与质量中心（APQC）将知识管理定义为以增强竞争力为目标的识别、获取和利用知识的战略和过程。

巴斯（Bassi）认为，知识管理是指为了增强组织的绩效而创造、获取和使用知识的过程。美国的维娜·艾利对知识管理的定义是“帮助人们对拥有的知识进行反思，帮助发展支持人们进行知识共享的技术和企业内部结构，并帮助人们获得知识来源，促进他们之间进行知识的交流”。

欢勒锐（O. Leary）认为，“知识管理是将组织可得到的各种来源的信息转化为知识，并将知识与人联系起来的过程。知识管理是对知识进行正式的管理，以便于知识的产生、获取和重新利用”，这种解释着重阐明了信息、知识和人在知识管理过程中的不同角色。

阿比克（Andreas Abecker）将知识管理活动定义为“对企业知识的识别、获取、开发、分解、使用和存储”。

本书赞同邱均平教授的看法：对知识管理的概念可以从狭义的广义的角度来理解。所谓狭义的知识管理，主要是对知识本身的管理，包括对知识的创造、获取、加工、存储、传播和应用的管理。而广义的知识管理不仅包括对知识进行管理，而且还包括对与知识有关的各种资源和无形资产的管理，涉及知识组织、知识设施、知识资产、知识活动、知识人员的全方位和全过程的管理。

野中郁次郎提出了知识转换的SECI模型，该模型指出，组织知识可以通过隐性知识和显性知识的交互而创新，交互的四种模式为：（1）Socialization，即社会化，通过它将隐性知识转化为新的隐性知识。通过共享经历、交流经验、讨论想法和见解等社会化的手段，隐性知识得以交流。传统的师徒传授就是隐性知识转移的典型形式。（2）Externalization，即外在化，指隐性知识转化为显性知识的外部明示，它通过类比、隐喻和假设、倾听和深度谈话等方法将隐性知识转化为容易理解和接受的形式，这是促进隐性知识大量转移的关键性步骤。（3）Combination，即组合化，指个人拥有零散的显性知识汇总组合起来成为对组织有价值的显性知识。（4）Internalization，即内化，指员工通过学习新的显性知识，结合“干中学”（learning by doing）和工作中培训等形式将显性知识转化为新的隐性知识的内部升华。组织知识经过这四种模式转化，实现个人间，个人与组织间的知识转移，推动组织知识创新、转移和转化的循环递进动态过程，构成一个不断上升的知识螺旋。

19.1.4 知识管理学派

国内外学者们对知识管理的研究归纳为三个学派，即技术学派、行为学派和综合学派。

技术学派认为知识管理就是对信息的管理。这个领域的研究者和专家们一般都有着计算机科学和信息科学的教育背景。他们常常被卷入到对信息管理系统、人工智能、重组和群件等的设计、构建过程当中。对他们来讲，知识等于对象，并可以在信息系统当中被标识和处理。

行为学派认为知识管理就是对人的管理。这个领域的研究者和专家们一般都有着哲学、心理学、社会学或商业管理的教育背景。他们经常卷入到对人类个体的技能或行为的评估、改变或是改进过程当中。对他们来说，知识等于过程，是一个对不断改变着的技能等的一系列复杂的、动态的安排。这些人在传统上要么像一个心理学家那样热衷于对个体能力的学习和管理方面进行研究，要么就像一个哲学家、社会学家或组织理论家那样在组织的水平上开展研究。

综合学派认为知识管理不但要对信息和人进行管理，还要将信息和人连接起来进行管理；知识管理要将信息处理能力和人的创新能力相互结合，增强组织对环境的适应能力。组成该学派的专家既对信息技术有很好的理解和把握，又有着丰富的经济学和管理学知识。他们推动着技术学派和行为学派互相交流、互相学习，从而融合为自己所属的综合学派。由于综合学派能用系统、全面的观点实施知识管理，所以能较快地被企业界接受。

19.2 知识表示方法

知识表示（knowledge representation）是指把知识客体中的知识因子与知识关联起来，便于人们识别和理解知识。知识表示是知识组织的前提和基础，任何知识组织方法都是要建立在知识表示的基础上。知识表示有主观知识表示和客观知识表示两种。

知识的表示就是对知识的一种描述，或者说是对知识的一组约定，一种计算机可以接受的用于描述知识的数据结构。某种意义上讲，表示可视为数据结构及其处理机制的综合：表示=数据结构+处理机制。因此在 ES 中知识表示是 ES 中能够完成对专家的知识进行计算机处理的一系列技术手段。常见的有产生式规则表示法、逻辑表示法、决策树法、框架表示法、状态空间法、问题规约法、面向对象的表示方法、基于 XML 的表示法、本体表示法、语义网络法及混合型知识表示方法等。

除了这些常见的知识表示方法，还有适合特殊领域的一些知识表示方法，如基于网格的知识表示方法、粗糙集、基于云理论的知识表示方法等，在此不做详细介绍。在实际工作中，在建立一个人工智能系统、专家系统时，需要根据具体情况提出一个混合型的知识表达方式。

19.2.1 产生式规则表示法

产生式规则表示法，有时被称为 IF-THEN 表示，它表示一种条件-结果形式，是一种比较简单表示知识的方法。IF 后面部分描述了规则的先决条件，而 THEN 后面部分描述了规则的结论。规则表示方法主要用于描述知识和陈述各种过程知识之间的控制，及其相互作用的机制。

例：MYCIN 系统中有下列产生式知识（其中，置信度称为规则强度）：

IF 本生物的染色斑是革兰性阴性，本微生物的形状呈杆状，病人是中间宿主

THEN 该微生物是绿脓杆菌，置信度为 0.6

19.2.2 逻辑表示法

逻辑表示法以谓词形式来表示动作的主体、客体，是一种叙述性知识表示方法。利用逻辑公式，人们能描述对象、性质、状况和关系。它主要用于自动定理的证明。逻辑表示法主要分为命题逻辑和谓词逻辑。

逻辑表示研究的是假设与结论之间的蕴涵关系，即用逻辑方法推理的规律。它可以看成自然语言的一种简化形式，由于它精确、无二义性，容易为计算机理解和操作，同时又与自然语言相似。

命题逻辑是数理逻辑的一种，数理逻辑是用形式化语言（逻辑符号语言）进行精确（没有歧义）的描述，用数学的方式进行研究。我们最熟悉的是数学中的设未知数表示。例如，用命题逻辑表示下列知识：

如果 a 是偶数，那么 a^2 是偶数。

解：定义命题如下：P：a 是偶数；Q：a^2 是偶数，则：原知识表示为：$P \rightarrow Q$

谓词逻辑相当于数学中的函数表示。例：用谓词逻辑表示知识：自然数都是大于等于零的整数

解：定义谓词如下：$N(x)$：x 是自然数；$I(x)$：x 是整数；$GZ(x)$：x 是大于等于零的数。所以原知识表示为：$(\forall x)(N(x)(GZ(x) \wedge I(x)))$，$\forall(x)$ 是全称量词。

19.2.3 决策树法

用决策树来划分物体的类属，树中每一内部节点对应一个物体属性，而每一边对应于这些属性的可选值，树的叶节点则对应于物体的每个基本分类。

19.2.4 框架法

心理学的研究结果表明，在人类日常的思维和理解活动中，当分析和解释新的问题时，常常使用从过去的经验中积累起来的知识。这些知识规模巨大而且以很好的组织形式存储在人类的大脑中。但是，我们无法把过去所有的经验都存储下来，而只能以一个通用的数据结构的形式来存储，这样的数据结构称为框架。对一个特定的事物，只要把它的特征数据填入框架，该框架就表示了该事物。

(1) 框架的构成。框架通常由描述事物的各个方面的槽组成，每个槽可以拥有若干个侧面，而每个侧面又可以拥有若干个值。框架的结构可以抽象的表示如下：

<框架名>

<槽名 1>　　<侧面 11><值 111><值 112>…

　　　　　　<侧面 12><值 121><值 122>…

　　　　　　　　　　⋮

　　　　　　<侧面 1m><值 1m1><值 1m2>

⋮

<槽名 n> <侧面 n1><值 n11><值 n12>…

<侧面 n2><值 n21><值 n22>…

⋮

<侧面 nm><值 nm1><值 nm2>

例如，关于饭店的一个框架结构：

Restaurant Frame
Specialization-of：Business Establishment
Types： range：（Cafeteria，Seat-Yourself，Wait-To-be-Seat）default：Wait-To-be-Seat
Location： range：an ADDRESS
  if-needed：（Look at the MENU）
Name：
  if-needed：（Look at the MENU）
Food-Style：range：（Chinese，American，French）
  default：Chinese
  if-needed：（Update Alternatives of Restaurant）

框架侧面的四种填值方式：1）靠已知的情况或物体属性提供；2）通过默认隐含；3）通过框架的继承关系实现属性值继承；4）执行 If-needed 程序实现。

（2）框架的推理。**匹配、填槽**。

（3）框架的特点。1）结构化表示方法，有较好的模块性，便于扩充。2）表示直观自然，易于理解适合表示典型的概念、事件和行为。3）没有形成完整的理论体系，表示单元缺乏清晰的语义，表达能力不强。

19.2.5 状态空间法

（1）问题状态描述。状态（state）是为描述某类不同事物间的差别而引入的一组最少变量 q_0，q_1，…，q_n 的有序集合，其矢量形式如下：

$$\boldsymbol{Q}=[q_0, q_1, \cdots, q_n]^{\mathrm{T}}$$

式中每个元素 $q_i(i=0.1, \cdots, n)$ 为集合的分量，称为状态变量。给定每个分量的一组值就得到一个具体的状态，如：

$$\boldsymbol{Q}_k=[q_{0k}, q_{1k}, \cdots, q_{nk}]^{\mathrm{T}}$$

使问题从一个状态变化为另一个状态的手段称为操作符或算符，可分为走步、过程、规则、数学算子、运算符号或逻辑符号等。

（2）状态空间（state space）描述。状态空间是一个表示该问题全部可能状态及其关系的有向图，它包括三种说明的集合，即所有可能的问题初始状态集合 S，操作符集合 P 及目标状态集合 G，因此可把状态空间记为三元状态（S，P，G）。在图中，结点表示状态，结点间的弧表示操作算子。

例 19-1 15 Puzzle problem 如图 19-1 所示。

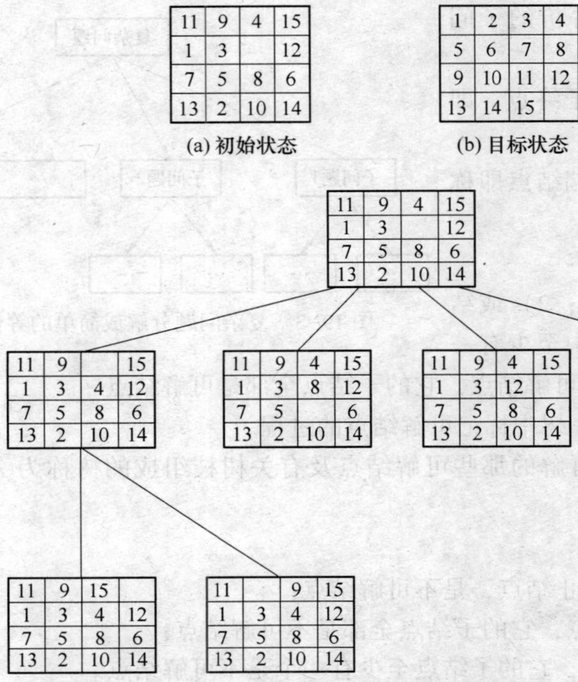

图 19-1　15 Puzzle problem

例 19-2　推销员旅行问题，如图 19-2 所示。

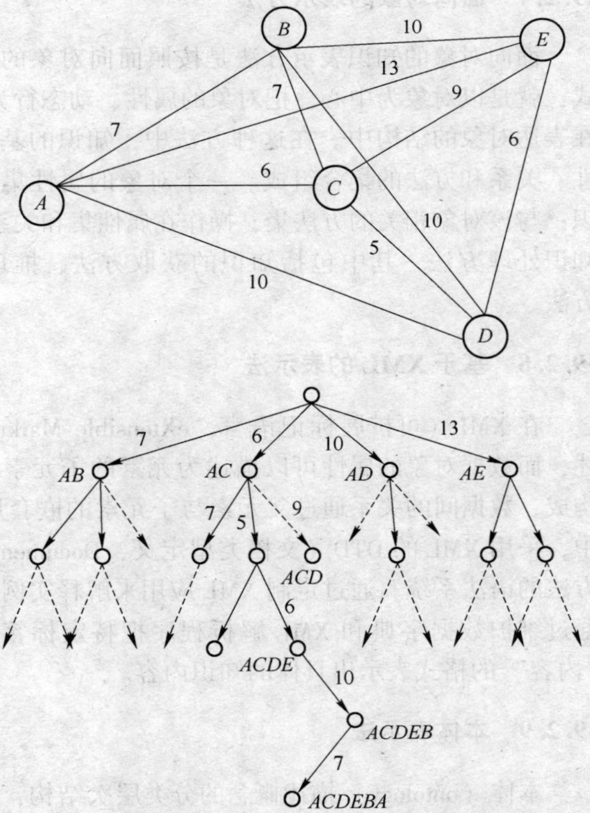

图 19-2　推销员旅行问题

19.2.6　问题归约法

(1) 问题归约描述。已知问题的描述，通过一系列变换把该问题最终变为一个子问题集合，这些子问题的解可以直接得到，从而解决了初始问题。可用三元组（S，O，P）来描述：

S 是初始问题；

P 是本原问题集合；

O 是操作算子集合。

目标：把复杂问题分解成简单的等价子问题进行研究，如图 19-3 所示。

(2) 与或图的表示。用与或图可以方便地把问题归约为子问题替换集合。在与或图搜索过程中："∧"表示"与"，"∨"表示"或"。

基本概念：

AND 图：把问题分解成子问题进行求解，即称为 AND 图。

OR 图：把问题归约为等价的子问题进行求解，即称为 OR 图。

终结点：与或树中的叶子终点，即称为终结点。

终止结点：得胜终局的端结点即称为终止终点。

可解结点（递归定义）：

1）终止结点是可解终点；2）或结点是可解结点，它的子结点中至少有一个是可解结点；3）与结点是可解结点，它的子结点全部是可解结点。

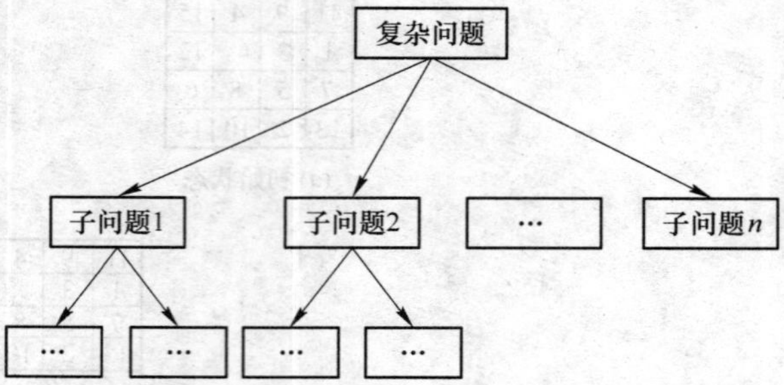

图 19-3　复杂问题分解成简单的等价子问题

应用可解结点：AND/OR 树中标记可解结点的过程。

可解树：由能使根结点可解的那些可解结点及有关树枝组成的树称为 AND/OR 的可解树。

不可解结点（递归定义）：

1）没有后裔结点的非终止结点，是不可解结点；

2）OR 结点是不可解结点，它的子结点全部是不可解结点；

3）与结点是不可解结点，它的子结点至少有一个是不可解结点。

19.2.7　面向对象的表示方法

面向对象的知识表示方法是按照面向对象的程序设计原则组成一种混合知识表示形式，就是以对象为中心，把对象的属性、动态行为、领域知识和处理方法等有关知识封装在表达对象的结构中。在这种方法中，知识的基本单位就是对象，每一个对象是一组属性、关系和方法的集合组成。一个对象的属性集和关系集的值描述了该对象所具有的知识；与该对象相关的方法集，操作在属性集和关系集上的值，表示该对象作用于知识上的知识处理方法，其中包括知识的获取方法、推理方法、消息传递方法以及知识的更新方法。

19.2.8　基于 XML 的表示法

在 XML（可扩展标记语言，eXtensible Markup Language）中，数据对象使用元素描述，而数据对象的属性可以描述为元素的子元素或元素的属性。XML 文档由若干个元素构成，数据间的关系通过父元素与子元素的嵌套形式体现。在基于 XML 的知识表示过程中，采用 XML 的 DTD（文档类型定义，Document Type Definitions）来定义一个知识表示方法的语法系统。通过定制 XML 应用来解释实例化的知识表示文档。在知识利用过程中，通过维护数据字典和 XML 解析程序把特定标签所标注的内容解析出来，以“标签”+“内容”的格式表示出具体的知识内容。

19.2.9　本体表示法

本体（ontology）描述概念的分类层次结构，并加入一些合适的关系、公理等表示概念之间的其他关系，是对领域实体存在本质的抽象，它强调实体间的关联，并通过多种知识表示元素将这些关联表达和反映出来，主要包括概念 C、属性 P、关系 R、函数 F、公理 A、实例 I 。

概念。表示领域知识元，包括一般意义上的概念以及任务、功能、策略、行为、过程等，在本体的实现中，概念通常用类（class）来定义，而且通常具有一定的分类层次关系。

属性。描述概念的性质，通常用槽（slot）或者类的属性（properties）来定义。

关系。表示概念之间的关联，如部分关系（part-of）、子关系（subclass-of）、实例关系（instance-of）、属性关系（attribute-of）。

函数。表示一类特殊的关系，如长方形的长和宽唯一决定其面积。

公理。表示永真式，在本体论中，对于属性、关系和函数都具有一定的关联和约束，这些约束就是公理，公理一般用槽的侧面（facet）来定义。

实例。表示某个概念类的具体实体。如图 19-4 所示。

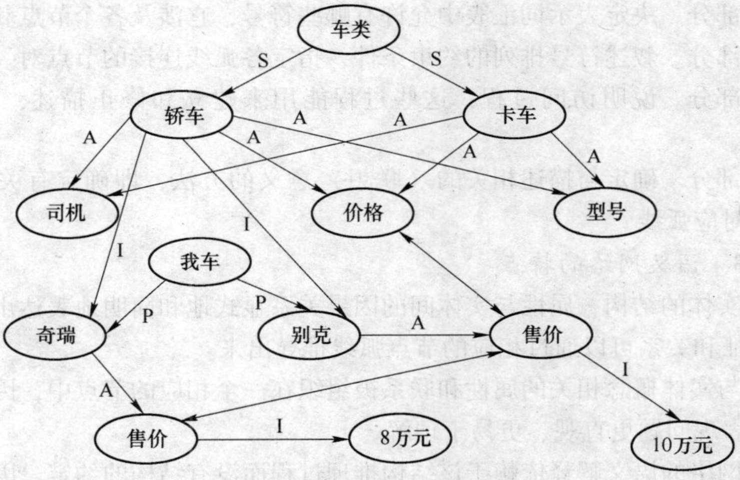

图 19-4 本体实例

本体是一个形式化的、共享的、明确化的、概念化规范。本体论能够以一种显式、形式化的方式来表示语义，提高异构系统之间的互操作性，促进知识共享。因此，最近几年，本体论被广泛用于知识表示领域。用本体来表示知识的目的是统一应用领域的概念，并构建本体层级体系表示概念之间的语义关系，实现人类、计算机对知识的共享和重用。五个基本的建模元语是本体层级体系的基本组成部分，这些元语分别为类、关系、函数、公理和实例。将本体引入知识库的知识建模，建立领域本体知识库，可以用概念对知识进行表示，同时揭示这些知识之间内在的关系。领域本体知识库中的知识，不仅通过纵向类属分类，而且通过本体的语义关联进行组织和关联，推理机再利用这些知识进行推理，从而提高检索的查全率和查准率。

本体作为一种知识表示方法，与谓词逻辑、框架等其他知识表示方法的区别在于他们属于不同层次的知识表示方法，本体表达了概念的结构、概念之间的关系等领域中实体的固有特征，即“共享概念化”，而其他的知识表示方法可以表达某个体对实体的认识，不一定是实体的固有特征。这正是本体层与其他层的知识表示方法的本质区别。

19.2.10 语义网络法

语义网络是1968年Quillian在研究人类联想记忆时提出的心理学模型，认为记忆是由概念间的联系实现的。1972年Simon首先用语义网络表示法建立自然语言理解系统。逻辑和产生式表示方法常用于表示有关论域中多个不同状态间的关系，然而用于表示一个事物各个部分间的分类知识就不方便了，而槽和填槽表示方法便于表示这种分类知识，这种表示方法包括语义网络、框架、概念从属和脚本等，语义网络是其中最简单的一种，它是这类表示法的先驱，同一阶逻辑有相同的表达能力。

19.2.10.1 语义网络的基本概念

语义网络是知识表示的一种图解表示。它由节点和弧或链线组成，节点用于表示实体、概念或情况等，弧线用于表示结点间关系（即结点1，弧，结点2）。

19.2.10.2 语义网络的构成

（1）词法部分。决定表示词汇表中允许有哪些符号，它涉及各个节点和弧线。

（2）结构部分。叙述符号排列的约束条件，指定各弧线连接的节点对。

（3）过程部分。说明访问过程，这些过程能用来建立和修正描述，以及回答相关问题。

（4）语义部分。确定与描述相关的（联想）意义的方法，即确定有关节点的排列及其共占有物和对应弧线。

19.2.10.3 语义网络的特点

（1）能把实体的结构、属性与实体间的因果关系显式地和简明地表达出来，与实体相关的事实、特征和关系可以通过相应的节点弧线推导出来。

（2）由于与实体概念相关的属性和联系被组织在一个相应的节点中，因而使概念易于受访和学习，表现问题更直观、更易于理解。

（3）语义网络的语义解释依赖于该结构推理过程而没有结构的约定，因而得到的推理不能保证像谓词逻辑法那样有效。

（4）节点间的联系可能是线状、树状或网状的，甚至是递归状的结构，使相应的知识存储和检查可能需要比较复杂的过程。

19.2.10.4 语义网络的表示方法

（1）基本表示方法：

1）实例联系，用ISA弧表示。

2）泛化联系，用AKO(A Kind Of) 弧表示。

3）聚集联系，用Part-Of弧表示。

4）属性联系，用属性弧表示。

5）n个变元之间的相互关系，(n>2) 可以通过“创建”一个新的实体来表示n元关系。即部分与整体的关系表示。

6）事件可通过先建立一个表达整个事件的新对象来作为新结点，然后用语义网络描述该新对象与每个实体的关系。

7）表示实体的值及其变化，引入弧value可使特征更加清晰。

(2) 量词表示方法。量词表示方法包括合取（conjunct）、析取（disjunct）、蕴涵（implication）、否定及量词。

19.2.10.5　语义网络的推理

在语义网络知识表达方法中，没有形式语义，也就是和谓词逻辑不同，对给定的表达结构表示什么语义没有统一的表示法，赋予网络结构的含义完全取决于管理这个网络的过程的特征。

为了叙述的方便，我们对所用符号作进一步的规定，即尾部的节点称为值节点。

语义网络中的推论有两种，一种是继承；另一种是匹配。继承就是把对事物的描述从概念节点或类点节传递到实例节点。继承的方法有三种：值继承、“如果需要”继承和“默认”继承。

零件的语义网络如图 19-5 所示。结点间的关系见表 19-1。

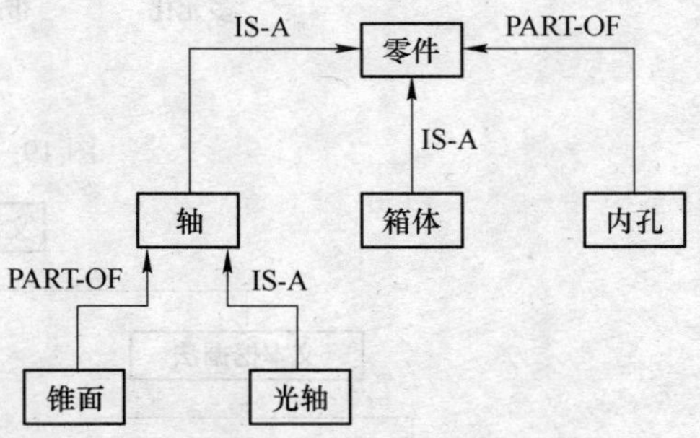

图 19-5　零件的知识语义网络

表 19-1　结点间的关系

结点间的关系	IS-A 链	PART-OF 链	IS 链
描述内容	具体和抽象关系	部分和全体关系	一个结点是另一结点的属性
特点	具体层结点可继承抽象层结点的属性	PART-OF 关系下各层结点的属性可能是很不相同的	
实例	车床 —IS-A→ 机床	刀架 —PART-OF→ 机床	车床 —IS→ 很新

19.3　知识管理信息化技术、方法及系统工具

19.3.1　知识搜索

组织或个人实现创新的第一步是要获取大量的相关知识，这就需要知识搜索系统的支持。知识搜索系统主要是从网络或电子文档中快速找到所需要的知识，如图 19-6 所示。

19.3.1.1　检索方法概述

从原理上讲，检索方法主要可分为文本挖掘法（目录检索系统）和搜索引擎法，如图 19-7 所示。前者的关键是要建立一个文档，使文档有序化。

(1) 文本挖掘法（text mining）。文本挖掘法将文档归入一个有序的结构，再按结构规则提取文档（检索）。

1) 树状分类表。该分类表由各自领域的专家编制，再由“知识工程师”按文档内容将它归入某一个最终子类，检索时可按树状结构一层一层地找到文档，如图 19-7 所示。

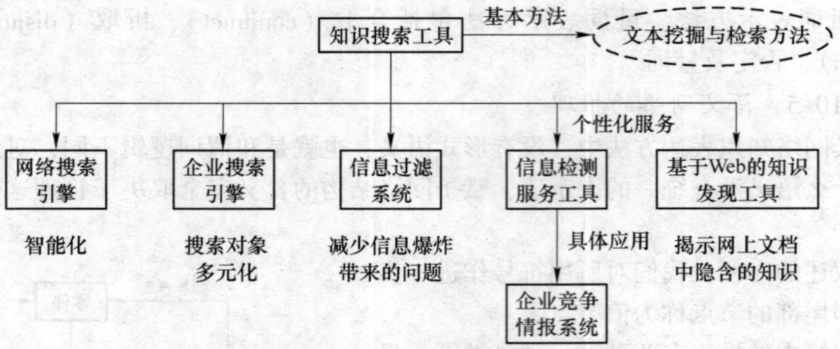

图 19-6 知识搜索系统

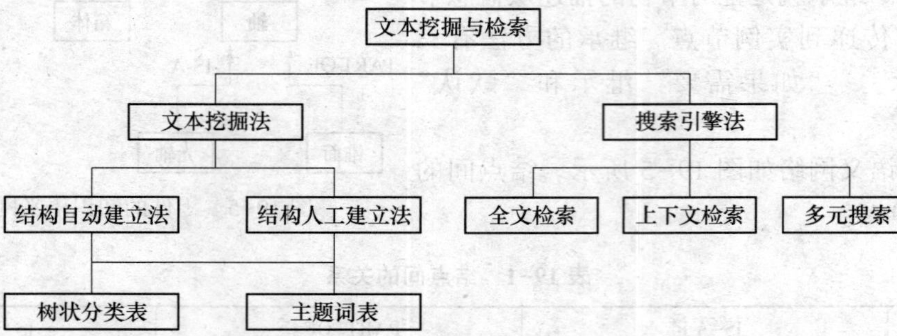

图 19-7 文本挖掘与检索方法的分类

这种方法的问题是：分类规则有很强的主观性，与编制者对该领域的理解有很大关系。分类表灵活性差。

2）结构化的概念集合——主题词表。将文档按其内容所涉及的主题，从主题词表中选出若干个概念，作为该文档的标识，并存入数据库。以后，只要从主题词表中选出合适的主题词，就可以提取文档。主题法适用于计算机检索，灵活性较分类法好。但主题词表的编制很困难，给文档赋予主题词（标引）也较分类法困难，这些都是“主题法”的不足。

文本挖掘法中的文档结构建立方法可以是自动的，也可以是手动的。自动的由机器根据文档特征，按一定算法自动建立有序的结构，并将文档归入该结构，如 IBM 的 Text Miner 和 Autonomy 公司的 Concept Agent。手动的由人工建立结构，再由人工将文档归入结构。

（2）搜索引擎法。搜索引擎用以帮助使用者快速定位所需内容，按照搜索方法可分为全文搜索、上下文搜索、多元搜索引擎（Meta 搜索引擎或 mega 搜索引擎）等。

多元搜索引擎又称集合式搜索引擎。它将多个搜索引擎集成在一起，并提供一个统一的检索界面；在使用时，它可以自动地将一个检索提问发给多个搜索引擎同时进行检索。一次可以查询多个搜索引擎，并对检索结果进行排重和排序等处理。

搜索引擎不建立结构，在检索时，用户自由地输入检索词或短语，由系统进行匹配，并将匹配到的文档按检索词出现频率的统计规则提供给用户。

搜索引擎的查准率和查全率都不算好。常常可能遇到这样的情景：搜索引擎自动检索出的绝大多数文献都不是自己想要的。其原因是：检索者用的检索词其实并不是该专业的通用术语；文档的主题与检索词出现的频率相关度不高。尽管如此，搜索引擎在目前仍然是知识管理系统的标准文档检索方案。

19.3.1.2 网络搜索引擎

（1）常用的搜索引擎网址：http：//www.google.com；http：//cn.search.yahoo.com；http：//www.baidu.com；http：//cha.sina.com.cn；http：//so.sohu.com；http：//www.sogou.com；http：//search.msn.com。

（2）网络搜索引擎的发展：

1）支持关键字同篇、同段、同句以及领域、时间、来源、形式等属性的形式化运算，提高搜索速度和准确度。

2）多媒体搜索。分析并依照内容特征为音视频文件建立搜索索引。

3）互动搜索。监测和利用用户的知识搜索与浏览过程，自动获得用户的需求与兴趣信息，把合适的知识提交给用户，并允许用户订购感兴趣的新知识资源或更新已有的知识资源。

4）垂直搜索。高度专业化的垂直搜索发展很快，已经对Google、雅虎等通用搜索厂商构成了重大的潜在威胁。随着互联网用户和网上的内容急剧增长，通用信息源向专用信息源的过渡是很自然的。专门针对二手车的搜索引擎则能够帮助用户比Google等通用搜索引擎更迅速地获得更精确的资料。

【案例】 Google是网络搜索引擎的技术领先者。它在全球范围内收录各个语种的网页，每天派出机器人抓取，每天更新，总量超过30多亿。Google并非只使用关键词或代理搜索技术，它将自身建立在高级的PageRank（网页级别）技术基础之上。这项技术可确保始终将最重要的搜索结果首先呈现给用户。网页级别可对网页的重要性进行客观的分析。实质上，当从网页A链接到网页B时，Google就认为"网页A投了网页B一票"。

（3）基于网络机器人的WEB信息主动获取与处理。图19-8为Web信息主动获取与处理的结构示意图。网络机器人（robot）也称为网络蜘蛛（spider）、爬虫（crawler）等。无论是何种程序代码产生的网页，都是以HTML样式进行显示。而网络机器人则解析网页中的HTML代码，将需要的内容取出存放到临时数据库中；接着再查找该页面内的超链接，转向新的URL页面进行解析处理，以此类推，直至穷尽。

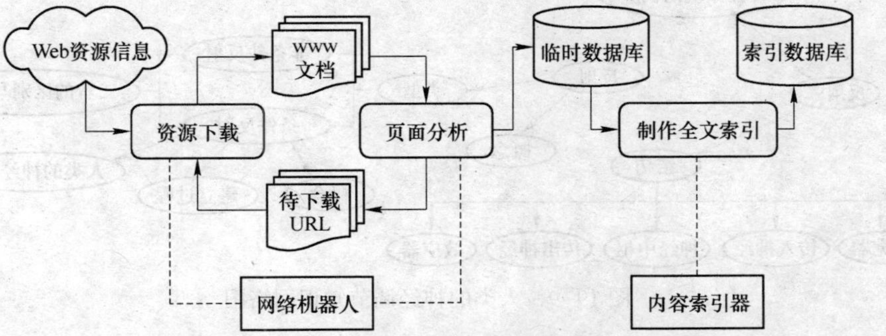

图19-8 Web信息主动获取与处理的结构示意图

19.3.1.3 企业搜索引擎

企业知识每年以200%的速度增长，企业除了用传统关系型数据库来存储结构化知识之外，还有80%的知识以文件、邮件等非结构化数据存放在企业内计算机系统中的各个角落。美国90%的企业网站都设有企业搜索引擎。

19.3.1.4 个性化信息过滤工具

个性化信息过滤工具的任务是：过滤输入的信息，从中选出用户感兴趣的信息输出给用户。个性化信息过滤工具应具有一定的智能性，即在与用户的频繁（直接的和间接的）交互中记下用户的个人兴趣爱好，当用户使用时，向用户提供某一方面的或全部的感兴趣的信息。

19.3.1.5　企业竞争情报系统

在现代企业生存发展的过程中，企业必须关注外部的竞争因素，及时了解和掌握竞争对手的最新情况。根据美国竞争情报协会的分析，企业所需的竞争对手信息，其实大部分是公开的，只不过散落在各个角落；而在当今信息时代，互联网信息已经占有很高的比例。

企业竞争情报系统能够支持企业组织和评估关键业务的发展趋势，跟踪正在出现的各种变化，以及分析现有和潜在竞争对手的能力和动向，从而协助企业保持和发展竞争优势。越来越多的企业开始关注在信息分析基础上的辅助决策模型，关注信息的深度加工。

19.3.2　知识网络

知识网络是基于知识的关系。知识网络中的资源种类多、关系复杂，还涉及参与者的信息，如图 19-9 所示为人类的神经调节知识网络图。

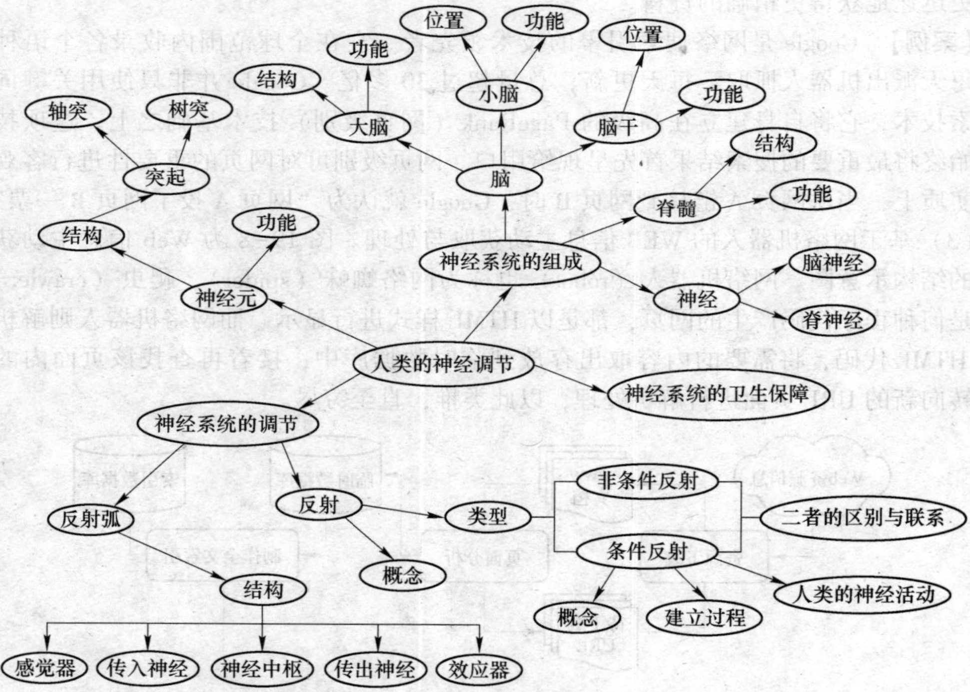

图 19-9　人类的神经调节知识网络图

对于知识网络这样一个复杂网络，可以采用 Web2.0 技术帮助进行有序化自组织：知识可以采取类似博客的方式分布化存放；知识通过基于本体的标签（tag）进行分类，而标签是由广大使用者确定的；知识的关联是由作者自行建设的；知识的重要性和创新性是由广大用户确定的。因此只要建设起知识网络有序化标准、自组织的机制和系统，知识网络就有可能自组织地发展。知识网络有序化自组织方法主要包括：

(1) **采用元模型和标签法结合的方法描述知识**。采用元模型和标签法结合的方法描述知识、评阅信息知识及评阅信息的描述格式、定义等的有序化，主要采用现有的国际和国家有关的元模型标准和方法。Web2.0 的标签（tag）法作为一种辅助的描述和分类方法，将标签法与本体技术结合起来，解决标签法任意性太大的问题。对于一些具体的元模型的建立和维护可以采用维客（Wiki）模式，大家共同建设和投票推荐。

（2）**知识网络本体建设与维护的自组织机制**。相同或相似知识的有序化采用本体方法。对深奥的专业知识，本体建设与维护需要专业人士来进行，因此，可以采用一种自组织机制帮助实现，如图 19-10 所示。自组织优化目标是：提高本体的覆盖度和准确度，即首先将所要搜索的知识“一网打尽”；其次，使无关的知识尽可能少出现。可采用维客（Wiki）模式进行本体建设与维护。

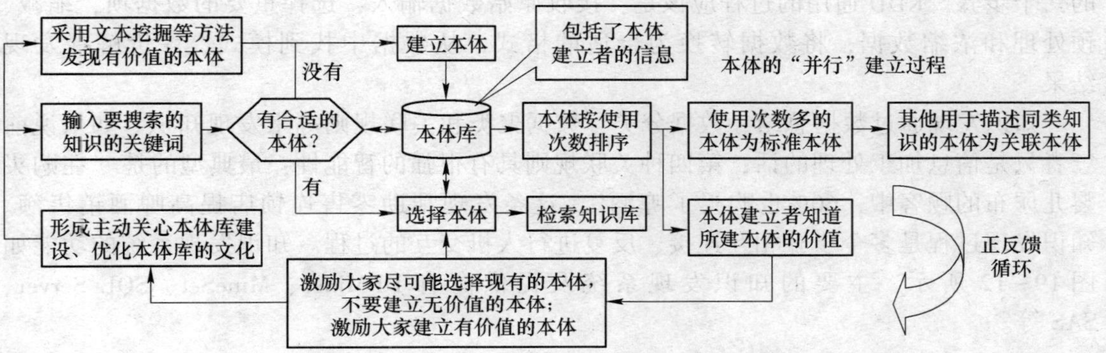

图 19-10　知识网络本体建设与维护的自组织机制

（3）**知识网络有序化的建设和评价标准体系**。采用知识网络有序化的开放标准体系，其中有的标准已经有国家标准，如国家标准 GB 7714《文后参考文献著录规则》等。所谓开放标准体系，是指本体标准和标签标准等是由大家来建设的，并且在不断变化，是一种“事实标准”。有了合理的评价标准，才有可能建立有效的激励机制，促进知识网络有序化自组织。如图 19-11 所示为一种知识网络有序化的开放标准体系。

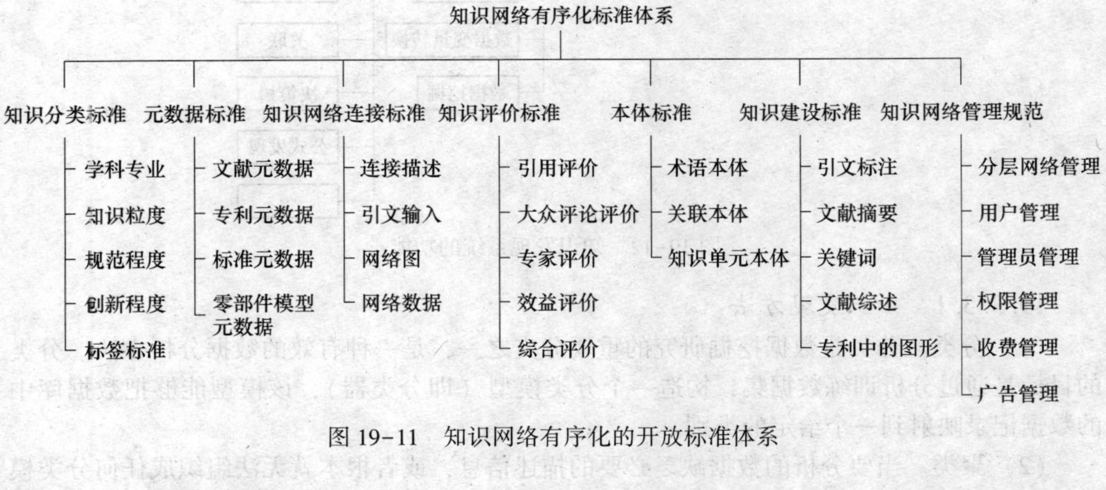

图 19-11　知识网络有序化的开放标准体系

19.3.3　知识发现

信息化的推进让企业积累了大量的数据。从凌乱的数据中挖掘有用知识，是知识发现系统的任务之一。

知识发现（Knowledge Discovery in Database，KDD），是从 20 世纪 80 年代末开始的，是所谓“数据挖掘”的一种更广义的说法，即从各种媒体表示的信息中，根据不同的需求获得知识。知识发现是从数据集中识别出有效的、新颖的、潜在有用的，以及最终可理解的模式的非平凡过程。知识发现将信息变为知识，从数据矿山中找到蕴藏的知识金块，为知识创新和知识经济的发展做出贡献。知识发现的目的是向使用者屏蔽原始数据的烦琐细节，从原始数据中提炼出有意义的、简洁的知识。虽然数据挖掘是知识发现过程的核心，但它通常仅占 KDD 的一部分（大约是 15%~25%）。因此数据挖掘仅仅是整个 KDD 过程的一个步骤。KDD 通用的过程应该是：接收原始数据输入，选择重要的数据项，缩减、预处理和浓缩数据，将数据转换为合适的格式，从数据中找到模式，评价解释发现结果。

知识发现通过数据总结、数据分类、数据聚类和关联规则等来发现知识。如果说前三者只是信息加工处理的话，第四种关联规则具有很强的智能性：最典型的是“在购买婴儿尿布的顾客中，60%也购买了啤酒”，这条发现帮助零售连锁店提高啤酒销售额。知识发现过程是多个步骤相互连接、反复进行人机交互的过程。知识发现系统的功能如图 19-12 所示。主要的知识发现系统及提供商有 DBMiner、MineSet、SQL Server、SAS 等。

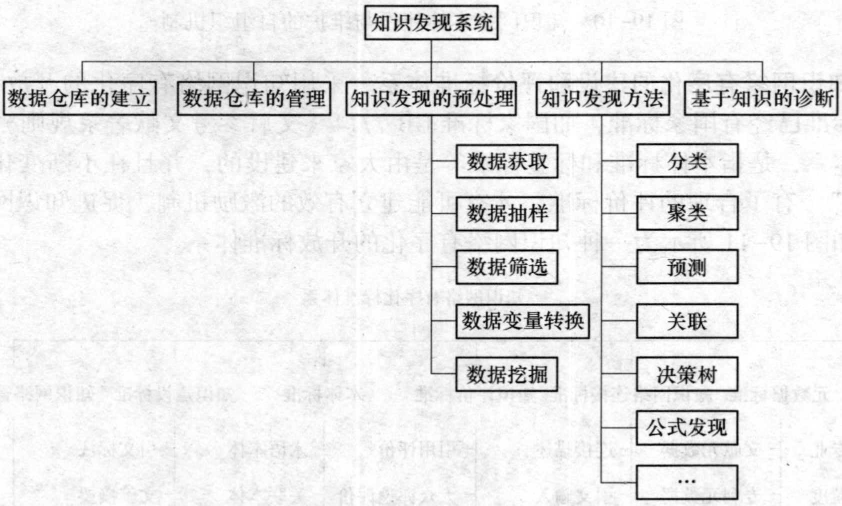

图 19-12　知识发现系统的功能

19.3.3.1　知识发现方法

（1）分类。分类是数据挖掘研究的重要分支之一，是一种有效的数据分析方法。分类的目标是通过分析训练数据集，构造一个分类模型（即分类器），该模型能够把数据库中的数据记录映射到一个给定的类别。

（2）聚类。当要分析的数据缺乏必要的描述信息，或者根本就无法组织成任何分类模式时，利用聚类函数把一组个体按照相似性归成若干类，这样就可以自动找到类。聚类和分类类似，都是将数据进行分组。但与分类不同的是，聚类中的组不是预先定义的，而是根据实际数据的特征按照数据之间的相似性来定义的。

（3）关联。是指发现大规模数据集中项集之间有趣的关联或相关关系。关联规则是指通过对数据库中的数据进行分析，从某一数据对象的信息来推断另一数据对象的信息，寻找出重复出现概率很高的知识模式，常用一个带有置信度因子的参数来描述这种不确定的关系。

（4）预测。这是一种特殊类型的分类，可以看作是根据过去和当前的数据预测未来的数据状态。通过对用衰减统计技术建模的数字值的预测，学习一种（线性或非线性）功能将数据项映射为一个数字预测变量。

（5）决策树方法。利用信息论中的互信息（信息增益）寻找数据库中具有最大信息量的字段，建立决策树的一个结点，再根据字段的不同取值建立树的分枝；在每个分枝子集中重复建树的下层结点和分枝的过程，即可建立决策树。国际上最有影响和最早的决策树方法是 Quinlan 研制的 ID3 方法，数据库越大，其效果越好。在 ID3 方法的基础上，后人又发展了各种决策树方法。

（6）公式发现。是在工程和科学数据库（由试验数据组成）中，对若干数据项（变量）进行一定的数学运算，求得相应的数学公式。它的基本思想是，对数据项进行初等数学运算（加、减、乘、除等），形成组合数据项，若它的值为常数项，就得到了组合数据项等于常数的公式。如理想气体定律的发现。

（7）统计分析方法。在数据库字段项之间存在两种关系：1）函数关系（能用函数公式表示的确定性关系）；2）相关关系（不能用函数公式表示，但仍是相关确定关系）。对它们的分析采用如下方法：1）回归分析；2）相关分析；3）主成分分析。

（8）模糊论方法。利用模糊集合理论对实际问题进行模糊评判、模糊决策、模糊模式识别和模糊聚类分析。模糊性是客观存在的，系统的复杂性越高，精确化能力就越低，也就意味着模糊性越强。

（9）可视化技术。可视化数据分析技术拓宽了传统的图表功能，使用户对数据的剖析更清楚。例如，把数据库中的多维数据变成多种图形，这对揭示数据的状况、内在本质及规律性具有很强的作用。

19.3.3.2　基于 Web 的知识发现系统

搜索引擎只解决了信息查询的问题，传统的数据挖掘技术所涉及的主要是结构化的数据库，而目前网络上有 90%的可用信息是非结构化信息，且网上数据往往是经常变动和不规则的。因此，人们需要比信息检索层次更高的新技术，即基于 Web 的知识发现系统（KDW，Knowledge Discovery in Web），用于揭示网上文档中隐含的知识。Web 数据挖掘的分类如图 19-13 所示。

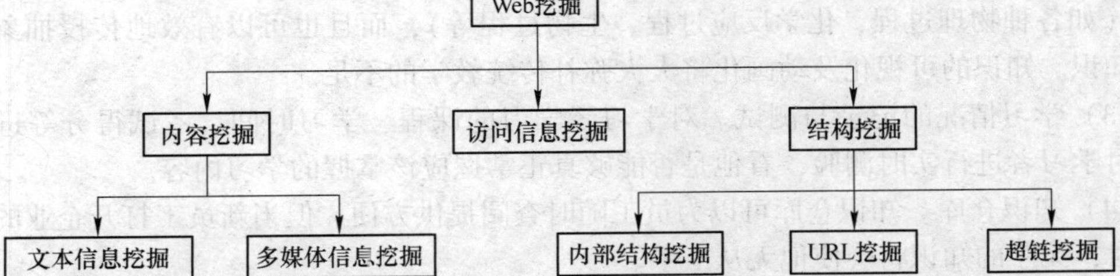

图 19-13　Web 数据挖掘的分类

（1）内容挖掘的目的是对页面信息进行聚类、分类和关联分析，以及利用 Web 文档进行趋势预测、分析等；多媒体信息挖掘是对多媒体文档的挖掘。

（2）访问信息挖掘是对用户访问 Web 时服务器方留下的访问记录进行挖掘，从中可以得出用户的访问模式和访问兴趣。

（3）结构挖掘是对文档内部结构、文档 URL 中的目录路径结构和 Web 页面超链关系的挖掘。

Web 挖掘需要以半结构化模型和半结构化数据模型抽取技术为前提。XML 数据就是一种自描述的半结构化数据，它支持用户自定义文档标记，用有序的、嵌套的元素组织有一定结构的数据。

Web 挖掘的发展方向主要有：提供满足个性化需求的服务，如个性化页面；基于智能代理的搜索工具；把半结构化的 Web 信息重构得更结构化，然后使用标准的数据库查询机制和数据挖掘方法进行分析；将机器学习与经典的信息检索技术及推送技术相结合，改进推理机制；将主题检索、概念检索和相关检索等智能检索方式加以融合。

【案例】 为了反映网络购物的变化趋势，淘宝网编制了一个特殊的“CPI”指数，来反映网络购物的发展趋势。淘宝网从 4887 个四级类目中最终选取了 390 个类目（占比只有 8.0%，但成交额占比却高达 57.4%），作为淘宝 CPI 的成分类目。

淘宝通过研究用户数据提供给商家最专业的服务。淘宝一天产生的用户行为数据就高达 500GB。比如在淘宝上想开一个店卖杯子，通过数据分析，就可知道什么样的杯子最畅销，什么价格最合适。目前，包括宝洁等大型消费品公司均向淘宝购买研究数据。很多品牌企业每年都会采取各种途径进行线下客户调查，这种调查往往与真实情况有很大的差距，而大量客户在线浏览、咨询、购买等行为背后的数据分析比客户调查准确得多。这对于品牌企业下一步的研发和生产将会有很强的指导意义。

19.3.4 电子化学习系统

电子化学习系统（E-learning）基于多媒体网络学习资源、网上学习社区及网络技术平台的支持，在网络学习环境中，汇集了大量数据、档案资料、程序、教学软件、兴趣讨论组、新闻组等学习资源，形成了一个高度综合集成的资源库。电子化学习系统的设计应包含以下内容：

（1）信息的有机组合。在电子化学习系统中，必须对信息进行有机组合，对它进行再设计，形成有效的学习模块。

（2）多媒体技术的应用。利用多媒体技术，不但可以用有效的方式向学生传授过程性知识（如各种物理过程、化学反应过程、生物过程等），而且也可以有效地传授抽象的概念性知识。知识的可视化及动画化将大大弥补传统教学的不足。

（3）学习情况的记录与测试。对学习者学习的课程、学习时间、考试得分等进行记录。对学习者进行实时测验，看他是否能够真正掌握应该掌握的学习内容。

（4）知识仓库。知识仓库可以为员工随时查阅提供方便。但当新员工打开企业的知识仓库时，无序的知识将会使他无从上手。

（5）知识地图。知识地图可以引导员工，有针对性地阅读各种资料，完成培训过程。知识地图指明其所存储的知识仓库中的位置，并将企业各种知识资源的入口集成起来，以统一的方式将企业的知识资源介绍给员工，这对企业员工的培训具有重要价值。与知识地图作用类似的还有企业门户、企业资源词典等。

19.3.5　远程实时交流系统

现代企业已经不局限于本地化发展，员工之间的远程交流越来越频繁。远程实时交流系统（或称协同系统、沟通系统、即时通信系统等）是一种针对空间差异的知识交流系统，提供如电子邮件、讨论组、即时通信（信息、文件、语音、视频等）等功能，如微软MSN、腾讯QQ、微信等。

远程实时交流系统已经成为越来越多的企业的重要信息交流工具，特别适合于分散在各地的企业集团，或有全国销售渠道的企业集团。例如，目前很多企业利用QQ、桌面视频会议系统等进行信息沟通和定期召开虚拟会议，节省了大量的通信费用和交通费用，促进信息和知识的共享。

19.3.6　专家黄页

隐性知识与拥有者紧密地联结在一起。只有找到拥有者，才能通过直接的、面对面的接触找到隐性知识。专家黄页（或专家库管理系统）可以指明具有某种隐性知识的专家，通过专家黄页将知识和人联系起来，方便员工找到他们需要的知识及专家。

专家黄页是知识专家的数据库，包括专家姓名、单位、联系方式、特长等，但不包括知识内容本身。专家黄页中的专家不仅仅包括企业内部的人员，同时也包括企业外部的专家，他们可能是已经离开本企业的专家、竞争对手企业的专家、供应商企业的专家、客户企业的专家以及专业机构的专家等。

（1）专家黄页的分类（图19-14）。专家黄页中的专家信息可以自己上传，因为绝大部分专家都乐于用自己的知识服务企业和社会。

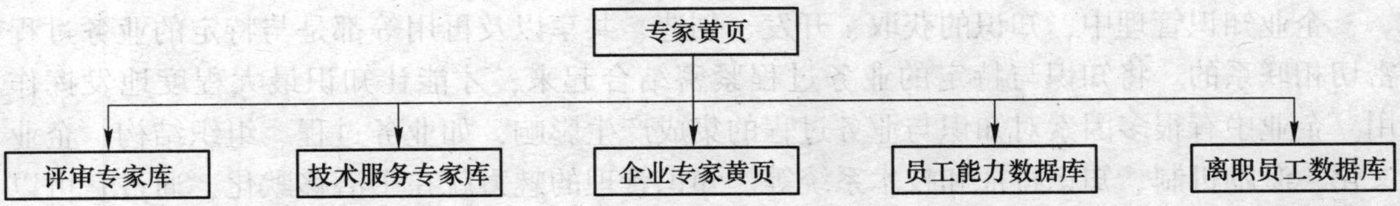

图19-14　专家黄页的分类

（2）专家黄页的设计：

1）需要考虑信息输入和维护的方便性、检索的方便性。专家黄页的建立最好采用半自组织建立方式。以专家自己填写自己的知识为主。有的知识条目没有，可以由专家自己增加。但需要经过有关部门的审核。

2）专家的基本的信息包括专家姓名、性别、出生年月、出生地、民族、职称、职务、职业、专业、最后学位、工作单位、通信地址、邮编、联系电话、传真和E-mail等。

3）专家的工作经历包括工作简历、学习经历、获奖、论文著作和社会工作等。

4）专家的知识和信息很重要，要进行正确的和快速的检索，需要有一个较好的知识分类系统。专业的分类可参照有关国家的学科代码标准。例如在工程领域，对知识的掌握和熟悉程度可分为5级，从1到5，分别表示不涉及、了解、熟悉、能应用、应用水平高。

19.3.7 知识集成

知识往往分散在不同的计算机和知识库中。过去人们为了寻找知识需要花费很多精力，现在知识集成系统把经常要用的知识集成在一起，便于人们的查找和使用。知识集成是指将分散的知识元素依据一定的逻辑规则有机地结合在一起，使知识有序化、层次化，从而高效地利用信息资源，有利于知识创新。

19.3.7.1 企业门户

企业门户（Enterprise Portal，EP）通过一个唯一入口，为企业员工、分销商、代理商、供应商、合作伙伴等相关人员提供基于不同角色和权限的信息知识服务与应用。企业的内外部用户只需要通过浏览器就可以管理、组织、查询、定制相关信息与服务。企业门户可分为企业信息门户、企业知识门户和企业应用门户。其中，企业信息门户应用较多，企业知识门户（Enterprise Knowledge Portal，EKP）可以大大提高企业范围内的知识共享，并由此提高企业员工的工作效率。企业门户的关系如图 19-15 所示。

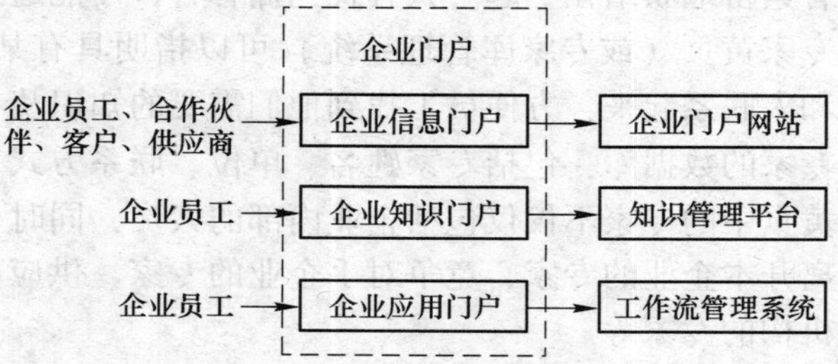

图 19-15 三类门户的关系

19.3.7.2 知识与业务过程的集成系统

企业知识管理中，知识的获取、开发、创造、共享以及再用等都是与特定的业务过程密切相联系的。将知识与特定的业务过程紧密结合起来，才能让知识最大程度地发挥作用。企业中有很多因素对知识与业务过程的集成产生影响，如业务过程、组织结构、企业文化、激励机制、知识特征和技术系统等。知识管理的魅力就在于潜移默化，通过它可以把企业的工作流程和相关的知识结合起来，只要员工按流程办事，他就可以实现经验与知识的不断积累。

知识流是在用户和知识处理机制之间传递知识的过程。知识流确定知识的发送者和接收者、共享的知识内容、知识的传播媒介。知识流和工作流集成的优点：

（1）实现分布化团队成员之间知识级的合作，提高整个团队解决问题的能力和工作效率；

（2）知识流和工作流相结合，优于单独使用知识流或工作流的建模方法；

（3）知识流能稳定整个团队的知识水平，不受人员变动的影响。

例如，现在越来越多的企业有客户服务中心，并利用知识服务技术使客户满意。知识服务技术可以显著提高客户支持工程师的能力，丰富他所掌握的用于解答问题的知识资源，使客户支持工程师能够快速有效地定位问题和解决问题。这些管理问题的联系如图 19-16 所示。

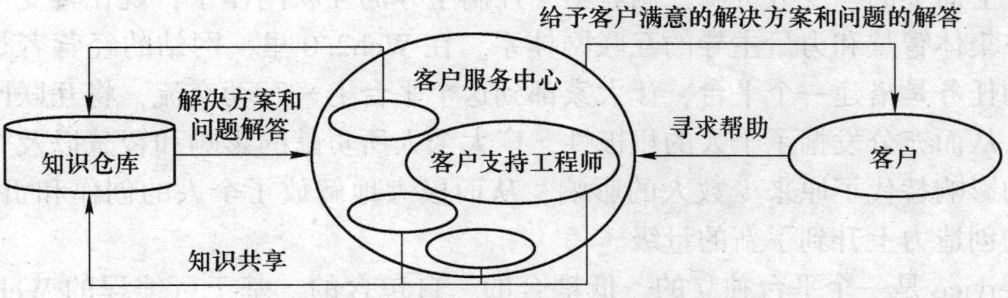

图 19-16　客户服务中心与知识管理

客户服务中心结合了多种客户服务选项，如电子邮件、推送内容、Web 网点导航、浏览、聊天和即时消息处理等。根据 Forrester Research 公司的研究，使用长途免费电话呼叫中心的客户有 54%选择与接线员通话。这类咨询电话的平均成本为 33 美元，而电子邮件（9%）是 10 美元，Web 网站自助服务（37%）为 1.17 美元。在客户服务中心与客户进行互动交流的过程中，及从客户的反馈中，可以得到很多有益的信息，例如客户的使用经验、客户的特殊需求、合作伙伴的反馈等，这些信息经过整理就能成为有价值的知识。

19.3.7.3　知识地图

知识地图（knowledge map）是一种知识（既包括显性的、可编码的知识，也包括隐性知识）导航系统，并显示不同的知识存储之间重要的动态联系。它是知识管理系统的输出模块，输出的内容包括知识的来源、整合后的知识内容、知识流和知识的汇聚。它的作用是协助组织机构发掘其智力资产的价值、所有权、位置和使用方法；使组织机构内各种专家技能转化为显性知识并进而内化为组织的知识资源；鉴定并排除对知识流的限制因素；发挥机构现有的知识资产的杠杆作用。

知识地图可分为面向程序的知识地图、面向概念的知识地图、面向能力的知识地图面、面向社会关系的知识地图等。

19.3.7.4　知识仓库

知识仓库（knowledge repository）收集了各种经验、备选技术方案及各种用于辅助决策的信息和知识，并以一定规则对这些信息和知识进行分类保存，提供相应的检索手段。这样，大量的隐性知识被编码化和数字化，知识从原来的混乱状态变得有序化。知识仓库的意义在于：将组织中的显性和隐性知识以容易获取和理解的形式呈现给需要该知识的员工。将知识结构化和系统化，并建立易于操作的索引系统，以备查询使用。例如，可以建立维护知识仓库，在售后维护过程中，将每一个维护工程师的技术、经验、诀窍等集中起来，供大家共享。

知识仓库的作用主要有：（1）增加企业知识储备，将个人知识提升为组织知识，减少员工休假、离职而造成的损失；（2）新员工可以利用企业知识仓库，很快地熟悉前人的工作环境，学习其他员工的经验；（3）促进组织知识的进步。同类的经验和教训积累多了，就可上升为系统的知识和理论，可用于对工作的指导，使企业不再犯同类错误，提高决策水平。

19.3.8　基于 Web2.0 的知识管理

Web2.0 是新的互联网应用的统称。Web2.0 是互联网的一次理念和思想体系的升级换代：原来自上而下的、少数资源控制者集中控制主导的互联网体系，现在转变为自下而上的、由用户集体智慧和力量主导的互联网体系。在 Web2.0 里，网站的经营者是退到后台去的，他的任务是搭建一个平台，让大家都到这个平台上来互动交流，将互联网的主导权交还个人，从而充分发掘了个人的积极性。广大个人所贡献的影响和智慧以及个人联系形成的社群的影响替代了原来少数人的影响，从而极大地解放了个人的创作和贡献的潜能，使互联网的创造力上升到了新的量级。

Web Service 是一个平台独立的、低耦合的、自包含的、基于可编程的 Web 的应用程序，可使用开放的 XML（标准通用标记语言下的一个子集）标准来描述、发布、发现、协调和配置这些应用程序，用于开发分布式的互操作的应用程序。Web Service 技术，能使得运行在不同机器上的不同应用无须借助附加的、专门的第三方软件或硬件，就可相互交换数据或集成。依据 Web Service 规范实施的应用之间，无论它们所使用的语言、平台或内部协议是什么，都可以相互交换数据。Web Service 是自描述、自包含的可用网络模块，可以执行具体的业务功能。Web Service 也很容易部署，因为它们基于一些常规的产业标准以及已有的一些技术，诸如标准通用标记语言下的子集 XML、HTTP。Web Service 减少了应用接口的花费。Web Service 为整个企业甚至多个组织之间的业务流程的集成提供了一个通用机制。

下面介绍一些典型应用：博客（Blog）、威客（Witkey）、维客（Wiki）、掘客（Digg）、社交网络（SNS，Social Networking Services）、标签（Tag）、社会化书签（Social Bookmark）等，如表 19-2 所示。

表 19-2　Web2.0 内容及其实例

Web2.0 技术	相关网站
博客	博客网，和讯，新浪博客，Blogbus，DoNews 等
播客	YouTube，土豆，播客宝典，酷播网，菠萝网等
威客	百度知道，Google Answers，任务中国，威客中国，时间财富网等
闪客	闪客帝国、闪客网、闪客俱乐部、闪客天堂等
分类信息	口碑网，百姓生活网，赶集，分类哥哥，58 同城分类等
掘客	Digg，Diglog，中国掘客，挨踢英雄榜，17dig 等
电子杂志	Xplus，POCO，Zcom 智通，摩得互动，读客网等
维客	维库，中国大百科，网络天书，大家齐创意，互动在线等
视频	YouTube，六间房，我乐网，youku 优酷网，Mofile 等
网络电视	PPStream，pplive 网络电视，MySee，优度网，中国电视网等
网络电话	skype，Google Gtalk，小蜜蜂，优友地带，Kome 网络通信等
P2P	迅雷，飞客搜索，BTChina，skype，VeryCD 等
社区	我赛网，网大邻居，joga，大旗网，易缘网等
社会化书签	Del. icio. us，Furl，365key，新浪 ViVi 收藏夹，百度搜藏，和讯部落

（1）博客（Blog）——支持知识发布和共享。

博客通常由简短、随意、经常更新的、按照年份和日期排列张贴的文章构成。将博客用于支持知识发布和共享，其主要特点有：发布和管理知识的方便性；信息的可追踪性与完整性；知识群落的自组织性。博客在企业中的应用主要有：

1）企业博客，即以企业的身份而非企业高管或者 CEO 个人名义进行博客写作。惠普、IBM、迪斯尼等都建立了自己的博客。

2）产品博客，即专门为了某个品牌的产品进行公关宣传或者以为客户服务为目的所推出的“博客”。主要通过报道产品发展动向、展示某个特定的品牌或产品，以引起客户和投资者的兴趣，从而在他们与企业之间架起沟通的桥梁。据相关统计，目前有 30 余个国际品牌有自己的博客。产品博客提供了客户和员工直接对话的窗口，使员工直接面对客户，了解客户的需求，从而更好地为客户服务。

3）企业内部博客社区，或者叫 K-LOG（知识库博客）。基于博客的知识管理将越来越广泛，使得企业可以有效地控制和管理那些原来只是由部分工作人员拥有的、保存在文件档案或者个人计算机中的信息资料。知识库博客给企业和个人提供了一种重要的内部管理工具。知识库博客可以帮助捕捉企业的显性和隐性知识。它们也能够推动项目管理，帮助企业竞争情报的收集、评估和传播，或用以增强企业内部间的交流。企业内部博客社区可以为每个员工建立一个自己的网络空间。员工在日常工作中，被鼓励及时记录自己的工作内容、问题或创意等。而企业则收集员工愿意公开的信息，变成大家都可以共享的知识。google 公司内部一直在使用博客交换想法。

此外，微博，即微博客（MicroBlog）的简称，是一个基于用户关系的信息分享、传播以及获取平台，用户可以通过 Web、WAP 以及各种客户端组件个人社区，以 140 字左右的文字更新信息，并实现即时分享。微博客草根性更强，且广泛分布在桌面、浏览器、移动终端等多个平台上，有多种商业模式并存，或形成多个垂直细分领域的可能，但无论哪种商业模式，都离不开用户体验的特性和基本功能。

（2）**威客**（witkey）。威客又称沃客，是通过网络方式形成创新型服务交易的第三方平台。在该平台上，企业预先提出需求，人们可以出售自己的知识、创意、科研成果甚至是智慧，企业（包括政府等组织）采纳后付费。威客让人们的工作时间得到最大限度的自由，为更多的残疾人带来工作机会，给世界各地的劳动者带来平等的机会。

威客已经并将大规模地影响企业的产品设计模式。目前还主要集中在一些小项目的设计，如产品外观设计、产品标志、平面设计、室内建筑景观、玩具工艺品设计、装饰绘画、珠宝首饰设计、个性设计、家具灯饰设计、工造模具、影视动漫、包装设计、服装设计、公司 LOGO 设计等。报酬根据任务的要求不同而不同，小到几十元大到上万元、甚至十万元。

威客可以用于帮助企业进行创新型工作任务的外包和合作，其主要特点为：

1）创新型工作任务“众包”化。威客采用的是一种“众包”（crowd sourcing）模式，企业把过去由员工执行的创新型工作任务外包给大众网络。在威客网上，个人和企业有任何需求，只需要发布任务、公布任务期限和赏金，就有威客们竞标来争取接下任务。威客的任务小到广告设计，大到市场调查、程序开发等应有尽有。

2）知识服务远程化。知识型人才可以通过威客，远程为企业提供专业的知识服务，节约成本，快速反应。

3）知识型人才的全球化。对企业来说，只要能提高效率，节省成本，解决问题的威客投标者是哪国人都无关紧要。这为我国知识型人才提供了新的就业机会。

宝洁、波音、杜邦等公司都已将部分技术难题放在全球知名威客网站 InnoCentive. com 上寻求解决，世界五百强企业中的 10%都曾在其网站发布任务，30%的难题被成功解决。宝洁公司采用众包模式后，研发效率提高了 60%。

(3) 维客 (Wiki) ——支持协同知识创新。

维客（又称维基）是一种多人协作的写作工具，参与者通过围绕同一个主题共同写作而形成了“社区”。目前互联网上最为知名的百科全书网站 Wikipedia，正是采用了维客技术。SAP 等公司已将维客技术引入到了其内部员工的协同工作中。维客在协同工作中所具备的灵活性和发散型的思路，可以给企业在产品开发、项目推广中带来巨大价值。

另外，与传统协同办公软件相比，Wiki 的技术成本要低很多。任何一个企业均可以拿到开放源代码的维客软件，企业无须支付任何费用。维客技术实现也很容易，不存在成本门槛。维客用于支持协同知识创新，其主要特点有高度的知识集成性、知识积累的持续性、知识的发散性、参与互动性等。

(4) 掘客 (Digg) ——帮助进行企业知识的评价和过滤。

掘客类网站是一个文章投票评论站点，是一种信息过滤器。掘客模式可以使大家在阅读知识的同时，方便地进行知识、项目和专家的评价。利用掘客模式，可以帮助进行企业知识的评价和过滤，使知识的价值得到发掘，使有用的知识得到重视。掘客主要特点有：知识评价的大众化；知识获得的精准化；知识积累的自动化；知识爱好者的集聚性。

(5) 社会化书签 (Social Bookmark) ——对互联网信息和知识的管理、分享和发掘。

社会化书签是一种放在网络上的海量收藏夹。可将社会化书签用于帮助企业员工对互联网中的信息和知识进行管理、分享和发掘，其主要作用有：提高了知识的重用度；提供了一种基于知识分类的社交场所；促进用户间彼此分享收藏的信息和知识。

(6) 标签 (Tag) ——对信息和知识进行大众化分类。

标签可以自由地给知识进行分类，各个标签之间的关系是一种平行的关系，但是又可以根据相关性分析将经常一起出现的标签关联起来，而产生一种相关性的分类。标签的使用可以让大家将相关知识关联起来。标签与普通分类法不同，它是从下向上建立的。在企业知识库中，利用标签，可以方便地进行知识分类和搜索。标签的应用有助于知识的自组织的优化关联。因为如果发布的知识要想让别人找到和利用的话，就应该设置常用的、准确的标签。

(7) 利用 Web2.0 进行有效的专利保护和利用。专利战略是我国当前三大科技战略之一。我国制造企业需要创新，需要突破国际贸易中的“专利壁垒”，需要了解和分析已有专利的情况。专利的特点主要有：身份的隐蔽性、名称术语的多样性、技术的专业性。面对海量的、专业性和隐蔽性很强的专利资源，依靠广大技术人员，利用 Web2.0 有助于进行有效的专利保护和利用，其主要特点有：

1) 采用社会化书签和掘客方法，给这些专利标注上标签，清理“专利烟雾”，发现隐瞒的“专利地雷”，提高专利资源的搜全率和搜准率。

2) 采用维客、社会化书签和掘客等方法，进行专利资源的关联性识别，如分析某一产品的核心专利和外围专利，进而建立专利地图，进行专利资源的整合。

3) 采用掘客等方法，进行专利侵权的协同发现，以便采取对策保护自己的专利。

（8）**社交网络**。一般的社交网络的功能主要是交友和商务，如 QQ、微信、天际网、联络家（www. linkist. com）、若邻（www. Wealink. com）等网站。利用社交网络可以帮助企业寻找合作伙伴开展协同创新，其主要特点有：

1）拓展人脉，寻找更多更好的合作伙伴。社交网络强调实名制，建立的是基于信任的真实连接，因此“真实”的社交网络在虚拟世界里更有“交友”的优势。同时，它也可以帮助人们很容易地找到“朋友的朋友”。通过社交网络，企业员工可以显著降低客户拓展和管理成本。

2）方便快捷的求助通道。如果有事需要帮忙，可在求助公告中发布求助信息，所有与自己连接的朋友都会收到，他们还可以把求助再转发给他们连接的朋友，让更多人知道；同时通过回复系统还可以及时获得朋友们的反馈信息。

IBM 推出了面向企业的社交网络软件 Lotus Connections，为企业找到专业知识并加以利用，帮助企业更快地完成企业的目标和业务。在 IBM 内部，每天都在使用 Connections，IBM 的蓝页目录中有 46. 5 万个个人档案、700 个内部社区以及 2. 7 万个博客。

（9）**协同推荐系统**。协同推荐（collaborative filtering）通过参考与活动用户具有相似兴趣或者需求的其他用户的选择来决定如何为当前用户进行信息过滤产生推荐。在 Web2. 0 系统中，对社会化书签、标签、浏览记录、下载记录、知识发布等信息进行统计分析，可以快速知道哪些用户具有相似的兴趣，然后，将这些用户中某些人所感兴趣的知识主动推荐该用户群的其他人。

此外，基于 Web2. 0 的企业信息化模式可以比较方便地利用于企业的知识管理，帮助制造企业发现人才、寻找知识；开展协同设计和制造；帮助了解顾客的需求；帮助建立知识库，管理好企业内部的知识。Web2. 0 技术的发展带来了新的商业和制造模式，见表 19-3。

表 19-3　基于 Web2. 0 的企业信息化模式

Web2. 0 模式	特点或作用	案　例	参考文献
企业 2.0（管理 2.0，商业 2.0，知识管理 2.0）	Web2. 0 软件在企业中的使用。作用：建立下一代员工知识共享平台；提升企业知识情境应用的效率；利用顾客的意见来改进产品	宝洁的“创意集市”；IBM 的创新梦工场	[Rick Robinson. 2008]；[牛思远 . 2009]；[龚伟同 . 2009]
BI2. 0	用户分类信息；更可靠的数据来源；从人那里，而不仅仅从数据上找答案；利用社区的力量		[伯纳德 · 利奥 . 2007]
学习 2.0（e-Learning2. 0）	用户既是内容消费者，又是内容的提供者；用户可以根据自己的学习需求和企业实际进行针对性的学习；解决中小企业个性化培训需求和培训公司降低服务成本的矛盾	xue24. con 网站	[王楚 . 2008]；[钟伟 . 2006]
PLM2. 0	将企业与消费者、合作伙伴和供应商在产品全生命周期过程中融入进来，进行互动，使得 PLM 系统能够完整地反映产品全生命周期的数据和产生过程，使产品能够更好地反映客户的需求；提供的逼真体验让客户介入产品开发过程中	达索系统的基于 PLM2. 0 的产品解决方案 V6	[赵恒 . 2009]

续表19-3

Web2.0 模式	特点或作用	案 例	参考文献
网络营销 2.0（博客营销，行销 2.0，CRM2.0）	把个体变为营销的核心，尤其是多中心的个体形成的关系网络营销，以带动更多的体验营销、口碑营销和社群营销；让企业的行销变得更具创意性、互动性、灵活性、立体性、整合性；让企业实现与顾客之间更多的互动和体验	可口可乐的对话交流式的营销网站；美国的动感黄球；迪奥新品营销	[林安平．2007] [管理百科]
IT 2.0	IT 架构不仅是企业与个体的互动，更重要的是个体与个体的互动；更大限度地发挥人的能动性		

思考题

19-1　你认为应该如何利用知识管理系统提高企业的知识管理水平？

19-2　请分析一些博客网站。

19-3　请分析一些维客网站。

19-4　结合你的学习和研究，说明知识网络的价值。

19-5　你认为应如何利用知识管理信息化技术、方法及系统工具提高企业知识应用水平？

19-6　Web3.0 时代已悄然来临，查阅资料，就你感兴趣的角度，撰写 200 字短文，阐述 Web3.0 的变化。

20 信息系统集成

集成是制造业信息化中最难的，但又是最迫切需要解决的问题。前几章已经介绍了产品技术信息化和企业管理信息化中的集成。本章将讨论更高层次的集成，希望读者从企业信息主管（CIO）的角度研读本章。

20.1 信息系统集成概述

在深入了解信息系统的集成之前，必须对信息系统集成的概念及技术做一个基本的了解。本节从信息系统集成的背景开始，分别介绍了信息系统集成的背景、信息系统集成的含义和信息系统集成的意义。

20.1.1 信息系统集成的背景及意义

信息化是提高企业运行效率的必然选择，越来越多的企业为此建立了信息化系统。一般而言，建立信息化系统，是由于当企业感觉到内部需要某种职能时，就开发这种职能相关的系统。其结果是，在企业内部有大量不同时期开发的、由不同团体使用的、采用不同技术的孤立的信息化系统。这些系统由于是针对特定问题建立的，采用的技术、数据和知识的规范化标准以及相应的所采用的推理技术等不同，从而导致他们从整体上难以集成，无法发挥信息共享所带来的优点，就出现了“信息化孤岛”。例如，某企业财务和人事部门按照各自的需求，分别实现了信息化，结果却出现了两个孤立的信息化系统，当需要结算某位员工的工资时，分散在两个部门系统的工资数据，由于数据定义和操作的不一致，会导致企业收到两张不同的工资报表。

信息化孤岛不仅存在于企业内部，也存在于企业之间。随着社会的发展，企业的发展不再是单打独斗，而是多个企业一起发展，加强企业间的信息化有利于企业的共同发展。例如，美特斯邦威的虚拟经营，美特斯邦威公司通过将制造商资源管理系统、集团内部资源管理系统和代理商资源管理系统集成的信息系统，将国内300家服装厂和1600多家加盟店联合了起来，实现了产品流程信息的“全掌握”。随着企业信息化程度的不断深入，企业不同应用系统之间的共享和交互问题已成为企业信息化中的一个瓶颈。通过信息化集成，能够实现不同系统间的信息共享，打破“信息化孤岛”。

在企业信息化过程中，还经常会遇到以下情况：(1) 几乎每个企业中都有一些自己的应用程序和数据库（企业遗留系统），通过信息化集成能使现有的应用程序和数据库适用于新的环境，发挥新的作用，使得新加入的数据和资源能够与原有的资源一起协调工作。(2) 企业在快速成长，组织结构和业务流程在不断变化，各种新的制造模式（如敏捷制造、虚拟企业、精益生产等）不断被引入到企业，一些信息系统也需要与时俱进。(3) 企业兼并了其他公司，也会经常遇到不同的系统互相不兼容的问题。(4) 企业内部业务系统之间关联越来越紧密，它们之间很多信息和数据相互交叉，甚至重复，需要整合。面对激烈市场竞争，企业决策层更加需要及时获得企业内外的信息，监控企业各环节、各项业务的运行过程。（5）企业间由于组建动态联盟或虚拟企业而需要进行应用系统的交互和集成。

据 META Group 的统计，一家典型的大型企业平均拥有 49 个应用系统，33%的信息技术预算是花费在传统的集成上，通过零星的“点对点”连接，使众多的“信息孤岛”联系起来，以便使不同的系统之间能够交换信息。

20.1.2　信息系统集成的含义

集成（integration）就是一些孤立的事物或元素通过某种方式改变原有的分散状态集中在一起，产生联系，从而构成一个有机整体的过程。信息系统集成，是指通过结构化的综合布线系统和计算机网络技术，将各个分离的设备（如个人电脑）、功能和信息等集成到相互关联的、统一和协调的系统之中，使资源达到充分共享，实现集中、高效、便利的管理。采用功能集成、网络集成、软件界面集成等多种集成技术，实现的关键在于解决系统之间的互联和互操作性问题。它是一个多厂商、多协议和面向各种应用的体系结构，需要解决各类设备、子系统间的接口、协议、系统平台、应用软件等与建筑环境、施工配合、组织管理和人员配备相关的一切面向集成的问题。

信息系统集成注重整体性。所谓整体性是指信息系统集成技术在解决一个问题的过程中，所有的子系统都具有相同的目标，构成了一个有机完整运作的系统，这是软件与人力完美结合的结果。

20.2　信息系统集成常见问题

各种信息系统由于是针对某些特定的问题开发的，所以在采用的技术和规范等方面会存在不一致。因此，信息系统在集成时需要考虑一些常见的问题，如计算机软件系统的集成、计算机硬件资源的集成、异构数据库的集成和语义的集成。

20.2.1　计算机软件系统的集成

计算机软件系统的集成主要解决系统异构问题，即企业信息系统、数据库管理系统乃至操作系统之间的不同所带来的问题。

计算机软件系统的集成主要是它们之间传递的数据和模型的集成。例如，由于不同 CAD 系统的原理不同，所产生的产品模型也不同，往往导致 CAD 系统 A 所产生的产品模型在 CAD 系统 B 中打开使用出错。又如，不同的 PDM 系统集成不同 CAD 系统的能力差别很大。还有，不同 PDM 系统与不同 ERP 系统的集成能力差别也很大。

20.2.2　计算机硬件系统的集成

由于海量计算量的工程设计、仿真的需要，集成计算机硬件资源进行协同工作也成了企业新的需求。例如云计算，2007 年 Google 和 IBM 为了降低分布式计算技术在学术研究上的成本，在美国大学通过推广云计算，为这些大学提供了包括 1600 个处理器的计算平台，学生只需通过网络登陆平台就可以使用。类似于古时候需要在门口挖井喝水，如今只需要通过水管就能喝水了，云计算将硬件资源集中化，按需分配。

20.2.3 异构数据库的集成

异构数据库的集成主要解决模式异构问题，即数据源在存储模式上的不同所带来的问题。数据库存储模式主要包括关系模式、对象模式、对象关系模式和文档嵌套模式等几种，其中关系模式（关系数据库）为主流存储模式。同时，即使是同一类存储模式，其模式结构也可能存在差异。例如不同的关系数据管理系统的数据类型等方面并不是完全一致的，如 Oracle、DB2、SQL Server、Sybase、Informix、Foxpro 等都有一些不一致的地方。

不同的企业信息系统有时采用不同结构的数据库，数据库间的数据格式和访问形式不统一，其集成难度视数据库的开放性的不同而不同，有时甚至需要建立专门的集成接口软件。例如，我国各财务软件，由于采用了不同的数据库平台和各自独立的数据库结构设计，形成了各自不同的体系结构，因此为获取财务软件中的数据，开发商就必须采用专用接口软件或二次输入来达到目的。从整个社会的角度讲，这无疑是一种浪费。

异构数据库集成是数据库领域的经典问题，尽管目前已经有不少的数据集成方法和相应的工具投入实际应用，然而由于企业信息系统的复杂性、异构数据源的多样性等诸多因素的制约，特别是企业新的应用需求，使得企业数据集成过程变得相当复杂。

目前企业的重要数据往往存储在异构的系统中，包括 PDM 系统、CRM 系统、ERP 系统等。企业信息系统集成就是要可靠地把信息源从其所属的信息系统传递到需要该信息的其他信息系统。

20.2.4 语义集成

语义集成主要解决语义异构问题。语义异构是指词语和概念在不同的上下文中有不同的含义，即不同的信息源中相同或相关数据在含义或解释、用途方面的不同。语义集成可分为词语语义集成、概念结构语义集成和数据属性语义集成等几种情况。

(1) **词语语义的集成**。词语语义集成中存在各种冲突，如：命名冲突，包括同义词和同形异义词；类型冲突：相同概念用不同的编码表示引起；关键字冲突：相同概念使用不同的关键字。词语语义集成的方法可以采用前面章节介绍过的本体（ontology）方法。

(2) **概念结构语义的集成**。系统有层次结构。不同的人有时对同一系统的层次结构的描述会不相同。图 20-1 中表示了两种不同的计算机系统层次结构描述方法。这在系统集成中会带来很多问题。

可以采用本体的方法进行不同的层次模型间的映射，以实现系统的集成。例如，对图 20-1(a) 中的“中央处理器”与图 20-1(b) 中的“运算器”和“控制器”进行映射；对图 20-1(a) 中的“外部设备”与图 20-1(b) 中的“输入设备”和“输出设备”进行映射，等等。

(3) **数据属性语义的集成**。数据属性语义的集成主要解决数据冲突问题，如数值冲突（由数据实例的不同表示引起）、数据表示冲突（由相似对象用不同的数据类型或格式表示引起）、数据单元冲突（由使用不同的测量单位引起）及数据精度冲突（由不同刻度、不同领域精度或不同数据粒度表示引起）。例如：数据二进制和十进制引起的数值冲突；

数据整型和浮点型引起的数据表示冲突；数据计量单位“元”和“万元”引起的数据单元冲突；数据保留小数点后两位和四位引起的数据精度冲突。

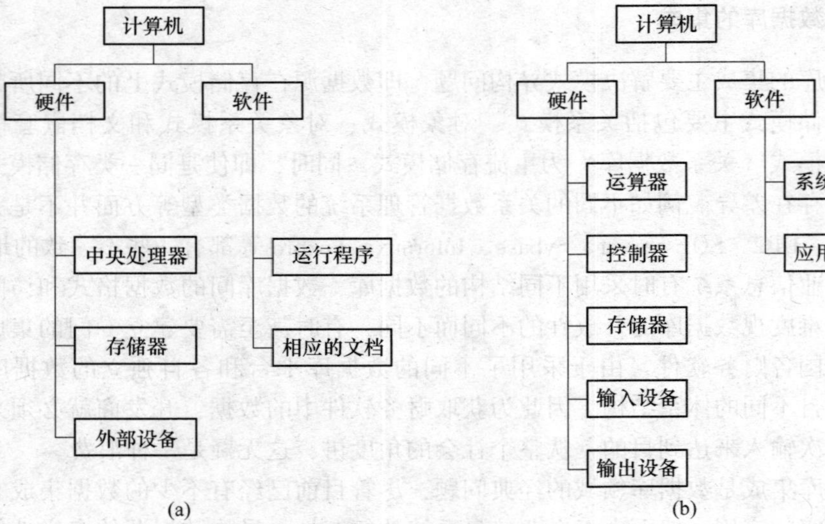

图 20-1　计算机系统层次结构的不同描述[1]

目前数据的不准确、不完整和不及时已经对企业信息化产生非常不利的影响。例如，在实施 ERP 系统时，人们发现困难不在技术，而是数据的准备，有种说法叫做“ERP 是三分技术、七分管理，十二分数据”。因此在数据集成中，需要充分考虑到这些问题，尽可能先“数据准确化”，后“信息化”。

20.3　信息系统集成技术

20.3.1　信息系统集成技术分类

表 20-1 对各种信息系统集成技术的分类及特点等进行了分析比较。不同层次的信息系统集成技术都有自己的最佳应用范围，因此不能只注意发展高端的信息系统集成技术，而忽略低端的信息系统集成技术。在企业实践中，信息系统集成技术有不同的应用层次和集成深度。例如，当两个信息系统间只是需要数据的同步，并不需要流程的集成，实时性要求也不高时可采用数据抽取技术解决数据的分布性和异构性问题。

Web 服务在应用程序跨平台和跨网络进行通信的时候是非常有用的。Web 服务技术适用于信息系统集成、B2B 集成、代码和数据重用，以及通过 Web 进行客户端和服务器通信的场合。但 Web 服务也不是万能的。在有些情况下，Web 服务会降低应用程序的性能。例如，一台计算机或一个局域网里运行的同构信息系统就不应该用 Web 服务进行通信。

虽然基于 Web 服务的集成方法很引人注目，但它与面向信息和过程的集成相比较为昂贵。因为面向信息和过程的集成方法一般并不需要对目标应用进行修改，而基于 Web 服务的集成方法则不同。除了需要修改应用逻辑外，还要对修改的应用进行测试、集成和重配配置，工作成本比较高。

表 20-1 信息系统集成技术[1]

信息系统集成技术	最关心该集成的人	集成对象	目标	特点
基于组织和过程优化的集成	企业各级领导、管理咨询人员、系统分析师	组织中的人和过程中的活动	使组织和过程得到简化，使信息流畅通，使企业功能、信息、过程、知识等方便和有效集成，进而支持信息系统的集成	为信息系统集成提供优化的环境
基于信息分类编码标准的集成	标准化人员、管理咨询人员	各种信息，特别是复杂的产品信息	方便信息的搜索、分类；方便对相似信息的简化处理	为信息集成建立良好的基础
基于本体的集成	标准化人员、管理咨询人员	不同粒度的信息模块	使信息在不同系统中能被正确地识别和理解	通过本体定义，使计算机可理解不同来源的信息
基于组件的集成	软件设计师	组件	快速和低成本地满足用户的信息系统定制要求	有限数量的组件组合成无限数量的个性化信息系统
基于中间件的集成	应用架构师	客户/表示层和数据/服务器层	解决不同信息系统之间的数据传输问题	耦合度低，集成和部署非常灵活
基于软件平台的集成	企业业务人员	业务模型和信息系统	转向以业务为导向的快速的软件开发	在进行信息系统的开发时，只需关注业务模型，无需关心技术平台与相关实现细节
基于Web服务的集成	企业架构师和CIO	Web上存取的业务、应用和系统	使得信息系统之间可通过共同的网络标准相互连接使用	动态进行系统组合，构成极其复杂和灵活的信息系统
基于网格的集成	企业架构师和CIO	分布很广的异构信息系统和信息资源	将跨地域的多台高性能计算机、大型数据库、贵重科研设备、通信设备、可视化设备和各种传感器等集成为一个巨大的超级计算机系统	支持复杂的科学计算和科学研究
基于SaaS模式的集成	中小企业的业务人员	企业需要的软件和数据库	利用SaaS，企业可方便地使用各种信息系统的服务	低建设成本、低维护成本、低应用门槛、低投入风险
基于云计算的集成	企业的业务人员	企业需要的软件和数据库	利用SaaS，企业可方便地得到各种强大的计算服务	使用信息系统如同使用电一样的方便

20.3.2 系统集成技术的发展

20.3.2.1 从紧耦合集成向松散耦合集成的发展

为了实现信息系统之间的集成，企业最初都是采用一种紧耦合的方法，如采取数据集中管理的办法，将相关数据集中到一个中心设备。

紧耦合的集成方法面临着一些问题，如设备庞大，数据的集中需要足够大和足够快的计算设备支持，其成本非常高昂，难以适应数据的快速增长；实时更新困难，很难保证数据的时效性；中心设备负载大，系统容错性能差，中心设备出现故障可能导致整个系统瘫痪；还会遇到部门、行业、地域之间的信息壁垒和网络拥塞的障碍；应用程序的不同组件之间的接口与其功能和结构是紧密相连的，因而当需要对部分或整个应用程序进行某种形式的更改时，它们就显得非常脆弱。

与紧耦合集成方法相比，松耦合系统的优势在于灵活性、可持续性。当组成整个应用程序的每个服务的内部结构和实现逐渐地发生改变时，它能够继续存在。目前实现开放式企业信息系统集成的常用技术是消息中间件（也叫集成代理和消息代理）、工作流技术、应用服务器以及 Web 服务技术。

20.3.2.2　从点对点集成到 SOA 集成的发展

“点对点集成→应用集成中心集成→企业服务总线集成→SOA（面向服务的体系结构，Service-Oriented Architecture）集成”的演变是随着系统的复杂程度的不断增加而出现的（图 20-2）。

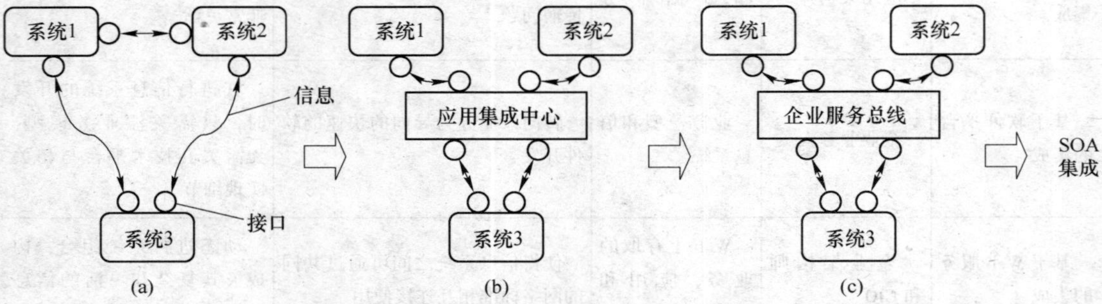

图 20-2　系统集成技术中的不同集成模式[1]

（a）点对点的集成；（b）应用集成中心集成；（c）企业服务总线集成

（1）点对点集成。是将企业中需要互通信息的系统专门定制的接口两两连接起来。因此，在集成时 n 个系统之间就需要 $n(n+1)/2$ 个点对点连接，在企业众多的情况下，这种集成方式会导致连接的数量急剧增加，接口难以开发，后期维护也会十分困难。

（2）应用集成中心集成。应用集成中心集成提供了一个应用集成中心（hub），该中心有自己的连接协议，所有需要集成的系统都与该中心相连。集成时，用户只需要考虑系统与集成中心的点对点连接的协议和数据结构的转换即可，这样使得原来 n 个系统间的连接减少为 n 个。集成中心和各个系统的连接及相应的转换通常使用所谓的适配器来完成。同时，这种方式也使得集中管理以及流程集成成为可能。其缺点是：集中式的结构容易造成瓶颈效率，同时也存在单点失效的问题。

（3）企业服务总线集成。企业服务总线集成是将各个系统点对点的连接转化为多个系统对中心的连接。在这种体系结构中，集成中心被扩展成可以分布在多个物理节点上的总线，从而有效地解决了应用集成中心集成模式的单点失效问题和效率问题。企业服务总线本身提供消息路由、数据转换等各种 EAI 模式的支持。这种总线一般以成熟的消息中间件作为其物理消息传递背板，保证消息在分布式环境下可靠高效的传输。同时，企业服务总线作为应用集成系统的基础框架，大多数采用面向组件的技术，这其实已经有了 SOA 的雏形。

（4）SOA 集成。面向服务的体系结构（Service-Oriented Architecture，SOA）是一个组件模型，它将应用程序的不同功能单元（称为服务）通过这些服务之间定义良好的接口和契约联系起来。接口采用中立的方式进行定义，它应该独立于实现服务的硬件平台、操作系统和编程语言，使得构建在各种这样的系统中的服务可以以一种统一和通用的方式进行交互。SOA 的体系结构一般来说需要企业服务总线的支撑，只是 SOA 对总线上的服务以及总线的本身作用和位置有着更加明确的要求。

20.3.2.3　从面向数据的集成、面向过程的集成到面向服务的集成的发展

随着信息技术的发展，信息系统集成的深度也在不断扩展，从面相数据的集成、面相过程的集成到面相服务的集成。

（1）面向数据的集成。常见的有数据复制、数据聚合、接口集成等几种形式。

（2）面向过程的集成。将一个抽象和集中的管理过程置于多个子过程之上，而这些子过程是由应用程序或人工来执行的。面向过程的集成方法按照一定的顺序实现过程间的协调，以及数据在过程间传输，其目标是通过实现企业相关业务过程的协调和协作实现业务活动的价值最大化。此外，面向过程的集成方法还可以减少错误，并且可以通过业务活动的自动化加速业务结果在过程中的传递。

（3）面向服务的集成。将传统的集成对象与开放的、高灵活性的 Web Services 整合在一起。面向服务的集成提供了一个抽象的接口，通过这些接口，系统可以进行交互，而不是使用低层的协议和自定义的编程接口，来规定系统如何与其他系统进行通信。系统只需要以服务的形式出现，选择与该系统交互的其他系统，能够简单发现那些服务，并且在运行的时候或者是设计的时候与这些服务绑定。面向服务的集成允许动态的信息系统集成，可以通过互联网、分布式服务器和中心服务器提供访问的方法。例如，服装零售企业常需要更改设计来顺应时尚潮流，通过匹配 Web 服务器接口并制定新的服务级协定，就能将制造商和零售商的系统集成在一起，有效解决不同系统间的兼容问题。

20.4　PDM/PLM 与 ERP 的集成

20.4.1　PDM 与 PLM 的关系

PDM 主要针对产品开发过程，强调对工程数据的管理，其应用也是围绕工程设计部门而展开的，PDM 的文档管理功能只是管理与产品结构和设计过程相关的设计文档；而 PLM 管理的是整个产品从概念产生到最终淘汰的整个生命周期的所有文档。PLM 是一种对所有与产品相关的数据、在其整个生命周期内进行管理的技术，它是在 PDM 的基础上发展起来的，是 PDM 的功能延伸。可以说 PLM 包含了 PDM 的全部内容和功能，但 PLM 又强调对产品生命周期内跨越供应链的所有信息进行管理和利用的理念，这是它与 PDM 的本质区别。

20.4.2　PDM 与 ERP 的集成

在产品的全生命周期中，PDM 与 ERP 在不同的阶段分别承担着不同的任务，PDM 与

ERP 紧密集成，如图 20-3 所示。在 PDM 中，产品数据具有高度的动态性；在 ERP 中产品数据仅用作读访问。

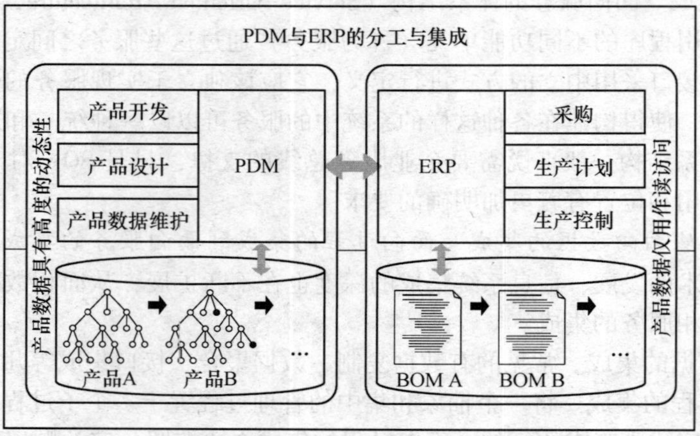

图 20-3 PDM 与 ERP 的分工与集成[1]

(1) **PDM/ERP 的过程链及其数据流**。图 20-4 表示了 PDM/ERP 过程链及其数据流。

1）产品开发设计阶段。在过程链的起点，即产品设计和开发阶段，形成了一些基本的产品信息，包括零件主记录（PMR）、工程图、产品结构（设计 BOM）和质量文档等，由 PDM 系统对这些数据进行管理。

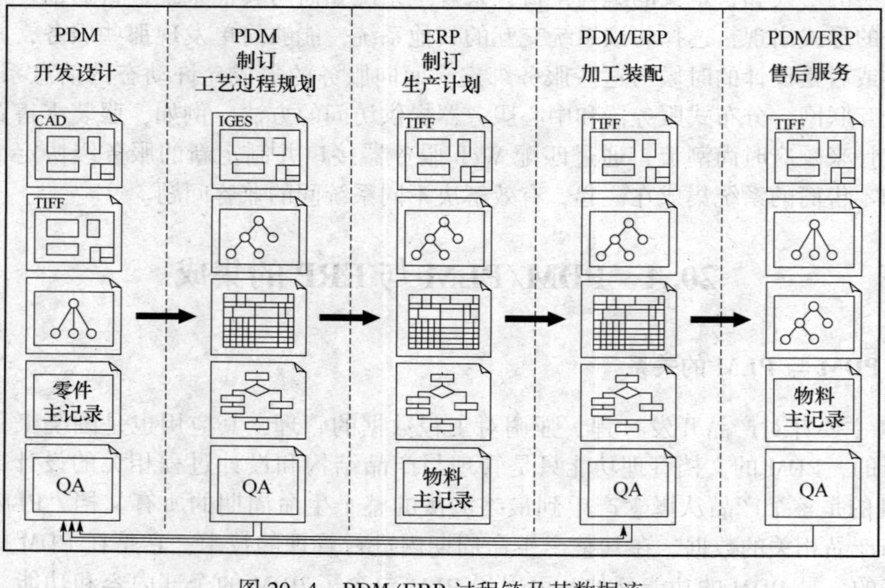

图 20-4 PDM/ERP 过程链及其数据流

2）制订工艺过程规划阶段。在过程链的第二个阶段，即制订工艺过程规划阶段，需要对由开发设计部门发放的工程图和设计 BOM 进行访问。利用这些信息，工艺人员可以编制工艺过程规划、NC 程序以及制造 BOM 或装配 BOM 等文档。

3）制订生产计划阶段。过程链的第三个阶段进入到生产计划的范畴，此时的主要任务是制订数量计划、进度计划、能力需求计划以及进行采购管理。这是 ERP 系统所必须具备的功能。PDM 数据库可以提供各种不同的产品数据，如零件主记录、产品结构、工程图、工艺过程规划以及 NC 程序等。其中，零件主记录和产品结构将被引用到 ERP 数据库中。而对于工程图、工艺规划、NC 程序和其他文档，在 ERP 系统中只保存了图纸主记录（DrMR）和文档主记录（DoMR）中的重要对象属性。ERP 系统对于物理资料是不进行复制的这些资料仍被存放在 PDM 数据库中。利用 PDM 系统中的对象属性，可以在 ERP 系统中建立指向 PDM 文档的引用指针。通过这种方式，可以在 ERP 客户端查询和读取工程图、工艺过程规划、NC 程序以及其他的 PDM 资料。在 ERP 系统中，通常会在零件主记录的基础上增加一些管理方面的属性，从而组成物料主记录（MaMR）。此时，零件主记录的物料编号和分类码仍被保留在物料主记录中。

4）加工与装配阶段。过程链的第四个阶段是加工和装配，此时，需要将工作任务分配到有关加工和装配部门。NC 程序通过网络直接被传送到 DNC 计算机。数据采集终端可以作为显示检验计划与装配的设备，另外，还可以使生产部门有经验的员工在信息技术的支持下，将改善产品设计细节和制造过程的建议提交给相关部门。

5）售后服务阶段。过程链的第五个阶段是售后服务。售后服务人员在其日常生活工作中，能够了解到产品中存在的各种不足之处，从而可以提出有利于提高产品质量的建议。此外，PDM 系统还可以向售后服务人员提供解决定制产品的技术问题所需要的相关信息，而 ERP 系统则可提供备品备件或产品维护方面的数据。

（2）**PDM 与ERP 之间的数据交换**。PDM 系统与 ERP 系统之间的数据必须能够按照过程的实际情况进行必要的交换。为此需要提供一定的接口功能，如图 20-5 所示。

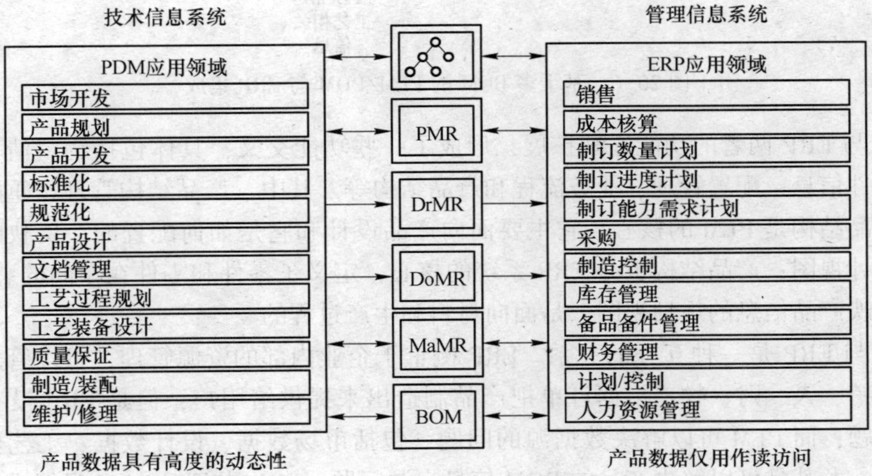

图 20-5　PDM 系统与 ERP 系统之间的数据交换
PMR：零件主记录；MaMR：物料主记录；DoMR：文档主记录；DrMR：图纸主记录

20.4.3　基于多 BOM 的 PLM/PDM 与 ERP 集成

以 BOM 为主线组织的产品信息贯穿于企业生产的设计、工艺、采购、生产等整个生产活动的始终。在产品的整个生命周期中，主要存在三种不同形式的 BOM（物料清单）。

表 20-2 对这三种 BOM 进行了比较。这三种 BOM 是层层递进的关系，使 BOM 的内涵不断扩展，从产品结构到工艺路线，再到产品资源，三者的进化关系以及基于 PLM 系统的多 BOM 的集成如图 20-6 所示。通过 PLM/PDM 系统可以协调各个 BOM 的关系。

表 20-2　三种不同形式的 BOM[1]

缩写	全称	产生 BOM 的部门	BOM 中的内容	作　用
EBOM	设计 BOM	设计部门	产品名称、产品结构、明细表、汇总表、装箱清单等信息	将设计信息系统化
PBOM	工艺 BOM	工艺设计部门	在 EBOM 的基础上增加自制件或外购件信息、工艺路线、工时定额、材料定额、装配工艺、零件工艺及机床和工装方面的信息	指导生产
MBOM	制造 BOM	生产部门	在 PBOM 的基础上增加生产批量、成本、交货期\工序人员、设备等信息	安排生产，确定最终产品的成本

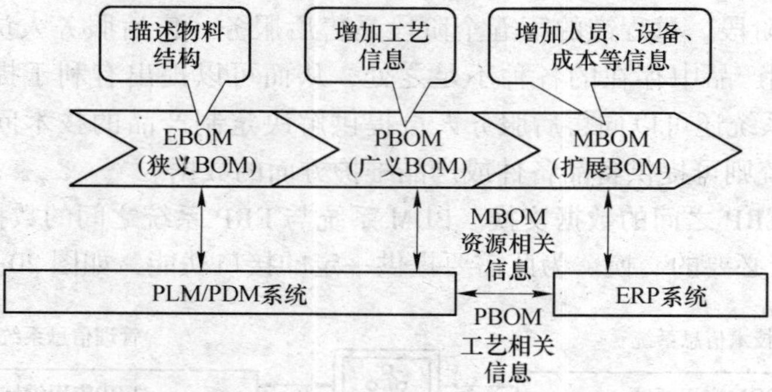

图 20-6　基于多 BOM 的 PLM/PDM 与 ERP 集成

PLM 与 ERP 两者的功能逐渐扩展，形成了一些功能交叉，具体包括物料清单、零件分类、组件信息、配置管理、业务流程和产品结构等。其中，产品结构管理是重叠最多的功能。产品结构是 PLM 的核心，它主要面向产品设计和它是如何配置的，反映的是产品开发的设计视图；产品结构也是 ERP 系统的核心，定义了零件和零件在车间的装配过程，主要是反映产品信息的规划视图，是面向材料和生产过程的。

PLM 与 ERP 是一种互补的关系。ERP 侧重于企业内部的资源管理，可以管理企业的产、供、销、人、财、物，根据订单把产品制造出来提供给用户，但是 ERP 没有考虑数据源的问题；而 PLM 可以解决数据源的问题，包括市场数据、设计数据、工艺数据、维修数据等，尤其是可以解决产品的 BOM 信息来源问题。ERP 本身对 BOM 只能进行手工维护；而 PLM 可以把设计数据和工艺数据融合起来，把 EBOM 转换成 MBOM，再自动导入到 ERP 系统中。

20.5　现代集成制造系统

信息化集成有利于消除信息化孤岛，加强企业间的信息交流，增强企业的竞争力。企业信息化系统集成介绍了从企业内部开始到企业之间的集成，包括企业间生产与管理的集成，和供应链和电子商务系统中企业与企业间的集成。

20.5.1 CIM 和 CIMS 的内涵

现代集成制造（Contemporary Integrated Manufacturing，CIM）是一种组织、管理与运行企业生产的哲理，它借助计算机软硬件技术，综合运用现代化管理技术、制造技术、信息技术、自动化技术、系统工程技术，将企业生产经营全过程中有关人、技术、经营管理三要素及其信息流与物料流和资金流有机地集成并优化运作，以实现产品高质量、生产制造低消耗、上市快，从而使企业赢得市场竞争。

现代集成制造系统（Contemporary Integrated Manufacturing System，CIMS）是基于 CIM 哲理组成地系统，它借助计算机软硬件技术综合运用现代化管理技术、制造技术、自动化技术、系统工程技术，将企业生产全过程中有关人、技术、经营管理三要素及信息流、物料流与资金流有机地集成并优化运行的一个复杂大系统。

20.5.2 CIMS 的组成及其功能结构

CIMS 通常由管理信息分系统、工程设计自动化分系统、制造自动化分系统、质量保证分系统、数据库分系统和计算机网络分系统等共六个部分有机组成（图 20-7）。

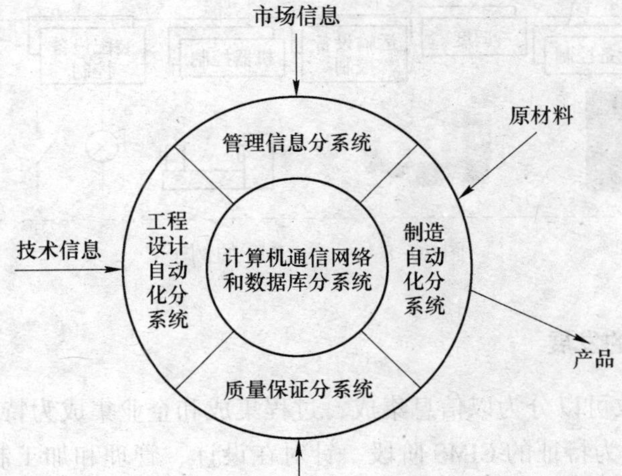

图 20-7 CIMS 的组成

（1）管理信息分系统。具有预测、经营决策、生产计划、生产技术准备、销售、供应、财务、成本、设备、工具和人力资源等管理信息功能。

（2）工程设计自动化分系统。用计算机辅助产品设计、工艺设计、制造准备及产品性能测试等工作，包括 CAD 分系统、CAPP 分系统和 CAM 分系统。

（3）制造自动化分系统。它是 CIMS 中信息流和物流的结合点。

（4）质量保证分系统。它包括质量决策、质量检测与数据采集、质量评价、控制与跟踪等功能。

(5) 数据库分系统。它是逻辑上统一、物理上分布的全局数据管理系统，通过该系统可以实现企业数据共享和信息集成。

(6) 计算机网络分系统。采用国际标准和工业规定的网络协议，实现异种机互联、异构局域网络及多种网络互联。

图 20-8 描述了一个 CIMS 的例子，它包括从装置设备层、控制站层、单元层、工程层、工厂层，一直到企业层的集成。其中，企业 CIMS 的集成涵盖了信息集成、技术集成、功能集成、人员和组织集成等。

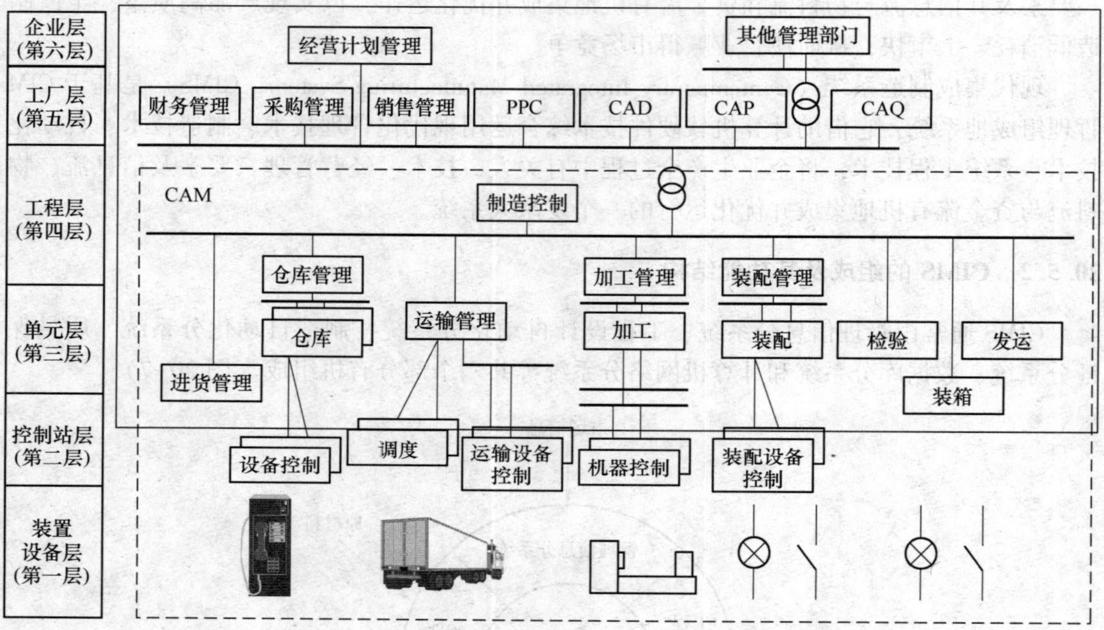

图 20-8 一个 CIMS 的例子

20.5.3 CIMS 集成的发展

CIMS 的发展大致可以分为以信息集成，过程集成和企业集成为特征的三个阶段。

(1) 以信息集成为特征的 CIMS 阶段。针对在设计、管理和加工制造中大量存在的自动化孤岛，解决其信息的正确、高效共享和交换。这些问题是提高企业技术和管理水平，改善企业 T（时间）、Q（质量）、C（成本）、S（服务）必须首先解决的。CIMS 中的信息集成途径可以由底向上进行，信息孤岛→信息平台的集成→整个企业的信息集成，比较适合企业已经有一些信息系统的情况。信息平台主要有 CAD/CAPP/CAM（技术信息流）集成平台；生产管理系统（管理信息流）集成平台；办公自动化集成平台；车间自动化集成平台等。如果企业新设计一个 CIMS，则应该在总体设计中充分考虑信息集成问题。

(2) 以过程集成为特征的 CIMS 阶段。企业为了提高产品的 T、Q、C、S，除了信息集成这一技术手段之外，还可以对过程进行重构。传统的串行作业的设计、开发过程，往往会造成产品开发过程中经常性的反复修改，这无疑使产品开发周期变长，成本提高。如果对产品开发设计中的各个串行过程尽可能多地转变为并行过程，在设计时考虑产品的可制造性、可装配性以及产品的质量，则可以减少反复，缩短开发时间。并行工程便是基于这一思想的一种技术。

(3) 以企业集成为特征的 CIMS 阶段。为了提高企业的市场竞争力，在今天已经不能走“小而全”、“大而全”的封建庄园式经济的道路，而必须面对全球经济、全球制造的新形势，充分利用全球的制造资源（包括智力资源）以更快、更好、更省地响应市场。

20.6 基于 Web2.0 的企业应用集成

20.6.1 基于 Web2.0 的客户需求获取

现代企业的生产活动是客户需求驱动的。因此企业首先需要知道客户的个性化和多样化需求。这不仅是企业为客户提供产品和服务的前提，也是企业顺应市场发展趋势必须的工作。

客户需求有多种，包括：(1) 已知的、可预测的客户需求，这是企业容易获得的需求；(2) 难以预测的或未发掘的客户需求；(3) 通过产品使用后新产生的客户需求。利用 Web2.0 技术可以帮助企业方便地获取第二种和第三种客户需求。基于 Web2.0 的客户需求获取技术主要有如下四种。

(1) **社交网络（SNS）——促进客户间的交流，发掘客户需求**。社交网络可以让客户快速知道与自己情况相似的客户的需求，促进客户之间的交流。在社交网络中，客户在提供需求信息后，可以快速找到提供相似信息的客户的其他需求信息和采购信息。“人以群聚，物以类分”，在网上，兴趣爱好相同的客户可以很快成为朋友，相互交流，从而明确自己的需求。并在这一过程中，企业可以更确切地知道客户的需求。

传统的消费电子企业和计算机制造企业都已经在积极地利用社交网络来提高自己的服务质量，通过社交网络实现企业与客户之间的即时交流，拓宽企业的技术支持范畴。

目前国内外都已经有部分的品牌服饰电子商务平台拥有整合的购物社交网络。例如，当一位客户购买了一条裙子之后，该服饰购物平台会通过各种奖励鼓励这名客户提交穿上这条裙子之后所拍的相片。这一行为其实牵涉了多方面群体的喜好和利益。其过程如图 20-9 所示。

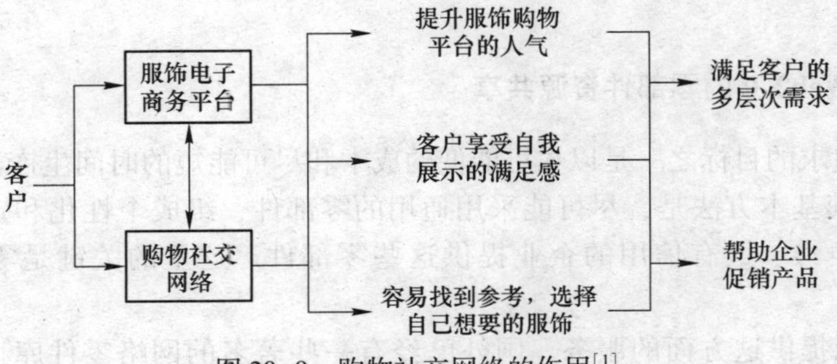

图 20-9 购物社交网络的作用[1]

Forrester 分析公司预测，未来社交网络软件将成为企业协作环境结构中非常重要的一部分，离开社交网络软件，企业将无法正常运转。

(2) **客户自助服务——进行个性化定制**。在基于 Web2.0 的网站上，企业提供客户自助服务平台，让客户自己相互间提供他们力所能及的服务，如产品的协同设计，而最终客户提交的产品由企业组织生产；企业提供自己独特的服务，帮助客户自助设计自己的产品。在这一过程中，企业可以更确切地知道客户的需求。其典型案例有“卡当网（www.kadang.com）”，在该网上，设计师可以提供自己所创造的图案，让其他客户选择。客户选择某一图案和某款服装后，可以由相关的生产企业生产出配上某一图案的服装。在这一过程中，设计师和生产企业可以充分发挥自己的特长，为广大喜爱自己设计风格的客户服务，使服务的费用显著降低，交货期显著缩短，而客户的需求得到全面的满足，如图 20-10 所示。

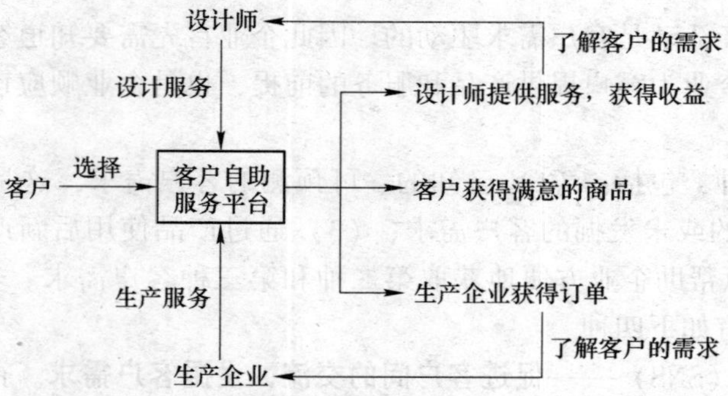

图 20-10　客户自助服务的原理[1]

(3) **员工自助服务——让企业员工尽可能多地参与到服务客户中来**。现代企业朝扁平化方向发展，越来越多的企业员工需要直接面向客户，直接服务客户，了解客户的需求。可以在基于 Web2.0 的网站上，利用博客等系统，让企业员工自己建设服务内容，并提供服务，这样可以提高企业的快速反应能力和服务能力。

(4) **BI2.0——基于Web2.0 的商务智能**。现在客户在网络中的浏览、下载、消费等行为很容易被系统后台记录下来，形成海量数据。仅依靠传统的商务智能（Business Intelligence，BI）对这些数据难以进行有效的挖掘和分析，因为数据太多、涉及的产品和过程太多、内容太复杂。这需要企业广大员工的参与，采用标签等技术，进行数据的标记、关联等。在此基础上，进行数据挖掘和分析就能够有效获得细分的客户需求，这就是所谓的 BI2.0。

20.6.2　基于 Web2.0 的零部件资源共享

现代企业追求的目标之一是以尽可能低的成本和尽可能短的时间生产满足客户个性化需求的产品。其基本方法是，尽可能采用通用的零部件，组成个性化和定制化产品，尽可能由最有竞争力、最有信用的企业提供这些零部件。这里的关键是零件信息畅通和共享。

零件库可以提供这方面的服务。国外已经有一些著名的网络零件库，如 traceparts（/www.traceparts.com）、Inpart（www.clearpathmedia.com/Inpart_Inpart_Web_Mirror/index.htm）、3DContentCentral（www.3dcontent central.com）等。

在国内，这类网络零件库发展很慢，零件资源数量较少。其原因主要是：我国零部件企业以中小企业为主、专业化生产水平相对较低、企业信用机制还不健全等。基于 Web2.0 的技术可以帮助解决这方面的问题。其主要特点如图 20-11 所示。

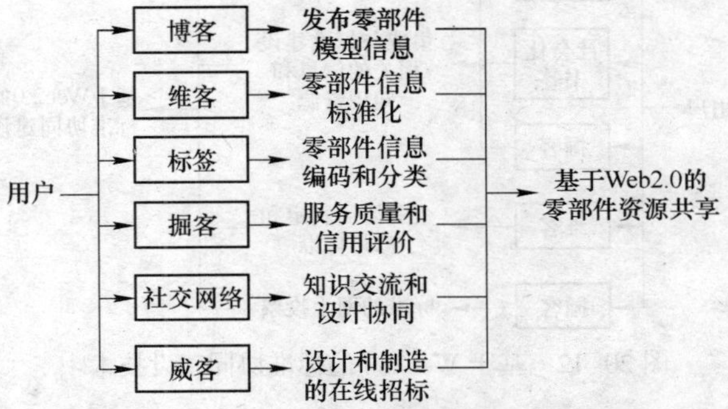

图 20-11　基于 Web2.0 的零部件资源共享[1]

(1) **内容建设的大众化与标准化**。在零件库中，可采用博客模式，由零部件企业提供和上传零部件模型信息（包括零部件主图模型和事物特性表）。并可采用维客模式，对一些多家企业提供的零部件主图模型和事物特性表进行标准化。

(2) **编码和分类的大众化**。零部件模型信息的编码和分类系统由零部件企业和客户自己建立。这里主要采用标签技术。让零部件企业自定义所上传零部件模型信息的标签，对模型进行分类。标签只有定义准确，才能让搜寻者可以很快找到零部件模型信息；而零部件企业也能很快了解到同一标签下有哪些被分享的零部件模型信息。在这方面，可以参考 Flickr、23hq、又拍网等提供照片存储与分享服务的 Web2.0 网站。

(3) **服务质量和信用评价的大众化**。采用 Web2.0 网站中的大众评价方法（如掘客），并根据可追溯的数据下载和交易记录，及企业提供的质量和信用证明材料，对企业提供的零部件的质量和信用进行评价。这里重要的前提是采用实名制。

(4) **企业协同的社会化**。采用社交网络中许多方便的功能把零件库客户组成团体，进而形成一个社会化网络，使零件库不仅是零部件模型信息存储分享的场地，更是一个零部件企业和整机厂的知识交流和设计协同平台。

(5) **零部件设计和制造的在线招标**。可以采用威客模式，在零件库中开展零部件设计和制造的在线招标。最近发展很快的号称中国最大、最专业的零件库三维资源在线（www.3dsource.cn）据说已经能够提供百万三维标准件等模型资源，供免费下载。其特点是开始采用 Web2.0 的一些方法，如大众化的零部件资源发布和评价等。

20.6.3　基于 Web2.0 的标准协同建设

标准可以使产品的协同设计和制造更加容易和安全，产品质量更加有保证，可以更好地满足客户的个性化需求。产品模块化的核心就是标准，Web2.0 技术可以有效地支持标准建设和应用，其主要特点如图 20-12 所示。

(1) **企业协同进行标准建设、应用和监督**。采用社交网络中许多方便的功能把相关企业组成团体，形成社会化的标准建设、应用和监督网络。因为现在标准具有越来越大的开放性，标准是要由企业来实施的，要求以企业为主，要求尽可能多的企业主动参与。

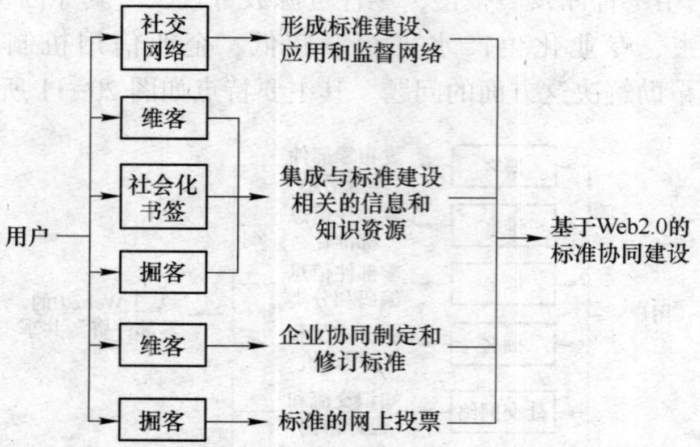

图 20-12　基于 Web2. 0 的标准协同建设技术[1]

（2）与标准建设相关的信息和知识资源的集成。采用维客、掘客和社会化书签等 Web2. 0 模式，集成与标准建设相关的信息和知识资源，支持标准建设，以满足市场对标准的时效性和超前性的要求。因为技术和产品的更新速度加快，标准的建立速度需要与之相适应。

（3）标准制定、修订与表决。采用维客模式，让不同企业提出自己对标准的初步设想，征集其他企业协同参与标准制定和修订；采用掘客模式，对标准的各项条款的各种版本进行网上投票，以确定得到大多数企业支持的标准。

思 考 题

20-1　请简要阐述信息系统集成的意义。
20-2　请简要分析信息系统集成的发展趋势。
20-3　从企业的角度分析信息系统集成的目的。
20-4　如何实现基于 Web2. 0 的客户需求获取？
20-5　如何实现基于 Web2. 0 的零部件资源共享？
20-6　试分析基于 Web3. 0 的用户体验。

21 人工智能

近十多年来，现代信息技术，特别是计算机技术和网络技术的发展已使信息处理的数量、速度和质量大大提高，能够处理海量数据，进行快速信息处理，软件功能和硬件实现均取得长足进步，使人工智能获得更广泛的应用。

21.1 人工智能的概述

21.1.1 人工智能的定义

人工智能（Artificial Intelligence，AI），一般认为起源于美国1956年的一次夏季讨论（达特茅斯会议），在这次会议上，第一次提出了“Artificial Intelligence”这个词。斯坦福大学人工智能研究中心的尼尔逊（N. J. Nilsson）教授认为：AI是关于知识的科学，即怎样表示知识、怎样获取知识和怎样使用知识的科学；麻省理工学院温斯顿（P. H. Winston）教授则认为，AI就是研究如何使计算机去做过去只有人才能做的富有智能的工作。

人工智能是智能机器所执行的通常与人类智能有关的智能行为，这些智能行为涉及学习、感知、思考、理解、识别、判断、推理、证明、通信、设计、规划、行动和问题求解等活动。简单地说，人工智能大致分为两类：类人思维方法（理性思维系统）和类人行为方法（理性行为系统）。

21.1.2 人工智能的发展简史

人工智能的发展大致可划分为以下五个阶段：

第一阶段：孕育期（1956年以前）；

第二阶段：AI的基础技术的研究和形成时期（1956~1970年）；

第三阶段：AI发展和实用阶段（专家系统）（1971~1980年）；

第四阶段：知识工程与机器学习发展阶段（1981~1990年）；

第五阶段：智能综合集成阶段，20世纪90年代至今，主要研究模拟智能阶段。

21.1.3 人工智能的研究领域及内容

AI的研究领域分为三个层次、四大问题、五个方面。三大层次包括：（1）基础理论。数学、思维科学、认知科学、心理学、算法等。（2）技术及原理。知识科学、问题求解。（3）工程应用。E. S、DSS、模式识别、智能网络等。四大问题包括知识科学、问题求解、机器学习和系统构成。五个方面包括语言、软件、工具、硬件和AI接口等。

人工智能学科有着十分广泛和极其丰富的研究内容。前面介绍了知识表示（见19.2

节）。本章主要介绍专家系统、推理技术、机器学习、智能代理及自然语言理解。

21.2 专家系统

专家系统是人工智能应用研究的主要领域。20世纪70年代中期，专家系统的开发与应用获得成功。

21.2.1 专家系统概述

专家系统是一个智能计算机程序系统，其内部含有大量的某个领域专家水平的知识与经验，能够利用人类专家的知识和解决问题的方法来处理该领域的问题。简而言之，专家系统是一种模拟人类专家解决领域问题的计算机程序系统。

按照专家系统所求问题的性质，可分为以下几类：(1) 解释专家系统。通过对已知信息和数据的分析和解释，确定其含义，如语音理解、卫星云图分析、化学结构分析等。(2) 预测专家系统。通过对过去和现在已知状况的分析，推断未来可能发生的情况，如气象预报、军事预测等。(3) 诊断专家系统。根据观察到的数据来推断某个对象机能失常的原因，如医疗诊断、集成电路故障诊断等。(4) 设计专家系统。根据任务设计要求，求出满足设计问题约束的目标配置，如集成电路设计、土木工程设计等。(5) 规划专家系统。寻找某个能达到给定目标的动作序列或步骤，如机器人规划、交通运输调度等。(6) 监视专家系统。对系统、对象或过程的行为进行不断观察，并把观测的行为与其应当具有的行为进行比较，以发现异常，发出警报。如生产监视、防空监视等。(7) 控制专家系统。自适应地管理一个受控对象或客体的全面行为，使之满足预期要求，如空中交通管制、生产调度等。

专家系统具有以下优点：(1) 专家系统能够高效率、准确、及时和不知疲倦地工作。(2) 专家系统解决实际问题时不受周围环境的影响，也不可能遗漏忘记。(3) 专家系统使人类专家的经验不受时空的限制，以便推广和交流。(4) 专家系统的研制和应用具有巨大的社会效益和经济效益。(5) 研制专家系统能促进各个领域科学技术的发展。

21.2.2 专家系统的结构与工作原理

专家系统通常由知识库、推理机、人机交互界面、综合数据库、知识获取、解释器等六个部分构成。专家系统的基本结构如图21-1所示。

(1) 知识库。知识库用来存放专家提供的知识。专家系统的问题求解过程是通过知识库中的知识来模拟专家的思维方式，因此，知识库是专家系统质量是否优越的关键所在，即知识库中知识的质量和数量决定着专家系统的质量水平。一般来说，专家系统中的知识库与专家系统程序是相互独立的，用户可以通过改变、完善知识库中的知识内容来提高专家系统的性能。

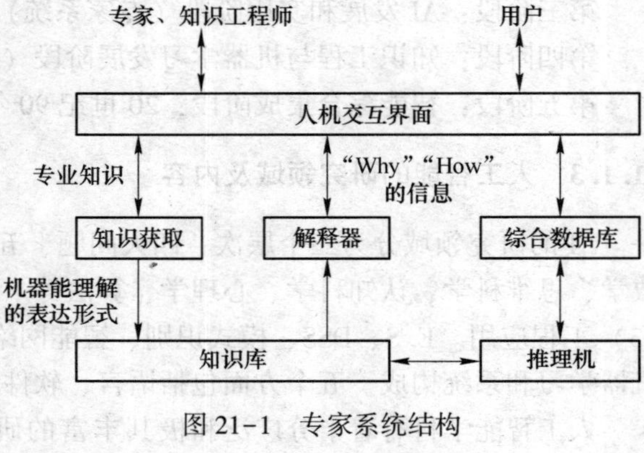

图21-1 专家系统结构

（2）推理机。推理机针对当前问题的条件或已知信息，反复匹配知识库中的规则，获得新的结论，以得到问题求解结果。在这里，推理方式可以有正向和反向推理两种。

正向链的策略是寻找出前提可以同数据库中的事实或断言相匹配的那些规则，并运用冲突的消除策略，从这些都可满足的规则中挑选出一个执行，从而改变原来数据库的内容。这样反复地进行寻找，直到数据库的事实与目标一致即找到解答，或者到没有规则可以与之匹配时停止。

逆向链的策略是从选定的目标出发，寻找执行后果可以达到目标的规则；如果这条规则的前提与数据库中的事实相匹配，问题就得到解决；否则把这条规则的前提作为新的子目标，并对新的子目标寻找可以运用的规则，执行逆向序列的前提，直到最后运用的规则的前提可以与数据库中的事实相匹配，或者直到没有规则再可以应用时，系统便以对话形式请求用户回答并输入必需的事实。由此可见，推理机就如同专家解决问题的思维方式，知识库就是通过推理机来实现其价值的。

（3）其他部分：

1）人机界面是系统与用户进行交流时的界面。通过该界面，用户输入基本信息、回答系统提出的相关问题，并输出推理结果及相关的解释等。

2）综合数据库专门用于存储推理过程中所需的原始数据、中间结果和最终结论，往往是作为暂时的存储区。

3）知识获取是专家系统知识库是否优越的关键，也是专家系统设计的“瓶颈”问题，通过知识获取，可以扩充和修改知识库中的内容，也可以实现自动学习功能。

4）解释器能够根据用户的提问，对结论、求解过程做出说明，因而使专家系统更具有人情味。

专家系统的基本工作原理如下：用户通过人机界面回答系统的提问，推理机将用户输入的信息与知识库中各个规则的条件进行匹配，并把被匹配规则的结论存放到综合数据库中。最后，专家系统将得出最终结论呈现给用户。专家系统还可以通过解释器向用户解释以下问题：系统为什么要向用户提出该问题（Why）？计算机是如何得出最终结论的（How）？领域专家或知识工程师通过专门的软件工具，或编程实现专家系统中知识的获取，不断地充实和完善知识库中的知识。专家系统主要开发工具有 Gensym G2、CLIPS、Prolog、Jess、MQL4。

为了使计算机能运用专家的领域知识，必须要采用一定的方式表示知识。基于规则的产生式系统是目前实现知识运用最基本的方法。

21.2.3 产生式专家系统

产生式系统（production system）因首先由波斯特（Post）于 1943 年提出的产生式规则（production rule）而得名，他们用这种规则对符号串进行置换运算，后来，美国的纽厄尔和西蒙利用这个原理建立了一个人类的认知模型（1965 年），同年，斯坦福大学利用产生式系统结构设计出第一个专家系统 DENDRAL。

21.2.3.1 产生式系统的构成

产生式系统由综合数据库、知识库（规则库）和推理机（控制策略）三个主要部分组成，如图 21-2 所示。综合数据库包含求解问题的世界范围内的事实和断言。知识库包含所有用“如果：〈前提〉，于是：〈结果〉”形式表达的知识规则。推理机（又称规则解释器）的任务是运用控制策略找到可以应用的规则。

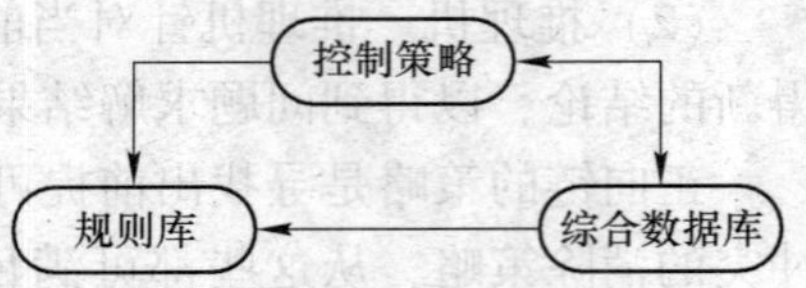

图 21-2 产生式系统的构成

产生式系统用来描述若干个不同的以一个基本概念为基础的系统。这个基本概念就是产生式规则或产生式条件和操作对象的概念。在产生式系统中，论域的知识分为两部分：(1) 事实。用于表示静态知识，如事物、事件和它们之间的关系。(2) 规则。用于表示推理过程和行为。

(1) 综合数据库。用来存放与求解问题有关的数据。

例如：当一个病人需要诊断时，它可能包括该病人病情的数据。$D=\{f_1, \cdots, f_n\}$

(2) 产生式规则库。主要存放问题求解中的规则，如果 A 则 B，即：IF A then B。

例如：如果某动物是哺乳动物，并且吃肉，那么这种动物称为肉食动物。

IF the animal is a mammal AND it eats Meat

THEN it is a carnivores.

(3) 控制策略。其作用是说明下一步应该选用什么规则，也就是说如何应用规则。通常从选择规则到执行操作分三步：匹配、冲突解决、操作。匹配就是把当前数据库和规则的条件部分相匹配。如果两者完全匹配，则把这条规则称为触发规则。当按规则的操作部分去执行时，称这条规则为启用规则。注意：被触发的规则不一定总是启用规则，因为有可能同时有几条规则部分被满足，这就要冲突解决。冲突解决就是当有一个以上的规则条件部分和当前数据库相匹配时，就需要解决首先使用哪一条规则——冲突解决。规则主要包括专一性排序、规则排序、数据排序、规模排序、就近排序、上下文限制、使用次数排序。操作就是执行规则的操作部分，经过修改以后，当前数据库将被修改。

21.2.3.2 产生式系统的求解问题策略

(1) 正向推理。正向推理是指从初始状态开始，在规则的控制下向目标状态一步步移动，直至到达目标状态，其基本过程如图 21-3 所示。

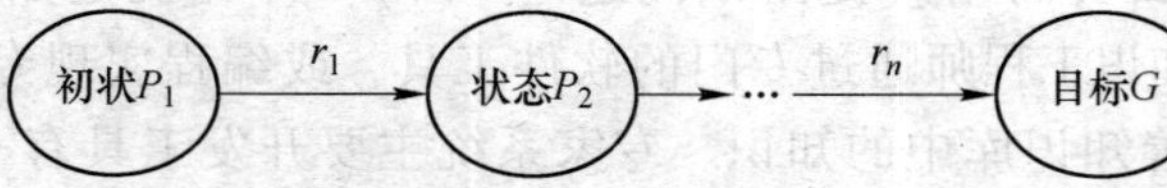

图 21-3 正向推理的过程

(2) 逆向推理。逆向推理是指从目标状态出发，推到初始状态，其基本过程如图 21-4所示。

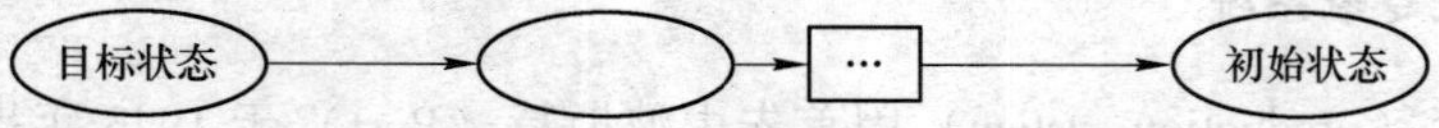

图 21-4 逆向推理的过程

(3) 双向推理。采用双向目标驱动方式，即同时从目标状态和初始状态出发进行推理，其基本过程如图 21-5 所示。

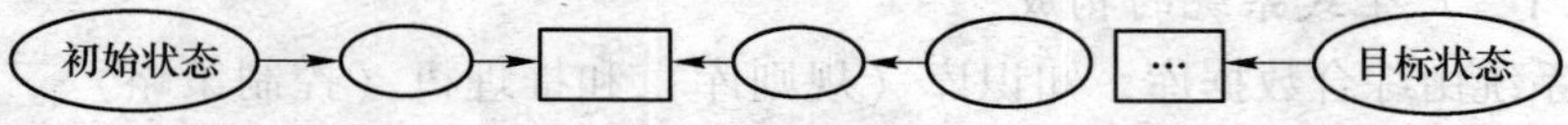

图 21-5 双向推理的过程

21.2.3.3 产生式系统的评价

(1) 有丰富的表达知识能力；(2) 对结构化的知识表达方便灵活且易于增加、删除；(3) 能表达动作，其结构事实上等价于图灵机；(4) 推理方向可逆，推理机制多样性；(5) 该方法类似于人的思维过程，有利用于人工智能目标的实现。

21.2.3.4 产生式系统的应用

例 21-1 传教士和野人问题（missionaries and cannibals）。有 N 个传教士和 N 个野人来到河边准备渡河，河岸有一条船，每次至多可供 K 个乘渡，问传教士为了安全起见，应如何规划摆渡方案，使得任何时刻，河岸两边以及船上的野人数目总是不超过传教士的数目，即求解传教士和野人从左岸全部摆渡到右岸的过程中，任何时刻满足 M（传教士数）$\geqslant C$（野人数）和 $M+C\leqslant K$ 的摆渡方案。

	L	R
M	3	0
C	3	0
B	1	0

(a)

	L	R
M	0	3
C	0	3
B	0	1

(b)

图 21-6 渡河问题的状态图

（a）初始状态；（b）目标状态

设 $N=3$，$K=2$，则给定问题的状态图如图 21-6 所示。

图中的 L 和 R 表示左岸和右岸，$B=0$ 或 1 分别表示无船和有船，约束条件是：两岸上 $M\geqslant C$，船上 $M+C\leqslant 2$。

(1) 综合数据库。用三元组表示，即（M_L，C_L，B_L）其中 $0\leqslant M_L$，$C_L\leqslant 3$，$B_L\in\{0,1\}$，此时问题描述简化为：(3，3，1)→(0，0，0)

$N=3$ 的 M—C 问题，状态空间的总状态数为：$4\times4\times2=32$

根据约束条件的要求，可以看出只有 20 个合法状态，进一步分析后，又发现有 4 个状态实际上是不可能达到的，因此实际问题空间仅由 16 个状态构成，见表 21-1。

表 21-1 状态空间列表

M_L	C_L	B_L		M_L	C_L	B_L	
0	0	1	达不到	0	0	0	
0	1	1		0	1	0	
0	2	1		0	2	0	
0	3	1		0	3	0	达不到
1	0	1	不合法	1	0	0	不合法
1	1	1		1	1	0	
1	2	1	不合法	1	2	0	不合法
1	3	1	不合法	1	3	0	不合法
2	0	1	不合法	2	0	0	不合法
2	1	1	不合法	2	1	0	不合法
2	2	1		2	2	0	
2	3	1	不合法	2	3	0	不合法
3	0	1	达不到	3	0	0	
3	1	1		3	1	0	
3	2	1		3	2	0	
3	3	1		3	3	0	达不到

（2）规则集合。Pmc 操作规定从左岸向右岸；qmc 操作规定从右岸向左岸。船上人有 5 种组合，因而组成 10 条规则集合，见表 21-2。

表 21-2 规则集合

if（ML，CL，BL=1）then （ML-1，CL，BL-1）;	(P10)
if（ML，CL，BL=1）then （ML，CL-1，BL-1）;	(P01)
if（ML，CL，BL=1）then （ML-1，CL-1，BL-1）;	(P11)
if（ML，CL，BL=1）then （ML-2，CL，BL-1）;	(P20)
if（ML，CL，BL=1）then （ML，CL-2，BL-1）;	(P02)
if（ML，CL，BL=0）then （ML+1，CL，BL+1）;	(q10)
if（ML，CL，BL=0）then （ML，CL+1，BL+1）;	(q01)
If（ML，CL，BL=0）then （ML+1，CL+1，BL+1）;	(q11)
if（ML，CL，BL=0）then （ML+2，CL，BL+1）;	(q20)
if（ML，CL，BL=0）then （ML，CL+2，BL+1）;	(q02)

（3）推理过程。推理过程包括 Pmc 操作和 qmc 操作。具体推理过程如图 21-7 所示。

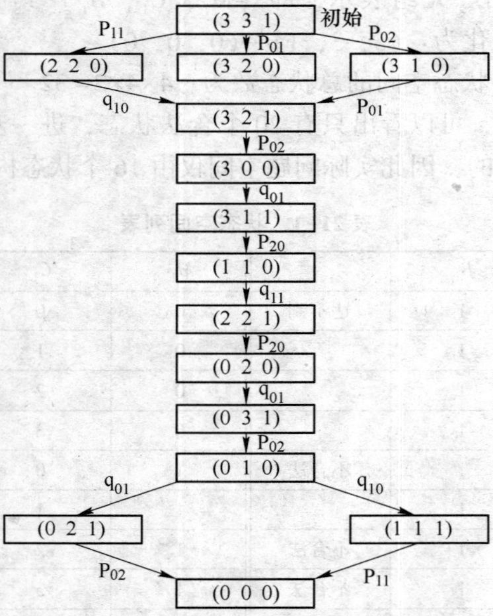

图 21-7 推理过程

21.3 高级推理技术

21.2.3 节介绍了正向推理、逆向推理和双向推理。在现实世界中，包含有大量的柔性信息，表征出不确定性、模糊性、动态性，对于这类复杂信息的处理，需要用到一些高级推理技术。本节将讨论不确定推理和动态模糊推理等高级推理技术。

21.3.1 不确定推理

在构建比较复杂的人工智能系统结构时，往往要求设计者建立某种不确定性的计算和推理过程。有两种不确定性，即关于证据的不确定性和关于结论的不确定性。

（1）**关于证据的不确定性**。在观察事物时，所带有的干扰或不确定性都会导致证据的不确定性。一般通过对事实赋予一个介于0~1之间的系数来表示事实的不确定性。1表示完全确定，0代表完全不确定。当事实（或规则）有一个以上的条件时，就需要根据各个子条件的可信度来求总条件的可信度。有以下两类方法。

1）以模糊集理论为基础的方法。该方法将所有条件中最小的可信度作为总条件的可信度（图21-8）。

2）以概率为基础的方法。该方法将所有条件的可信度的乘积作为总条件的可信度（图21-9）。

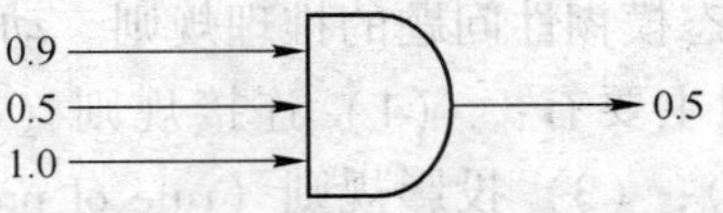

图21-8 以模糊集理论为基础的推理方法

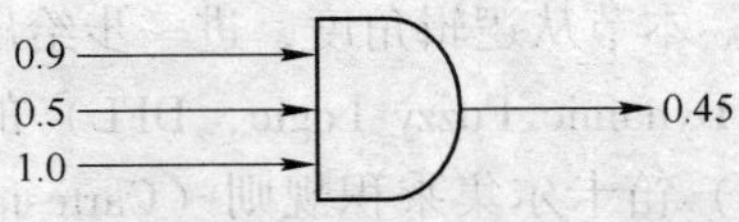

图21-9 以概率为基础的推理方法

（2）**关于结论的不确定性**。关于结论的不确定性也叫规则的不确定性，它表示当规则的条件被完全满足时，产生某种结论的不确定性。它也用介于0~1之间的数来表示。例如，如果身体发热，那么发烧的可能性是0.8。如果规则的条件部分不完全确定，即当条件的可信度不为1时，求结论可信度有以下两种方法。

1）结论的可信度为条件的可信度与上述系数的乘积（图21-10）。

2）按照某种概率论的解释，我们假设规则的条件部分的可信度 C_{IN} 和结论的可信度 C_{OUT} 有某种函数关系（图21-11）。

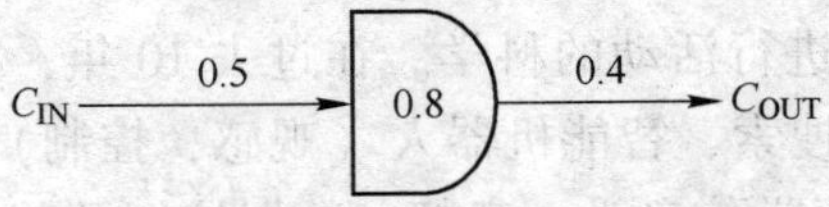

图21-10 以条件的可信度及可能性为基础的推理方法

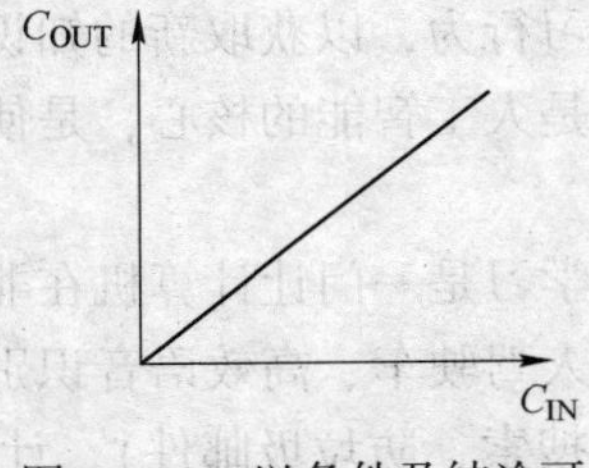

图21-11 以条件及结论可信度为基础的推理方法

（3）**多个规则支持同一事实时的不确定性**。多个规则支持同一事实时，该事实的可信度计算方法，有两种：

1）基于模糊集理论的方法。该方法取支持这个事实的各个规则的可信度的最大值作为事实的可信度。

2）基于概率论的方法。

①先求各个规则的可信比例：

$$r_i = \frac{c_i}{1 - c_i}$$

②将各个规则的可信比例相乘，得到事实的可信比：

$$r = \prod r_i$$

③根据事实的可信比例求事实的可信度：

$$c = \frac{r}{1 + r}$$

（4）主要的不确定推理方法。主要有：1）确定因子法；2）主观贝叶斯方法；3）D-S 证据理论；4）可能性理论；5）批注理论。

21.3.2 动态模糊推理

逻辑是人类思想和推理的理论基础，人类在现实生活中自觉或不自觉地应用着各种各样的逻辑。本节从逻辑角度，进一步给出了解决动态模糊性问题的推理规则。动态模糊逻辑推理（Dynamic Fuzzy Logic，DFL）的一些规则主要有：（1）连接规则（connection rule）；（2）笛卡尔集乘积规则（Cartesian sets rule）；（3）投影规则（rule of projection）；（4）合成规则（rule of composition）；（5）继承规则（rule of succession）；（6）等价规则（rule of equivalence）；（7）假言推理规则（rule of modus ponens）；（9）拓扑推理（topological reasoning）；（10）归纳推理（resolution reasoning）；（11）对比推理（comparison reasoning）等。

21.4 机器学习

机器学习（Machine Learning，ML）是一门多领域交叉学科，涉及概率论、统计学、逼近论、凸分析、算法复杂度理论等多门学科。机器学习专门研究计算机怎样模拟或实现人类的学习行为，以获取新的知识或技能，重新组织已有的知识结构使之不断改善自身的性能。它是人工智能的核心，是使计算机具有智能的根本途径，其应用遍及人工智能的各个领域。

机器学习是一门让计算机在非精确编程下进行活动的科学。在过去 10 年，机器学习促成了无人驾驶车、高效语音识别、精确网络搜索、智能机器人（观感，控制）、文字理解（网页搜索、防垃圾邮件）、计算机视觉、医学信息学、音频、数据挖掘及其他领域上的大力发展。

机器学习解决问题涉及问题建模、准备训练数据、抽取特征、训练模型和优化模型等关键环节，要点如下。

（1）理解业务。根据业务的不同目标，选择合适的模型。

（2）准备数据。数据是机器学习解决问题的根本，数据选择不对，则问题不可能被解决，所以准备训练数据需要格外的小心和注意：1）待解决问题的数据本身的分布尽量一致；2）训练集/测试集分布与线上预测环境的数据分布尽可能一致，这里的分布是指（x，y）的分布，不仅仅是 y 的分布；3）y 数据噪声尽可能小，尽量剔除 y 有噪声的数据；

4）非必要不做采样，采样常常可能使实际数据分布发生变化，但是如果数据太大无法训练或者正负比例严重失调（如超过100：1），则需要采样解决。

著名的UCI机器学习数据库有大量的人工智能数据挖掘数据，网址为：http：//archive. ics. uci. edu/ml/。该数据库是不断更新的，也接受数据的捐赠。数据库种类涉及工程、科学、生活各个领域，记录数也是从少到多，最多达几十万条。截至2016年11月，该数据库共有351个数据集，每个数据集合中有不同类型、时间的相关数据。可以根据实际情况进行选用。

（3）**抽取特征**。就是完成输入空间到特征空间的转换。针对线性模型或非线性模型需要进行不同特征抽取，线性模型需要更多特征抽取工作和技巧，而非线性模型对特征抽取要求相对较低。利用Domain Knowledge进行特征抽取和选择；针对不同类型的模型设计不同的特征。特征抽取后，如果不同特征的取值范围相差很大，最好对特征进行归一化，以取得更好的效果。特征抽取和归一化之后，如果发现特征太多，导致模型无法训练，或很容易导致模型过拟合，则需要对特征进行选择，挑选有价值的特征。

（4）**训练模型**。设有m个（$\boldsymbol{x}$，$\boldsymbol{y}$）训练数据，其中$\boldsymbol{x}$为特征向量，$\boldsymbol{y}$为label，；$\boldsymbol{w}$为模型中参数向量，即模型训练中需要学习的对象。所谓训练模型，就是选定假说函数和损失函数，基于已有训练数据（$\boldsymbol{x}$，$\boldsymbol{y}$），不断调整$\boldsymbol{w}$，使得损失函数最优，相应的$\boldsymbol{w}$就是最终学习结果，也就得到相应的模型。针对不同业务目标、不同数据和特征，选择不同的模型；如果模型不符合预期，一定检查一下数据、特征、模型等处理环节是否有bug；考虑模型Underfitting和Overfitting，针对性地优化。

（5）**优化模型**。经过上文提到的数据筛选和清洗、特征设计和选择、模型训练，就得到了一个模型，但是如果发现效果不好？怎么办？首先反思目标是否可预估，数据和特征是否存在bug。然后分析一下模型是Overfitting还是Underfitting，从数据、特征和模型等环节做针对性优化。

机器学习分为监督式学习（supervised learning）和非监督式学习（unsupervised learning）两大类。监督式学习是一个从一系列结果已知的观察中归纳知识的过程。例如，我们从历史贷款评估数据中归纳一系列准则。由于贷款事例的决策已经很明确，所以我们可以检验当归纳模型应用于这些情况时的性能。非监督式学习是从结果未知的数据集中寻找知识的办法。机器学习分类方法有多种，如分类、聚类、回归、规则提取等。

本节主要介绍决策树、人工神经网络、遗传算法和模糊逻辑在机器学习中的应用。决策树可用于分类；人工神经网络可用于知识获取；遗传算法尝试于模拟适者生存的生物系统演化过程，是出色的学习者；模糊逻辑主要处理不精确的信息。

21.4.1 决策树

决策树（decision tree）是在已知各种情况发生概率的基础上，通过构成决策树来求取净现值的期望值大于等于零的概率，评价项目风险，判断其可行性的决策分析方法，是直观运用概率分析的一种图解法。由于这种决策分支画成图形很像一棵树的枝干，故称决策树。在机器学习中，决策树是对数据进行分类，是一个预测模型，以此达到预测的目的。决策树代表的是对象属性与对象值之间的一种映射关系。决策树是一种树形结构，其中每个内部节点表示一个属性上的测试，每个分支代表一个测试输出，每个叶节点代表一种类别。决策树（分类树）是一种十分常用的分类方法，是一种监管学习。生成决策树的算法有 ID3，C4.5 和 C5.0 等多种，下面主要介绍 ID3 算法。

熵（entropy）是无序性（或不确定性）的度量指标。假如事件 A 的全概率划分是 $(A_1, A_2, \cdots, A_n)$，每部分发生的概率是 $(p_1, p_2, \cdots, p_n)$，那信息熵定义为：

$$\text{entropy}(p_1, p_2, \cdots, p_n) = -p_1\log_2 p_1 - p_2\log_2 p_2 - \cdots - p_n\log_2 p_n$$

通常以 2 为底数，所以信息熵的单位是 bit。

ID3 算法构造树的基本想法是随着树深度的增加，节点的熵迅速地降低。熵降低的速度越快越好，这样我们有望得到一棵高度最矮的决策树。

例 21-2：表 21-3 统计了 14 天的气象数据（指标包括 outlook、temperature、humidity、windy），并已知在这些天气是否会打球（play）。如果给出新一天的气象指标数据：sunny、cool、high、true，判断一下会不会去打球。

表 21-3　14 天的气象数据统计

outlook	temperature	humidity	windy	play
sunny	hot	high	false	no
sunny	hot	high	true	no
overcast	hot	high	false	yes
rainy	mild	high	false	yes
rainy	cool	normal	false	yes
rainy	cool	normal	true	no
overcast	cool	normal	true	yes
sunny	mild	high	false	no
sunny	cool	normal	false	yes
rainy	mild	normal	false	yes
sunny	mild	normal	true	yes
overcast	mild	high	true	yes
overcast	hot	normal	false	yes
rainy	mild	high	true	no

这个问题当然可以用朴素贝叶斯法求解，分别计算在给定天气条件下打球和不打球的概率，选概率大者作为推测结果。用决策树方法如下。

在没有给定任何天气信息时，根据历史数据，我们只知道新的一天打球的概率是 9/14，不打的概率是 5/14。此时的熵为：

$$-\frac{9}{14}\log_2\frac{9}{14} - \frac{5}{14}\log_2\frac{5}{14} = 0.940$$

属性有 4 个：outlook、temperature、humidity、windy。首先要决定哪个属性作树的根节点。对每项指标分别统计：在不同的取值下打球和不打球的次数。下面我们计算当已知变量 outlook 的值时，信息熵为多少。

outlook=sunny 时，2/5 的概率打球，3/5 的概率不打球。entropy=0.971

outlook=overcast 时，entropy=0

outlook=rainy 时，entropy=0.971

而根据历史统计数据，outlook 取值为 sunny、overcast、rainy 的概率分别是 5/14、4/14、5/14，所以当已知变量 outlook 的值时，信息熵为：5/14×0.971+4/14×0+5/14×0.971=0.693。

这样的话系统熵就从 0.940 下降到了 0.693，信息增益 gain(outlook) 为 0.940−0.693=0.247。

同样可以计算出 gain(temperature)=0.029，gain(humidity)=0.152，gain(windy)=0.048。

gain（outlook）最大（即 outlook 在第一步使系统的信息熵下降得最快），所以决策树的根节点就取 outlook，如图 21-12 所示。

接下来要确定 N1 取 temperature、humidity 还是 windy？在已知 outlook=sunny 的情况，根据历史数据，我们做出类似 table 2 的一张表，分别计算 gain(temperature)、gain(humidity) 和 gain(windy)，选最大者为 N1。

依此类推，构造决策树。当系统的信息熵降为 0 时，就没有必要再往下构造决策树了，此时叶子节点都是纯的——这是理想情况。最坏的情况下，决策树的高度为属性（决策变量）的个数，叶子节点不纯（这意味着我们要以一定的概率来做出决策）。用图形象地表示参见图 21-13。

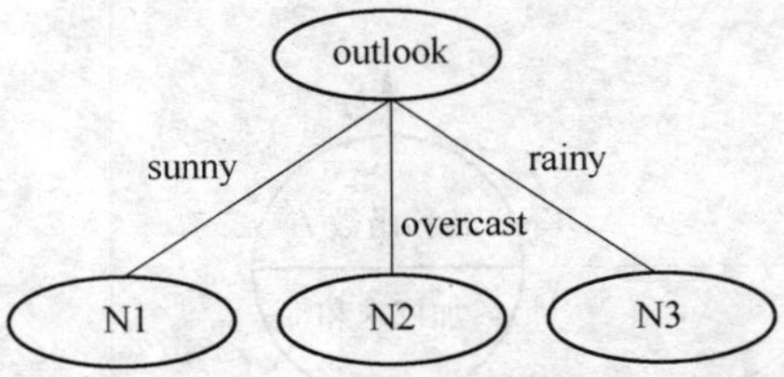

图 21-12 决策树的根节点选择

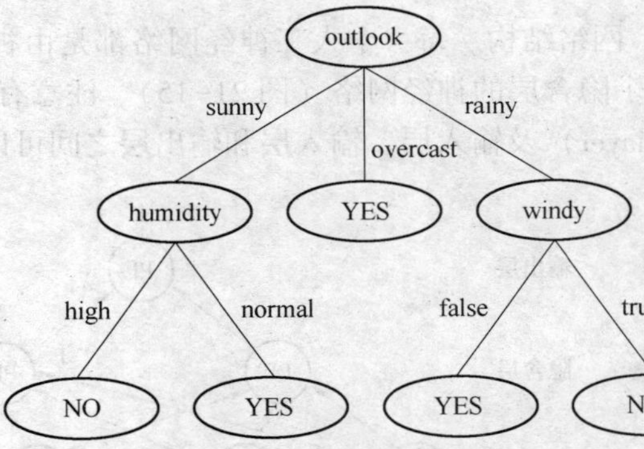

图 21-13 决策树的构造

21.4.2 人工神经网络

人工神经网络（Artificial Neural Networks，ANN）是一种试图模拟人脑功能的问题解决方法。人工神经元接收输入的过程类似于生物神经元的树突从其他神经元中获得电化刺激的过程。通过轴突，人工神经元的输出可以根据生物神经元发出的信号做出反应。这些人工信号通过调节权重进行更改，其更改方法类似于突触的改变方式。

人工神经网络使用模式识别方法解决问题，被成功地用于许多业务领域。一个重要的应用方面是银行贷款。一个 ANN 能够学习以识别潜在的贷款欺骗。ANN 的一个最成功的应用是不正常的信用卡消费模式的检测，识别欺诈。这对于基于 Web 的电子商务交易来说极为重要（如住友信用服务公司运用基于神经网络的 Falcon 系统预测欺诈）。ANN 通过应用历史数据预测系统、人和市场的未来行为，为提供有效顾客业务战略提供支持。

（1）人工神经网络的基本要素。神经网络由处理单元构成，这些处理单元以不同的方式结合构成网络的结构。神经网络的基本处理单元是神经元。许许多多神经元构成网络。神经元的组织方式有很多类型，一种较为常见的方法是前馈后向传播（或简称为后向传播），这其中一层的输出连接到下一层的输入，它们之间不存在反馈。

1）处理单元。人工神经网络的处理单元（Processing Elements，PEs）是人工神经元。每一个神经元接收输入，经处理后输出（图 21-14）。输入是原始的数据或其他处理单元的输出。输出可以是最终结果（如 1 表示是，0 表示否）也可以作为其他神经元的输入。

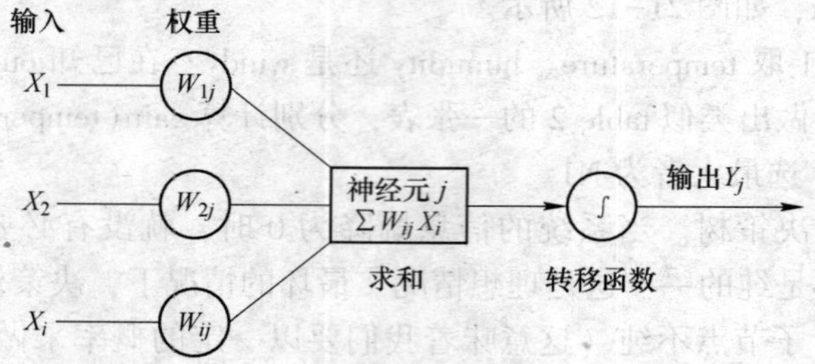

图 21-14　人工神经元的信息处理过程

2）网络结构。每一个人工神经网络都是由神经元构成的层组成。一种典型的结构是具有一个隐含层的神经网络（图 21-15）。注意有三个层：输入层、中间层（也叫隐含层，hidden layer）及输入层。输入层和输出层之间可以有多个隐含层。

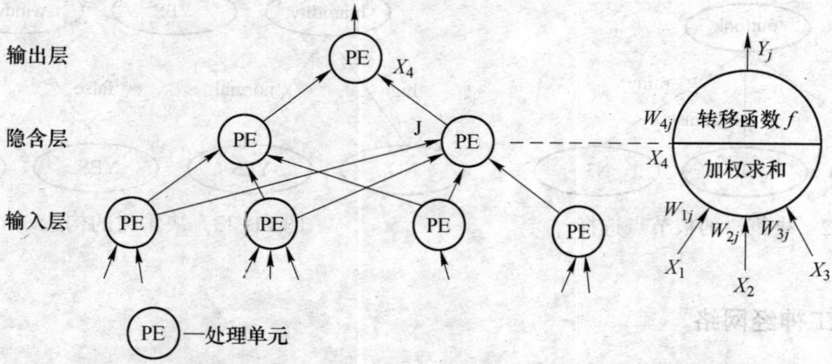

图 21-15　具有一个隐含层的神经网络

与生物网络相似，人工神经网络有多种组织方式（拓扑或体系结构），也就是说神经元有多种相互连接的方式。因此，人工神经网络以多种形式展现称为结构体系。在信息处理的过程中，许多处理单元也同时在执行计算。这种并行处理（parallel processing）与大脑的工作方式非常相似，但与传统的计算处理过程有明显的不同。

3）网络信息处理过程。一旦网络结构确定下来，就可以进行信息处理。下面，我们给出有关信息处理的一些概念：

输入（inputs）。每一个输入都有其各自的属性。例如，如果问题的关键在于确定是否同意贷款，那么这里的属性可以是申请者的收入水平、年龄及家庭所有权。属性的数值或特征是网络的输入。多种类型的数据，如文本、图片及声音等都可以用于输入。有时候我们还需要进行预处理，从而将符号数据转化为有用的输入信息，或确定数据的范围。

输出（output）。网络的输出涵盖了问题的解决办法。例如，在贷款申请的例子中，结果可能为是或否。人工神经网络将 1 表示为是，0 表示为否。网络的目标是计算输出值。当最终值不是 0 或 1 时，还需要对其进行再处理。

连接权重（connection weights）。连接权重是人工神经网络的一个关键要素，它表达了输入数据或将数据从上一层传递到下一层的连接强度（或数值）。换言之，权重表明了每个输入对处理单元直至最终输出的相对重要程度。由于权重存储了信息的学习类型，所以它是至关重要的。正是通过权重的不断调整，网络才能够学习。

求和函数（summation function）。求和函数计算所有输入变量的加权和。一个求和函数是将各个输入变量乘以其相应的权重的和，加权和的总值为 Y。在一个处理单元中，具有 n 个输入变量的加权和公式为（见图 21-16）：

$$Y = \sum_{i=1}^{n} X_i W_i$$

若一层中有多个处理单元，则第 j 个神经元的表达式为（图 21-17）：

$$Y_j = \sum_{i=1}^{n} X_i W_i$$

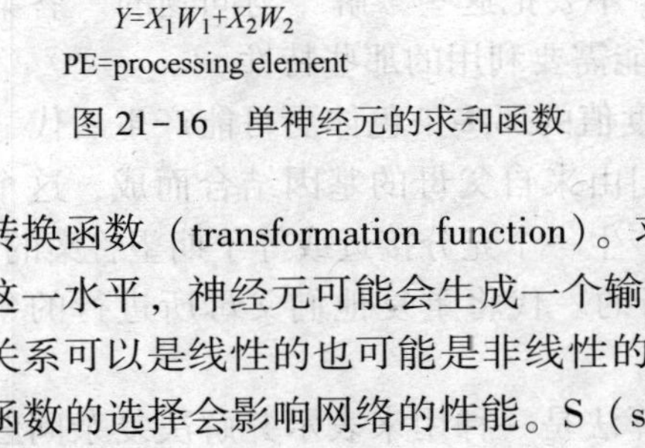

图 21-16　单神经元的求和函数

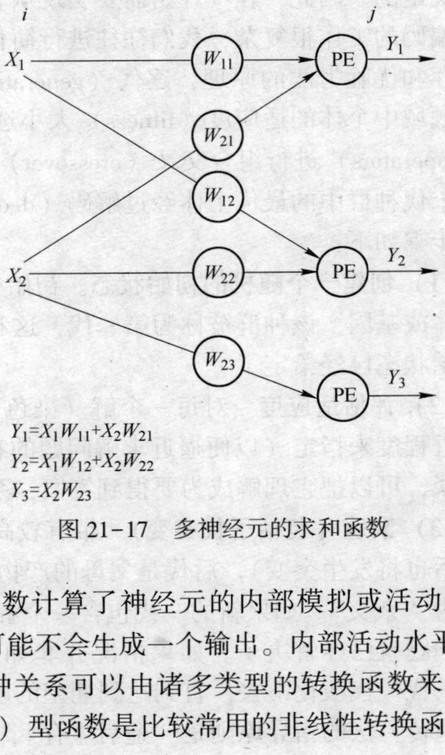

图 21-17　多神经元的求和函数

转换函数（transformation function）。求和函数计算了神经元的内部模拟或活动水平。基于这一水平，神经元可能会生成一个输出也可能不会生成一个输出。内部活动水平与输出的关系可以是线性的也可能是非线性的。这种关系可以由诸多类型的转换函数来表示。特定函数的选择会影响网络的性能。S（sigmoid）型函数是比较常用的非线性转换函数：

$$Y_T = 1/(1 + e^{-Y})$$

式中，Y_T 是 Y 的变换值（标准化）。

转换函数可以将输出值转化为一个合理的值（通常是在0~1之间）。这一转变的执行发生在输出到达下一水平之前。如果不经过转换，那么输出值将会很大，特别是在有多层神经元的情况下，这种现象将更加明显。有时候，可以用阈值（threshold value）来代替转换函数。例如，可以设任何小于或等于0.5的值为0，任何大于0.5的值为1。转换可以发生在每个处理单元的输出过程中，也可以在最后的输出节点进行。

（2）**人工神经网络的学习过程**。人工神经网络中的学习算法可以分为监督学习方法和非监督学习方法。在监督学习中，学习过程是可以归纳的，也就是说连接权重来自于现有的案例。学习过程通常包含三项任务：

1）计算临时输出。

2）将输出与期望目标进行比较。

3）调整权重并重复上面的过程。

21.4.3 遗传算法

遗传算法（Genetic Algorithm）是一种通过模拟自然进化过程搜索最优解的方法。遗传算法是从代表问题可能潜在的解集的一个种群（population）开始的，而一个种群则由经过基因（gene）编码的一定数目的个体（individual）组成。每个个体实际上是染色体（chromosome）带有特征的实体。染色体作为遗传物质的主要载体，即多个基因的集合，它决定了个体的形状的外部表现，如黑头发的特征是由染色体中控制这一特征的某种基因组合决定的。因此，在一开始需要实现从表现型到基因型的映射，即编码工作。由于仿照基因编码的工作很复杂，我们往往进行简化，如二进制编码，初代种群产生之后，按照适者生存和优胜劣汰的原理，逐代（generation）演化产生出越来越好的近似解，每一代根据问题域中个体的适应度（fitness）大小选择个体，并借助于自然遗传学的遗传算子（genetic operators）进行组合交叉（crossover）和变异（mutation），产生出代表新的解集的种群。末代种群中的最优个体经过解码（decoding），可以作为问题近似最优解。遗传算法的一般步骤如下：

（1）**创建一个随机的初始状态**。初始种群是从解中随机选择出来的，将这些解比喻为染色体或基因，该种群被称为第一代，这和符号人工智能系统的情况不一样，在那里问题的初始状态已经给定了。

（2）**评估适应度**。对每一个解（染色体）指定一个适应度的值，根据问题求解的实际接近程度来指定（以便逼近求解问题的答案）。不要把这些“解”与问题的“答案”混为一谈，可以把它理解成为要得到答案，系统可能需要利用的那些特性。

（3）**繁殖（包括子代突变）**。带有较高适应度值的那些染色体更可能产生后代（后代产生后也将发生突变）。后代是父母的产物，他们由来自父母的基因结合而成，这个过程被称为“杂交”。如果新的一代包含一个解，能产生一个充分接近或等于期望答案的输出，那么问题就已经解决了。如果情况并非如此，新的一代将重复他们父母所进行的繁衍过程，一代一代演化下去，直到达到期望的解为止。

遗传算法的指导原则是“适者生存”，遗传算法是一种用来表示并解决复杂问题的机器学习方法。它在广泛的应用领域中提供了一系列有效非限定领域的启发式搜索算法，包括动态过程归纳、优化规则的归纳、开发新的连接拓扑（如神经网络设计）、模拟生物行为和进化模型、工程结构的复杂设计、模式识别、调度问题、交通与路径问题、布局和电路设计、电信问题等。

21.4.4 模糊逻辑

模糊逻辑（fuzzy logic）能像人类那样处理问题，它能够像人们那样处理不精确的信息。例如，“天气很热”，到底多热才是热？如果降低1℃的话是非常热？还是仅仅是热？

模糊逻辑是一项语言术语处理技术。它拓展了逻辑的概念，从简单的对或错到部分（甚至是连续）正确。在将常识运用到决策的情形中，不精确的知识和推理是专业技能的重要方面。在模糊逻辑中，对或错的值由隶属度来表示。例如，在传统的布尔逻辑中，一个人的信用记录只能是好或者坏，而在模糊逻辑中。信用记录可以同时由好和坏来评价，但是每一种情况的程度是不一样的。

模糊逻辑还可以处理根植于人类本身的不确定性。由于模糊逻辑能有效并精确地描述人类在决策制定问题中的感知能力，所以，它是非常有用的。在大多数情况下，结果并不是百分之百的对或错，或者如果它们可以用这种方式描述，也不是最好的方法。

以下介绍一个模糊集的例子，它描述了一个高个子的人。如果我们通过调查来得出确定一个人是高个子的最小高度，那么答案可能在5~7英尺。答案的分布见表21-4。

表21-4 投票比例表

身 高	投票比例	身 高	投票比例
5英尺10英寸	0.05	6英尺1英寸	0.15
5英尺11英寸	0.10	6英尺2英寸	0.10
6英尺	0.60		

假设杰克的身高为6英尺，根据概率论的知识，我们可以运用累积概率分布来计算出杰克是高个子的可能性为75%。

在模糊逻辑中，我们可以认为杰克在高个子集合中的隶属度为0.75。不同的是，在概率术语中，我们认为杰克是高个子或者不是高个子，而不能完全确定他是不是高个子。相反，在模糊逻辑中，我们认为杰克差不多算是个高个子。我们可以用一个隶属函数来表示杰克与高个子集合（模糊逻辑集）之间的关系：

<杰克，0.75≡高个子>

这可以在知识系统中表示为“杰克是个高个子”（CF=0.75）。它与概率论的重要区别在于相关隶属度不一定必须是1。例如，“杰克是个矮个子”（CF=0.15）表示这种组合只有0.9。而在概率论中，如果杰克是高个子的概率是0.75，那么他是矮个子的概率则为0.25（假设只有矮个子和高个子两个事件）。与包含了两个值（如信任度和非信任度）的某些因子相比，模糊集运用了一系列可能的值，我们称之为信任函数。通过我们认为某一元素通过图21-18所示的隶属函数而属于某一集合。我们认为69英寸的高度是高个子的起始高度，在74英寸时，他绝对是个高个子。69~74英寸之间的高度，其对应的隶属函数值在0~1之间。同样，在矮个子和中等个子的集合中，根据人的高度也存在对应的隶属函数值。中等个子的范围横跨了高矮的范围，因此，一个人可能会同时隶属于多个模糊

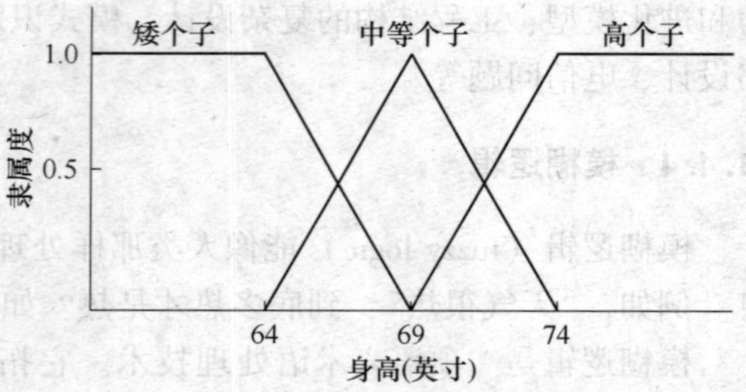

图 21-18 模糊集中的隶属函数
(1 英寸 = 2.54 厘米)

集合。这就是模糊集的一个优点；他们缺乏脆度却具有相容性。

模糊逻辑在消费品领域得到了广泛的应用，诸如空调、防抱死制动、烤箱、便携式摄像机、洗碗机以及微波炉。消费品中的模糊逻辑通常被称为连续逻辑。模糊逻辑在消费品中提供平滑移动，这在地铁控制系统以及其他交通控制和导航系统中是非常适用的。

模糊逻辑还在以下领域得到应用：股票购买的选取、调节汽车中的防抱死制动系统、相机的自动对焦、洗衣机的全自动化、保持航天飞机在稳定轨道上航行、使高尔夫俱乐部与顾客的需求相匹配、调节淋浴中的水温、提高工业质量控制应用中的精度和速度、强化排队（等待）模型、决策制定等。

21.5 智能代理

智能代理（Intelligent Agents，IA）是依靠计算机来自动执行某些任务的小程序。智能代理在后台运行，检测环境并对某些触发条件作出反应。智能代理可应用到个人辅助设备、电子邮件和新闻过滤和分发、任务分配，以及电子商务和信息收集的网络小程序中。例如病毒检测程序，它在计算机中观察所有的输入的数据，并将发现的病毒自动删除。

大多数情况下，代理的设计用于完成单一的任务。该任务可能是在互联网上搜索某商品在哪里或者什么时候拍卖，也可能是过滤电子邮件。更高级的代理可以处理多重任务，但是未来代理系统的发展趋势将更倾向于将多个代理结合起来，每个代理解决一个独立的简单任务。

21.5.1 智能代理的组成部分

智能代理一般包含以下内容：所有者、作者、账户、目标、主题描述、创造和经历时间、背景及智能子系统等。

（1）所有者。用户名、父流程名或者主代理名。一个智能代理可能有几个所有者。人类可以产生代理、流程可以产生代理（比如，股票经纪人流程利用代理来监控价格），以及其他的智能代理也能产生自己的支持代理。

（2）作者。开发者、服务或主代理名。智能代理既可以由人来创造，也可以由流程创造，然后作为模版让用户实现个性化。

（3）账户。智能代理必须有一个锚点指向所有者的账户以及电子地址，用以进行支付或者指示起源。

（4）目标。智能代理必须有对任务成功完成的清晰描述、对任务完成进度的测量以及结果数值。对成功的测量包括范围内交易的简单完成或者更加复杂的测量。

（5）主题描述。主题描述是详细的目标特性内容。这些特性包括代理的边界、任务、可能需要访问的资源和需求种类（如股票购买、航空票价查询等）。

(6) 创造和经历时间。所需要的需求和响应日期。

(7) 背景。相关支持信息。

(8) 智能子系统。如基于规则的专家系统或人工神经网络系统。

21.5.2 智能代理的特点

(1) **自治或授权**。代理是自主运作的，即它可以自己运行或者被授权。既然代理是目标导向的、协同的、灵活的，那么它必须能够自主做一些决策。当遇到阻碍时，它必须会改变路径或者行为，以找到方法绕过障碍物。智能代理可以通过目标导向、协同性、灵活性和自动启动来实现自治。

(2) **沟通（互动）**。许多多重智能代理设计了与其他代理、用户或者软件互动的功能。考虑到单一代理的技能有限，这是一项重要的功能。为了避免单个代理运行多个任务，我们开发出其他代理来处理未被授权的任务。因此，代理之间就需要沟通。代理的沟通是基于一定的沟通语言和标准进行的。

(3) **自治重复工作及时间连续性**。代理被用来完成定义细致的工作，这样它就能重复地、一遍一遍地进行，而不会出故障或者罢工。代理应该持续地运转，而不是一次性的、执行一系列命令后便停止。尽管如此，代理程序在等待过程中，仍可以做短暂的休息。

(4) **反应**。代理能感知它所处的环境（可能是物理环境，或者通过图形界面的用户，或者一群其他的代理、互联网或者他们的合集），并对环境中的变化做出及时的反应，还能够主动展现出有意识的行为。这表明代理能够察觉它所处环境的变化。

(5) **移动性**。代理必须能够在视觉以外工作，在网络空间或其他计算机系统中工作，而不需要用户（或者主人）的监督。一些开发者用“远程执行”或“移动代理”描述这种特性。在互联网环境中，代理需要移动，以便在不同的环境中工作，具有这种功能的代理称为“移动代理”。移动代理可以在不同的系统结构或平台之间传递。很多电子商务代理都是移动代理。

(6) **智能与学习**。一个最常见的学习代理的实例是很多商业软件程序中的软件代理。这些代理基于对用户活动的观察，为用户提供一些信息。

21.5.3 基于互联网的软件代理

根据 IBM 的白皮书，与互联网代理相关的应用领域共有 9 种：对工作流与行政管理的协助；与其他代理或人的合作；支持电子商务；支持桌面应用程序；对信息管理与访问的协助，包括搜索与常见问题解答；处理电子邮件和消息；控制与管理网络访问；管理子系统与网络及创建用户界面，包括导航（浏览）等。

21.5.3.1 电子邮件代理（邮件管家）

电子邮件代理帮助用户使用电子邮件。例如，Maxims 监视用户日常使用邮件的活动，并记录用户对特定情形的反应。这些反应都存储在实例库中。这些情形用一些特征来描述，包括发信人的姓名（该用户接收）、收信人姓名（该用户发送）。出现一种新的情形时，代理分析这种情形的特征，并建议用户采取何种行动（例如阅读、删除、转发或存档）。这一过程类似于基于安全的推理，代理与 Eudora 之间进行交流，Eudora 是一种基于窗口的软件系统。

代理测度用户采纳代理建议的置信度（或适合度）。如果置信度很高，那么代理是在用户许可的情况下执行建议；否则，代理便等待用户的命令。多次以后，随着实例库内容的增加，代理的效果将得到提高。目前已有一些商业邮件代理（如 Beyond Mail 智能消息代理，www. banyan. com）。

其他一些电子邮件代理帮助用户处理大量的邮件消息。例如，莫提瓦拉（Motiwalla，1995）开发了一种基于用户界面和知识水平的智能代理，用于区分电子邮件消息的优先次序。

根据默奇和约翰逊的观点，电子邮件代理可以控制垃圾邮件；如果指定的消息到达，通过声音提醒用户；自动转发邮件消息到指定的目的地；按照用户的要求合并不同来源的邮件；在互联网上搜索某个消息，并通过电子邮件将其发送给客户；区分商业邮件与个人邮件或私人邮件；自动回复邮件，根据具体情况做出反应，例如，“我的假期将到……时候结束，我的代理将会替我做出安排”；执行与桌面电子邮件相关的常规管理任务（例如将文件备份、存档，为文件建立索引）等。

21. 5. 3. 2 网络浏览辅助代理

一些代理通过为用户提供介绍的方式为用户浏览互联网信息提供方便。这种代理被称为导游，在用户浏览的同时工作。例如，WebWatcher（www. cmu. deu）有助于发现与当前页面相关的页面，添加超链接以满足用户的查询需求，并基于用户偏好提供建议。

另一个实例是 Letizia（www. media. edu/research/softwareagents）。这个代理运用浏览器监视用户活动，并收集关于用户行为的信息。借助各种启发法，这种代理尝试预见可以满足用户特定需求的内容。与其相似的一个代理是 IBM 的 Netcomber Activist（activist. qpl. ibm. com），这种代理监视用户通过雅虎目录浏览网络信息的行为。用户可以建立兴趣文档，订制每天阅读的新闻信息等。

21. 5. 3. 3 电子商务代理

智能代理在电子商务中扮演着越来越重要的角色。成百上千个商业代理在网络中执行几种主要的电子商务活动，主要有需求判断、产品经纪、卖家经纪、讨价还价、购买与投递、产品服务与评价这几类代理。这些代理的分类与客户在购买决策过程中的六步一致：需求识别、选择产品、选择卖方、协商、购买与运送、产品和服务评价（图 21-19）。

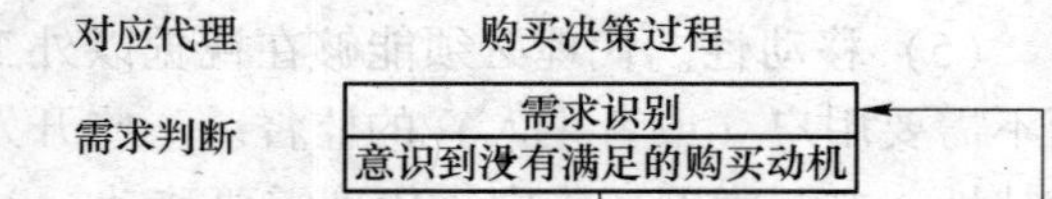

图 21-19 购买决策过程

（1）需求判断。通过提供产品信息与

激励，代理可以帮助买家判断需求。例如，亚马逊网站为客户提供代理，用于连续监视数据集（例如新书到货），也可用于提醒用户他所关心的书到货了。

（2）产品经纪。一旦客户确定了需求，便会搜索符合要求的产品，有几种代理可以帮助用户完成这一任务。这一类中的开创性代理是 Firely，后来被微软收购。Firely 根据人们的偏好（最喜欢的电影、音乐、兴趣），帮助市场人员预测客户下一步的需求，根据客户的个性化信息了解客户端需求比大范围做广告的成本更低，但更有效。也有监视拍卖内容与时间的代理，例如 www. vendio. com。

（3）卖家经纪。一旦客户了解了自己想要的产品，下一步便是寻找最好的购买方式。Bargain Finder（Andersen Consulting）是这一类中开创性的代理。在在线 CD 店中，它向多个卖家询问某一 CD 的报价，然后得到一个价格列表。BestWebBuys. com 网站帮助用户搜索更多的在线商店，以寻找某种书籍与 CD 的最低价格。用于求职网站中在招聘者与求职者之间进行匹配的代理便是另一个实例。

（4）讨价还价。在一些商场上，讨价还价很常见。讨价还价的优点是达成交易的机会更大。在长达几个小时或者几天的电子拍卖中，有一种讨价还价代理（例如 www. ebay. com）。通过监视拍卖过程，并告知投标者相关信息，这种代理可以为投标者节省大量时间。例如，拍卖机器人允许用户通过设定一系列参数建立拍卖代理，这些参数随着所选择的拍卖类型的变化而变化；然后，由代理管理拍卖过程，直到确定最终价格，或拍卖期限结束。另一个代理代表卖家与客户讨价还价。买家可以与代理商洽谈，以达到一个更合适的价格。代理与代理之间可以讨价还价，或一个代表买家的代理与多个代表卖家的代理讨价还价。在这种情况下，买家将与各个卖家代理分别联系，但买家代理可以做比较。

（5）购买与投递。代理在实际购买过程中也可以广泛使用，包括安排支付与投递。例如，如果你在填写电子订单表格时出错，代理会立即指出错误之处，购买股票时，代理告诉你，你想凭保证金额度购买的股票目前仍不能购买，或者告诉你，你没有充足的资金。

（6）产品服务与评价。代理可为售后服务带来方便。例如，邮件自动回复代理通常在回复计算机查询方面很有效。代理可以监视使用情况，并提醒你到了周期性保养汽车的时候了。代理可以给用户反馈带来方便，例如，回复代理和建议代理（www. brightsare. com）处理来自客户的电子邮件，并回复客户的查询与建议。

电子商务代理不仅仅围绕购买决策过程，还有很多多重智能代理支持电子商务活动，从广告到支付都支持。智能代理能为你提供多种方法并管理产品、新闻甚至是研究，向用户提交个性化内容是一项免费的服务，如 Mysimon. com 在网络上的导航行为、Simon 实时购物。

电子商务中，欺诈是一大问题，因为买家看不见产品和卖家。少数卖家提供基于代理的欺诈监测系统。电子商务中，也用到了几种学习代理。例如，Learn Sesame（Open Sesame）借助学习理论监测客户的反应与偏好；然后，代理向这些用户提交定制的广告。Netperceptions 公司使用相似的方法将内容个性化，并建立客户忠诚度程序；最终，Plangent（东芝）“前思后想”，根据拍卖知识库执行任务。

思考题

21-1 什么是人工智能？说说你的理解，举几个现实生活中的例子。

21-2 简述专家系统的结构。

21-3 简述机器学习的原理。

21-4 简述模糊逻辑的适用范围。

21-5 分析智能代理在电子商务中的作用。

21-6 试组织几个同学查阅相关资料，结合 UCI 机器学习数据库 http：//archive. ics. uci. edu/ml/datasets/Cardiotocography 进行机器学习试验。

22 决策支持系统

随着经济全球化和互联网及其他计算机网络技术的发展，制造业也在信息化道路上前行，同时，决策者决策时需要考虑更多、更复杂的制约因素，决策速度要求更快，对决策信息量的要求也越来越多。面对这些趋势和变化，制造业的信息化进程中必定包含着决策的信息化，决策者必须需要新的、更强大的决策信息系统来帮助他们制定有效而正确的决策。因此说，制造业的信息化离不开决策支持系统的支持。本章主要介绍决策支持系统的概念、组成与应用。

22.1 决策支持系统的概述

要想深入学习决策支持系统就要先了解决策支持系统的基本概念。本节主要介绍决策支持系统的产生与发展（表 22-1），决策支持系统的定义、特征和功能。

表 22-1 决策支持系统的产生与发展

20 世纪 70 年代中期	首次提出了“决策支持系统”
20 世纪 70 年代	初级决策支持系统阶段，初阶决策支持系统 DSS=模型库+数据库+人机交互系统部件
20 世纪 80 年代	DSS（人机交互系统+数据库+模型库）+方法库=三库系统+知识库=四库系统 兴起了专家系统
20 世纪 90 年代	人工智能技术+DSS=IDSS，模型、数据和知识相结合的决策支持系统——传统决策支持系统
20 世纪 90 年代中期	数据仓库（DW）+联机分析处理（OLAP）+数据挖掘（DM）+决策支持系统=基于数据仓库的决策支持系统（新决策支持系统）
	新决策支持系统+传统决策支持系统=综合决策支持系统（S-DSS）
近年来	DSS+计算机网络技术=群体决策支持系统 GDSS
	GDSS+分布式的数据库、模型库、知识库=分布式决策支持系统 DDSS
发展方向	互联网络（数据库、数据仓库、联机分析处理、数据挖掘）——→网络环境的综合决策支持系统（NS-DSS）基于云计算与大数据的决策支持系统（Cloud-DSS，Big Data-DSS）

22.1.1 决策支持系统的产生与发展

Keen 和 Scott Morton 于 20 世纪 70 年代中期首次提出了“决策支持系统”（Decision Support System，DSS）一词，标志着利用计算机与信息支持决策的研究与应用进入了一个新的阶段，并形成了决策支持系统新学科。

（1）20 世纪 70 年代。在整个 70 年代（初级决策支持系统阶段），研究开发出了许多较有代表性的 DSS。到 20 世纪 70 年代末，DSS 大都由模型库、数据库及人机交互系统等三个部件组成，被称为初阶决策支持系统。典型案例有支持投资者对顾客证券管理日常决策的 Profolio Management；用于产品推销、定价和广告决策的 Brandaid；用以支持企业短期规划的 Projector 及适用于大型卡车生产企业生产计划决策的 Capacity Information System 等。

(2) 20 世纪 80 年代。20 世纪 80 年代初，DSS 增加了知识库与方法库，构成了三库系统或四库系统。同时，兴起了以知识推理辅助决策的专家系统，能够以定性方式辅助决策，且在解决知识库系统知识的获取、表示和处理方面，专家系统也有所进展。

(3) 20 世纪 90 年代。20 世纪 90 年代，人工智能技术与 DSS 相结合，充分利用专家系统定性分析与 DSS 定量分析的优点，形成了智能决策支持系统 IDSS，提高了 DSS 支持非结构化决策问题的能力。同时，IDSS 采用定性和定量相结合的方式辅助决策，即以模型、知识和数据结合的决策支持系统，实际上也称为传统决策支持系统。

20 世纪 90 年代中期，兴起了数据仓库（DW）、联机分析处理（OLAP）和数据挖掘（DM）三项新技术，从而开始了以数据辅助决策的新途径，这三个新技术结合的决策支持系统称为基于数据仓库的决策支持系统或称为新决策支持系统。

新决策支持系统与传统决策支持系统不是覆盖关系，而是相互补充关系。新决策支持系统与传统决策支持系统的结合形成的综合决策支持系统（S-DSS）才是今后的发展方向。

(4) 近期。近年来，DSS 与计算机网络技术结合构成了新型的能供异地决策者共同参与进行决策的群体决策支持系统 GDSS。GDSS 利用便捷的网络通信技术在多位决策者之间沟通信息，提供良好的协商与综合决策环境，以支持需要集体作出决定的重要决策。在 GDSS 的基础上，为了支持范围更广的群体，包括个人与组织共同参与大规模复杂决策，人们又将分布式的数据库、模型库与知识库等决策资源有机地集成，构建分布式决策支持系统 DDSS。由于互联网的迅速发展，数据库、数据仓库、联机分析处理、数据挖掘等均以服务器形式在网络上向多用户同时提供服务。可见，决策支持系统进一步发展将是网络环境的综合决策支持系统（NS-DSS）。云计算是指将计算任务分布在由大量计算机构成的资源云上，使各类应用系统能根据需要从云中获取计算能力、存储空间和各种数据与软件服务。大数据时代的来临，为决策支持系统带来了新的发展，大数据的存储和分析技术又为云计算提供支持。云计算与大数据时代的决策支持系统（Cloud-DSS，Big Data-DSS）为网络环境的决策支持系统提供了进一步支持，将成为今后的发展方向。

22.1.2 决策支持系统的内涵

决策支持系统（Decision Support System，DSS），是以管理科学、运筹学、控制论和行为科学为基础，以计算机技术、仿真技术和信息技术为手段，针对半结构化的决策问题，支持决策活动的具有智能作用的人机系统。该系统能够为决策者提供所需的数据、信息和背景资料，帮助明确决策目标和进行问题的识别，建立或修改决策模型，提供各种备选方案，并且对各种方案进行评价和优选，通过人机交互功能进行分析、比较和判断，为正确的决策提供必要的支持。它通过与决策者的一系列人机对话过程，为决策者提供各种可靠方案，检验决策者的要求和设想，从而达到支持决策的目的。

决策支持系统强调的是对管理决策的支持，而不是决策的自动化，它所支持的决策可以是任何管理层次上的，如战略级、战术级或执行级的决策。

例如：某一制造厂为决定它的生产规模和合适的库存量，建立一个决策支持系统，它的模型库存由生产计划、库存模拟模型（如预测、库存控制模型）等组成。数据库中存有历年销售量、资金流动情况、成本等原始数据。决策者通过计算机终端屏幕，根据DSS提供最佳订货量和重新订货时间，以及相应的生产成本、库存成本等信息，进行"如果……将会怎样？"的询问，对所提方案进行灵敏度分析，或者以新的参数进行模拟而得到一个新的方案。决策支持系统并不强调寻找最优解，也不意味着提供最后结果，而是为决策者作出自己的判断提供支持，由决策者在一系列选择中，综合其他不适宜进入模型的因素，得出最后的决策方案。

22.1.2.1 决策支持系统的基本特征

（1）基于高层管理人员经常面临的结构化程度不高、说明不够充分的问题。

（2）把模型或分析技术与传统的数据存取技术及检索技术结合起来。

（3）易于为非计算机专业人员使用。

（4）强调对环境及用户决策方法改变的灵活性及适应性。

（5）支持但不是代替高层决策者制定决策。

（6）充分利用先进信息技术快速传递和处理信息。

22.1.2.2 决策支持系统的功能

DSS的目标就是要在人的分析与判断能力的基础上借助计算机与科学方法支持决策者对半结构化和非结构化问题进行有序的决策，以获得尽可能令人满意的客观的解决方案。DSS的目标要通过所提供的功能来实现，系统的功能可归纳为：

（1）管理并随时提供与决策问题有关的组织内外部信息。如（内部信息）订单要求、库存状况、生产能力与财务报表等，（外部信息）政策法规、经济统计、市场行情、同行动态与科技进展等。

（2）收集、管理并提供各项决策方案执行情况的反馈信息。如订单或合同执行进程、物料供应计划落实情况、生产计划完成情况等。

（3）能以一定的方式存储和管理与决策问题有关的各种数学模型、方法、计算法，且上述数据、模型与方法能容易地修改和添加。如（模型）定价模型、库存控制模型与生产调度模型等，（方法）回归分析方法、线性规划、最短路径算法等。

（4）能灵活地运用模型与方法对数据进行加工、汇总、分析、预测，得出所需的综合信息与预测信息。

（5）具有方便的人机对话和图像输出功能，能满足随机的数据查询要求，回答"如果……则……"之类的问题。

（6）提供良好的数据通信功能，以保证及时收集所需数据并将加工结果传送给使用者。

（7）具有使用者能忍受的加工速度与响应时间，不影响使用者的情绪。

22.1.2.3 决策支持系统的概念模式

决策一般分为四个步骤：（1）发现问题并形成决策目标，包括建立决策模型、拟定方案和确定效果度量，这是决策活动的起点。（2）用概率定量地描述每个方案所产生的各种结局的可能性。(3) 决策人员对各种结局进行定量评价，一般用效用值来定量表示。效用值是有关决策人员根据个人才能、经验、风格以及所处环境条件等因素，对各种结局的价值所作的定量估计。(4) 综合分析各方面信息，以最后决定方案的取舍，有时还要对方案作灵敏度分析，研究原始数据发生变化时对最优解的影响，决定对方案有较大影响的参量范围。决策往往不可能一次完成，而是一个迭代过程。决策可以借助于计算机决策支持系统来完成，即用计算机来辅助确定目标、拟定方案、分析评价以及模拟验证等工作。在此过程中，可用人机交互方式，由决策人员提供各种不同方案的参量并选择方案。

决策支持系统的基本模式反映DSS的形式及其与“真实系统”、人和外部环境的关系(图22-1)。由图22-1可见，决策者运用自己的知识，把它和DSS的响应输出结合起来对他所管理的“真实系统”进行决策。对“真实系统”而言，提出的问题和操作的数据是输出信息流，而人们的决策则是输入信息流。图22-1的左下部表示了与DSS有关的基础数据，它包括来自真实系统并经过处理的内部信息、环境信息、与人的行为有关的信息(如营销决策问题中的客户偏好、高层领导遴选决策问题中的候选人的个性）等。图22-1的右边虚线框部分是最基本的DSS，由模型库系统、数据库系统和人机对话系统等组成。决策者运用自己的知识和经验，结合DSS响应的输出，对他所管理的“真实系统”进行决策。

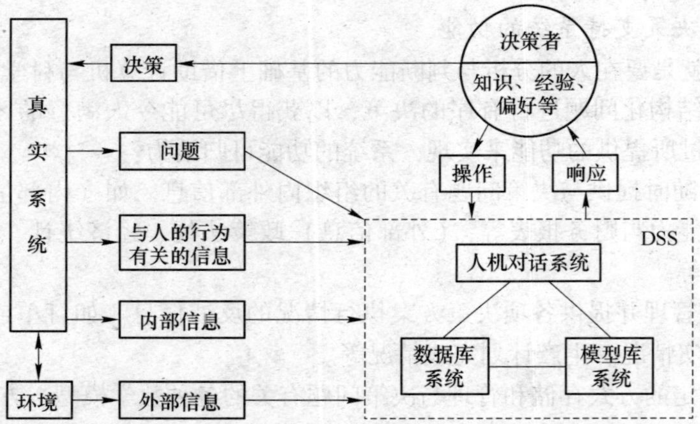

图22-1 DSS的概念模式

22.1.3 决策支持系统的分类

DSS针对的决策问题大体有三大类：以分析为主、以求解为主、兼有分析和求解。

分析类（数据分析或信息分析）DSS既为把握决策问题又为决策前期工作，能为决策方案的设计和抉择提供依据。例如，财务分析系统和市场行情分析系统。财务分析系统为资金运作方案决策，市场行情分析系统为营销战略决策提供依据信息。目前，分析为主的DSS开始采用数据仓库、数据挖掘和在线分析等新方法、新技术，应用面越来越广泛。

求解类DSS定位于某类问题，为决策者提供决策过程和方案抉择支持。例如，同类资源下多品种生产计划优化系统，新产品研发方案评选系统。

22.2 决策支持系统的结构

不同功能和特色的DSS，系统结构也不同。一般认为DSS的结构有两库结构、三库结构和四库结构。

(1) **两库结构**。两库系统由数据库子系统、模型库子系统和对话子系统形成三角形分布的结构（图22-2）。

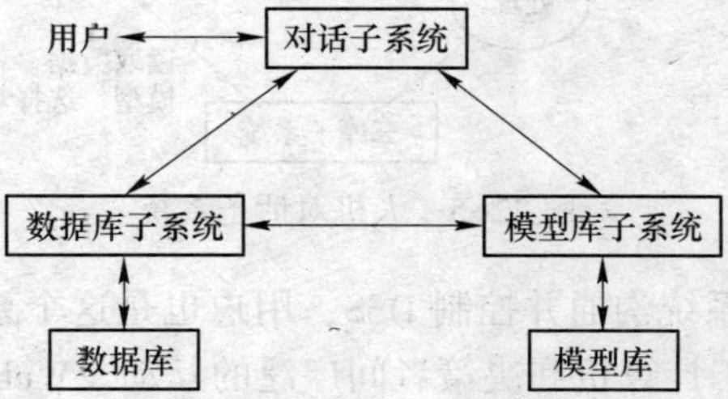

图22-2 DSS的两库结构

对话子系统是DSS的人机接口界面，决策者作为DSS的用户通过该子系统提出信息查询的请求或决策支持的请求。对话管理子系统对接收到的请求进行检验，形成命令，对信息查询请求进行数据库操作，提取信息，并将所得信息传送给用户；对决策支持的请求通过识别问题、从模型库中选取模型或构建模型，从数据库读取数据，运行模型并将运行结果通过对话子系统传送给用户或暂存数据库待用。两库的三角式系统结构以人机对话子系统为中介，它与数据库、模型库之间有互相通信的接口与直接的联系。

(2) **三库结构**。DSS部件之间不同的关系构成了不同的系统结构，但就对话子系统的位置及用户之间的关系总体上是一致的。在两库结构基础上加入方法库，就构成了三库结构的决策支持系统，如图22-3所示。

(3) **四库结构**。在三库结构基础上加入知识库，就构成了四库结构的决策支持系统，如图22-4所示。

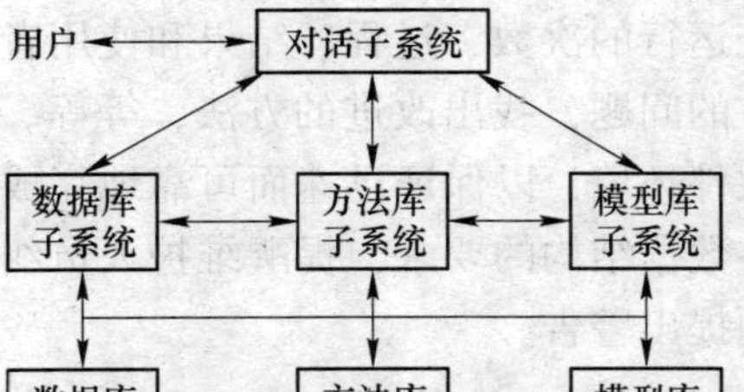

图22-3 DSS的三库结构

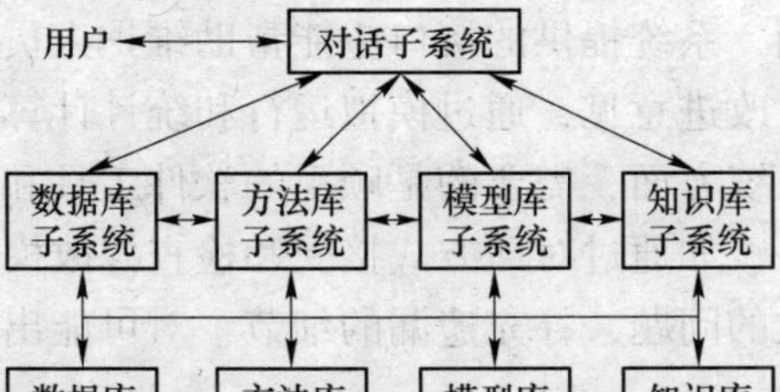

图22-4 DSS的四库结构

22.2.1 人机对话子系统

人机对话子系统是DSS中介于用户和计算机之间，在操作者、模型库、数据库和方法库之间起着传送（包括转换）命令和数据重要作用的接口（图22-5）。

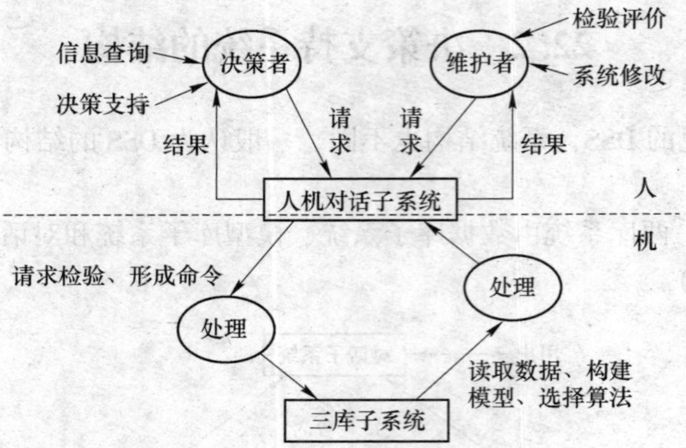

图 22-5　人机对话子系统

用户使用人机对话子系统沟通并控制 DSS，用户也是这个系统的一部分。研究者认为 DSS 特有的贡献部分来源于计算机和决策者间广泛的互动。Web 浏览器为大多数 DSS 提供了常见的、一致的图形用户界面结构。

下面从系统的使用和维护两个角度讨论对话接口的设计目标问题，当然对于不同的系统，功能不尽相同，这里给出的是总的目标要求。

(1) 能使用户了解系统可以提供的数据、模型及方法，如数据模式与范围、模型种类、数量、用途及运行要求等。

(2) 通过“如果……则……（What…if…）”方式提问。

(3) 对请求输入有足够的检验和容错能力，给用户某些必要的提示与帮助。

(4) 通过运行模型使用户取得或选择某种分析结果或预测结果。

(5) 在决策过程结束之后，能把反馈结果存入系统，对现有模型提出评价及修正意见。

(6) 当需要的时候，可以按使用者要求的方式，很方便地以图形及表格等丰富的表达方式输出信息、结论及依据等。

面对维护人员，系统的设计目标应从检验评价和允许修改两方面去考虑。在检验评价方面，系统提供的接口应能帮助维护人员了解系统运行的次数、过程、结果和使用者的评价及改进意见，通过模拟运行和统计计算发现存在的问题，找出改进的方法，等等。在修改系统方面，需要的是顺手的软件工具和良好的软件环境，以保证迅速而可靠地完成修改任务。如通过对话方式接受和检查修改模型或调整数据结构的要求，提醒维护人员纠正不一致的问题，补充遗漏的细节，对可能出现的问题提出警告。

22.2.2　数据库子系统

数据库子系统是存储、管理、提供与维护用于决策支持的数据的 DSS 基本部件，是支撑模型库子系统及方法库子系统的基础。数据库子系统由以下要素组成：DSS 数据库、数据抽取模块、数据库管理子系统、数据目录、查询功能，如图 22-6 虚线框所示。图 22-6 表明了数据管理子系统和 DSS 其他部分的交互作用及与若干数据源的交互作用。

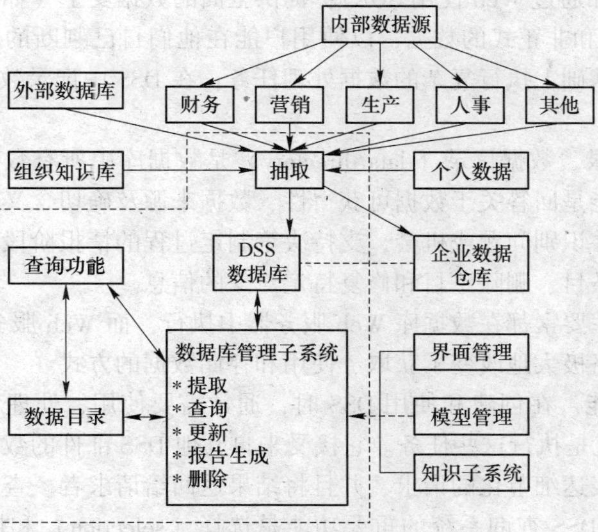

图 22-6 数据库管理子系统的结构

(1) **DSS 数据库**。数据库收集相关数据以满足组织的需求和结构，并能被更多用户用于更多用途。如图 22-6 所示，DSS 数据库中的数据来自内部和外部的数据来源，也源于属于一个或更多用户的个人数据。这些数据结果存储于特定的应用程序数据库或公司数据仓库。内部数据主要来源于组织的交易处理系统。这种数据的典型例子就是每月的薪水册。根据 DSS 的需要，来源于智能领域的操作数据，如营销职能（如 Web 电子商务交易）可能包括在内。其他内部数据的例子有设备维修进度安排、预算分配、预测未来销售、超过库存条目的成本和未来雇佣计划。内部数据可以通过 Web 浏览器从内部网（intranet）获得。

外部数据包括产业数据、市场研究数据、人口普查数据、地方雇佣数据、政府规章制度、税率制度安排和全国经济数据。这些数据来源于政府代理机构、同业公会、市场研究公司、计量经济预测公司和组织自身努力收集的外部数据。与内部数据类似，外部数据能在 DSS 中保存或在 DSS 使用时直接储存。在许多情况下，外部数据通过互联网获得（如来源于计算机在线服务或搜索引擎获得）。

(2) **数据抽取模块**。创建 DSS 数据库或者数据仓库，通常需要从各种来源获取数据，这样的操作称为抽取（extraction）。基本上由输入文档、摘要、标准化筛选和数据精简组成。抽取也适用于用户在 DSS 数据库中取得数据形成报告，抽取过程通常由 DBMS 管理。MIS 专业人员通常建立程序以便用户不用处理复杂细节，建立合理的抽取程序也需要很多努力。为了抽取数据，需要精确查询一些相关的数据表。这些数据表可能横跨多个独立的数据库。抽取的片段需要能“重新连接”以便形成有用的 DSS 数据库。

(3) **数据库管理子系统**。数据库由 DBMS 创建、使用和更新。一个有效的数据库及其管理能支持许多管理活动，如浏览记录、创建和维护多样化的数据关系集合以及生成报表。DSS 的真正功能体现在数据的模型整合。

DSS 中关系型 DBMS 的功能：获取或抽取包括在 DSS 数据库中的数据；更新（添加、删除、编辑、修改）数据记录和文档；获取不同来源的相关数据；为查询和报告重新从数据库获取数据（如通过 Web 使用 SQL）；提供全面的数据安全（如防止未授权使用和回复功能）；处理个人和非正式的数据，以便用户能在他们自己判断的基础上试验可选择的解决办法；在查询基础上执行复杂的数据处理任务；在 DSS 中记录数据使用；通过数据目录管理数据。

（4）**数据目录**。数据目录（data directory）是数据库中所有数据的目录，它包括数据定义，主要的功能是回答关于数据可获得性、数据来源及确切含义之类的问题。目录尤其适用于搜索数据并识别问题或机会，支持决策制定过程的情报阶段。与其他目录一样，该目录支持添加新条目、删除条目和修复特定对象的信息。

所有的数据库要素都在数据库 Web 服务器中执行，而 Web 服务器则响应 Web 浏览者的屏幕请求。网络极大地改变了获取、使用和存储数据的方式。

（5）**查询功能**。在创建和使用 DSS 时，通常需要使用、处理和查询数据，查询功能（query facility）就是执行这些任务。它接受来自其他 DSS 部件的数据请求，决定这些请求如何满足，明确表达细节化的请求，并且将结果返回给请求者。查询功能包括特定的查询语言（如 SQL）。DSS 查询系统的重要功能是选择（selection）和操纵（manipulation）操作。所有用户看到的是屏幕上一个简单的数据请求，同时随着按钮的点击，用户得到的结果整齐地编排在动态 HTML（或其他 Web 结构）网页中并展现在屏幕上。

22.2.3 模型库子系统

模型库子系统是构建和管理模型的计算机软件系统，它是 DSS 中最复杂、最难实现的部分。DSS 设立模型库子系统的目的就是为了在不同条件下，通过模型来实现对问题的动态描述，以便探索或选择令人满意的问题解。模型库子系统主要由模型库、模型字典和模型库管理子系统等部分组成。

（1）**模型库**。模型是以某种形式反映客观事物本质属性，揭示其运动规律的描述。决策或问题的求解首先要表达问题的内外特征与变化规律，DSS 设立模型库子系统即为了在不同的条件下通过模型来实现对问题的动态描述，以便探索或选择令人满意的问题解。

模型基本单元（单元模型）在模型库中的存储方式目前主要有子程序、语句、数据及逻辑关系等四种方式，逻辑方式主要用于智能决策支持系统。

1）以子程序方式存储。这是常用的原始存储方式，它将模型的输入、输出格式及算法用完整的程序表示。该方式的缺点是不利于修改，还会造成各模型相同部分的存储冗余。

2）以语句方式存储。用一套建模语言以语句的形式组成与模型各部分相对应的语句集合，再予以存储。该方式与子程序方式有类比性，但向用户方向前进了一步。

3）以数据方式存储。其特点是把模型看成一组用数据集表示的关系。这种存储方式便于利用数据库管理子系统来操作模型库，使模型库和数据库能用统一的方法进行管理。例如，对线性规划模型，在计算机中存储的是按照一定格式组织起来的模型的数据项，而模型的其他部分则已经被舍去。等到模型实际运行时，只要把这组数据传递到求解该类模型的方法程序中，就可以达到识别和对该模型求解的目的。

模型库是模型库子系统的核心部件，用于存储决策模型。客观实际中的问题对象是千差万别、数不胜数的，我们不可能为每一个问题创建一个对应的模型，因此实际上模型库中主要存储的是能让各种决策问题共享或专门用于某特定决策问题的模型基本模块或单元模型，以及它们间的关系。使用 DSS 支持决策时，可根据具体问题构造或生成决策支持模型，这些决策支持模型如有再用的可能性则也可存储于模型库。

（2）**模型字典**。如果将模型库比作一个成品库的话，则该仓库中存放的是“成品的零部件和框架”，而模型字典即是这些“零部件和框架”的描述，说明它们的功能、用途和使用事项等。从理论上讲，利用模型库中的“元件”可以构造出任意形式且无穷多的模型，以解决任何所能表述的问题。

（3）**模型库管理子系统**。模型库管理子系统的主要功能是模型的利用与维护。模型的利用包括决策问题的定义和概念模型化，从模型库中选择恰当的模型或单元模型构造具体问题的决策支持模型以及运行模型；模型的维护包括模型的联结、修改与增删等。模型库子系统是在与 DSS 其他部件的交互过程中发挥作用的。与数据库子系统的交互可获得各种模型所需的数据，实现模型输入、输出和中间结果存取自动化；与方法库子系统的交互可实行目标搜索、灵敏度分析和仿真运行自动化等。更主要的交互则是在人机对话子系统之间，模型的使用与维护实质上是用户通过人机对话子系统予以控制与操作的。

22.2.4 方法库子系统

方法库子系统是存储、管理、调用及维护 DSS 各部件要用到的通用算法、标准函数等方法的部件。方法库中的方法一般用程序方式存储。方法库子系统通过外部接口使计算过程实行交互式的数据存取，从数据库中选择数据，从方法库中选择算法，然后将数据和算法结合起来进行计算，并以直观清晰的呈现方式输出结果，供决策者使用。

方法库子系统由方法库与方法库管理子系统组成，方法库内存储的方法程序一般有排序算法、分类算法、最小生成树算法、最短路径算法、计划评审算法、线性规划、动态规划、各种统计算法、各种组合算法等，图 22-7 给出了方法程序中方法的集合。

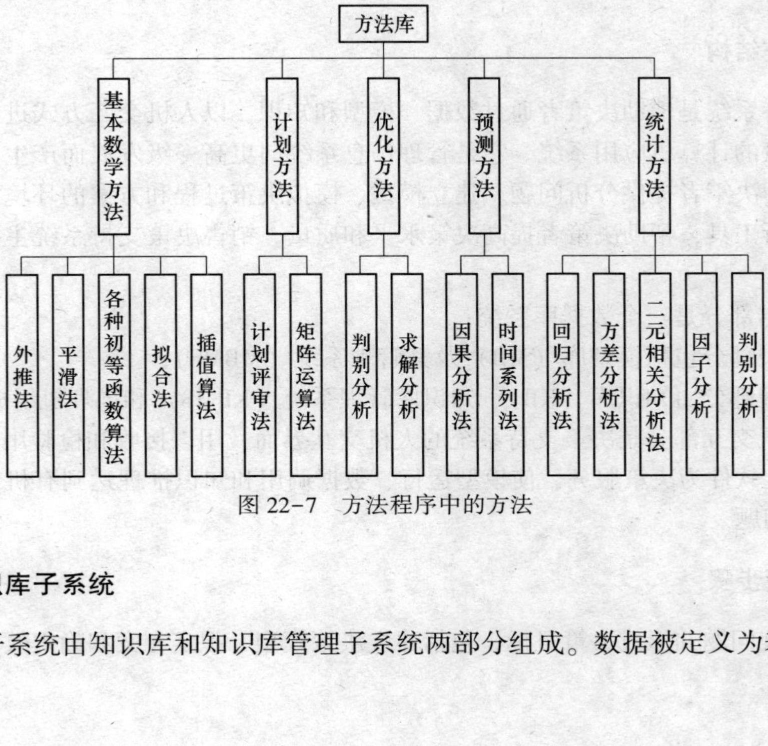

图 22-7 方法程序中的方法

22.2.5 知识库子系统

知识库子系统由知识库和知识库管理子系统两部分组成。数据被定义为表示事物、概念的一种符号。信息相对于数据的接受者而存在，是数据所表达的客观事实；知识则是信息综合处理的结果，在综合过程中，信息通过相互比较结合成有意义的连接。知识库（knowledge base）是结构化、易操作、易利用、全面有组织的知识集群。这些知识包括与领域相关的理论知识、事实数据，由专家经验得到的启发式知识等。知识库可以看作是数据库通过演绎数据库延伸而成的。

知识库管理子系统（KBMS）是对知识库的管理，即是对知识的控制、查询、表示、搜索和推理的管理。它应具有以下的功能。

（1）**知识的操纵**。知识的操纵包括对知识库中知识的插入、删除及修改，其中知识的删除是删除知识库中的某些知识，知识的插入是在知识库中添加一些知识，知识的插入涉及添加的知识与数据库中的知识的相容性、冗余性等。所谓相容性即是添加的知识与知识库中的知识是否相矛盾；所谓冗余性即是指所添加的知识是多余的，它可以从原有知识库中经演绎而推出，没有添加这些知识的必要。知识的修改涉及删除与插入两个部分，因此也存在与知识库的相容性与冗余性等问题。

（2）**知识的查询**。知识的查询在这里有两层含义。一是从知识库中提取知识。二是由知识库中的知识可以推算出一些新的知识。

（3）**知识的控制**。知识的控制包括知识的一致性和完整性控制、知识共享、知识安全、并发控制、故障恢复等。这都类似于数据库管理系统。

根据 KBMS 的功能可以看出，从功能范围看，KBMS 实际上是 DBMS 的一个扩充，即 KBMS 包括了 DBMS 的一切，因此在构制 KBMS 时就可以尽可能地利用现有的 DBMS 的功能来实现 KBMS，这也为将 KBMS 集成到 DBMS 中提供了依据。

22.3 决策支持系统案例

22.3.1 系统结构

决策支持系统是辅助决策者通过数据、模型和知识，以人机交互方式进行半结构化或非结构化决策的计算机应用系统。它是管理信息系统向更高一级发展而产生的先进信息管理系统。它为决策者提供分析问题、建立模型、模拟决策过程和方案的环境，调用各种信息资源和分析工具，帮助决策者提高决策水平和质量。销售决策支持系统主要由以下四部分构成：

（1）数据部分是一个数据库系统；

（2）模型部分包括模型库（MB）及其管理系统（MBMS）；

（3）推理部分由知识库（KB）、知识库管理系统（KBMS）和推理机组成；

（4）人机交互部分是决策支持系统的人机交互界面，用以接收和检验用户请求，调用系统内部功能软件为决策服务，使模型运行、数据调用和知识推理达到有机地统一，有效地解决决策问题。

22.3.2 决策步骤

（1）发现问题并形成决策目标，包括建立决策模型、拟定方案和确定效果度量，这是决策活动的起点。

（2）用概率定量地描述每个方案所产生的各种结局的可能性。

（3）决策人员对各种结局进行定量评价，一般用效用值来定量表示。效用值是有关决策人员根据个人才能、经验、风格以及所处环境条件等因素，对各种结局的价值所作的定量估计。

（4）综合分析各方面信息，以最后决定方案的取舍，有时还要对方案作灵敏度分析，研究原始数据发生变化时对最优解的影响，决定对方案有较大影响的参量范围。

22.3.3 主要功能

销售决策支持系统包括销售预测和销售决策两大块，如图 22-8 所示。

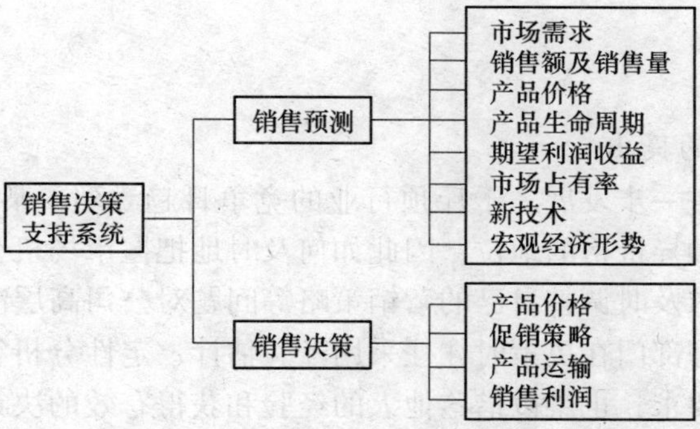

图 22-8 销售决策支持系统主要功能

22.3.4 方法与模型

销售预测采用的方法与模型见表 22-2。销售决策采用的方法与模型表见表 22-3。

表 22-2 销售预测采用的方法与模型

方法与模型 预测功能	德尔菲法	移动平均法	指数平滑法	季节指数法	线性回归分析	马尔柯夫法	需求价格弹性方法	需求收入弹性方法	景气预测法
市场需求	√	√	√	√	√			√	
销售额及销售量		√	√	√	√				
价格		√	√		√		√		
产品寿命周期					√				
期望利润收入	√	√	√		√	√			
市场占有率		√	√		√	√			
新技术	√								
宏观经济形式	√				√				√

表 22-3 销售决策采用的方法与模型

决策功能	方法与模型
产品价格	拟合产品需求曲线 各种需求价格弹性预测方法 成本加成法、量本利法、边际贡献法
广告	广告效应曲线的拟合 广告费用预算 广告媒体选择模型
推销人员数	销售数量比例法
产品运输	运输成本最小化或利润最大化
通用决策方法	决策表、决策树

22.3.5 应用分析

22.3.5.1 问题的提出

随着市场经济的进一步发展，千斤顶行业的竞争日趋激烈。某厂的市场占有率较大，指定的价格通常处于领导价格的地位，因此如何及时地把握市场机会，准确地预测市场需求，如何根据市场需求及时调整自己的营销策略等问题对公司高层决策层提出了更高的要求。但长期以来，管理部门在决策时往往采用经验估计、定性分析等方法，一般决策者的经验和水平无法满足要求，也难以借鉴他人的经验和获得有效的决策数据，常局限于一种决策方案而缺乏多方案的制定与比较。鉴于此，公司领导希望能够有一套使用方便、切实有效的计算机系统来支持公司进行决策。

22.3.5.2 市场需求预测

影响该厂销售情况的主要因素是价格、广告支出以及汽车产量，1988~1997 年各年的数据见表 22-4。根据表中数据，应用 ESDSS 的销售量预测功能，用回归分析建立企业的需求预测模型：

$$y=106.04684-0.28891X_1+1.15190X_2+0.28487X_3$$

表 22-4 案例背景企业 1988~1997 年各年销售因素数据

年份	销售量 y/万台	价格 X_1/元	广告支出 X_2/万元	汽车产量 X_3/万台
1988	130.87778	89.39096	26.94690	64.47
1989	147.71213	81.81563	44.10544	58.35
1990	135.14110	136.67660	45.90702	51.40
1991	163.60865	133.28320	64.80033	71.42
1992	182.81440	265.32130	74.24345	106.67
1993	211.53442	134.32660	92.33541	129.86
1994	230.10300	97.38253	98.84042	136.69
1995	247.81334	61.12069	102.74788	145.27
1996	258.43312	43.10360	105.44854	147.52
1997	265.32130	41.26383	114.18541	157.00

模型运行后的统计量表明模型的拟合良好（$r^2=0.99238$），误差较小（标准差=5.54949）。根据预测模型对1997年市场需求进行验算，价格=41.26383，广告支出=114.18541，汽车产量=157，计算得1997年需求约为265.0347，与实际情况265.32130基本符合。

作“如来……则”方式的灵敏度分析，回答若干问题：销售量增长10%，其他不变，广告费支出必须达到多少？当价格下降到多少元时，销售量增长10%？经分析可知，当广告支出为126.2486万元时或价格下降到38.42元时，可以达到销售量增长大约10%的目标。

22.3.5.3 广告媒体选择决策

由于千斤顶属于工业品，工厂在广告费用的预算上一般根据一定的利润比提取，并由主观判断安排广告宣传，而对如何优化分配，用好这笔资金一直未作过认真的考虑。

工厂主要使用的广告媒体为户外广告、专业杂志和其他形式。根据工厂的经验，各种媒体的加权展露数为：户外广告192、专业杂志36、其他形式12。现要应用ESDSS促销手段决策功能，用线性规划模型作广告费优化分配方案，以得到最大的展开效果。

（1）建立决策变量：

X_1——分配给户外广告的设置次数

X_2——分配给专业杂志的刊登次数

X_3——分配给其他广告形式的次数

（2）建立目标函数：

$$\max E(X)=192X_1+36X_2+12X_3$$

（3）确定约束条件。

户外广告每次的设置费用为150000元/次，专业杂志上刊登广告的费用为24000元/次，其他广告形式平均为120000元/次。其中户外广告的投入不得少于650000元，次数不得少于2次，专业杂志的刊登不得少于3次，其他广告形式尽可能少于2次，由此确定模型的约束条件如下：

$$150000X_1+24000X_2+120000X_3\leqslant 1000000$$
$$150000X_1\geqslant 650000$$
$$X_1\geqslant 2$$
$$X_2\geqslant 3$$
$$X_3\leqslant 2$$

（4）规划求解的结果：

$X_1=4.33$，$X_2=14.58$，$X_3=0$，$E=1357$，取整得：$X_1=4$，$X_2=15$，$X_3=0$，$E=1357$

根据求解结果，工厂为获得最大的展露效果，应该在户外广告上投入4×150000=600000元，专业杂志的投入为15×24000=360000元，并尽可能不在其他广告形式上投入。

22.4 智能决策支持系统

DSS借助计算机强大的运算能力与人灵活的分析判断能力相互协作，为人们解决半结构化和非结构化的决策问题提供了有力的支持。但由于DSS中计算机一方的重点在于模型的定量计算，人机对话方式与大多数不熟悉计算机的使用者尚存在一定的距离，因而限制了 DSS 的应用效果。与此同时，人工智能领域研究在人的知识开发与利用上获得了不少成果，这些成果能弥补 DSS 的不足。本章介绍智能决策支持系统的概念和结构。

22.4.1 智能决策支持系统的基本概念

智能决策支持系统（IDSS）是人工智能（AI，Artificial Intelligence）和 DSS 相结合，应用专家系统（ES，Expert System）技术，使 DSS 能够更充分地应用人类的知识，如关于决策问题的描述性知识，决策过程中的过程性知识，求解问题的推理性知识，通过逻辑推理来帮助解决复杂的决策问题的辅助决策系统。

智能决策支持系统结合专家知识和 DSS 模型分析的优点，达到了定量和定性相结合的辅助决策效果，提高了决策支持系统支持非结构化决策的能力。IDSS 能充分利用人类已有知识，在用户决策问题的输入、决策问题的描述、决策过程的推理、问题解的求取与输出等方面，都有了显著的改进。图 22-9 所示为人工智能和 IDSS 的关系。

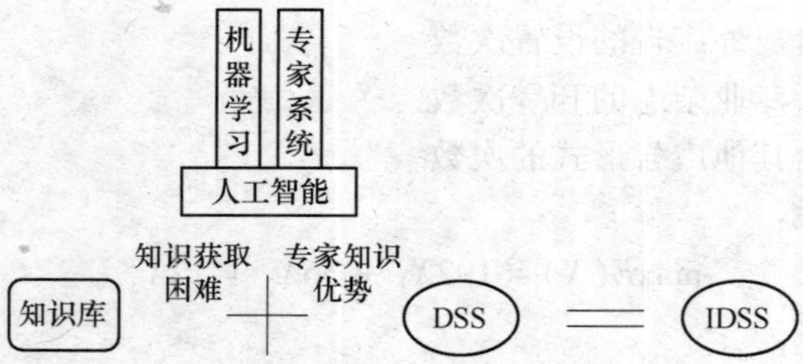

图 22-9 AI 和 IDSS 的关系

人工智能应用的两大分支是专家系统和人工神经网络（Artificial Neural Network，ANN）。

专家系统是一种知识系统，它以计算机为工具，利用专家知识及知识推理等来理解与求解问题；将 ES 和传统 DSS 结合而形成的 IDSS，增设了知识库、推理机与问题处理系统，人机对话部分还加入了自然语言处理功能。但是，因为专家系统是人工把各种专家知识从人类专家的头脑中或其他知识源那里转化到知识库中，费时、低效；而且对于动态和复杂的系统，由于推理是固定的，专家系统难以适应变化；同时，专家系统不能从过去处理过的事例中继续地学习，这使知识获得变得更加困难，因此，在专家系统中，知识获取较为困难。

人工神经元网络属于基于案例学习的模型，采用物理器件或计算机模拟人的神经元结构，构造人工神经元，吸取了生物神经网络的部分优点；ANN 由许多简单处理单元互连而成，局部神经元损坏后不影响全局的活动，其连接权值和连接结构都可以通过对样本数据的学习而得到。

与专家系统相比，ANN 具有良好的自组织、自学习和自适应能力，特别适用于处理复杂问题或开放系统，能弥补专家系统的不足。因此，将人工神经网络与专家系统集成，取长补短，是 IDSS 发展的一个有利的方向。

22.4.2 智能决策支持系统的结构

由于人工智能技术应用于 DSS 的程度与范围不同，因此，构成 IDSS 的结构也不同，较为典型的是四库结构。四库结构是在传统三库 DSS 的基础上增设知识库与推理机，在人机对话子系统中加入自然语言处理系统（LS），形成智能人机接口，在四库之间插入问题处理系统（PPS）而构成的四库系统结构（图 22-10）。IDSS 具有人工智能的行为，向人类靠拢了一大步，使不熟悉机器的人也能方便地使用 DSS。IDSS 的优点如图 22-11 所示。

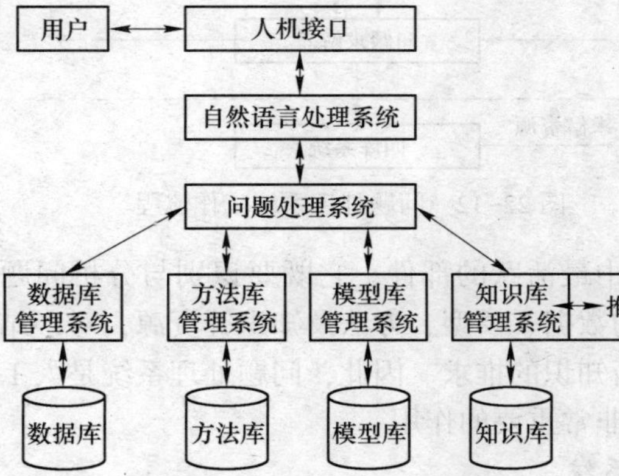

图 22-10 四库 IDSS 的基本结构

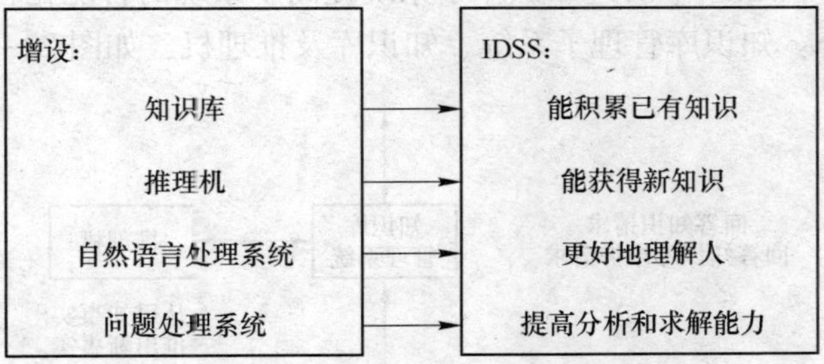

图 22-11 IDSS 的优点

22.4.2.1 智能人机接口

四库系统的智能人机接口接受用自然语言或接近自然语言的方式表达的决策问题及决策目标，这较大程度地改变了人机界面的性能。决策者可以自己使用自然语言来提出决策问题，由自然语言处理功能通过语法、语义结构分析等方法转换成系统能理解的形式。人机交互过程中和运行后，系统可以决策者能够清晰理解的或指定的方式输出求解进程与结果。

22.4.2.2 问题处理系统

问题处理系统处于 IDSS 的中心位置（如图 22-12 中虚线框所示），是联系人与计算机及所存储的求解资源的桥梁，主要由问题分析器判断问题的结构化程度，对结构化问题选择或构造模型，采用传统的模型计算求解；对半结构化或非结构化问题则由规则模型与推理机制来求解。

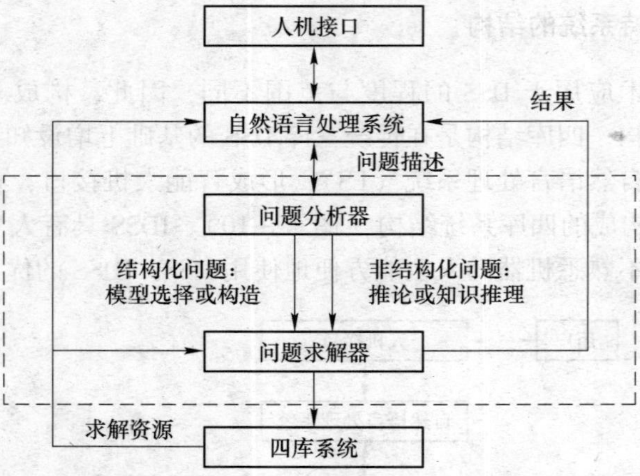

图 22-12 问题处理系统工作流程

问题处理系统是 IDSS 中最活跃的部件，它既要识别与分析问题、设计求解方案，还要为问题求解调用四库中的数据、模型、方法及知识等资源，对半结构化或非结构化问题还要触发推理机做推理或新知识的推求。因此，问题处理系统是人工智能技术在 DSS 中的重要部分，在 IDSS 中具有非常重要的作用。

22.4.2.3 知识库子系统

知识库子系统是对有关规则、因果关系及经验等知识进行获取、解释、表示、推理及管理与维护的系统，在 DSS 中引进知识库子系统提高了系统的智能化程度。知识库子系统的组成可分为三部分：知识库管理子系统、知识库及推理机，如图 22-13 所示。

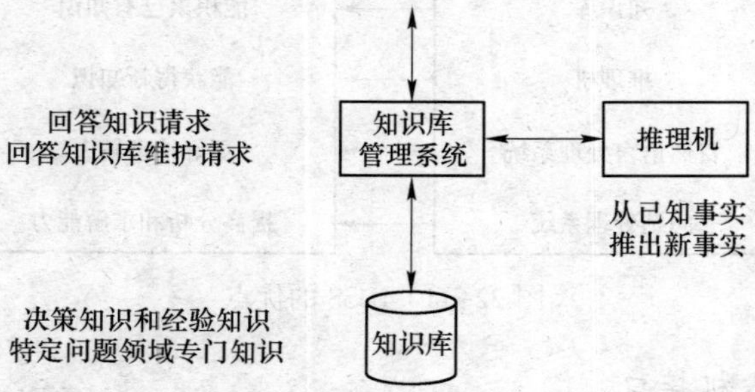

图 22-13 知识库子系统

（1）知识库管理子系统。知识库管理子系统的功能主要有两个，一个是回答对知识库知识增删改等知识维护的请求，而是回答决策过程中问题分析与判断所需知识的请求。

（2）知识库。知识库是知识库子系统的核心，知识库中存储的是那些既不能用数据表示也不能用模型方法描述的专家知识和经验，即是决策专家的决策知识和经验知识，同时也包括一些特定问题领域的专门知识。

知识库中的知识表示是知识库系统研究的一个重要课题。知识表示是为描述世界所做的一组约定，是知识的符号化过程。对于统一知识，可有不同的知识表示形式，知识的表示形式直接影响推理方式，并在很大程度上决定着一个系统的能力和通用性。

知识库包含事实库和规则库两部分。例如，事实库中存放了“任务 A 是紧急订货”、

"任务B是出口任务"那样的事实。规则库中存放着"IF 任务I是紧急订货，and 任务I是出口任务，THEN 任务I按最优先安排计划"、"IF 任务I是紧急订货，THEN 任务I按优先安排计划"的规则。

存储知识首先要表示知识，知识的表示是知识的符号化过程，常见的知识表示形式有逻辑表示法、语义网络表示法、产生式规则表示法、框架表示法和过程表示法等。

（3）推理机。推理是指从已知事实推出新事实的过程，推理一般由三部分组成：大前提、小前提、结论。

例：大前提——拖债达3级及以上的客户信用低

小前提——该客户拖债达4级

结论　——该客户信用低

例：大前提——与信用低的客户做交易要谨慎

小前提——该客户信用低

结论　——与该客户做交易要谨慎

根据推理方向的不同，可以分出三种推理：正向推理、反向推理、正反向混合推理。

例：从某城市到一个无直达航班的城市，为确定坐哪些航班转达，即是简单的推理问题。

推理机是一组程序，它针对用户问题去处理知识库（规则和事实）。推理原理如下：

若事实M为真，且有规则（IF M THEN N,）则N为真。

因此，若事实任务A是紧急订货为真，且有规则（IF 任务I是紧急订货 THEN 任务I按优先安排计划），则任务A就应优先安排计划。

22.5 智能决策支持系统案例

22.5.1 设备智能决策支持系统框架

设备智能决策支持系统框架如图22-14所示，主要由智能交互式人机界面Agent以及构成传统智能决策系统的知识库、模型库、数据库、方法库等组成。

（1）**设备综合管理系统及数据仓库**。设备管理系统包括设备维修管理、固定资产台账管理、设备信息查询、设备运行管理、设备购置记录、设备调动管理、库存备件管理等。设备管理信息有以下特点：信息源多，有企业内部的，企业外部的；信息类型多，有资产管理方面的、使用维护方面的、财务统计方面的。数据统计量大，有数十个指标（如设备完好率、设备时间开动率等）需要统计和计算，因此需要建立数据仓库，对这些庞大的数据进行筛选、挖掘和分析处理。

（2）**智能交互式人机界面Agent**。智能交互式人机界面Agent是由人和计算机通过人机界面组成的一个有机整体，是人机交换的主要通道。智能交互式人机界面Agent强调Agent的自治性和反应性，在与用户交互过程中，能够通过不断的学习，获取用户的某些特征知识，从而能够满足特定用户的某些特定行为。它采用的是一种间接管理的方式，通过自发的学习用户的目标、爱好、习惯等，判断用户在某些特定的情况下将如何做出反应，并可以替代或者帮助用户完成相应的任务。

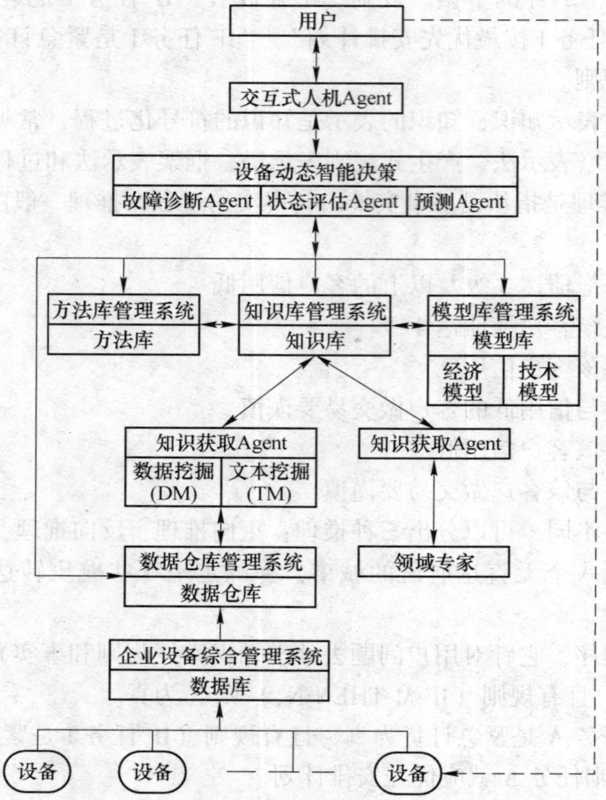

图 22-14　设备智能预测决策支持系统框架

（3）**知识库系统**。设备工程与管理是继承与创新相结合的一项活动，是知识的组合与重用。设备知识的管理主要分为两大块：显性知识的管理——内容的数字化管理；隐性知识的管理——数据挖掘以及相关领域专家经验的管理等。知识来源于设备的整个寿命周期，然后又将知识应用于设备规划、设计、使用、管理与维修、更新改造等各个环节。

知识库系统是 IDSS 的智能核心，包括知识库、知识库管理系统与知识获取 Agent。数据仓库中的数据是数据挖掘的原始依据，同时方法库为数据挖掘提供方法，知识库为数据挖掘提供知识，模型库为数据挖掘提供模型，数据挖掘的结果形成新的知识和模型，并充实知识库和模型库。

知识获取 Agent 主要分为数据挖掘（DM）和文本挖掘（TM），其来源主要有两个方面：企业原有 MIS 等系统持续运行所积累的企业各个方面的历史数据以及企业外部的各种信息。知识库对获取的知识进行分类、编码、整理等结构化处理，最后以适当的方式将其储存起来。知识库系统还对其中所存储的知识设置访问权限、必要时对知识进行加密，以对各层次知识进行保护。

（4）**方法库系统**。方法库系统由方法库和方法库管理系统组成。方法库是存储方法模块的工具，主要由构成各种数学模型的算法程序组成。根据设备管理决策的需要，方法库主要设置下列方法：

1）基本数学方法。各种初等函数算法、曲线拟合法、平滑法、外推法等。

2）统计方法。回归分析法、方差分析法、相关分析法、因子分析法等。

3）优化方法。线性规划、判别分析、求解分析等。

4）设备综合评价法。最大总收益法、劣化数值法、最小年均费用法、设备综合效率评价法等。

5）经济学方法。工程经济、会计学等常用方法。

6）预测方法。因果分析法、时间系列法、时序平滑法、神经网络等。

7）决策方法。量本利分析法、决策树法、不确定型决策法等。

方法库管理系统是集中控制方法模块的软件系统，主要功能包括方法的命名、分类、存储和调用、方法合成、方法执行、数据与方法衔接、安全保护和辅助学习等。

（5）**模型库系统**。模型是以某种形式对一个系统的本质属性进行的简化描述，它有很多类型，在本系统中使用的模型主要是数学模型，包括技术模型和经济模型，通过数学模型对事务进行量化处理。

22.5.2 设备经济寿命预测模型

设备经济模型主要指寿命周期费用模型，寿命周期费用 LCC（Life Cycle Cost）是指设备从规划、研究开始，到设计、制造、运输、安装、调试、使用、维护、修理、改造直到报废整个寿命过程中所支出的总费用。

设备的年均使用费采用动态处理方法，首先要对其收益与费用进行时间价值的等值变换，其计算公式如式（22-1）所示：

$$C_n = ZH(K_o - L_n X_n + \sum_{t=1}^{n} V_t X_t) \tag{22-1}$$

式中，C_n 为年均费用；ZH 为资金回收系数；K_o 为设备原值；X_n、X_t 为现值系数；L_n 为第 n 年时设备残值；V_t 为第 t 年的运行维护费。

结合企业实际操作情况，将运行维护费用分为五部分：维修费用、协议保产费用、特殊大修费用、备件费用、材料费用，将其归结到一起即为年总运行维护费，可用式（22-2）表示：

$$V = C_1 + C_2 + C_3 + C_4 + C_5 \tag{22-2}$$

式中，V 为年总运行维护费；C_1 为年总维修费用；C_2 为年总协议保产费用；C_3 为年总特殊大修费用；C_4 为年总备件费用；C_5 为年总材料费用。

22.5.3 设备智能决策 Agent

设备智能决策 Agent 由状态评估 Agent、故障诊断 Agent 和预测 Agent 等组成，其结构如图 22-15 所示。

状态评估 Agent 的作用是利用设备状态监测数据，调用相应的知识，评估设备状态和故障成因，最终生成分析结果，为故障诊断做准备。其主要由智能传感器、信号滤波、状态评估和标准信号状态表等模块组成。该模块根据监测设备的信号类型，选择不同的智能传感器进行实时在线监测，并对信号进行滤波平滑处理，使信号尽可能接近实际状态信息，然后与标准状态信号表进行对比，从而评估设备的当前运行状态，如发现状态数据异常，则向诊断 Agent 发出诊断信号。

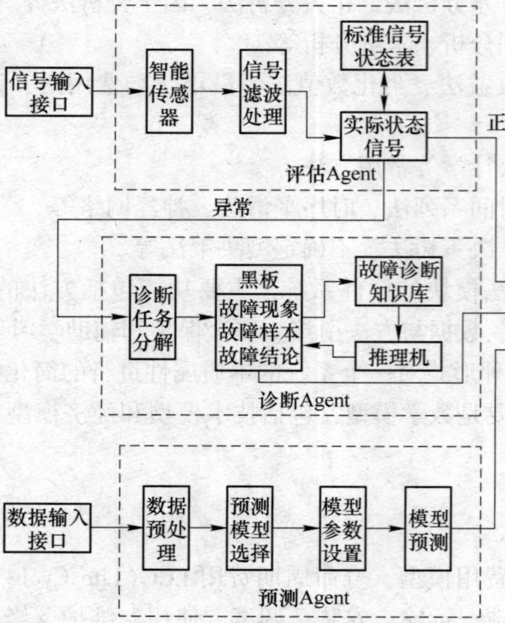

图 22-15　设备智能决策 Agent

故障诊断 Agent 是用来诊断和解释监测对象发生的异常和故障，从而确定故障发生的原因和部位，其诊断信息主要来自于状态评估 Agent。该模块根据状态评估 Agent 等传来的故障诊断信号，根据方法库中提供的方法对任务进行分解，使故障具体化、任务明确化，然后利用知识库中的知识和推理机，对故障任务进行诊断。在两者之间有一个黑板结构的公共数据区，用来存放故障现象、故障样本及故障结论，实现数据共享，并负责输出诊断结论。

预测 Agent 能够根据当前信息状态和其他 Agent 的状态，结合相关预测模型进行推理和预测，其信息主要来源于监测对象本身和设备当前状态信息及历史状态信息。预测模型的选择是预测 Agent 的核心，由于状态信息中不可避免地存在异常波动点，为了提高预测模型的适应性，在选择预测模型前要对数据进行预处理，当模型确定后，设置模型参数再进行预测。

22.5.4　设备智能决策系统应用结果

智能决策 Agent 根据当前实时的以及历史工作状态参数，结合预测 Agent 中的预测结果，并依据知识库中的知识和推理机，向用户输出决策结果，供用户参考。例如，通过客户端登录设备寿命周期费用分析子系统，操作者输入设备位置码后，便可从数据仓库中查询到设备的基本信息以及各年的运行费用。根据实际情况，设定好残值率、年利率、物价指数、图形放大倍数以及预测方式，即可对设备的经济使用年限进行预测，如图 22-16 所示。

从图 22-17 中可以很直观地看到设备在使用过程中各项费用的趋势，包括年均折旧费、年均运行费、年均总费用。同时，系统能直接求出年均总费用值最小的年份，并给出相关数据，从而为企业设备选型及更新改造决策提供依据。

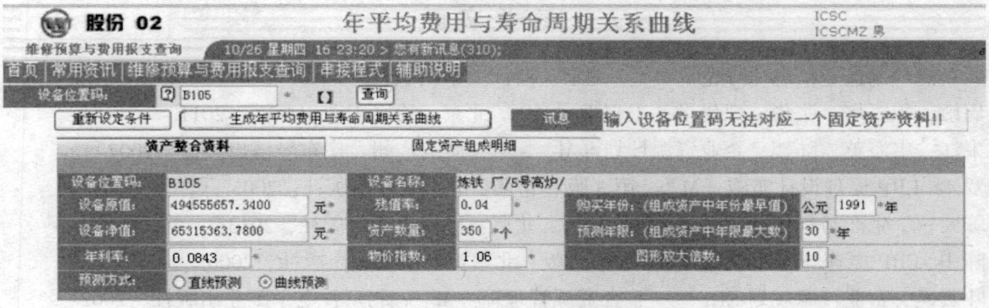

图 22-16 武钢设备 LCC 分析系统主页

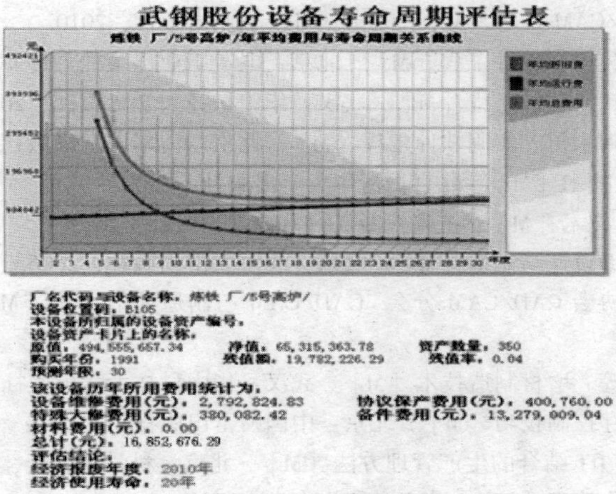

图 22-17 5 号高炉 LCC 曲线

思 考 题

22-1 简述 DSS 的结构。

22-2 简述 IDSS 的结构。

22-3 简述决策的步骤。

22-4 试分析高德地图如何进行决策？你认为高德地图有何不足？如何使高德地图的决策做得更好？

22-5 信用卡作为一种高收益高风险的金融产品，已经成为国内外商业银行激烈竞争的重要对象，各家商业银行对信用卡业务的管理水平直接影响信用卡业务的利润，因此如何客观评价信用卡申请人信用，提供有效的信用卡审批决策依据，是发卡银行亟待解决的问题。利用数据挖掘技术、统计学方法及人工智能技术等建立信用风险预测决策支持系统能为银行信用风险管理提供客观、精确、一致的评估和控制机制。它能够从银行已有的大量的有关客户背景、行为和信用的数据中，挖掘出“好客户”和“坏客户”的特征属性（包括年龄、收入、职业和教育水平等），并能计算出不同特征属性对客户信用大小的贡献权重，从而建立更为科学的评估客户信用的数学模型，帮助银行建立信用风险监控的第一道防线。请结合本书所学技术与方法，分析设计信用卡审批决策支持原型系统。

参考文献

[1] 顾新建．制造业信息化导论［M］．北京：浙江大学出版社，2010.
[2] 周敏，魏厚培，张华．现代设备工程学［M］．北京：冶金工业出版社，2011.
[3] 朱江，韦海英，陆娜．企业资源计划［M］．第2版．广州：广东经济出版社，2007.
[4] 罗鸿．ERP原理设计实施［M］．第3版．北京：电子工业出版社，2005.
[5] 陈荣秋．生产与运作管理［M］．第3版．北京：机械工业出版社，2013.
[6] 陈庄．ERP原理与应用教程［M］．第2版．北京：电子工业出版社，2006.
[7] 叶宏谟．企业资源规划ERP——整合资源管理篇［M］．北京：电子工业出版社，2002.
[8] 陈启思．MRP-Ⅱ制造资源计划基础［M］．北京：企业管理出版社，1999
[9] 张毅．制造资源计划MRP-Ⅱ及其应用［M］．北京：清华大学出版社，2000.
[10] 王隆太．机械CAD/CAM技术［M］．北京：机械工业出版社，2010.
[11] 杨文龙，姚淑珍，吴云．软件工程［M］．北京：电子工业出版社，1997.
[12] 李浪，朱雅莉，熊江．软件工程［M］．武汉：华中科技大学出版社，2013.
[13] 郑人杰，殷人昆，陶永雷．实用软件工程［M］．北京：清华大学出版社，1999.
[14] 童秉枢．现代CAD技术［M］．北京：清华大学出版社，2000.
[15] 欧长劲．CAD/CAM技术［M］．杭州：浙江科学技术出版社，2003.
[16] 仲梁维．计算机辅助设计与制造［M］．北京：北京大学出版社，2006.
[17] 中国计算机用户有协会CAD/CAM分会．CAD/CAM与制造业信息化［M］．北京：机械工业出版社，2004.
[18] 李中伟，史玉升，等．增材制造技术［M］．武汉：华中科技大学出版社，2015.
[19] 程晓华．制造业库存控制技巧［M］．北京：中国财富出版社，2013.
[20] 汪定伟．MRP-Ⅱ与JIT结合的生产管理方法［M］．北京：科学出版社，1996.
[21] 刘丽文．生产与运作管理［M］．北京：清华大学出版社，2000.
[22] 伍爱．质量管理学［M］．广州：暨南大学出版社，1996.
[23] 王振武．会计电算化［M］．大连：东北财经大学出版社，2000.
[24] 余凤平．简明会计基础［M］．北京：中国财政经济出版社，2007.
[25] 杨周南．会计信息系统——面向财务部门应用［M］．北京：电子工业出版社，2006.
[26] 于富生，黎文珠，王俊生．成本会计学［M］．北京：中国人民大学出版社，1999.
[27] 会计准则与会计制度研究组．企业会计制度［M］．大连：东北财经大学出版社，2001.
[28] 巫世晶．设备管理工程［M］．北京：中国电力出版社，2005.
[29] 张宝珍．国外综合诊断预测与健康管理技术的发展及应用［J］．计算机测量与控制，2008，16（5）：592-594.
[30] 刘宏玉．工业企业备品备件现代化管理［M］．北京：冶金工业出版社，1996.
[31] 陈晓锐，著．供应链环境下集装箱港口备件库存管理研究［D］．厦门：厦门大学，2009.
[32] 魏厚培，肖永刚．TNPM+星级设备管理+万点受控实施［J］．中国设备工程，2003（4）.
[33] 周敏，占铭，郭媛．基于知识驱动的大型设备智能预测决策模型研究［J］．机械科学与技术，2009（4）.
[34] 张云涛．解析BIRT-Eclipse商业智能和报表工具［M］．上海：电子工业出版社，2007.
[35] 刘战歌，刘祥，徐保强，著．备件采购模式创新和供管社会化模式探讨［J］．中国设备工程，2009（5）.
[36] 李葆文．现代设备资产管理［M］．北京：机械工业出版社，2006.
[37] 王汝杰，石博强，著．现代设备管理［M］．北京：冶金工业出版社，2007.

[38] 赵卫东．商务智能［M］．北京：清华大学出版社，2009.
[39] 白冬蕊．电子商务概论［M］．第2版．北京：人民邮电出版社，2013.
[40] 纳拉扬达斯．B-to-B电子商务［M］．陈运涛，译．北京：人民大学出版社，2003.
[41] 仝新顺．电子商务概论［M］．北京：清华大学出版社，2015.
[42] 殷焕武．项目管理导论［M］．第2版．北京：机械工业出版社，2008.
[43] 克利福德·格雷，埃里克·拉森，著．项目管理教程［M］．第2版．北京：人民邮电出版社，2005.
[44] 毕星，翟丽．项目管理［M］．上海：复旦大学出版社，2000.
[45] 骆珣．项目管理教程［M］．北京：机械工业出版社，2004.
[46] 刘京梅，李芳芸．863/CIMS应用工厂实例汇编［M］．北京：机械工业出版社，1997.
[47] 伍忠贤，王建彬．知识管理策略与实务［M］．北京：中国纺织出版社，2003.
[48] 林东清．知识管理的理论与实务［M］．北京：电子工业出版社，2005.
[49] 李敏．现代企业知识管理［M］．广州：华南理工大学出版社，2012.
[50] 李华伟．知识管理的理论与实践［M］．北京：华艺出版社，2002.
[51] http：//ocw. mit. edu/courses/electrical-engineering-and-computer-science/6-867-machine-learning-fall-2006/index. htm. 机器学习，麻省理工学院．
[52] http：//ocw. mit. edu/courses/sloan-school-of-management/15-062-data-mining-spring-2003/. 数据挖掘．麻省理工学院．
[53] http：//archive. ics. uci. edu/ml/datasets/Cardiotocography. UCI机器学习数据库．
[54] https：//my. oschina. net/dfsj66011/blog/343647.
[55] 廉师友，等．人工智能技术导论［M］．西安：西安电子科技大学出版社，2007.
[56] 林尧瑞，马少平．人工智能导论［M］．北京：清华大学出版社，1998.
[57] 刘峡壁．人工智能导论［M］．北京：国防工业出版社，2008.
[58] 石纯一．人工智能原理［M］．北京：清华大学出版社，1993.
[59] E. 丽奇，著．人工智能引论［M］．李卫华，等译．广州：广东科技出版社，1986.
[60] 孟晓军．基于Web服务的企业集成平台框架研究［J］．计算机集成制造系统，2008，14（5）：892-897.
[61] 祁国宁．图解PDM［M］．北京：机械工业出版社，2005.
[62] 白庆华，何玉琳．CIMS中的系统集成和信息集成［M］．北京：电子工业出版社，1997.
[63] 汤代禄．互联网的变革-Web2. 0理念与设计［M］．北京：电子工业出版社，2007.
[64] 邓超．现代集成制造系统［M］．武汉：华中科技大学出版社，2010.
[65] 宋远方．中国人民大学工商管理/MBA案例［M］．北京：中国人民大学出版社，2000.
[66] 蔡自兴，蒙祖强．人工智能基础［M］．第2版．北京：高等教育出版社，2010.
[67] 蔡自兴．人工智能及其应用［M］．第2版．北京：清华大学出版社，1996.
[68] 李凡长．动态模糊逻辑及其应用［M］．昆明：云南科技出版社，1997.
[69] 戴汝为．人工智能［M］．北京：化学工业出版社，2002.
[70] 埃弗雷姆·特班，梁定澎，杰伊E·阿伦森．决策支持系统与智能系统［M］．杨东涛，钱峰，译．北京：机械工业出版社，2009.
[71] 黄梯云．管理信息系统［M］．第3版．北京：高等教育出版社，2002.
[72] 陈文伟，廖建文．决策支持系统及其开发［M］．第3版．北京：清华大学出版社，2008.
[73] 李丹，曲玉萍，王晓燕．城市公交出行系统中最优路线算法研究［J］．交通标准化，2005，11（1）．
[74] 许诘．试论知识库与知识库管理系统的关系［J］．武汉工业学院学报，2004，23（4）．
[75] 百度百科．https：//baike. baidu. com/.